U0570306

本書爲國家古籍整理出版專項經費資助項目

道教典籍選刊

全真史傳五種集校

高麗楊 集校

中華書局

圖書在版編目(CIP)數據

全真史傳五種集校/高麗楊集校. —北京:中華書局,
2020.6
(道教典籍選刊)
ISBN 978-7-101-13219-9

Ⅰ.全… Ⅱ.高… Ⅲ.全真道-道教史-中國
Ⅳ.B956.3

中國版本圖書館 CIP 數據核字(2020)第 093314 號

責任編輯：朱立峰

道教典籍選刊
全真史傳五種集校
高麗楊 集校
*
中 華 書 局 出 版 發 行
(北京市豐臺區太平橋西里 38 號 100073)
http://www.zhbc.com.cn
E-mail:zhbc@ zhbc.com.cn
北京瑞古冠中印刷廠印刷
*
850×1168 毫米 1/32 · 18½印張 · 2 插頁 · 332 千字
2020 年 6 月第 1 版 2020 年 6 月北京第 1 次印刷
印數:1-4000 册 定價:59.00 元

ISBN 978-7-101-13219-9

道教典籍選刊緣起

道教是我國土生土長的宗教，歷史悠久，可以溯源到戰國時期的方術，甚至更古的巫術，而正式形成於東漢時期。它是我國傳統文化的重要組成部分，對我國人民的思維方式、生活方式，對古代科學、技術的發展，都産生過重大影響，並波及社會政治、經濟等各方面。

道教典籍極爲豐富，就道藏而言，多達五千餘卷，是有待進一步發掘、清理和利用的文化遺産之一。爲便於國内外學術界對道教及其影響的研究，便於廣大讀者瞭解道教的概貌，我們初步擬訂了道教典籍選刊的整理出版計劃。其中既有道教最基本的典籍，也包括各種流派的代表作，有不少書與哲學、思想史關係密切。所有項目，都選用較好的版本作爲底本，進行校勘標點。

由於我們缺乏經驗，工作中難免有失誤之處，亟盼關心此項工作的專家和廣大讀者給以指導與幫助。

中華書局編輯部

一九八八年二月

前言

全真道是金元時期興起的一個新的道教流派，深刻地參與了當時的社會政治文化建設。進入明清以後，由於皇權對待宗教態度變化與自身發展水平等内外原因，全真道漸趨式微。全真道的興衰是一個發人深思和值得深入探索的問題，研究這些問題離不開對早期創教人物的系統研究。

需要説明的是，道教本來有著悠久的收集教史資料的傳統，但其教史資料處理的手眼，跟經史子集四部分類的傳統並不相同。道教在唐宋時期已經基本形成了不同於四部分類的三洞四輔十二類的道書分類法。「三洞」是指洞真、洞玄、洞神，「四輔」是指太玄、太平、太清、正一，總爲七部。十二類分别指本文、神符、玉訣、靈圖、譜録、戒律、威儀、方法、衆術、記傳、讚頌和表奏。三洞四輔十二類的分類法，是中古時期形成的一種彰顯道經傳授系統的道書分類法。這種分類法，没有像四部分類一樣，單列一個史部的類别。道門内把具有教史性質的資料雜厠於三洞四輔十二類之下，不便集中翻檢。比如全真道的金蓮正宗記、七真年譜收於洞真部譜録類，終南山祖庭仙真内傳、甘水仙源録收於洞神部記傳類，金蓮正宗仙源像傳收於洞真部譜録類。另一方面，在傳統道教的史料整理過程中，存在雜糅人事神跡爲一體的明顯傾向。從儒學史家和現代史學視角看，道教前中期史料很多資料荒誕不經，不具有信史的基本特徵。這説明早期道教史料編纂的獨立性和系統性是不夠自覺的。

金元易代之際，大量儒家知識分子湧入全真道，不僅改變了傳統道士的隊伍結構和知識結構，而且在很大程度上提升了道教的文化水準，也深刻影響了道教的價值取向。入道的儒生往往不能放棄濟世的抱負、改造社會的雄心和理想，於是就選擇一個委婉的表達方式啓迪後來，比如著書撰史。所以，這一時期全真道在教史編纂方面，相對於其他時期的道教流派，表現出更高的自覺性，可信性也有了顯著提高。全真道教徒自覺編寫教史，在我國中古以來的社會發展史和宗教史上具有重要意義。顯然，以秦志安、李道謙等人爲代表的金元全真道士的著史行爲，就屬於這個類型。

本書題名全真史傳五種集校，按時間順序收録了成書於一二四一年的金蓮正宗記、成書於一二七一年的七真年譜、成書於一二八四年的終南山祖庭仙真内傳、成書於一二八八年的甘水仙源録和成書於一三二六年的金蓮正宗仙源像傳五部道書。之所以選擇這五部著作結成一個集子，是出於三點考慮：一是這五部著作主題統一，都是以人物爲核心聚焦全真道初期創教活動。二是可信度高：五部著作的作者分别爲全真道的三四代弟子，時代相去未遠，雖然也不免宗教人物記録人神混雜的特點，但大部分資料相對詳實可靠。三是體例嚴謹：五部著作分爲記、録、傳、年譜、畫像等題材，不僅較全面地呈現了各種史家文體在道教史文獻中的應用，而且每一種文體都很嚴謹，代表了全真道乃至整個道教史文獻撰寫的時代水準。所以，這五本書在幫助研究者全面把握全真道初期的創教活動及其在金元之際的文化能力方面，都有很高的價值。與此同時，早期全真道士雖然因爲不少來自儒生而表現出較高文化水平，但他們在編纂史料的過程中，並没有突破傳統道教「三洞四輔十二類」的慣常做法，仍舊將之分散在不同位置而不便集中閲讀。這也是整理者試圖通過這樣一個集中的結集點校，爲讀者研究全真道初期諸賢創教活動提供進一步閲讀方便的考慮。

下面對五本傳記和附録的情況予以介紹。

一、金蓮正宗記

（一）作者情況

金蓮正宗記的作者秦志安（一一八八—一二四四），是全真道第四代弟子，師從丘處機弟子宋德方，其生平主要見於元好問遺山集所收通真子墓碣銘(甘水仙源録卷七作通真子秦公行道碑銘)碑文。其字彦容，號通真子，又號樗櫟道人，金代陵川(今山西陵川)人。家世儒學，其祖父秦世軻、父親秦略皆爲地方名流，工書善畫，亦爲金代著名詩人。在家庭的薰陶下，秦志安早年志趣高雅，與元好問等大儒交遊。四舉進士不第，所謂「至御簾罷歸」後「放浪嵩少間，取方外書讀之」。金朝被蒙古所滅，汴京失守後，秦志安北歸上黨，在上黨遇全真道丘處機弟子宋德方，執弟子禮。受宋德方委託，在山西平陽主修玄都寶藏。有林泉集二十卷行世，今佚。

(二)主要内容

因爲這部著作收於道藏，很容易見到，研究者和關注者也不少，其基本内容爲學界人士熟知。關於這部著作的基本内容，任繼愈先生主編的道藏提要[一]做過介紹，筆者在借鑑該成果的同時略加補充，供讀者參看(下同)。

金蓮正宗記五卷，本書的命名蓋源於王重陽所造「七朵金蓮結子」的故事。據稱，金正隆四年(一一五九)王重陽於甘河鎮遇二仙，指東方「見七朵金蓮結子」。後來王重陽東去

〔一〕道藏提要，任繼愈主编，中國社會科學出版社二〇〇五年版。

海邊（山東）傳教收徒，「徜徉數載，接誘訓化。既得丘、劉、譚、馬、郝、孫、王，以足滿七朵金蓮之數」（見該書卷二重陽王真人傳），「七朵金蓮」即喻王重陽所收弟子「北七真」，金蓮正宗記即記載王重陽收北七真之事。

書前有「辛丑平水長春壺天序」。辛丑爲元太宗十三年（一二四一），當爲此書成書之年。平水長春壺天，蓋即重陽成道宫記之平水毛收達。卷一載全真道所尊祖師東華帝君（王玄甫）、正陽鍾離真人（鍾離權）、純陽吕真人（吕洞賓）、海蟾劉真人（劉操）之傳記。因爲全真道自稱，「是教也，源於東華，流於重陽，派於長春」（該書前序），故爲了宣示其教之本源，在記述王重陽及北七真之前，須載此四位祖師的傳記。卷二爲重陽王真人（王嚞，號重陽）、玉蟾和真人（和德瑾，號玉蟾子）、靈陽李真人（失名，號靈陽子）的傳記，後兩人爲崇敬王重陽並最早居守終南山祖庭的道士。卷三爲丹陽馬真人（馬鈺，號丹陽子）的傳記。卷四爲長真譚真人（譚處端，號長真子）、長生劉真人（劉處玄，號長生子）、長春丘真人（丘處機，號長春子）的傳記。卷五爲玉陽王真人（王處一，號玉陽子）、廣寧郝真人（郝大通，號廣寧子）、清靜散人（孫不二之號）的傳記。每傳皆前記生平行誼，後係以「贊」。

金蓮正宗記題「林間羽客樗櫟道人編」。據通真子秦公道行碑銘，秦志安於元太宗九年（一二三七）受命在平陽（今山西臨汾）玄都觀領修道藏，所居之處曰樗櫟堂（後卒於此），故又號樗櫟道人。重陽成道宫記云「全陽周真人（名全道。——引者，下同）、淵虚李公（名志源）、洞虚張公（名志淵）生前行事，亦各在秦樗櫟彦容金蓮記、煙霞録中」，亦證秦志安號樗櫟，金蓮記（即金蓮正宗記）爲其所撰。

這是一部全真道五祖七真的專門傳記，對於研究全真道的起源和創立具有重要價值。此書寫成年代較早，與後出的金蓮正宗仙源像傳、七真年譜、甘水仙源録等相參看，對全真道的創建史和五祖七真事蹟可獲得基本瞭解。雖然出於宗派門户之見，書中難免有誇張不實乃至故作神異之處，但基本事蹟仍是可信的。

（三）整理説明

金蓮正宗記現存有明正統道藏本、重刊道藏輯要本（清彭定求輯，清閻永和增，清光緒三十二年成都二仙庵重刊）、道藏精華録本（民國守一子輯，上海醫學書局一九二二年排印本）、道藏精華本（蕭天石編輯，臺灣自由出版社一九五六——一九九二年版）等幾個版本。其中，從内容等方面看，道藏精華録本與道藏精華本完全相同。

此次整理，以明正統道藏本（此據上海商務印書館一九二三——一九二六年影印本；下同）爲底本，以重刊道藏輯要本（此據巴蜀書社一九九五年影印二仙庵本；下同）及道藏精華録本（此據浙江古籍出版社一九八九年影印上海醫學書局本）爲校本。

二、七真年譜

(一)作者情況

七真年譜以及後面的終南山祖庭仙真内傳和甘水仙源録的作者,都是李道謙(一二一九—一二九六)。李道謙屬於全真道的第四代弟子,師從馬丹陽、邱處機的弟子于志道。其生平主要見於元好問所撰玄明文靖天樂真人李公道行銘並序碑文。據記載,李道謙出生於河南開封,爲儒學世家。於金天興二年(一二三三)出家爲道,蒙古乃馬真皇后稱制元年(一二四二)西遊到陜西,拜全真道祖庭重陽宫住持通玄廣德洞真真人于志道(善慶)爲師。李道謙曾任重陽宫提點、京兆路道録、京兆道門提點、諸路道教提舉等職務,至元二十五年(一二八八)永昌王遣使以師禮拜謁,可謂一時道門領袖。至元三十一年(一二九四)元成宗即位,封李道謙爲玄明文靖天樂真人,賜號崇玄大師。元貞二年(一二九六)六月羽化。

在全真道史料整理方面,李道謙可謂居功至偉。據玄明文靖天樂真人李公道行銘並序記載,李道謙自覺整理教史資料的工作,是在重陽宫任教職以後,「公行方見異聞勝跡,仙聖詔舉,必詳録之爲成書,以開示後學爲己任」。可見,他是站在弘揚全真道教、開示後學的高度上來進行這一很有意義的工作的。在甘水仙源録序中，李道謙回顧自己輯録整理這些全真道早期史料的經過時寫道，他入陝以後，在長達五十餘年的歲月中，因教務事宜，見到過許多鐫刻記載全真道教宫觀興建、道教活動和全真道高道事蹟的碑石，「既經所見，隨即紀録」，積少成多，終於編成甘水仙源録一書，刊刻以傳之後世。在同一篇序文中，他還語重心長地寫道：「如他日嗣有所得，繼之斯後，庶使向上諸師仙功道行不離几席之上，得以觀覽者焉，亦可謂玄教盛事之一端也。」從上述記載可以清楚地看出，李道謙完成這些著述和史料的輯録整理，歷時長達五十餘年。他期望這一事業後繼有人，並以進行這項事業爲道教中的大事。李道謙對全真道教弘揚和發展的貢獻是多方面的，特别是在對全真教史的輯録和編寫方面，做了大量開創性的工作。陳垣先生指出，陳友珊撰寫長春道教源流一書時，因明朝以後史料缺乏而幾不成章，「深慨於道謙以後，無人繼述也」。

除七真年譜、終南山祖庭仙真内傳和甘水仙源録等著作外，李道謙還撰寫了通微真人蒲察尊師（道淵）傳、終南山宗聖宫石公（志堅）道行記、樓觀大宗聖宫重修説經臺記、全真第五代宗師長春真人内傳，這些碑文亦從不同的側面記述了全真道教早期的活動和發展的歷史。此外，還有簡溪筆録十卷、詩文五卷。

（二）主要内容

七真年譜一卷，記述了從宋徽宗政和二年（一一一二）王重陽降生，至蒙古成吉思汗二十二年（一二二七）丘處機羽化這一百一十六年間全真道教祖王重陽及其弟子馬丹陽、譚處端、王處一、丘處機、劉處玄、郝大通、孫不二的主要弘道事蹟。七弟子均被元世祖詔封爲「真人」，故稱「七真」或「北七真」。重陽及七真始終大概已具此譜，爲研究早期全真道的重要史料。

（三）整理説明

七真年譜存有明正統道藏和重刊道藏輯要兩個本子。此次整理，以前者爲底本，以後者爲校本。

三、終南山祖庭仙真内傳

（一）主要内容

李道謙的終南山祖庭仙真内傳分上、中、下三卷，記述了金元時代與王重陽同在終南山下鄠縣劉蔣村結茅修道的和玉蟾（德瑾）、李靈陽及早期全真道其他三十五位高道的簡傳。除了和、李兩位外，其餘三十五位傳主分別是劉通微、史處厚、嚴處常、姚玹、曹瑱、來纂道家金石略，即仿其體（指甘水仙源録的史料取材方法。——引者）。」陳垣先生還非常謙遜地指出，甘水仙源録的選録標準，比自己更爲精當[一]。

（三）整理説明

甘水仙源録有明正統道藏和重刊道藏輯要兩個本子。此次整理，以前者爲底本，以後者爲校本。另外，由於此道經收録的是一些金石碑刻，其中部分碑文亦散見於一些金石著録及時人文集中，點校時也隨文注出並參校。

五、金蓮正宗仙源像傳

（一）作者情況

相比較而言，李道謙和秦志安的生平史料有相對完整的記録，而全真正宗仙源像傳作者謝西蟾和劉天素的資料則只在本書卷首的序中存有吉光片羽。本書序言有兩個，一個是元泰定四年（一三二七）嗣天師太玄子（張嗣成）序，一個是泰定丙寅（一三二六）清溪道士劉志玄（字天素）序。太玄子序稱，此書爲劉天素與謝西蟬所作。劉序稱此書是他與謝

[一] 陳垣南宋初河北新道教考，中華書局一九八九年版，頁三〇。

西蟬「博搜傳記，旁及碑碣，編録數年，始得詳悉」。這位張嗣成（？—一三四四）是天師道三十九代天師，字次望，號太玄，張與材之子。元至大三年（一三一〇）侍父入覲至杭州，以符水救火，元仁宗制授太玄輔化體仁應道大真人。延佑四年（一三一七）襲位，主領三山符籙，掌江南道教事。據此只可大致推斷，劉志玄、謝西蟾二人與張嗣成大致同時，從序言看亦或是稍晚一些的後輩。另外，元好問撰通真子墓碣銘曾提到劉志玄，説「通真子以世契之故，與予道相合而意相得也。故志實輩百拜求爲其師作銘。今年春二月，劉志玄者復自濟上訪予新興，冰雪沍寒，跋涉千里，其勤有足哀者。乃爲作銘，使刻之松臺」。可知，劉志玄應爲秦志安的弟子，曾訪元好問爲其師求記。因而可知，劉志玄整理教史著作是有師承淵源的。

（二）主要内容

金蓮正宗仙源像傳，不分卷。傳首録元太祖成吉思汗召丘神仙（即丘處機）手詔、元世祖至元六年（一二六九）褒封全真道五祖七真制詞、元武宗至大三年（一三一〇）褒封五祖七真及丘處機十八弟子制詞。次爲混元老子及五祖七真傳記，五祖即東華帝君、正陽子鍾離權、純陽子吕洞賓、海蟾子劉操、重陽子王嚞，七真即丹陽子馬鈺、長真子譚處端、長生子劉處玄、長春子丘處機、玉陽子王處一、廣寧子郝大通、清淨散人孫不二；内容均較簡略，大致概述其生平及歷代皇帝封號，傳前有圖像，傳後有贊。三篇制詞末有劉志玄泰定元年(一三二四)自稱「拜書卷末」的一段話，交代了本書的文字來源，云：「(志玄)於京師之大長春宫，得覩列聖詔書，謹録鋟梓，以示四方。」

(三)整理説明

金蓮正宗仙源像傳存有明正統道藏、重刊道藏輯要、道藏精華三個本子。此次整理，以道藏本爲底本，以重刊道藏輯要本及道藏精華本爲校本。

六、附録

爲方便讀者參讀使用，本集校本蒐羅了一些資料置於書末，作爲附録，大致有以下幾部分：(一)秦志安和李道謙的生平資料和散見作品。所謂散見作品，是指除去前面出自兩位作者之手的四部史傳(金蓮正宗記、七真年譜、終南山祖庭仙真内傳、甘水仙源録)，和後面列入附録的兩部道經宫觀碑志、古樓觀紫雲衍慶集所收兩人文字以外的著作，當時文人與兩人唱酬的詩歌亦加以採録。(二)宫觀碑誌，爲宋陶穀、金鄭子聘等撰的一部碑誌合集，主要是部分全真教宫觀的碑文，也有全真道徒撰寫的碑文，如馮志亨撰勑建普天黄籙大醮碑、中都十方大天長觀重修碑等。(三)古樓觀紫雲衍慶集，此經爲朱象先撰，朱本爲茅山道士，後到樓觀臺，似改入全真，並在樓觀臺擔任過道職。此道經記述了樓觀臺由唐到元的道教發展史。衆所周知，入元後，樓觀臺爲全真道重要的傳教基地，所以，這部道經可以説是一部樓觀臺的發展簡史，其中有全真宗師尹志平等的傳記，還有他們在樓觀臺的題詩，比較全面地展示了全真道在樓觀臺的發展歷程。宫觀碑誌和古樓觀紫雲衍慶集這兩部道經俱以道藏爲底本。（四）兩份其他散見資料，一個是金石萃編卷一五八後終南山神仙重陽真人全真教祖碑的編者按語，另一個是汧陽述古編卷下汧陽玉清萬壽宫洞真真人于先生碑並序下的編者按語。這些按語對於瞭解碑文及全真道的歷史都有一定的參考價值，一併採録。

全書不當之處在所難免，敬請方家指正。

高麗楊

金蓮正宗記

金蓮正宗記目録

金蓮正宗記序

道無終始，教有後先。或曰：「道與教不同乎？」曰：「不同。湛寂真常，道也。傳法度人，教也。道之爲體，雖經無數劫，未嘗少變。教之爲用，有時而廢，有時而興。」或曰：「教之興也，自何而始？」曰：軒轅黄帝鑄鼎之後，乘火龍而飛升太虚，然後知有長生久視之説。雖有其説，知而行之者七十二人而已。下逮殷王武丁之世，老君示現於瀨陽，東臨魏闕，西度流沙，演化者九百九十六歲，乃跨白鹿，昇蒼檜，超碧落，遊玉京。雖有如此顯異，而人猶顢頇而未知信向也。及漢天師張靜應之出世也，親受正一法籙，戰鬼獄而爲福庭，度道士而爲祭酒，其教甚盛，化行四海。繼之以寇、吴、杜、葉，祛妖馘祟，集福禳灾，佐國救民，代天行化，歷數十世，宫觀如林，帝王崇奉。及正和之後，林天師屢出神變，天子信向，法教方興，而性命之説猶爲沉滯而未之究也。

及炎宋之訖録，挺生重陽，再弘法教，專爲性命之説，普化三州，同歸五會，以金蓮居其首，東遊海上，度者七人，以柔弱謙下爲表，以清靜虚無爲内，以九還七返爲實，以千變萬化爲權，更其名曰全真，易其衣而衲甲。逮我長春子丘神仙受皇帝之宣，應陰山之聘，勸之以減酒色，戒之以少殺戮，一言愷切，萬國生春，救億兆於鼎鑊刀鋸之間。人心歸向者，如百川赴海而莫之能禦也，牧豎蕘童咸知稽首，東夷西戎皆詠步虚，家家談道德之風，處處講希夷之説，懶衣髽髻雲連乎道路之間，琳宇瑶壇星布乎山澤之下，自軒轅以來，教門弘盛未有如今日者。是教也，源於東華，流於重陽，派於長春，而今而後，滔滔溢溢，未可得而知其極也，故作金蓮正宗記。

時太歲辛丑平水長春壺天述。

金蓮正宗記卷之一

林間羽客樗櫟道人編

東華帝君

帝君姓王氏，字玄甫，道號東華子。生有奇表，幼慕真風，白雲上真見而愛之曰「天上謫仙人也」。乃引之入山，授之以青符玉篆、金科靈文、大丹秘訣、周天火候、青龍劍法。先生得之，拳拳服膺，三年精心，盡得其妙。遂退居於崑嵛山煙霞洞，頤神養浩。久之，結草庵以自居，篆其額曰東華觀，韜光晦迹百有餘年，而人未之知也。後徙居代州五臺之陽，山中今有紫府洞天，山下有道人縣。在人間數百歲，殊無衰老之容，開闡玄宗，發揮妙藴，陰功濟物，玄德動天，故天真賜號曰東華帝君，又曰紫府少陽君。授度門人正陽真人鍾離雲房，嗣弘法教。所有聖遠不能其述，全真之道由此濫〔一〕觴，故立之以爲全真第一祖也。

〔一〕濫：原作「温」，據輯要本、精華録本改。

贊〔一〕曰：帝君之仙名如此其赫焕，道價如此其高大，何故不見犯於漢史，鄉里世族、年代行藏如此其黯暗也？僕應之曰：仙道多隱，非垂世立教之急務，故史官滅裂逸漏而不書。兼儒家之所惡言者也，年歲深遠，碑刻泯滅，由是不得而詳焉。且兩漢四百年間，幽人隱士不可勝計，豈數千帙故紙能盡録之乎？且全真之道，醖釀久矣，自太上傳之於金母，金母傳之於白雲，白雲傳之於帝君，天其意者，將以此一枝大教付於若人，豈草草學者之所能負荷哉？必自紅霞丹景中，精選其可以爲群仙領袖者，然後挺於下方。其初降也，豈無奇蹤異跡，輝天晃地者哉？蓋隱而不録，史官之忌也。故於傳尾諄諄而明言之，庶幾學者讀之有所歸過焉。詩云：隱隱龍樓靄瑞霞，風流紫府少陽家。崑崙高聳光千丈，初放全真第一花。

正陽鍾離真人

謹按廬山金泉觀記云：曾祖諱朴，祖諱守道，父諱源，當後漢末年，皆據要津，有功於國，世濟其美。先生諱權，字雲房，號正陽子，京兆咸陽人也。少工文學，尤喜草聖。身長

〔一〕贊：原作「賢」，據輯要本、精華録本。

八尺七寸，髯過臍下，目有神光。仕至左諫議大夫，因表李堅邊事不當，謫爲南康知軍。漢滅之後，復仕於晉。及武帝時，與偏將周處同領兵事，屢出征討。已而失利，逃於亂山，不知所往。

偶見老氏者流，問而不語，但舉手而指東南，公遽往焉。行六七里，峰巒峭拔，松柏參差，中有樓閣金碧炫燿，一青衣應門而立，揖而問曰：「此何方也？」對曰：「紫府少陽君之所居，東華帝君之别業也，吾師候君久矣。」遂延入館中，拜見帝君。方談笑間，童子報云：「客仙至矣。」帝君出門迎三仙客，鍾離自牖窺之，見一仙人身長八尺，青衣練帶，草履雲冠，神目如電，堂堂乎哉。次一人素袍大袖，結於頸後，橫握鐵笛。次一人容貌魁梧，掛絳紅袍，頂華陽巾，跨蒼毛虎，橫按筇枝。遂邀三仙入於别館，進酒果肴饌，語笑諠譁，聞於館外。青衣曰：「多少紅塵客，何由到此來？洞門無鎖鑰，今日爲誰開？」衆仙皆笑曰：「昔爲鐵衣子，今逢達道人。」又云：「奈何壯士侵莊上耶？」鐵笛仙曰：「紫府少陽家，龍樓靄瑞霞。滿斟千日酒，常翫四時花。」跨虎仙曰：「親指蓬萊路，何須更問津。神仙知有分，幸矣拜高真。」帝君答曰：「偉矣青雲器，相逢一解顔。丹臺元有籍，聊謫在人間。」衆仙皆醉，命駕言歸，帝君送之，各跨鸞鳳冉冉而入於雲中。帝君遂回，復與鍾離談玄終日，情愛深密，甚於素交。遂授之以赤符玉篆、金科靈文、大丹秘訣、周天火候、青龍劍法。公服膺受教，一聞千悟。既盡其妙，辭而下山，椎髻布衣，積行救人，調神鍊氣，變化無常。

至唐文宗開成年間，因遊廬山，遇呂公洞賓，授以天遁劍法。自稱天下都散漢。後隱居於晉之羊角山，天真賜號曰太極左宫保生真人。曾於邢州開元寺觀音殿後題詩二絶，筆勢飄逸，有龍飛之狀，其詩曰：「得道真仙不易逢，幾時歸去願相從。自言居處連滄海，别是蓬萊第一峰。」又云：「莫猒追歡語笑頻，尋思離亂可傷神。閒來屈指從頭數，得到清平有幾人。」宋朝劉從廣於皇祐四年九月九日立石刊勒。又有頌云：「見錢如患真仙子，遇色如讎大丈夫。養氣氣如龜喘息，煉形形似鶴肌膚。生我之門死我户，幾箇惺惺幾箇悟。夜來鐵漢細尋思，長生不死由人做。」又撰真仙傳道集洎靈寶畢法，授於呂公，言天地造化，陰陽交泰，内丹養命之道，秘於玄都寶藏，以爲萬世龜鏡。此後復歷廬山，登三級紅樓，冉冉而昇空矣，乃五月二十日。

贊曰：道不可以虚妄得，仙不可以詐僞成，惟貴夫真功實行也。觀正陽子之未遇，但鐵衣武夫耳，及其拜東華帝君之後，分玉篆以通天，按金科而動地，鑄劍而青龍入匣，燒丹而紫鳳朝元，養氣而喘息如龜，煉形而肌膚似鶴，自漢歷唐五百餘歲，止度一純陽老仙而已。甚矣哉，人之難化也。乃遊廬山，登三級紅樓，冉冉然飛上太虚。自爾以來，全真教法漸有綸緒，故可以爲金蓮正宗第二祖也。詩云：鐵笛曾聞跨虎仙，金丹親向帝君傳。臨行付與純陽子，三級紅樓上碧天。

純陽吕真人

謹按岳州青羊觀石壁記云：曾祖諱景，仕至翰林學士、金紫光禄大夫，祖諱獻，位至河南府尹，父諱渭，禮部尚書。先生諱嵓，字洞賓，蒲州蒲坂永樂人也。唐德宗興元〔一〕十四年丙子四月十四日，生於林禽樹下。至唐文宗開成元年丁酉歲，擢進士第，年二十有二歲也。龍姿鳳目，鬢眉踈秀，美鬚髯，金水之相，頂華陽巾，服逍遥衣，狀貌類張子房、太史公之爲人。

後任五峰廬山縣令，因暇日遊廬山之勝跡，偶與正陽先生相遇，一話一言之間，心與心契，密受大道天遁劍法、龍虎金丹秘文，賜號純陽子。由是之後，休官棄爵，專心向道，師資膠漆，未嘗暫離。俄而之間，仙人數輩特邀先生東赴蓬萊之會。吕公泣下，拜啓師真：「雲車東邁，何日言歸。」遂以詩禱之曰：「功滿來來際會難，又聞東去幸仙壇。杖頭春色一壺

〔一〕興元：唐德宗興元年號僅用一年，此處云「十四年」，有誤。查金蓮正宗仙源像傳、歷世真仙體道通鑑皆作「貞元」，但貞元十四年爲戊寅，非丙子。待考。

酒，頂上雲攢五嶽冠。飲海龜兒人不識，燒丹符子鬼難看。先生去後身須老，乞與貧儒換骨丹。」正陽答云：「金丹一粒定長生，須向真鉛鍊甲庚。火取南方赤鳳髓，水求北海黑龜精。鼎攢四季中央合，藥運三元八卦行。齋戒與君成九轉，一丸入腹鬼神驚。」詩畢遂去。

自是之後，吕公隱於市鄽，或貨丹而救疾苦，或賣墨以惠貧窮，積功累行，以至成真，神化無方，或隱或顯。多遊蒼梧、南越之間，嘗有詩云：「朝遊南越暮蒼梧，袖有青蛇膽氣麤。三入岳陽人不識，高吟飛過洞庭湖。」

又宋政和間，洛陽上清宫題詩二絶曰：「吾來兩次謁三清，四大蒼生眼不明。今日却歸塵外去，五雲深處指神京。」又云：「五雲深處是吾鄉，四大皆非不可常。今日不知身是客，來朝只在這邊傍。」又於戊子歲中秋，西京察判宅有道者來謁，閽人阻難之間，已在堂上，巍然而坐，曰：「願乞斗酒。」察判賜之，一飲而竭。仍索素絹三尺，以酒噀之，摶入瓶中，不辭而去。急令追之，已失所在。探瓶中展絹而視之，上有畫像，與先生狀貌無別，神清骨秀，耳出三毫。後有二絶云：「飲酒須當百十杯，養壽河清千萬迴。至道日新通事塞，玄開早放地中雷。」又云：「千古閻浮自在身，唯然上善可開陳。幾多念念承予教，隔在閻浮寄下真。」後題曰純陽子。

宋宣和間，泰山岱嶽觀石壁間題一聯云：「昔年留字識曾來，事滿華夷徧九垓。」後因雷雨大作，蛟龍戰鬬，山勢崩摧，唯先生墨跡儼然無損。後九十年再遊於此，復題一聯云：「無奈蛟龍知我意，故留蹤跡不沉埋。」又題一絶云：「昔日曾遊此，經今九十春。紅塵多少客，誰是識予人。」後書云回公作。

隨方顯跡，不能備録。平生述作數百篇，目之曰傳劍集。飛騰變化，接引者不知其數。後遊歷鄂州，昇黄鶴樓冉冉飛昇，日當卓午五月二十日也，市鄽中人瞻仰企慕，但見隱隱入于雲中矣。

贊曰：自古得道神仙數甚多矣，然而鍾、吕之名獨顯於世，雖樵童、牧豎、婦人、女子皆知之者，何也？蓋慈悲之心，接物利生，無所不至，感人之最深耳。老松之精，無情之物也，猶且區區訓誨，使成無上神仙，況於人爲萬物之最靈者乎？三入岳陽，佩丹篆千年之術；重遊岱觀，誦黄庭兩卷之經。採南方赤鳳之精，奪北海黑龜之髓。一粒定超於物外，九還普散於人間。點石餅而作黄金，折柳枝而成白骨。餌之者回顔換質，遇之者起死回骸。百怪形潛，袖有青蛇之劍；九天詔下，身飛黄鶴之樓。故曰名者天下之公器，不可以多得，其信然乎？詩云：三尺青蛇照膽寒，乾坤移向掌中看。一從黄鶴樓頭去，留與人間換骨丹。

海蟾劉真人

先生姓劉，諱操，字宗成，號海蟾公，燕山人也。年一十六歲，以明經擢甲科，累遷至上相。平昔好談性命之説，然終不得其妙。

一旦有道者來謁，邀坐堂上，以賓禮待之。問其姓名，默而不答，但自稱正陽子，願乞鷄卵十枚，金錢一文，安金錢於桉〔一〕上，而高累十卵，危而不墜。海蟾歎曰：「危哉。」先生曰：「相公身命俱危，更甚於此。」海蟾頓悟。先生乃收卵而藏之，擘金錢而棄之，遂辭而去。海蟾於是催設夜宴，佯托沉醉，以杯盤寶器俱擲於地而碎之，夫人洎兒女輩莫不怒責。比及朝退，猶未解顔，輒解印而辭官，佯狂歌舞。自述歌曰：「余緣太歲生燕地，憶昔三光分秀氣。丱角圓明霜雪心，十六早登科甲第。紆朱懷紫金章貴，各各綺羅輕掛體。而今位極掌絲綸，倏忽從前春一寐。昨宵家宴至三更，兒女夫人并侍婢。被予佯醉撥杯盤，擊碎珊瑚珍玉器。兒女嫌，夫人惡，忘却從前衣食樂。來朝朝退怒猶存，些兒小過無推托。因

〔一〕桉：輯要本、精華録本作「案」。

此事，方省悟，前有輪迴誰救度。退官納印棄榮華，慷慨身心求出路。」遂易衣而道〔一〕處於卑賤，以辱其形。又述一聯云：「拋離火宅三千口，屏去門兵百萬家。」厥後遠泛秦川，陶真於太華之前，遁跡於終南之下，頤精煉氣，以至成真。

忽一旦於代州壽寧觀以墨水潑成「龜鶴齊壽」四字，約〔二〕一丈餘，並自寫「真」於壁間。繼有西蜀成都府青羊宮以墨水潑成「清安福壽」四字，代州鳳凰山來儀觀潑成「壽山福海」四字，三處相隔不啻數千里，皆同日而書之，以表其神變無方耳。後題長篇詩云：「醉騎白驢來，倒提銅尾㮳。引箇碧眼奴，擔著獨胡瘻。自忘塵世事，家住葛洪井。不讀黄庭經，豈燒龍虎鼎？獨立都市中，不受俗人請。欲攜霹靂琴，去上崑崙頂。吴牛買十角，溪田耕半頃。種黍釀白醪，便是仙家景。醉卧古松陰，閒立白雲嶺。要去即便去，直入秋毫影。」隨代所顯靈跡甚多，不能具述，聊記其大概云。

贊曰：甚矣，富貴之難捨也，眷屬之難離也，苟有能捨而離之者，未有不登大羅而遊玉京者也。自古迄今，吾於海蟾先生見之矣。由進士科，登燕國相，懷金章而恩霑

〔一〕道：輯要本作「退」，精華録本作「遁」。
〔二〕約：原作「納」，據輯要本、精華録本改。

九族，曳紫綬而名滿四方。一旦遇正陽子悟金錢之決破，歎累卵之終危，碎七寶而爲塵埃，抵萬金而如糞壤，抛火宅者三千口，屏門兵者百萬家。辭官而狂舞市鄽，納印而棲遲山野，煉氣於終南之下，陶真於太華之前。故能蹈水火以無傷，貫金石而罔礙。閒騎紫鳳，手攜霹靂之琴；醉走白驢，脚踏崑崙之頂，潑墨而書成四字，化形而地隔千山。有以見道不負人也，信矣。詩云：擊碎珊瑚不相燕，歸來高卧白雲邊。攜琴直上崑崙頂，冷笑浮生盡小年。

金蓮正宗記卷之一

金蓮正宗記卷之二

林間羽客樗櫟道人編

重陽王真人

先生諱中孚，字久卿。家世咸陽，最爲右族。當劉蔣水竹煙霞爽塏之地，營起别墅，作終焉計。其爲人也，骨木〔一〕雄壯，氣象渾厚。眼大於口，鬚過於腹，聲如鐘，面如玉，清風飄飄，紫氣鬱鬱，有湖海之相焉。膂力倍人，才名拔俗。蚤通經史，晚習弓刀。當廢齊阜昌間，獻賦春官，迕意而黜。復試武舉，遂中甲科。逮乎四十有七歲也，喟然歎曰：「孔子四十而不惑，孟子四十而不動心，吾今已過之矣，尚且吞腥啄腐，紆紫懷金，不亦太愚之甚乎？」遂辭官解印，黜妻屏子，拂衣塵外，類楚狂之放蕩焉。

時正隆己卯，四十有八歲也，甘河橋上過屠門，嗜氈根而大嚼焉。有二道者各披白氈，

〔一〕木：輯要本、精華録本作「格」。

忽從南方倏然而來，煙霞態度，霄漢精神，觀厥眉宇，大抵相類。先生不覺驚起趨進，俛首前揖，相與語言，皆出世語，滌塵澣垢，蠲膏剔盲，如醉而醒，如瘖而鳴，密授真訣，更名曰嚞，字曰知明，號曰重陽子。既畢，指東方曰：「汝何不觀之？」先生回首而望，道者曰：「何見？」曰：「見七朵金蓮結子。」道者笑曰：「豈止如是而已，將有萬朵玉蓮芳矣。」言訖，忽失所在。由是之後，落魄不羈，乞食於市，短簑破瓢，眠冰卧雪。有詩曰：「四十八上始遭逢，口訣傳來便有功。一粒金丹色愈好，玉京山上顯殷紅。」

明年庚辰，有一道者同宿，月中乃言曰：「吾居西北大山之中，彼間有人善於談演，陰符、道德尤所精通。聞君平昔好此二經，胡不相從，試往觀聽？」先生躊躇未之能决，道者忽起，拋拄杖，乘風而去。左右求之，杳無音耗，茫然如有所失。比及中秋，過醴泉縣，再遇道者，趨而拜之，忻然相邀，入於酒館，共飲之。次問其鄉里，答曰：「蒲坂永樂是所居也。」又問年甲幾何，答曰：「春秋二十有二。」復問其族，默而不言。遂索毫楮，書秘語五篇，使之詳讀。先生讀之數過，方悟妙理，戒之曰：「天機不可輕泄。」即令投之火中。道者曰：「速往東海，『丘劉譚』中有一俊『馬』，可以擒之。」言畢，不知所在。

其一篇曰：「驀臨秦地，泛遊長安，或貨丹於市邑，或隱跡於山林，因循數載，觀見滿目蒼生，盡是兇頑下鬼。今逢吾弟子，何不頓拋俗海，猛悟浮囂，好餐霞於碧嶠之前，堪煉氣於松峰之下。斡旋造化，反覆陰陽，燦列宿於九鼎之中，聚萬化於一壺之内，千朝功滿，名掛仙都，三載殷勤，永鎮萬劫。恐爾來遲，身沉泉下。」其二曰：「莫將樽酒戀浮囂，每向鄽中作繫腰。龍虎動時抛雪浪，水聲澄處碧塵消。自從有悟途中色，述意蹉跎不計聊。一朝九轉神丹就，同伴蓬萊去一遭。」其三曰：「蛟龍煉在火烽亭，猛虎擒來囚水精。强意莫言胡論道，亂[一]説縱横與事情。」其四曰：「鉛是汞藥，汞是鉛精，識鉛識汞，性住命停。」其五曰：「九轉成，入南京。得知友，赴蓬瀛。」

先生遂歸劉蔣，自構一庵，題其牓曰「活死人墓」，又以紙牌立於墓上曰「王害風靈位」。自作詩曰：「活死人兮王嚞乖，水雲别是一般諧。道名唤作重陽子，謔號稱爲没地埋。來者路，不忘懷，行殰須是掛靈牌。」他日，又攜酒一壺，立於路次，有道人呼曰：「害風害風，將汝酒來。」先生應聲與之，一飲而竭。却遣先生以空壺就甘河中取水，令自飲之，其味極佳，真仙酎也。道人告曰：「吾海蟾公也。」言訖，忽失所在。自是以來，不復飲酒，但飲水而已，常有醉容，因述虞美人也：「害風飲水知多少，因此通玄妙。白麻衲襖布青巾，好模好樣真箇好精神。不須鏡子前來照，事事心頭了。夢中識破夢中身，便是逍遥達彼岸頭人。」

［一］亂：輯要本、精華録本作「論」。

忽一日自焚其庵，鄰家爭來救火，先生但婆娑而舞，人問其故，答曰：「三年之後別有人修。」乃題詩曰：「茅庵燒了事休休，決有人〔一〕人却要修。便做惺惺成猛烈，怎生學得我風流。」

大定七年四月二十六日，迤邐東邁，經過咸陽，自畫一幅，作三髻道者，青松鬱棲，白雲繚繞，仙鶴婆娑，有出塵之格。見史風仙，欣然贈之曰：「待我他日擒得馬來，以爲勘同。」又過洛陽，謁上清宮，題詩於壁間曰：「丘譚王風捉馬劉，崑崙頂上打玉毬。你還搬在寰海内，贏得三千八百籌。」東海衛州見蕭真人，頗有仙風道骨，深欲提挈。盤桓數日，話不相投，贈之驀山溪曰：「真人已悟，四海名先到。只爲有聲聞，却隔了、玄元妙道。可憐仙骨，落入鬼形骸，一般衰，一般老，空恁一般了。豈知玄妙，剛把身心傲。度日若聾盲，誚不識、丹砂爐竈。好將二物，鼎内結成丹，服餌了，得長生，攜手歸蓬島。」真人讀之，終不能悟其妙旨，但點頭而已。

祖師遂東歸海邊，徜徉數載，接誘訓化。既得丘、劉、譚、馬、郝、孫、王，以足滿七朵金蓮之數，普化三州，同歸五會，一曰平等，二曰金蓮，三曰玉華，四曰三光，五曰七寶，其牓曰：「竊以平等者，爲道德之祖，清淨之源，乃金蓮玉華之本，三光七寶之宗，普濟群生，遍超

〔一〕人：輯要本作「仁」。

庶俗，銀焰充盈於八極，彩霞蒸滿於十方，人人願吐於黄芽，比比不遊於黑路。玉華者，氣之宗。金蓮者，神之祖。氣神相結，謂之神仙。」

一旦將引丘、劉、譚、馬南赴汴京，甃王逆旅中，依泊歲餘，多所指明，因書竹杖歌以示之曰：「一條拄杖名無著，節節輝輝光灼灼。偉矣虚心直又端，裹頭都是靈丹藥。不摇不動自清閒，應物隨機能做作。海上專尋知友來，兀誰堪可爲依託。昨宵夢裏見諸虬，内有四虬能跳躍。杖一引，移一脚，頂中迸斷銀絲索。攢眉露目震精神，吐出靈珠光閃爍。明焰挑來共樂然，白雲不負紅霞約。」書畢語之曰：「昔日披氈師真秘語云：『九轉成，入南京。得知友，赴蓬瀛。』吾今將赴其約。」門人惶恐，乞遺世語，祖師曰：「我三年前已題於壁矣。」曰：「地肺重陽子，强呼王害風。來時隨日月，去後任西東。作伴雲和水，爲鄰虚與空。一靈真性在，不與衆人同。」又云：「害風害風舊病發，壽命不過五十八。兩箇先生決定來，一靈真性誠搜刷。」謂衆人曰：「吾歸之後，慎勿舉哀。」言訖而委蜕焉。

丹陽不覺泣下，甚慟，衆皆勸之曰：「不可違仙師之語。」丹陽曰：「入道區區，尚無所得，吾師棄我，遑遑何歸。」訴之未終，忽開目曰：「汝輩憾恨奚爲若此？昔日甘河所得秘語五篇，今付于汝。」丹陽再拜，跪而授之。復謂譚公曰：「汝等性命皆在丹陽手中矣。」遂言物外親眷曰：「一姪二子一山侗，連予五箇一心雄。六明齊伴天邊月，七爽俱邀海上風。

真妙裏頭拈密妙，晴空上面躡虚空。東西南北皆圓轉，到此方知處處通。」又曰：「一弟一姪兩箇兒，連予五逸做修持。結爲物外真親眷，擺脱人間假合屍。周匝種成清淨境，遞相傳授紫靈枝。山頭迸出靈華會，我趁蓬萊先禮師。」詩畢，奄然返真，異香馥郁，瑞氣瀰漫，白鶴翔空，青鸞拂地，仙儀冉冉，高出雲端。士庶官寮，號呼瞻拜，如喪考妣，靡不讚歎，真千古異事也。於是備棺槨衣衾，禮而葬之，時大定庚寅正月初四日也。

升遐之後，濬儀橋下談玄誘臧老之心，劉蔣溪邊賜藥愈張公之病，或舞蹈於昆明池右，或吟詠於終南境中，有以表其不死者也。丘、劉、譚、馬四子，相攜西入長安，見史風先生，獻以松鶴圖，史風笑曰：「當時留下勘同，正與此圖相合。」兩相比較，毫髮無差。於是歷終南，訪劉蔣，住持祖庵，修葺稍完，却返梁園，共移仙骨。發棺視之，形神尚有生意。四人交代，負以西行。程途所到，將酬館穀之資，逆旅主人必曰：「先有道者償價已訖。」竭力追之，終不能見。問其狀貌，乃祖師之化身也。既至終南，遂卜地而葬焉。

初遊登州望仙門外，見畫橋太險，遂言曰：「此橋異日逢何必壞。」衆皆莫曉其意。後經一紀，太守何公惡其險極，遂毁其嶮而平甃之，今改遇仙橋者是也。繼有文登縣作醮，於五色雲中，見白龜甚大，背有蓮花，祖師端坐於蓮蕊之上，須臾側卧而歸。縣宰尼厖窟親見其事，拈香恭禮，命畫師對寫真容，三州之人皆仰觀焉。丹陽聞之，作滿庭芳以讚之曰：

「古郡登州，望仙門外，畫橋車馬難通。重陽聖跡，對衆顯家風。預説逢何必壞，經一紀，太守何公，嫌巇嶮，令人拆毁，命匠別興工。文登重出現，白龜蓮上，端坐空中。宰公緣底事，得遇真容。忽覩回身側卧，祥雲動，復返仙宫。分明見，丹青邈出，何處不欽崇。」可謂死而不亡者矣。宜乎其爲七真之祖也。所有神變無窮，不能備録，東海西秦勸化道俗，長歌短詠殆千餘首，目之曰全真前後集並雲中録，明鉛汞坎離之説，盛行于世。又，答登州道衆書詩及十九枝圖：

書

嚞稽首：四時運轉，能般年少之容；三教分明，解救平生之苦。諸公存想，一悟齊修，九轉成，指日登仙。八門開，長春作伴。敢希搜妙，更乞投玄，便作鄙章，録于圖後。

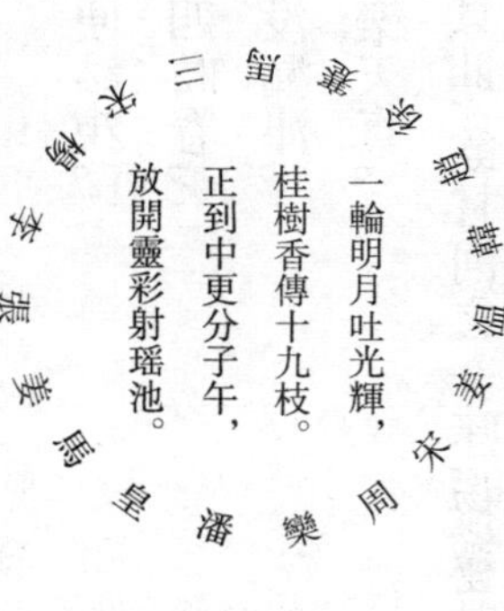

詩曰

盡知常與道爲鄰，搜得玄玄便結親。
悟理莫忘三教語，全真搜取四時春。
養成元氣當充滿，結作靈神没漏津。
十九光明如我願，敢邀相伴樂天真。

贊曰：祖師出世，四遇真仙，飲甘河之一味，授秘辭之五篇。十九葉相承於桂樹，一萬枝不絶於金蓮。寶鏡高提，照譚馬壺中之景；神珠獨耀，見丘劉劫外之緣。誰知太古家風，憑衲衣而暗度；却羡玉陽名字，仗傘竹以偷傳。錯上鈎竿，大士出默然之海；晚歸船舫，散人遊清静之淵。作大教權輿之主，開全真户牖之先。逮功成而名遂，然後跨鸞鶴而飛上青天也。張神童詩曰：占斷終南一洞天，曾來東海領諸仙。只憑入聖超凡手，種出黄金七朵蓮。

玉蟾和真人

先生諱德瑾，秦州甘泉人也。才能超拔，器識高遠，玄資霞映，妙質雲停。及其壯也，尤攻翰墨。初隱身於刀筆吏，然清懷淡泊，以道爲心，未嘗取非義之財。幽人逸客，靡不參訪。

偶因暇日，遇一道者，酗酒談玄，終夕不倦，定爲莫逆之交。他日道者臂擎一梟，自外而入，謂和公曰：「此禽怪哉，眼目許大，不能識人。」公亦不悟，但唯唯應對而已。後經月，不意道者身染惡疾，百醫無效，數日告殂，於是備棺槨而葬之。比及數旬，忽有老嫗叩門相謁曰：「昔有道者於此告亡，乃吾之嫡子也。奈何老矣，隻身飄然，無所依倚，衣餐不給，將何告也？」和公憫之，贈以金帛，老嫗曰：「我欲發墓啓棺，一面吾子，終身無憾矣。」懇求再四，義莫能已。遽令發棺，不見骸骨，但有所贈金帛而已。復求老嫗，亦失所在。和公歎曰：「神通變化如此奇異，若非仙聖，能如是乎？」由兹感激，屏棄俗緣，退居林下，精心修煉，與道合真。

聞終南重陽祖師深得九還鍛煉之術，乃往參同，遂居祖庭。日益玄妙，氣漸沖和，心地開通，有先見之明。預知丘、劉、譚、馬將至，乃與李公靈陽子同往餅店留錢四分，告貨羹主人曰：「今日當有四客仙至，曰丘、劉、譚、馬，以此待之。」既言而歸。良久，果有四道者至，貨羹主人曰：「汝非丘、劉、譚、馬乎？」四人相視而笑曰：「汝何以知之？」對曰：「和、李二老已留羹錢在此矣。」四人歎息曰：「真異人也。」食畢而往，相見欣然，甚於舊契。

比及升遐三年已前，預命畫師寫出真相，前凭虎頭，昏然而睡，衆莫能曉。至大定庚寅歲二月十有九日，乃召功德主馬公曰：「我蒙子厚恩，無以爲報，汝若將來有大患難，但請焚香密誦吾名，即當救汝。」是日天氣清爽，霞彩輝映，東鄰西舍皆聞異香，就草堂中枕肱而卧，寂然遺物而返真矣。乃預表歸期在庚寅年也。

升遐之後，臨潼張叟久患痼疾，衆醫無功，殆將屬纊。一夕夢中偶遇先生，詳説藥餌治療之法，問其姓氏，乃和公也。覺而用其所説，疾果頓瘳，足見先生之神迹有不死者在焉。

贊曰：甚矣哉，人之難化也，道之難明也，以玉蟾子之慕希夷，耽玄妙也。道者造門定交而不悟，千方萬便誘之而不悟，又以梟目警之而不悟，又以惡疾感之而不悟，又以尸解入棺而不悟，又以老嫗來謁而不悟。及乎啓棺不見骸骨，并失老嫗，然後知其聖賢之感應也，乃洒然而醒矣，棄妻子而歸隱林泉，受簪冠而精研性命，拜重陽而分明指訣，得九轉而鍛煉成功。先知四客之來，明留餅直；預畫三年之像，剋定歸期。卒能乘空步虚，出神入夢，可謂道不棄人也，信矣。重陽點破還丹訣，老嫗通開宿世緣。笑凭虎頭歸去也，風流同會紫金蓮。

靈陽李真人

先生之名，悮忘之矣。道號曰靈陽子，京兆終南人也。沉默寡言，聰敏超世，學問該博，識量弘深，道德留心，利名絶念。諒由宿契，得遇重陽，密泄真風，頓消俗念，坎倒離顛，朝磨夕煉。常與玉蟾子和公共結因緣，愛人濟物，損己利他，多積陰功，密符大造。重陽有詩云：「傳與〔一〕和公與李公，首先一志三人同。」

逮乎大定戊申歲春二月，世宗皇帝遣使召長春子丘公赴闕，臨別謂先生曰：「劉蔣因緣，祖師所建，不可輕視，善自住持。」先生曰：「來歲春光早回鶴馭，山野及期專待主喪。」衆人莫曉其理。比及來〔二〕年己酉二月，先生無恙，輒自清齋，門人勉之曰：「我師肌體素羸，加以不穀，將如之何？」先生曰：「汝等無疑，吾專俟喪主而已。」當是時也，長春子得中旨還故山，過秦渡鎮，盤桓不進。先生遣門人往迎之，長春遽往。纔抵庵中，先生怡然化爲周蝶栩栩而歸矣，祥雲拂地，瑞氣凝空，青鸞容與，白鶴翱翔，士庶官寮靡不欽歎。於是長春子率門人具棺槨而瘞之，時己酉之三月初一日也。

贊曰：天下不二道，聖人無兩心。故王公、和公、李公共傳秘訣，同鍊還砂。終南之丹桂齊芳，海上之金蓮並秀。遂使全真門下，列以爲三祖而尊祀之，又何慊乎哉？

詩云：兩手雙攜日月輪，輝輝照破萬華新。臨行未肯輕分付，直待長春作主人。

金蓮正宗記卷之二

〔一〕與：後文終南山祖庭仙真内傳卷上靈陽真人作「語」。

〔二〕來：原作「不」，據輯要本、精華録本改。

金蓮正宗記卷之三

林間羽客樗櫟道人編

丹陽馬真人

先生寧海人也，號曰丹陽子。祖諱覺，字華叟，通五經，爲人信義，言無宿諾。嘗販繒於鄰境，暮憩邸中，見一貧婦擗踊哭泣，聞人説云：「此貞婦也，良人少亡，誓不復嫁，孝養舅姑。不幸併亡，無資以葬，方欲質身以爲棺槨之費。」公正色言曰：「鄉鄰疾病，尚且扶持，里有死亡，不爲助給，非孝義之坊也。」解縑二束而贈之，不通姓氏，趨走前邸。是夕公之財物，爲暴客所劫，遂不告人，怡然而歸。其妻問之，託言賒貸。後經半載，盜者分贓不均，經公首露，公曰：「贓物紛紜，展轉相關，連坐非一，枉遭推勘，贓滿百疋，犯至極刑，非好善之所爲也。可持銀二兩，補爾不平之怒。」其人遂感謝而去。時方歲饑，曝米於庭，鄰婦竊之，公出潛見，復隱身而避之，任彼將去。

父諱師揚，字希賢，姿貌魁秀，沉静有度量。生子五人，取仁義禮智信爲名，號曰五常。

馬氏之坊，甚富於貲，故號曰馬半州。弟姪三人，皆擢進士，故有餘慶堂，今改爲降仙坊者是也。至辛亥歲，饑饉荐臻。八月清旦，有客倉皇擲紬複於案上，輒過門而不知所往。公欲收入巾箱間，舉之甚重，解而觀之，金色射目，以權衡稱之，其重兩鎰。旬日客來，即奉與之，客謝曰：「吾吕仙也，家在幽谷村，陶採爲業，得金兩鎰，欲貨於市。稅監逼逐，幾陷於刑，賴公以免。願兩分之，聊以酬恩。」公曰：「横來之金，慮招其禍。」辭而不受。吕仙曰：「公有黄向之風，異日子孫當出神仙。」自後公屢訪幽谷人，問吕仙安否，僉云：「素無吕氏之家。」疑其神人也。先生之母所有寶翠爲家婢竊而去之，衆人皆言急逐可得，公一無所問，由是資財益廣。享年六十有四。

先生第二子也，諱從義，字宜甫，癸卯歲五月二十日子時生。母唐氏，夢謁麻姑，賜丹一粒，吞而分瑞，體如火色，七日方消，手握雙拳，百日乃舒。爲兒時常誦乘雲駕鶴之語，夢中屢從道士登天。良賤四十餘口，每歛退食器，舌舐殘粒，身服舊裳。昔道士李無夢鍊大丹於崑崙，三載弗成，曰：「神仙降臨，則丹成矣。」一旦先生與豪傑相從遊戲，至於爐下，丹乃轉成。無夢見而奇之，謂先生曰：「額有三山，手垂過膝，真大仙之材矣。」因爲頌曰：「身體堂堂，面圓耳長。眉脩目俊，準直口方。相好具足，頂有神光。宜甫受記，同步蓬莊。」厥丹乃成，先生之德，因此見稱。孫忠顯美無夢之言，以女妻之，生子三人，曰廷珍、廷瑞、廷珪。

先生以孝悌見稱，夙賦聰明，長通經史，好與童稚戲狎，輕財重義，出舉收質，無可入還者，皆焚其券。大定二年秋，蝗，大饑，佃客劉進盜殺耕牛將盡，遽往視之曰：「年穀不登，困乏粮食，吾將賑濟。汝不念牛爲耕稼之本，使無罪而就死地，吾不忍也。」使劉進自負皮角而行，於是老幼號慟，告之曰：「方今法令嚴明，此去必犯刑憲，使父子不相見矣。」先生不言，乃往經閣院，施皮五張，令劉進面對三寶，具陳殺牛之愆，庶解冤結。時人歌曰：「古揚陳寔，今談宜甫。」

有無知少年，持錢三百來贖綾襖，故相欺詐。先生賜錢半千。少年惡其小惠，輒噀唾之，值郭奉信叱而退之。或曰：「面上有唾，拭之使乾。」曰：「拭之是違其怒，正使自乾耳。」先生謂同志曰：「昨夢二人皆衣皂褐，内一人素補兩肩，泣告予曰：『我輩十萬人性命在公所主。』言訖，奔入南巷，我逐之，見入屠舍劉清，顧壁上有頌云：『我輩己亥十萬人，大半已經辛巳殺。此門若是不慈悲，世世軸頭常厮抹。』夢覺，聞屠豕之聲，披衣視之，見縛二猪，其一兩肩斑白，方悟夢中之人。己亥，猪也。辛巳，乃劉公所生之歲也。」乃書頌於壁間，屠者心大剛切，未能誘化。是夕又夢二鶴飛落於蔬圃之間，遂建道館，招陸道士住持。

至丁亥年秋，先生與遼陽高巨才遊賞於范明叔之遇仙亭，酒酣題詩，其末句云：「醉中却有那人扶。」皆莫曉其意。中元後一日，重陽真人自終南抵東牟，徑入遇仙亭。先生問曰：「從何方而來？」曰：「路遠數千，特來扶醉人耳。」衆皆異其言。又問：「何名爲道？」曰：「五行不到處，父母未生時。」相與談玄，不覺席上生風。遂禮請真人還居家庭，其妻富春氏開簾視之，謂先生曰：「我觀王公面如芙蕖紅，目勝瑠璃碧，聲若巨鐘，語如湧泉，堂堂然有正陽之風采，當可傾心禮敬。」由是待以師禮。

真人謂先生曰：「我欲鎖庵百日不食。」先生從之，闢爲環堵，風雪四入，硯水不冰。窗外求詩者往來如織，揮毫拂紙，立賦立成。屢出陽神來坐閣中，先生遣人瞻之，則庵中儼然默坐。自孟冬初吉，示詩詞各一首，令先生繼和，仍賜梨一枚，與先生啖之。每五日芋栗各六枚，十一日爲梨爲二，令夫婦共食之。自後凡經旬日加一分，三旬分三，四旬分四，至於十旬，分爲五十五塊，合天地奇耦之數。先生漸悟真理，遂捨妻子，受簪冠，乞食降心，真人乃喜。一日真人言曰：「馬公破道。」人曰：「師何以知之？」曰：「昨宵夢飲酒。」使人詢之，先生曰：「得藥用酒，因而飲多。」真人先期而知之矣。乃登崑嵛煙霞洞，先生忽患頭痛，急如擘裂，人言曰：「馬公將不保朝夕矣。」真人曰：「吾三千里外特化其人，令死可乎？」遂呪水與之，飲訖而愈。大定九年秋，真人引先生輩四人西邁，登州太守紇石烈待以師禮，問曰：「後會何期？」曰：「當在梁園。」後真人羽化於夷門，紇〔一〕石烈改除南京副留守，遂爲喪主。

真人羽飛之後，先生引徒入京兆，乞自然錢，得數十千，復相約東行，取真人金骨改葬於終南。頭梳三髻，心喪六〔二〕年，默坐環堵。夫三髻者，有三吉字，乃真人之諱也，故尊而戴之。先生志如鐵石，行若冰霜，縱横闡化十有三年，服不衣絹，手不拈錢，夜則露宿，人憐其寒，答曰：「莫訝三冬不蓋被，曾留一點在丹田。」

一日謂門人來靈玉曰：「關中人謂衣裳破碎重修理者云何？」對曰：「謂之拆洗。」先生曰：「東方教門，年深殘破，吾當拆洗。」未及半月，上司降到符文，遣發道人各還本鄉，先生遂出關。長春丘先生方在隴山。一旦謂李大乘曰：「吾道東矣，余雖在牒發中，不能出關，余若出關，則秦中教風掃地無餘矣。」且隨緣下山，州中官民同狀保申，復上山而居之。先生自出關，所到鄉邑，垂髻戴白，歌舞於道路，出境迎迓，如鳳凰景星，爭先覩之爲快也。

既還鄉里，復見屠者劉清，教之曰：「曩日壁間之頌，不覺流年二十换矣，以日計之，日

〔一〕紇：原作「訖」，據上文及精華録本改。
〔二〕六：輯要本、精華録本作「三」，疑是。

宰三猪，十萬之數亦已足矣，況公壽八十有三，族廣家豪，理當止〔一〕殺。」公方省悟，遂擇日設齋，持砧器於郭門外焚之。是日往金蓮堂，見其水〔二〕味鹹苦，不堪供給，先生臨井呪之，甘若醴泉，郡人號曰靈液，構亭立碑，傳於四方。壬寅年五月，東牟大旱，嘉苗槁矣，徧禱山川，一無所應。州縣官長禮請先生，庶獲霑足。名香一爇，膏雨沛然。逮秋七月，郡人設大醮於朝元觀，連日陰雨，道俗惶恐，疑將敗其壇墠，先生曰：「無憂，今日必晴。」果如其言。至中元焚詞之際，五雲繚繞，鸞鶴徘徊。其感應之速也如此。

仲冬，行過登州，信士韓公焚香致禱曰：「家有苦井，願少垂法力，庶回其味。」先生即往呪之，其味頓變，甘如飴蜜。日晚雨作，遂留宿於韓宅，戲書云：「門外雨颼颼，天留人不留。主公猶自可，打破道人頭。」衆皆莫曉其意，須臾有康禪問道於先生，忽見簷瓦墮空，正中其首，衆方駭然悟末後一句也。重陽日醮畢，天門啓於東南，祥雲集於月際，郡人莫不瞻拜。二月八日，先生勸東牟琅琊村人悉焚船網，風回雪霽，忽見重樓翠阜，異事駭人，乃海市現於南陽也。

〔一〕止：原作「上」，據輯要本、精華録本改。
〔二〕水：原作「六」，據輯要本、精華録本改。

癸卯年四月十三日，主行芝陽醮事，而風雨大作，衆人哀禱，庶獲晴霽。先生叩齒冥目，似有所祝，須臾雲斂日出。十五日申未間，龍尾現於東南，移時不滅。至夜，彩雲貫月。四月二十八日，行詣芝陽，海市乃見，自旦至午。先生至回光庵，馬從仕喜，自願焚貸粮券千有餘斛。繼有鞠斌，聚魚網而焚之，海市復現，依稀若龍車鶴馭之狀。又有郭亨、欒周者，聚魚網而焚之，忽見桑島之間雲陣横斜，煙光縹緲，若甲馬神兵之勢。先生居華亭之環堵，林檎一株，枝枯心槁，將伐爲薪。四月初九日，沃之以水，俄有門人姚鉉持純陽真人家譜至，方知四月十四日生於林檎下，先生怡然曰：「予五月二十日生。比及此時，决生芽葉。」乃作頌云：「天上三十六，地下三十六。天地入寶瓶，七十二候足。」李公稽首，請釋其頌，先生笑曰：「此隱語也，他日自當知之。」五月十七日，李公夜夢林檎南北各生二葉，旦而視之，芽果生矣。至先生慶誕之辰，緑葉成陰，方解其頌云四九三十六日，天地相合，爲七十二日，氣候充足，變枯爲榮，何有難乎？

全真庵移竹兩叢、松一株，時四月間也，枝葉萎黄，道友崔公告先生曰：「此松竹還得再榮乎？」先生欣然作詩二篇云：「道家門户號長生，意要乾枯改舊形。常使數竿常緑緑，不教一葉不青青。」又曰：「我通生法斡旋生，布氣形骸轉换形。窗外不惟君子緑，庵前又喜大夫青。」遂以滌面水沃之，不旬日抽心展葉。金玉庵六月初三日植小松六株，衆人稽首曰：「全真庵之松竹得復榮旺，金玉庵之小松獨何憔瘁？」先生乃以真氣三時布之，作詩三絶云：「六月庵前種六松，故然返到馬風風。三番布氣無多力，六願還生有大功。」又云：「當時數伏故栽松，道友閒閒試馬風。我説六株無自活，人傳三髻有真功。六月初三種小松，六株變色遇扶風。祈榮我借重陽氣，應效人傳三髻功。」其松更不改柯易葉，青翠可愛，邑人遂刊詩於石。昔吕純陽以藥一丸，詩一絶，活萊州龍興寺枯槐，於今尚在，其詩曰：「長拖布袖出河東，夜宿祇堂古廟中。不夜城中留聖跡，且教槐老度千冬。」今先生以詩三絶活芝陽六松。前聖後聖，其歸一揆。芝陽貧士兩足俱廢，哀聲甚切，先生呪水與之，飲訖，其行如飛。欒武功者，久患風痹，百藥無功，先生呪果服之，一日頓愈。

先生忽一旦歌舞自娱，有非常之喜，門人忽報曰：「壬寅年十二月晦日，孫仙姑枕肱棄世於河南矣，享年六十四歲。」先生曰：「昨晚乘綵雲，奏仙樂，東歸海上，吾親見之。吾之歌舞者，蓋爲此也，已預知之矣。」是歲九月，在崑崙契遇庵主持孤魂醮事，瑞霞晃耀，鸞鶴往來，不可勝數。東遊文山，建七寶庵，掘井九尺而不及泉，大石阻之，先生題云：「穿鑿須當二九深，甘泉自可應清吟。」遂命匠者再鑿至一丈八尺，而寒泉湧出。七寶庵牛車載巨棟，路經險峻，駕車人僵蹎於轍間，輪轉胸臆，其人念丹陽名號，並無所損。

壬寅年三月，憩於濟南府舜廟，老幼竟欲瞻禮，爭門而入者幾千人矣。門脱其扇，卓然而立，一無所傷。仲冬，移柏二株，高可數尋，植於七寶庵中，漸成枯槁。先生以真氣吁之，以水沃之，旬日之間，翠色如初。下元日，文山加持醮事，連日陰雨，衆人憂之，先生聞空中語云：「重陽真人至。」姚、來二公在傍，亦聞之。十六日晡時，縣令尼厖古武節仰視天表，乃見一仙人，青巾白袍，坐白龜碧蓮葉上，龜則動摇其尾。家人百壽曰：「乃圖畫中王公也。」急備香火，莫不禮敬。忽見真人回身側卧，東南去矣。先生作滿庭芳以記之，邑人模於石上。萊陽請先生赴遊仙觀議行醮事，十二月中旬，先生報云：「後三相見。」

至二十二日重陽降世之辰，先生令于知一舞歸朝歡，仰首而視，乃見重陽師真與和公師叔立於空中，冉冉然。先生曰：「堂堂歸去也，作箇快活仙。」又云：「正到崢嶸處，爭如拂袖歸。」呼弟子劉真一，告之曰：「汝等要作神仙，豈爲容易，若遇魔難，慎勿退怠，謹而愈謹，然後可得。領吾此言，不可忘也。」遂東首而卧，謂衆曰：「我開眼也見，合眼也見，元來見不在眼，心中了然則無所不見。」與門人談笑。夜將二鼓，風雨大作，雷震一聲，先生枕肱而羽飛矣。

酒税監郭復中聞扣門甚急，出而視之，即先生也。引入共話，索紙書頌曰：「長年六十一，在世無人識。平地一聲雷，浩浩隨風起。」良久告别，趨而去之。鄉人有劉錫者，是夜見屋隙間明如然炬，遲明視之，見紙一幅，用竹竿取下，乃四句詩云：「三陽會裏行功圓，風馬乘風已作仙。勸汝伏降龍共虎，自然有分亦昇天。」後題先生諱字。急投火中焚之，滿家如旃檀之馨。少頃人報云：「昨夜先生羽化矣。」方知郭復中與劉錫所見者陽神也。凡經七日，神色儼然，葬於遊仙觀。初，東華庵有松數十株，枝葉皆變白色，先生曰：「此松之白，殆爲我歟？」甲辰年正月十八日巳午間，進士劉紹祖等見空中鸞鶴徘徊，雲霞變化，重陽真人雲冠絳服，丹陽先生三髻素衣，現于雲表，移時方去。五月十二日己亥之晚，先生忽現於應仙橋之西北，仙童侍側，少頃爲寒雲所掩，當時于信等二十一人皆見其事。

先生葬後，邑人常疑陝西徒衆盜去仙骨，至乙巳年正月二十四日，縣宰劉公出棺視之，容貌若生，肢體柔軟。乃櫛髮更衣，四方聞之，爭爲瞻禮，輪蹄絡繹。至九月，復以石槨葬之。

所有分梨十化、漸悟、精微、摘微、三寶、行化、金玉等集，刊行於世。味其文義，皆貫通三教，囊括五行，酬今和古，託物喻人，玄談妙理，視蓬島如目前，智劍慧刀，逐三尸於身外，遵之則遷善遠罪，悟之則入聖超凡，豈小補哉？

贊曰：首遇重陽，先明九轉。十度分梨，暗傳消息。六回賜芋，别有機關。通一氣未生之前，指五行不到之處。斡開玉户，透入金門。燦日月於壺中，聚雲霞于鼎内。屣脱半州之産，頂分三髻之髽。數十年卧雪眠霜，幾萬里遊山涉水。七朵金蓮，最先放徹；五篇秘語，獨自傳來。霹靂一聲，不負紅霞之約；因緣萬劫，還歸碧落之遊。啓迪全真，發揮玄教者也。張神童詩云：海上文章第一儒，重陽曾向醉中扶。古今多少修真者，應比先生一箇無。

金蓮正宗記卷之三

金蓮正宗記卷之四

林間羽客樗櫟道人編

長真譚真人

先生諱玉，字伯玉，譚其姓也，世居寧海。爲人慷慨，識度不凡，孝義傳家，甚爲鄉里所重。

適大定丁亥冬，風眩癱瘓，纏綿不解，鍼藥甚多，皆莫能效。聞重陽先生來自終南，方在宜甫馬君宅中閒居，扶杖往謁，將求治療之法。先生扃户不納，公乃堅守，終夕剥啄不已，門忽自開。重陽大悦，以爲仙緣所契，乃召之同衾而寢，談話親密，過於故交。比曉下床，舊疾頓愈，四體輕健，奔走如飛，方知重陽之爲異人也。輒抛棄産金，如視糞壤，乞侍左右，終身不退。乃賜之法名曰處端，字曰通正，號曰長真子焉。贈詩云：「超出陰陽造化關，一心向道莫回還。清虚本是真仙路，只要安居養内顔。」先生既受師訣，滅人我，絶思慮，戴青巾，穿紙布。

大定戊子歲，辭親戚，别鄉黨，從祖師左右，南遊汴梁，朝參夕請，多得玄旨。比及三〔一〕年，祖師乘雲而朝元矣，乃以仙骨西歸劉蔣，葬之以禮。厥後遁跡於伊洛之間，調神鍊氣，雖託宿紅衢紫陌、花林酒陣之間，心如土木，未嘗動念。雖萬兩黄金，未嘗爲之折腰。因循漂泊，至水南朝元宫，以爲朗然子鍊丹之地，故愛而不捨。自後門衆大集，尚騣騣然乞食不已。

曾過招提，就禪師處乞殘食，禪師大怒，以拳毆之，擊折兩齒，先生和血咽入腹中，傍人欲爲之爭，先生笑而稽首，殊不動心，由是名滿京洛。平昔好書「龜蛇」二字，習而不已，妙將入神，有飛騰變化之狀，奉道信士多收藏之，以爲珍寶。後府中火災，延燒數百家，但蓄二字者皆免。

一旦戒門人曰：「重陽師真與我有蓬萊之約，今將往矣。」言訖，五色祥雲繚繞庭際，青鸞白鶴翱翔往來，於是首東面南，枕肱而蜕骨焉，時四月初一日也。所有應世歌詠近數百首，目之曰水雲，深明鈆汞泝流之道，大行於世。

贊曰：長真老仙，寧海豪士。與三髻以同學，拜重陽而受盟。一夕之清談未終，

〔一〕三：精華録本作「二」。

數年之痼疾頓愈。抵千金而不顧，挂百衲以甘貧。鍊氣調神，幾載長遊於洛下；歸根復命，半生不返於山東。鎮百怪以潛形，龜蛇兩字；握二儀而在手，龍虎九還。正逢丹桂之芬芳，又值金蓮之爛熳。鉛汞注水雲之集，煙霞爲蓬閬之遊。若非骨肉同飛，形神共妙者，其孰能與於此乎？張神童詩云：風火胸心鐵石腸，正豪强裏便回光。洛陽春暖神遊處，猶有龜蛇鎮北方。

長生劉真人

東萊長生真人，卯金右族，炎漢遺英，矯矯雲翮，堂堂嶽精，湖海不足以盡其含容，星斗不足以極其高明。乃祖乃父，世居武官，好陰德，樂推恩，恤寒餒，惠孤惸，捨良田八十餘頃與龍興巨刹，以爲常住種福之根。當前宋太平興國間，朝廷嘉厥孝義，旌表門閭，蠲免租征，光照連郡。天不負仁，自紅霞丹景中選擇其仙材之精明者，降瑞於掖城。既挺世也，謹事孀母，特以孝聞。誓不婚官〔一〕，憎華醜榮，清靜自守，希夷若昏，顧世間物，無足以撼其胸中之誠。屢辭故山，欲訪異人，而慈親盻盻然未之許也。

〔一〕官：輯要本、精華録本作「宦」。

大定己丑之春，忽於鄰居壁間，人所不能及處，見揮灑一頌，而墨跡尚新，不留姓名。其末句云：「武官養性真仙地，須有長生不死人。」先生歡賞其筆力遒勁，疑神物之所化成，而未能決其信情。是歲九月，霜寒露清，重陽祖師杖屨西行，携丘、譚、馬三仙之英，度海島，歷山城，先生聞之，竭蹶而趨，香火而迎。祖師顧而笑曰：「壁間墨痕，汝知之乎？」三子者亦相視而冰哂。方悟其頌乃神通變現之所以相驚也，於是鏤肝薦誠，刻骨效盟，負几杖，執巾瓶，左右惟命，死生自程。祖師愛其殷勤，美其專精，顧其神采之不群，乃歎曰：「松之月，竹之雪，故不受於黄塵。」贈之詩曰：「釣罷歸來又見鼇，已知有分列仙曹。鳴榔相唤知予意，躍〔一〕出洪波萬丈高。」仍取壁間語意，以長生爲之號，處玄爲之諱，通妙爲之字，時方弱冠之明年也。丘、劉、譚、馬之名，充塞乎九野與八紘。

遊汴梁，寓夷門，乞食鍊形，隱姓埋名，朝叩暮請，行薰坐蒸，委曲而挑斡玄機，丁寧而啓迪丹經，掃惑雲，泮迷冰。祖師既盡付其四象五行，乃遺物離人而退藏于天，所謂得知友而赴蓬瀛也。四子乃負仙骸，報洪恩，叩咸陽，歷華陰，寧神於劉蔣舊廬之坰。四子之志各異，先生獨遁跡於洛京，鍊性於塵埃混合之中，養素於市鄽雜沓之藁。管絃不足以滑其和，

〔一〕躍：原作「濯」，據文意及後文甘水仙源録卷二長生真人劉宗師道行碑改。

花柳不足以撓其精，心灰爲之益寒，形木爲之不春。人饋則食，不饋則殊無愠容。人問則對之以手，不問則終日純純，定力圓滿，天光發明。乃遷居於雲溪之濱，門人爲之穿洞室於巖垠，忽遇古井，寒泉泠泠。衆駭其異，先生笑曰：「不遠數尺，更有二井，乃我宿生修鍊之所經營也。」鑿之果然，迄今洞宫號爲三泉。

逮丙申歲，復還武官，往拜母氏，相見甚歡。卜太基之陰麓，建靈虚之祖堂，手植檜栢，蒼翠成行。居無何，鄉里誣告先生殺人，輒不辭而就縛，坐狴犴者近將十旬。純陽祖師聽玉漏，駕蒼麟，下碧霄，入幽圄，就枷尾，付管城，教之習文。後殺人者自首，先生得以免縲絏之刑。比其出也，翰墨絶妙，有龍蛇飛舉之形。大定戊申，主醮于昌陽，綵雲覆壇，白鶴舞庭。是歲也，秋旱如焚，復披禱雨之誠。既登厥壇，四望無雲，曰：「來朝巳午之交，當有甘澍如傾。」言出有徵，如影響之應形聲。自後東州醮壇，獨師主盟，必有祥風泠泠，捲楮幣而上騰。其感應也如神，迄今諸郡石刻猶存。

至承安之三年也，章宗聞其道價鏗鍧，乃遣使者徵之，以鶴板蒲輪，接於紫宸，待如上賓，賜以琳宇，名曰修真。官寮士庶絡繹相仍，户外之屨無時不盈。明年三月，乞還故山，天子不敢臣，額賜靈虚，寵光祖庭。

迨癸亥歲二月中春初六吉辰，鳴鼓集衆，告之以閬苑之行，曲眠左肱，翛然返真，祥光氤氲，瑞氣紛綸。所有遺文，仙樂、太虛、盤陽、同塵、安閑、修真，仍注道德，演陰符，述黄庭，奥涉理窟，條達聖真，足以爲萬世之規繩。

贊曰：長生老仙，主張化權，吞虚無，吐自然。乘紫雲而下，遊碧海之邊，遇甲子天元之會，契重陽多劫之緣。撞百關，通九泉，驅四獸，耕三田，坐洛陽之市井，鑿雲溪之洞天。融白雪以成粉，熟玄霜而不煙。聲名簧鼓於鳳州，光華照耀於金蓮。搆靈虚之紺宇，拜朝廷之紫宸〔一〕，還斷東萊之宿債，然後骨肉都融，遊宴八騫也。張神童詩曰：蓬萊深處了天真，一點靈明迥出塵。高卧東風歸去後，靈虚閑鎖碧堂春。

長春丘真人

真人諱處機，字通密，號曰長春子。家世棲霞，最爲名族。敏而强記，博而高才。眉宇閑曠，舉措詳雅，善相者言足下有龜文，必爲帝王師。年未弱冠，酷慕玄風，非長生久視之説不道也，非驂鸞跨鳳之語不詠也。

大定丁亥春，聞重陽在崑崙山煙霞洞，竭蹶而往，摳衣請教。重陽見而愛之，與語終

〔一〕宸：原作「宣」，據前文及文意改。

夕，玄機契合，故贈之詩云：「細密金鱗戲碧流，能尋香餌會吞鈎。被予緩緩收綸線，拽入蓬萊永自由。」先生拜而受之，旦夕親侍左右，甘洒掃之役。迤邐從師，東別海山，南遊汴梁，歲月既久，志氣彌堅，師資之道過於膠漆，玄關妙揵多所啓明。一旦祖師赴蓬壺之約，遺物離人而入於天矣。大葬禮畢，西遊鳳翔，乞食於磻溪太公垂釣之所，戰睡魔，除雜念，前後七載，脇不占席。一簑一笠，雖寒暑不變也，人呼爲簑衣先生，妙合虚無，理通玄奥。復歸劉蔣，以爲先師舊隱之地，戀戀不能捨去。

大定戊申春二月，世宗聞其名，遣使召赴闕，所賜甚厚，待詔於天長觀，久之，奉勑主行萬春醮事。逮四月朔，以中旨住持全真堂，仍御書篆額。五月初一日召見於長松島，秋七月十日再召見，剖析天人之理，演明道德之宗，甚愜上意。應制獻瑶臺第一層曰：「寶運龍飛，當四海、群仙降跡時。萬機多暇，三靈協贊，不動槍旗。玉樓金殿廣，間月臺，風榭臨池。静無爲，泛綵舟鳴棹，涼簟枰碁。深惟。前王創業，太平難遇道難期。會逢天祐，遐荒入貢〔一〕，玄教開迷。坐朝垂聽暇，伴赤松、談論希夷。勝驅馳。向人間一度，天外空歸。」上覽之大悦，薄暮言歸。翌日遣中使賜桃一盤，先生不食茶果已十有餘年，以其聖恩過厚，

〔一〕貢：精華録本作「宫」。

强餐一枚。至中秋得旨還山，仍賜錢十萬，表而辭之。逮己酉歲二月，鶴駕出燕臺，抵關陝間，忽聞哀詔下，先生歎曰：「嗚呼，生死之大，貴爲萬乘，富有四海，不能終於百年，若之何哉？」遂浩然有西歸之志。度函谷，歷終南，隨方闡化，玄風爲之彧然。

明昌之改元也，東還海上，歸隱棲霞，修建壇宇。比及戊辰歲，道價鴻起，名滿四方，天子嘉之，勑賜爲太虛觀，仍加賜玄都寶藏六千餘卷，以爲常住。居無何，兵革滿河朔間，宋使泊金使各持詔來宣，同日北方大蒙古亦使便宜劉仲禄來宣。人皆以爲師當南行，蓋南方奉道之意甚厚，而北方則殺戮大過，況復言語不通。而我師不言，但選門人之可與共行者得一十八人，同宣差劉仲禄西行。

過薊，至德興府，寓於龍陽觀，以詩寄燕京諸友云：「十年兵火萬民愁，千萬中無一二留。去歲幸逢慈詔下，今春須索冒寒遊。不辭嶺北三千里，仍念山東二百州。窮急漏誅殘喘在，早教身命得消憂。」過白骨甸，陰風積雪，寒入骨髓，險阻艱難，備嘗之矣，乃作長篇古調以記行色云：「金山東畔陰山西，千巖萬壑攢深溪。溪邊亂石當道卧，古今不許通輪蹄。前年軍興二太子，修道架橋徹溪水。今年吾道欲西行，車馬喧闐復經此。銀山鐵壁千萬重，爭頭競角誇清雄。日出下觀滄海近，月明上與天河通。參天松如筆管直，森森動有百餘尺。萬株相倚鬱蒼蒼，一鳥不鳴空寂寂。羊腸孟門壓太行，比斯大略猶尋常。雙車上下苦敦擷，百騎前後多驚惶。天池海在山頭上，百里鏡空含萬象。懸車束馬西下山，四十八橋低萬丈。河南海北山無窮，千變萬化規模同。未若兹山太奇絶，磊落峭拔如神功。我來時當八九月，半山已上皆爲雪。山前草木暖如春，山後衣衾冷如鐵。」西行數萬里，凡所見山形水勢，奇人怪物，不與中國同者甚多。

是時成吉思皇帝方守算端國未下，宣差劉仲禄乃以師見，帝勞之曰：「他國徵聘皆不應命，遠逾萬里而來此間，朕甚嘉之。」對曰：「山野奉詔而起者天也，非人力之所爲也。」上賜之食，食畢問曰：「真人遠來，有何長生之藥以資朕乎？」師曰：「但有衛生之道，而無長生之藥。」上愛其誠實，由是每日召見，即勸之少殺戮，減嗜慾，前後數千言。耶律晉卿方爲侍郎，録其言以爲玄風慶會録，皇帝皆信而用之。問鎮海曰：「真人當以何爲號？」鎮海奏曰：「有人尊之曰父師者，有曰真人者，有曰神仙者。」上曰：「從今已往，可以神仙號之。」

至癸未春首，奉旨以甲騎數千送還燕京，勑改天長觀爲長春宫，更修白雲觀，合而爲一。以北宫萬歲山、太液池并賜之，改爲萬安宫，詔天下出家善人皆隸焉，仍賜之以金虎符，便宜行事，前後所受詔勑甚多。師既住持長春宫而教化大行，全真之道翕然而興，主持醮壇，祈風禱雨，刻期不差，如影響焉，千門萬户莫不歸向。師方逍遥自得，凡午齋之餘，必以數騎往遊萬安宫，翫山溪之富盛，樂禽魚之蕃息，日凡一往，將蕃則歸。

歲在丁亥六月二十有三日，因疾不出，人報巳午間雷雨大作，太液池之南岸崩裂，水入東湖，聲聞數十里，黿鼉魚鱉盡去，池遂枯竭，北口山壁自摧。師聞之笑曰：「山摧池枯，吾將與之俱乎？」七月初四日，師謂門人曰：「昔丹陽嘗授記於予，云：『吾没之後，教門大興，四方往往化爲道鄉。公正當其時也，住持大宫觀，皆勑賜名額，仍有使者佩符乘傳。此時乃功成名遂歸休之時也。』丹陽之言一一皆驗，吾歸無遺恨矣。」既示疾，九日午後一刻，昇寶玄堂，留頌云：「生死朝昏事一般，幻泡出没水長閑。微光現處跳烏兔，玄量開時納海山。揮斥八紘如咫尺，吹嘘萬有似機關。狂辭落筆成塵垢，寄在時人妄聽聞。」遂歸葆光堂，栩栩然蝶化矣。是時有青鸞白鶴徘徊上下，瑞氣瀰漫，仙音繚繞，乘空而去，官寮士庶靡不瞻拜。殯於白雲觀之處順堂焉。三年之後，啓棺更衣，手足如綿，顔采如生。所有歌詩、雜説、書簡、論議、直言、語録，曰磻溪集、鳴道集、西遊記，近數千首，見行於世。

雪峰贊曰：乾坤作堂屋，日月爲燈燭。棲霞一老仙，俯仰於中宿。對衆口談天，語句噴冰玉。開啓玄微機，潛享高穹禄。煅煉神何清，神光炫二目。起立身何輕，清風生健足。大道興不興，到處人心服。金丹成未成，白雲滿巖谷。

贊曰：僕嘗遊燕臺，見三人相與論丘仙翁之功德，其一人曰：「我以爲磻水溪邊七年苦志，寶玄堂上數載流光，鍊金丹大藥之基，種火棗交梨之樹，出神入夢，斡地回天，此功德之最大者也。」其一人曰：「非也，我以爲修宫立觀，傳教度人，開全真七朵之蓮，種無影三花之樹，受簪冠者半天下，談道德者匝世間，無人不飲於重玄，有物盡霑於至化，此功德之最大者也。」其一人曰：「乃二公之所説，見其小不見其大，得其麤不得其精，取太山之半拳，拾鄧林之一葉也。我則以爲當蒙古之鋭兵南來也，飲馬則黄河欲竭，鳴鏑而華嶽將崩，玉石俱焚，賢愚並戮，尸山積而依稀犯斗，血海漲而髣髴彌天，赫威若雷，無赦如虎。幸我長春丘仙翁應詔而起，一見而龍顔稍霽，再奏而天意漸回，詔順命者不誅，許降城而免死，有驅丁而得贖，放虜口以從良，四百州半獲安生，數萬里率皆受賜，所謂展臂拒摧峰之嶽，横身遮潰岸之河，救生靈於鼎鑊之中，奪性命於刀鋸之下，不啻乎百千萬億，將逾於秭穰京垓。如此陰功，上通天意，固可以碧霄往返，白日飛昇，又何用於九轉丹砂、七還玉液者也？」張神童詩云：磻溪鍊就九還砂，道德文章第一家。三島有期應去也，至今鸞鶴唳棲霞。

金蓮正宗記卷之四

金蓮正宗記卷之五

林間羽客樗櫟道人編

玉陽王真人

先生諱處一，號曰玉陽子，王其姓也，家居寧海之東牟。幼喪其父，事母至孝。體貌魁梧，爲兒童時不雜嬉戲，好誦雲霞方外之語。七歲遇東華教主，授以長生久視之訣。年一十有四歲也，偶步山間，見一老翁坐於盤石之上，呼之使來，摩其頂而謂之曰：「汝他日必揚名於帝闕，當與玄門作大宗師。」言畢乃起，曳杖而行。先生從而不捨，啓曰：「公何人也？」答曰：「我乃玄庭宮主也。」回首不知所在。自兹之後，語言放曠，不與世合，行止顛狂。

適大定春二月中，因暇日遊宴至范明叔之遇仙亭，乃見終南山重陽祖師在焉。祖師觀其骨格非凡，乃曰：「汝肯從吾否乎？」先生曰：「僕所願也，敢不唯命。」遂侍左右，與丘、劉、譚、馬定爲莫逆之交，修真秘訣，靡不窮討。祖師呼而告之曰：「文登縣鐵查山雲光洞是汝登真之所，可以往居，幸無怠懈。汝之名號，他日吾與汝送去。」先生於是拜辭而歸，隱於洞中。

至四月間，祖師將遊龍泉，借范明叔傘以蔽日。丘、劉、譚、馬先行，祖師在後可半里許，忽擲傘於空中，飄飄然起，西北而飛，不知所往。丘、劉輩驚，反走而問其所由，曰：「搏扶摇而上，不知所以然也。」自辰至晡，傘乃墮於雲光洞前，擊破其柄，中有道號曰𥎞陽子，名處一。「𥎞」音「竹」，篇、韻中本無此字，蓋祖師之所撰也，字作七人，表金蓮七朵之數。大約擲傘處與雲光洞相去二百餘里。先生得之，他日來謝。祖師贈之詩云：「修行事理記丁寧，只要心中静裏明。眼界不生龍自住，鼻門無閉虎常停。舌根退味心神爽，耳内除聲腎水清。南北混融歸一處，東西交媾滅三彭。木金厮杈盤桓住，嬰姹相隨自在行。結作金丹出頂上，五光射透彩雲棚。」先生拜而受之。

從此之後，往來於登、寧之間，夜則歸於雲光洞口。偏翹一足獨立者九年，東臨大海，未嘗昏睡，人呼爲鐵脚先生。丘真人贊之曰：「九夏迎陽立，三冬抱雪眠。」如此鍊形九年而入於大妙，順行逆行，或歌或舞，出神入夢，接物利生。適大定戊申歲，世宗聞其道價甚高，仍〔一〕遣使以幣聘之，遂赴闕。僧徒懷嫉妬心，多輸金於中使，以爲先生非真仙也，鴆酒

〔一〕仍：輯要本、精華録本作「乃」。

可以驗之。上以爲然，乃賜之三杯。先生飲訖，殊不煩躁，終莫能害。上乃驚謝，賜之金冠法服，駟馬安車，勅建全真堂以居之，仍御書額。己酉歲清明後五日，得中旨還故山，復賜之金帛鉅萬，表而辭之。逮承安三年秋八月，章宗詔求隱逸，召至闕下，朝於便殿，應對如流，天子大悦，勅賜體玄大師，創修真觀以居之。泰和壬戌歲，勅赴亳州太清宫，主行普天醮事，萬鶴翱翔，太上現於雲中，面赭於日。先生有詩云：「聖感傳宣出洞天，金門演教慶無邊。東方雲海玉陽子，特受皇恩第四宣。」自此之後，還歸雲光洞，度道士者千餘衆。

東牟有遲金者，豪家也，待師甚厚，一旦忽冒風邪，百醫不能療，遂不起。先生憫之，即令煮青魚五十尾，以餅捲而餐之。既飽而起，行步如飛，一方駭然，望風從化。師乞食至登州福山縣，見潘山人身歿將葬，以手搋兩耳，喝言地府不得收，須臾即起，飲啖自若。其子多以財貨謝之，先生微笑，拂袖而去。

方在寧海時，二兇徒欲加害於先生，各持杖邀師同飲，俟醉而共加捶焉。未及其酣，二人自相毆擊，其人中痛而死。觀者驚惶，以爲必多相累，無所逃竄。先生即大呼曰：「東嶽不得收。」須臾即甦，衆憂遂解。行至濟陽縣，告法名者甚多，將及三鼓。先生濡毫落紙，書作「賊人」二字，復厲聲言有賊，衆皆出門，見執兵器者數人，驚惶逃竄，不知所往。聖水洞前有巨石斜出，可數丈許，遊歷者頗以爲懼，衆議去之，鎚鑿俱興，數日擊毀百分未及其一。

師笑而往，運鎚三擊，聲若雷霆，石已墜矣，仍有紫煙罩滿巖谷，三日方散。大定丙午歲，重陽降跡之日，丹陽飛骨之期，先生赴琅琊村，誘化船户，盡焚魚網，遂感海市現於東南，重樓翠阜，貝闕珠宫，驚駭數郡。因借東坡韻書一篇，文多不載。以至禱龍即雨，烹雞復還，漏瓶注酒，枯櫪生枝，不可備録。

逮貞祐丁丑歲四月二十三日，有五色雲自東南來，二〔一〕青衣捧詔而下，旌幢蔽天，衆皆瞻禮。先生告門人曰：「三日已前，衆聖皆至。」言訖，焚香朝禮十方，索筆書頌云：「躍出乾坤造化權，神光晃朗遍諸天。飄飄鶴馭超三界，喜受金書玉帝宣。」落筆而卧，奄然返真，祥光溢於山谷，瑞氣覆於川原，數日不散。

平生所集歌詩近千餘首，目之曰清真集、雲光集，盛行於世。

贊曰：鍊精玉陽，韜光聖水。竹傘柄中，暗傳名號。鐵查山下，多做工夫。三冬抱雪以安眠，九夏迎陽而竚立。故能混南北而歸一處，媾東西而滅三彭。累遭仙聖之傳言，四感帝王之降詔。飲鴆酒而容光不改，焚魚網而海市横空。潘公已死，聽三喝以重甦；遲老久癱，賜一餐而再起。童子出從於鑪内，老君高顯於雲端。手舉鐵鎚，

〔一〕二：精華録本作「一」。

巨石已聞於落澗；口傳玉訣，群山竟見於摇峰。無根橛上，枝葉重生；没底壺中，酒醪不漏。鶴降而壇前屢舞，雞烹而架上重鳴。盜者執兵而反逋，兇徒舉杖而自毆。躍出乾坤之造化，斡回日月之機關。席下門徒，親度者數千百衆；平生手段，共傳者三十六端。故能受玉帝之宣，赴金蓮之會也。張神童詩云：名高曾受帝王宣，感得金書賜體玄。道德已成神已化，鐵查山下水依然。

廣寧郝真人

先生諱璘，號恬然子，自稱太古道人。家世寧海，歷代遊宦。先生朝列之從弟也，事母至孝，資質豐美，不慕榮仕，深窮卜筮之數，黄老莊列未嘗釋手。凡遇林泉幽寂之地，則徘徊而終日忘返。

大定丁亥秋，貨卜於市，士大夫環列而坐。重陽最後至，背面而坐。先生曰：「何不回頭？」重陽曰：「只恐先生不肯回頭。」先生頗驚，遽起作禮，邀赴他所閒話，往來問答，如石投水。先生獻詩云：「同席諸君樂太古，未明黑白希夷路。今朝得遇達人吟，伏望先生垂玉句。」重陽答曰：「口愛郝公通上古，口談心甲神仙路。足間翠霧接來時，日要先生清静句。」先生覽之，得意而歸。至來年戊子歲三月中，專往崑崙山煙霞洞焚香敬謁，甘洒掃之役。重陽乃賜之法名曰大通，號曰廣寧子，與丘、劉、譚、馬同侍左右。逮七月間，重陽令諸弟子皆歸寧海，惟丘公侍側。不數日，復命丘公往呼太古。既至，乃告之曰：「我有布衲，剪去兩袖，我要替背，與汝過冬，自綴袖去。」先生拜而受之。蓋象古人傳衣之法也。自是之後，重陽南歸汴梁，先生往來河北。乙未歲，乞食於沃州，方悟重陽密語，涣然開發，遂往橋上默然靜坐，饑渴不求，寒暑不變，人饋則食，不饋則否，雖有人侮狎戲笑者，不怒也，志在忘形。如此三年，人呼爲不語先生。

一夕天色昏冥，偶醉者過，以是蹴先生於橋下。默而不出者七日，人不知者以爲先生何往。忽值客官乘馬將過而馬驚躍，捶之不進。客遂墮馬，問左右曰：「橋下必有怪事，不然，何吾馬之驚也？」命左右往視之，則一道者奄然正坐，問之則不語，以手畫地曰：「不食七日矣。」州民聞之，爭往饋食，焚香請出，但摇手不應，只於橋下復坐三年，水火顛倒，陰陽和合，九轉之功成矣。乃忻然而起，杖屨北遊，盤桓於真定間，往來請益者不知其數。大興宫觀，昇堂誘化，玄風爲之熾盛。以悟南柯示衆云：「地肺重陽子，崑崙太古仙。二人結約未生前。托居凡世，飛下大羅天。共闡玄元教，行藏度有緣。奈何不悟似流泉。別後相逢，再約一千年。」自明昌後，復歸東州，別建琳宇，多度門衆。

預於三年以前，命匠者鑿爲地宫，甃之以甓。日凡一往，偃息其中，告之曰：「臘月三十日打算。」如是三年，法體康健。語門人曰：「師真有蓬萊之約，吾將歸矣。」言訖，卧而返真，正當臘月三十日也，享春秋者八十有四。

平生歌頌，深明龍虎顛倒之説，牽引卦爻升降之數，目之曰太古集，大行於世。

贊曰：廣寧道人，窮探易象。憎俗態而頓拋妻子，慕玄風而喜受簪冠。歸隱於煙霞洞中，恭禮於重陽席下。工夫展轉，手段施呈，茂揚太古之精華，吸盡全真之骨髓。按龜蛇而交結，運龍虎以盤旋。寧海市中，暗得傳衣之妙；沃州橋下，堅持鍊氣之功。身外觀身，口中安口，三彭滅而水火顛倒，四氣流而鉛汞調和，自然九轉丹成，三華果結。卒赴蓬壺之舊約，預占臘月之盡期。若非跡寄人間，心通象外者，其孰能與於此乎？張神童詩云：處市居山任自然，静中參透易中玄。而今醉卧蓬萊上，萬古人傳太古仙。

清静散人

仙姑者，孫忠翊之幼女也，家世寧海。初母夢七鶴舞於庭中，良久六鶴飛去，獨一鶴入于懷中，覺而有娠，乃生是女。性甚聰慧，在閨房中，禮法嚴謹，素善翰墨，尤工吟詠。既笄，適馬氏，生三子，皆教之以義方。

適大定丁亥冬，重陽先生來自終南，馬宜甫待之甚厚，仙姑未之純信，乃鎖先生於庵中百有餘日，不與飲食，開關視之，顔采勝常，方始信奉。仍出神入夢，種種變現，懼之以地獄，誘之以天堂，十度分梨，六番賜芋，宜甫遂從師入道。仙姑尚且愛心未盡，猶豫不〔一〕決，更待一年，始抛三子，竹冠布袍，詣本州金蓮堂禮重陽而求度。先生贈之詩曰：「分梨十化是前年，天與佳期本自然。爲甚當時不出離，元來只待結金蓮。」仍賜之法名曰不二，道號曰清靜散人，授以天符雲篆秘訣而已。

重陽乃南歸汴梁而委蜕焉。丘、劉、譚、馬負其仙骨，歸葬終南。仙姑聞之，迤邐西邁，穿雲度月，卧雪眠霜，毁敗容色，而不以爲苦。逮壬辰之春首，亦抵京兆趙蓬萊宅中，與丹陽相見，參同妙旨，轉涉理窟。丹陽乃贈之以鍊丹砂曰：「奉報富春姑，休要隨予。而今非婦亦非夫。各自修完真面目，脱免三塗，鍊氣莫教麤。上下寬舒，綿綿似有却如無。箇裏靈童調引動，得赴仙都。」仙姑謝而受之，相別東西，各處一方，鍊心環堵。七年之後，三田返復，百竅周流。遂起而東行，遊歷洛陽，勸化接引，度人甚多。

一日書卜算子云：「握固披衣候，水火頻交媾。萬道霞光海底生，一撞三關透。仙樂

〔一〕不：輯要本、精華録本作「未」。

頻頻奏，常飲醍醐酒。妙藥都無頃刻間，九轉丹砂就。」書畢，告門人曰：「師真有約，各赴瑶池，仙期至矣。」沐浴更衣，問左右曰：「天氣早晚。」皆對曰：「卓午矣。」遂結跏趺，奄然端坐而處順焉。顔色如生，香風滿室，瑞氣繚繞，低覆原野，終日不散。時壬寅年十二月二十九日也。當此之際，丹陽方居寧海環堵之中，仰而視之，見仙姑乘五色祥雲，飄飄然在空懸之中，笑而言曰：「吾先歸蓬閬矣。」丹陽聞之，拂衣而起舞，因作醉仙令以自慶云。

贊曰：不二名高，守一功大。降自富春之族，生從忠翊之家，配丹陽超世之才，殖寧海半州之産。割愛頓拋於三子，投玄往拜於重陽。毁光容而西度終南，冒風霜而東離海上。七年環堵，鍊成九轉丹砂；一句真詮，撞透三關正路。六回賜芋，十化分梨，栽培劫外之因緣，反復壺中之造化。養胎仙而心遊汗漫，委蜕殼而身到蓬萊。大矣哉，懋矣哉，獨分一朵之金蓮，得預七真之仙列者也。張神童詩云：洗盡胭脂兩臉霞，十年辛苦種黄芽。功成穩跨青鸞背，開到金蓮第七華。

金蓮正宗記卷之五終

七真年譜

七真年譜

門下[一]夷山李道謙編

宋徽宗政和二年壬辰，重陽祖師生於是年十二月二十二日。按北平王粹所撰傳云：全真祖師王嚞字知明，號重陽子，京兆咸陽人。世以貲産著姓，後遷終南縣劉蔣村。其母感異夢而妊，及二十有四月乃生，始名中孚，字允卿。自稚不群，既長，美鬚眉，軀榦雄偉，志倜儻，不拘小節。弱冠修進士業，係京兆學籍，善於屬文，才思敏捷，嘗解試一路之士。然頗喜弓馬，金天眷初，乃慨然應武略，易名世雄，字德威。後入道，改稱今名字焉，仍以害風自呼之。

政和三年癸巳，重陽祖師二歲。

政和四年甲午，重陽祖師三歲。

政和五年乙未，重陽祖師四歲。

[一]門下：輯要本無此二字。

政和六年丙申，重陽祖師五歲。

政和七年丁酉，重陽祖師六歲。

重和元年戊戌，重陽祖師七歲。

宣和元年己亥，重陽祖師八歲。此年正月初五日，清淨孫仙姑生於寧海州。

宣和二年庚子，重陽祖師九歲。

宣和三年辛丑，重陽祖師十歲。

宣和四年壬寅，重陽祖師年十一。

宣和五年癸卯，重陽祖師年十二。是年三月初一日，長真譚真人生於寧海州，始名玉，字伯玉。五月二十日，丹陽馬真人生於寧海今之降仙坊。按傳：初名從義，字宜甫，本關中扶風人，五代兵亂，遷海上。

宣和六年甲辰，重陽祖師年十三。

宣和七年乙巳，重陽祖師年十四。

欽宗靖康元年丙午，重陽祖師年十五。

金太宗天會五年丁未，重陽祖師年十六。

天會六年戊申，重陽祖師年十七。其年長真真人六歲。按密國公撰真人碑云：六歲因戲墮於井，人急下救之，見公安坐水上，隨挈而出。

天會七年己酉，重陽祖師年十八。

天會八年庚戌，重陽祖師年十九。

天會九年辛亥，重陽祖師年二十。

天會十年壬子，重陽祖師年二十一。

天會十一年癸丑，重陽祖師年二十二。

天會十二年甲寅，重陽祖師年二十三。

天會十三年乙卯，重陽祖師年二十四。

天會十四年丙辰，重陽祖師年二十五。

天會十五年丁巳，重陽祖師年二十六。此年長真真人年十五，密國公作真人碑云：公十有五歲而志于學，其葡萄篇已膾炙人口。

天眷元年戊午，重陽祖師年二十七。按傳：天眷初應試武舉，易名世雄，字德威。

天眷二年己未，重陽祖師年二十八。

天眷三年庚申，重陽祖師年二十九。正月初三日，廣寧郝真人生於寧海州，初名昇，字則未聞也。

皇統元年辛酉，重陽祖師年三十。

皇統二年壬戌，重陽祖師年三十一。其年三月十八日，玉陽王真人生於寧海州。

皇統三年癸亥，重陽祖師年三十二。

皇統四年甲子，重陽祖師年三十三。

皇統五年乙丑，重陽祖師年三十四。

皇統六年丙寅，重陽祖師年三十五。

皇統七年丁卯，重陽祖師年三十六。七月十二日，長生劉真人生於東萊之武官莊。

皇統八年戊辰，重陽祖師年三十七。是年正月十九日，長春丘真人生於登州棲霞縣之濱都。玉陽真人年七歲。按真人雲光集自序云：余七歲遇東華帝君於空中，警覺，不令昏昧。

海陵天德元年己巳，重陽祖師年三十八。

天德二年庚午，重陽祖師年三十九。

天德三年辛未，重陽祖師年四十。

天德四年壬申，重陽祖師年四十一。

貞元元年癸酉，重陽祖師年四十二。

貞元二年甲戌，重陽祖師年四十三。

貞元三年乙亥，重陽祖師年四十四。

正隆元年丙子，重陽祖師年四十五。

正隆二年丁丑，重陽祖師年四十六。

正隆三年戊寅，重陽祖師年四十七。

正隆四年己卯，重陽祖師年四十八。此年六月望日，師飲酒於終南甘河鎮，會二仙人被髮披氈，而年貌同一。其〔一〕人徐曰：「此子可教。」因授以口訣。故師遇真詩云：「四旬八上始遭逢，口訣傳來便有功。」其所遇者，純陽呂真君也。

正隆五年庚辰，重陽祖師年四十九。中秋日，師於醴泉縣再遇真仙，傳祕語五篇，且曰：「速去東海，投譚捉馬。」已而真仙忽失所在。

世宗大定元年辛巳，重陽祖師年五十。於終南南時村鑿壙丈餘，封高數尺，以活死人目之，坐於墓中。又於四隅各植海棠一株，人問其故，答曰：「吾將來使四海教風爲一家耳。」

〔一〕一其：輯要本作「其一」。

大定二年壬午，重陽祖師年五十一。是年坐活死人墓中。

大定三年癸未，重陽祖師年五十二。秋，填活死人墓，遷劉蔣村，結茅，與玉蟾和公、靈陽李公三人同居，即今之祖庭重陽萬壽宮也。

大定四年甲申，重陽祖師年五十三。師全真集自序云：余嘗從甘河攜酒一葫，欲歸庵，道逢一先生叫云：「害風肯與我酒喫否？」余與之，先生一引而盡，却令余以葫取河水。余取得水，授與先生，先生復授余，令余飲之，乃仙酎也。又曰：「子識劉海蟾否？」余曰：「但嘗見畫像耳。」先生笑之而去。

大定五年乙酉，重陽祖師年五十四。是年於終南上清太平宮壁上書云：「害風害風舊病發，壽命不過五十八。兩箇先生決定來，一靈真性成搜刷。」

大定六年丙戌，重陽祖師年五十五。是歲於長安灤村呂道人庵壁書云：「地肺重陽子，呼爲王害風。來時長日月，去後任西東。作伴雲和水，爲鄰虛與空。一靈真性在，不與衆心同。」此年長春真人年一十九，棄俗入道，居崑崙山。

大定七年丁亥，重陽祖師年五十六。於四月二十六日將劉蔣村茅庵自焚之，婆娑舞於火邊。人問，答：「茅庵燒了事休休，決有人人却要修。」是日宿甘河鎮，辭衆曰：「余東海捉馬去。」五月過北邙山上清宮，題其壁云：「丘譚王風捉馬劉，崑崙頂上打玉毬。你還般在寰海内，贏得三千八百籌。」至今石刻猶在。閏七月十八日，抵寧海州。會丹陽真人洎高巨才，邀師於范明叔怡老亭。九月，長春真人自崑嵛山來謁祖師于全真庵，請爲弟子。祖師訓名處機，字通密，號長春子，仍贈之以詩。祖師又於廣寧真人卦肆前，背坐感發之。廣寧從至朝元觀，祖師授以口訣及以二詞付之。祖師於十月一日就丹陽宅内，鎖門居環，百日爲期，約五日一食，化丹陽夫婦。是冬，長真真人就環内出家，祖師訓名處端，字通正，號長真子，時四十五歲矣。

大定八年戊子，重陽祖師年五十七。正月初十日出環，分梨十化畢。二月初八，丹陽真人出家，祖師訓名鈺，字玄寶，號丹陽子，時年四十六。是日玉陽真人自牛仙山來，願爲門弟子，祖師訓名處一，時年二十七。二月晦日，祖師挈丹陽、長真、長春、玉陽入崑嵛山石門口，開煙霞洞居之。三月，廣寧真人來崑嵛山出家，祖師訓名璘，號恬然子，時二十九歲。八月，祖師挈五真人自煙霞洞遷居文登縣姜實庵，立七寶會。

大定九年己丑，重陽祖師年五十八。春，玉陽真人辭祖師，隱居查山。四月，祖師引丹陽、長真、長春、廣寧遷居寧海州金蓮堂。途中至龍泉，以所執傘柄内盛叅陽子號，乘風而起，至查山玉陽公前墮地，蓋賜公之號也。重午日，孫仙姑詣金蓮堂出家，祖師訓名不二，號清淨散人，時年五十一。六月，廣寧真人辭祖師，亦居查山。八月，祖師立金蓮會。九月，詣登州福山縣，立三光會，於蓬萊立玉華會。是月，祖師領丹陽、長真、長春西至萊州，化長生真人出家，訓名處玄，字通妙，號長生子，時年二十三。十月，於掖縣立平等會。是月，挈四子至汴梁，寓磁器王氏旅邸中。

大定十年庚寅，重陽祖師於正月初四日召丹陽、長真、長春立於榻下，時長生遁去，曰：「丹陽已得道，長真已知道，吾無慮矣。處機所學，一聽丹陽。處玄，長真當管領之。吾今赴師真之約耳。」丹陽請留頌，師曰：「吾已書於長安灤村吕仙庵矣，今口〔一〕授汝。」言訖而逝。是年閏五月，於正月十一日始立春，是止五十八歲矣。四子盡禮，權瘞于孟宗獻之花圃。既而丹陽真人率三友入關，謁和、李二真人于終南太平宫，會史處厚于京兆，劉通微、嚴處常于終南。二真人乃祖師之友，三子亦祖師之弟子也。

大定十一年辛卯，丹陽真人年四十九。是年，與三友居劉蔣祖庵，修治葬所。十月，廣寧真人入關，乞食于京兆府。

大定十二年壬辰，丹陽真人年五十。春，於長安化自然錢，率三友復往汴梁，遷祖師仙柩西歸，葬于劉蔣村祖庵。九月，廣寧真人西遊岐山，偶得名大通，字太古，號廣寧子。

〔一〕口：輯要本作「日」。

大定十三年癸巳，丹陽真人年五十一。是年，四師劉蔣居喪守墳。六月，廣寧真人度大慶關東歸。

大定十四年甲午，丹陽真人年五十二。二月，慶寧真人至真定，默坐于朝天門外。八月，丹陽、長真、長生、長春於鄠縣秦渡鎮真武廟月夜共坐，各言其志，丹陽鬭貧，長真鬭是，長生鬭志，長春鬭閒，翼旦乃别。丹陽劉蔣居環，長真居洛陽朝元宫，長生居洛陽市土地廟，長春西入磻溪。事見金玉集。

大定十五年乙未，丹陽真人年五十三。是年，長真真人乞食於磁州二祖鎮，遇一妄人毆落一齒，市人共怒之，欲明於官，真人吐之而去。二月，廣寧真人坐沃州石橋下。夏，清淨散人入關，致祭祖庭，既而出關，居洛陽風仙姑洞。

大定十六年丙申，丹陽真人年五十四。長真真人此歲游歷洺州，居白家灘。六月中，廣寧真人夜夢神人復授易之大義，既寤，明朝揮三十三圖。事見太古集。

大定十七年丁酉，丹陽真人五十五。長真真人行化於高唐縣，與茶肆吴六書「龜蛇」字，曰：「可置之壁間，以鎮火災。」是年縣城大火，唯茶肆乃免。

大定十八年戊戌，丹陽真人年五十六。於八月一日，劉蔣出環，西游隴山華亭行化。長生真人是年還洛城東北雲溪洞居之，門徒日集，鑿三井洞。

大定十九年己亥，丹陽真人年五十七。二月十五日，於華亭縣挈李大乘同居環百日。至八月，遷隴州佑德觀，居環。十一月十八日，出環。宿勾兜堡，化解元李子和出家。長真真人游歷衛州獲嘉縣，府君廟居之。

大定二十年庚子，丹陽真人年五十八。是年春，京兆章臺街趙蓬萊施宅爲庵，請真人居環。八月二十四日，長安僚庶請祈雨。真人作詩，期以二十五日雨足，至期果應。見金玉集。

大定二十一年辛丑，丹陽真人年五十九。四月初，於鄠縣劉蔣村張朝散竹園庵内居環。中元日，作黄籙醮罷，復歸祖庵。長真真人居華陰縣純陽洞，長生真人東歸萊州。長春真人自磻溪遷居隴州龍門山。長真真人西游同州，居西里庵。

大定二十二年壬寅，丹陽真人年六十。此年四月東歸寧海，十二月行化文登，漁户焚網者甚衆。初八日，海市見于南海之上，士人以詩慶之。長生真人居武官建庵，注道德、黄庭等經。秋，玉陽真人來寧海謁丹陽真人，同宿於金蓮堂。廣寧真人居真定府，陞堂演道，聽衆常數百人。十二月二十九日，清淨孫仙姑升仙于洛陽，年六十四矣。

大定二十三年癸卯，丹陽真人年六十一。四月行化芝陽，下元日文登作醮，祖師現於空際白龜之上。丹陽於十二月二十二日升仙於萊陽縣遊仙宫，長生、玉陽二真人同主葬事，守墳百日，各歸其隱所。

大定二十四年甲辰，長真真人年六十二。是年正月十八日，長生真人於昌陽縣姜守淨家作醮，巳午間重陽祖師雲冠絳服，丹陽真人三髻，現於空際綵雲之上。五月旱，登郡太守請長生真人祈雨，海市現於竹島。明日，丹陽真人現於應仙橋之西北，是日雨足。

大定二十五年乙巳，長真真人年六十三。是歲四月初一日，升仙於洛陽朝元宫。其暢道接物詩詞，目曰水雲集，行于世。

大定二十六年丙午，長生真人年四十。冬，長春真人下龍門山，居終南祖庵。

大定二十七年丁未，長生真人年四十一。是年十一月十三日，玉陽真人奉詔至燕，帝問延生之理，師曰：「惜精全神，修身之要，端拱無爲，治天下之本。」上待以方外之禮。

大定二十八年戊申，長生真人年四十二。此年二月，長春真人奉詔至闕下，十一日聖旨令主萬春節醮，蒙賜巾袍。四月，勑居宫庵。五月十八日，召見於長松島。七月，應制進詞五首。中秋，得旨還終南山。是月，玉陽真人亦得旨還山。十二月，上弗豫，遣使復召玉陽真人，真人謂使者曰：「恐不及再覲天顔矣。」

大定二十九年己酉，長生真人年四十三。正月初三日，玉陽真人至都，嗣君命真人爲先帝主醮而歸。

章宗明昌元年庚戌，長生真人年四十四。重午日，萊陽縣劉植請玉陽真人齋，且以無嗣告於師，師曰：「公富而好禮，未應絶也。」爲寫「四四應真」四字。明年四月十四而生子，來乞名，師曰：「吾已與名應真矣，今日純陽真君降世辰也。」

明昌二年辛亥，長生真人年四十五。是歲十月，長春真人東歸棲霞，住太虛觀。

明昌三年壬子，長生真人年四十六。冬十月，長春真人芝陽洞作醮。

明昌四年癸丑，長生真人年四十七。

明昌五年甲寅，長生真人年四十八。秋九月，長春真人福山縣醮，天門開，瑞鶴現，有詩見磻溪集。

明昌六年乙卯，長生真人年四十九。

承安元年丙辰，長生真人年五十。

承安二年丁巳，長生真人年五十一。六月，玉陽真人被召，七月初三日見於便殿，賜坐，帝問以養生之道，抵暮方歸。翼日，賜體玄大師號及紫衣，勑賜燕都修真、崇福二觀，俾真人任便居之，月給齋錢二百鏹。冬，長生真人奉召赴闕，帝問以至道，師曰：「至道之要，寡嗜慾則身安，薄賦斂則國泰。」帝曰：「先生廣成子之言乎？」勑近侍館穀于天長觀。

承安三年戊午，長生真人年五十二。應對悉合上意。三月，得旨還山，勑賜觀額五道，曰靈虛，曰太微，曰龍翔，曰集仙，曰妙真，令立觀度人。玉陽真人猶居都下。春，終南呂庵主至都，師爲請祖庵爲靈虚觀，以勑牒付吕，俾知觀事，仍以詩送行。夏，師得旨東歸侍親。

承安四年己未，長生真人年五十三。是年長春真人芝陽作醮。

承安五年庚申，長生真人年五十四。

泰和元年辛酉，長生真人年五十五。是年，遊廣陵，著天道罪福論。玉陽真人奉詔詣亳州太清宫作普天醮，有詩見雲光集。

泰和二年壬戌，長生真人年五十六。濱州作醮，有瓊葩玉樹之瑞，有詩見盤陽集。長春真人芝陽作醮。

泰和三年癸亥，長生真人年五十七。此年二月初六日，升仙於武官靈虚觀。玉陽真人奉詔詣亳州太清宫作普天醮，臨壇度道士千餘人。

泰和四年甲子，長春真人年五十七。

泰和五年乙丑，長春真人年五十八。夏五月，萊州醮，有瑞鶴綵雲現，有詞見磻溪集。

泰和六年丙寅，長春真人年五十九。

泰和七年丁卯，長春真人年六十。元妃施道經二藏，一驛送棲霞太虚觀，一驛送聖水玉虚觀。

泰和八年戊辰，長春真人年六十一。

大安元年己巳，長春真人年六十二。是年，游鼇山，有詩二十首。玉陽真人七月十四日至北京，應孛朮魯參政之請也，居華陽觀。是時大旱，僚庶告真人雨期，真人曰：「十七日霑足矣。」至日果應。

大元庚午，長春真人年六十三。夏，玉陽真人薊州玉田縣醮畢，謂衆曰：「北方道氣將回，空中有神明往來，刀劍擊觸之象〔一〕，莫非生靈將受苦耶？」

大元辛未，長春真人年六十四。是年，東海召至燕都，及游德興琅山，俱有詩見鳴道集。

壬申，長春真人年六十五。是年十二月三十日，廣寧真人升仙于寧海州先天觀，春秋七十三矣。

癸酉，長春真人年六十六。

甲戌，長春真人年六十七。此年游崑崙煙霞洞，有詩。

乙亥，長春真人年六十八。

丙子，長春真人年六十九。時居登州，金主命東平監軍王庭玉賫詔召師歸汴京，師曰：

〔一〕象：輯要本作「聲」。

「我循天理而行，天使行處無敢違也。」乃不起。

丁丑，長春真人年七十。玉陽真人四月二十三日升仙於聖水玉虚觀，時七十六歲矣。

戊寅，長春真人年七十一。

己卯，長春真人年七十二。居萊州昊天觀。是時，齊魯陷宋。八月，宋主遣使召師，不起，州牧謝曰：「師居此，我輩誠有所依。」師曰：「吾之出處，非若輩可知也，他日恐不能留居此耳。」是年五月，太祖聖武皇帝自奈蠻國遣近侍劉仲禄持詔召師。十二月，仲禄至萊州。

庚辰，長春真人年七十三。正月，自萊州北行。二月，至燕都。四月，官僚請作醮於太極宫。五月，至德興府，寓龍陽觀。八月，至宣德州，寓朝元觀。

辛巳，長春真人年七十四。是年五月朔，抵陸局河。七月，至阿不罕山，留宋道安等九人立棲霞觀。中秋日，抵金山，過白骨甸。十一月，至邪迷思干城。俱有詩，見鳴道集。

壬午，長春真人年七十五。春三月，過鐵門，達于行在。上設二帳於御幄之東以居之，時問以至道。師大略對以節欲保躬，天道好生惡殺，治尚無爲清静之理。上悦，乃命左史書諸策。其詳見慶會録、西遊記。

癸未，長春真人年七十六。是歲三月七日，得旨東還，賜號神仙，俾掌管天下道門，大小事務一聽神仙處置，他人無得干預，宮觀差役盡行蠲免，所在官司常切衛護。六月，抵豐州。八月，至宣德州。

甲申，長春真人年七十七。春二月，居縉山秋陽觀。三月，燕京官僚請住太極宮，是月仙仗入燕都。

乙酉，長春真人年七十八。秋九月，熒惑犯尾宿，主燕地災，宣撫王楫請師作醮禳之。醮竟，熒惑乃退數舍矣。

丙戌，長春真人年七十九。夏五月，燕境大旱，僚庶請師作醮，雨隨時霑足，在都名儒皆有詩賀之。

丁亥，長春真人年八十。夏大旱，在京士庶禱師作醮。師曰：「我方留意醮事，公輩來請，所謂好事不約而同也。」仍云當備二醮，以五月初一日爲祈雨，三日爲賀雨醮。後皆如師言。是月得旨，改太極宮爲長春宮。六月，太液池涸，北口山摧。人告於師，師笑曰：「山摧水枯，吾將與之俱乎？」七月四日，師謂門人曰：「昔丹陽嘗授記於予云：『吾歿之後，教門大興，四方往往化爲道鄉，道院皆勑賜名額。又當住持大宮觀，仍有使者佩符乘傳幹教門事。此汝功成名遂歸休之時也。』今丹陽師之言一一皆驗，吾歸無憾焉。」九日，登寶玄堂，留頌而逝。

後序

古人之有年譜，尚矣，所以著出處之實，使後世得以考觀者焉。我玄門之七真，身雖游乎方外，道實滿于人間。當國朝革命之際，其救世及物之功不爲不腆。故封龍李翰長敬齋云：「七真之救世也，真叶上帝之心也。上帝之愛民也，真藉七真之教也。不然，何爲天生聖皇，出寧四海，天生長春，左右大命，相與聚精會神，同始共終哉？觀此自可見矣。」

僕因焚誦之暇，不揆狂斐，徧考師真文集及諸家所撰傳記，起重陽祖師降世之歲，訖長春真人升仙之秋，一百一十六年之間出處事跡，詳節編次，通爲一譜。其或一二傳記所載與各師真文集不相同者，捨傳記而取文集也。蓋文集紀録之真，傳記有所未詳也。嗚呼，七真始終之大概具矣。若夫師真之尸居而龍見，雷聲而淵默，神動而天隨，從容無爲之妙，固不得以盡筆舌形容之。今之紀者，但取其修真立教之迹，姑此啓諸童蒙，俾於向上諸師知所宗本，非敢以瀆我同志者也。

至元辛未歲中元日，天樂道人李道謙書于終南祖庭之筠溪道院。

七真年譜終

終南山祖庭仙真内傳

終南山祖庭仙真内傳目録

終南山祖庭仙真内傳序〔一〕

子綦之隱几坐忘，非南華之稱贊，則人莫知其爲有道。太白之仙丰道骨，非司馬子微之裁鑒，則世莫識其爲異人。學道之人，隱遯巖谷，跧守蘧廬，被褐懷玉，負抱經綸之才，不爲世用，獨善其身而恬然，委蛻千載而下，不知其幾千百人，不幸不爲世所知，卒於湮没無聞，與草木俱腐，惜哉！幸而有好事者紀録爲傳，則又過神其事，反使後世不能盡信。吾恐隱士之心必不汲汲於索隱行怪，以駭人之觀聽也。夫世之所貴乎修仙者，亦在乎守道不變，陰功濟人，正容悟物，處順安時而已。豈直以乘雲氣，跨箕尾，解水火，遺冠舄，拔宅昇舉，坐脱立亡，而後爲得道之證耶？嘗觀舊所謂列仙、總仙、高道等傳，未有不涉此議者，今已不存。

天樂真人李君復於暇日編述嘗居祖庭者已往師真道行，别爲一傳，使後人知所宗本。其辭直其事的，坦然明白，略無詭侈。信可以發潛德之幽光，示後學之楷式，其用心豈淺淺

〔一〕輯要本無序，且不分卷。

哉？昔劉翰林碑祖師仙跡，以謂師之出神入夢，擲傘投冠，其他騰凌滅没之事，皆其權智，非師本教。噫，後之學者，有能體祖師之苦志鍊行，闡化度人，以達於成己成物，則將來秉筆者自有定論，固無但私於我祖庭焉。

至元甲申歲二月初吉，知常盛德大師提點終南甘河鎮遇仙宫事王道明序。

終南山祖庭仙真内傳卷上

夷山天樂道人李道謙編

玉蟾真人

師姓和氏，名德瑾，秦州甘泉縣人。天姿整秀，志學之歲，攻事翰墨。及冠，隱身爲刀筆吏，然處事中正，以道存心，未嘗取非義財。遇高人勝士，靡不參請。天德間，以部掾出身，方將遊仕宦途。忽一道者過門，師延至家，酌酒談玄，大適其意，少焉而去。他日道者復至，臂擎一梟，謂師曰：「此物雖許大眼，了不識人。」師乃悟爲異人，因問其鄉里姓字，不告而往。後月餘，道者復來，身染厲疾，止於其家。膿血汙穢，殆不可近。師爲召醫，百療不效。經歲乃殂，師備禮葬之。又數月，一老媪詣門，泣且告曰：「老身有兒，性嗜雲水，不事家業。近知遊居貴宅，特來相尋。」師告以病殂，媪慟哭不已，曰：「老身與兒，止是二口。兒今既死，何所托身？」師請以母禮事之。一日，媪曰：「吾欲啓壙，一覩兒面，雖死無憾。」懇告再四，師爲發塚，但空棺而已。中有祕旨一幅，老媪亦失所在。師嘆曰：「吾今遇真仙，尚汩没塵坌中，果何爲也？」由是黜妻棄子，易衣入道。

時聞重陽祖師亦遇真，居終南，乃往參同。大定三年，於劉蔣村結茅，與靈陽李公三人同處。既而心地圓通，大得其妙。七年丁亥，重陽東遊海上，師與靈陽共居暢道。十年庚寅春，馬譚劉丘四真將至。師及李靈陽時寓終南太平宫，留錢於貨羹之家，謂曰：「今日當有丘劉譚馬四仙客至，可善待之。」良久，四人果至，貨羹人邀之曰：「公輩豈非丘劉譚馬邪？」四人相視而笑曰：「汝何由知之？」曰：「和、李二師已留羹錢矣。」四子嘆異，食畢往見，忻然相得。師嘗命畫工寫真，凭虎而睡，衆莫能曉。秋九月初，師忽覺道體違和，丹陽命長春侍疾。至十四日，翛然順化。四子葬于劉蔣菴側。畫凭虎睡者，乃預表歸期在寅年也。

升仙之後，有臨潼張公久患風疾，衆醫莫效。將屬纊之際，夢師至門，告以治療之方。問其姓名，曰：「吾終南和玉蟾也。」覺而其疾少愈，用其所告之劑，疾果頓差。張就菴設齋建亭，以酬其惠。

謚曰玉蟾普明澄寂真人。今祖庭石刻尚在。

靈陽真人

師姓李氏，京兆終南縣人。聰明特達，學問淹該。天德間，遇異人點化，自是落魄，不問家事。視富貴若浮雲，遠名利如桎梏。徜徉泉石，以道自樂。韜光晦迹，素厭人知。故終身不告人名字，里人但以李真人呼之。

至大定三年，與重陽祖師洎玉蟾和公同結茅于劉蔣居之。其於鉛汞龍虎之學，多賴重陽指授。七年丁亥夏，重陽東遊海上，師與和公止居劉蔣，修身接物。重陽至汴，寄之以詩，云：「傳語和公與李公，首先一志三人同。」其爲交契可知矣。迨十年春，重陽升仙于汴梁，丘劉譚馬四真入關，待二師以叔禮。是年秋，玉蟾亦假化，師與衆真同處。

二十八年春正月，長春丘君奉詔赴闕。拜別之際，師囑曰：「重陽謂汝必能大開玄教，今其時矣。萬一善自保愛，來春鶴馭早還，吾專俟汝爲喪主。」秋八月，長春得旨還終南。是冬，盤桓山陽、淮、洛之間。明年春二月西歸，過鄠郊秦渡鎮，道衆請留數日。先旬日前，師無恙，絶粒不食，衆問之，曰：「汝輩無慮吾，惟待喪主而已。」即遣人促長春亟歸。既至，拜於榻前，即賜之墨。長春悟其旨，命匠造棺。未及成，師已順化，時三〔一〕月初一日也。長春以禮葬于菴側之仙塋，敬謚曰靈陽輝耀演化真人。

劉通微

先生姓劉氏，諱通微，字悦道，默然子道號也。東萊掖城人。世爲鄉里右族，倜儻不羈。在弱冠間，飛鷹走犬，博奕鬭雞，迷於花酒之場。一旦染奇疾，幾至不救。夢入仙家之境，已而平復。遂悟幻化之理，以道存心。

大定丁亥夏，重陽祖師將遊海上，道過掖城，見先生神情爽邁，有飛舉雲霄之態。與之同話，機緣契合，授以修真祕旨及今名號。先生既得印可，即棄家長往，杖筴入關中，結茅于終南山甘谷之側，吟風嘯月，枕石漱流，放懷塵世之外。庚寅春，丘劉譚馬四師西來，先生相得甚歡，同葺劉蔣菴居之。既而四師復詣汴梁，負祖師仙蜕歸葬於菴側。先生廬墓三年，北遊嵐、管。内全道妙，外應世緣，摳衣請教者日不虚席。於是立觀度人，玄風大振於西山矣。嘉聲遠播，名達皇都。

〔一〕三：輯要本作「二」。

明昌初，道陵召至闕下，問以九還七返之事。先生曰：「此山林野人所尚，陛下居九五之位，四海生民之主，不必留意於此。」但對以黄老清靜無爲修身治國之要。上悦，敕館于天長觀，尋還永壽道院，開堂演道，三教九流請益問話者户外屨滿。未幾得旨還山，賜御書以寵其行。

翱翔於齊魯間，至棣州商河縣聶家莊，謂門人曰：「此吾歸休之所也。」因葺治廬舍居之。一日焚香禮聖，集衆囑以修真之語。曰：「師真有閬風之召，吾當歸矣。」奄然假化。即承安元年二月十五日，貞元節也。平生所作詩詞，目曰全道集，行于世。仙化之所，今大建朝元宫矣。

史處厚

先生家世乾州醴泉，姓史氏，名公密。初自垂髫，心慕至道。大定壬午歲，聞重陽祖師遇仙受祕訣，養道於終南。時走而請盟，遂蒙允納，教以全真性命之學。仍訓名處厚，號洞陽子。自是乞食錬心，往來於終南鄠、杜間。七年丁亥春，重陽將游東海，欲令侍行。先生辭以母老，不敢遠遊。重陽遂畫三髻道者立於雲中，傍有一松一鶴，付之曰：「謹祕藏之，此爲他日參同之符。」及庚寅春，重陽仙化於汴梁，丹陽宗師率三友入關。至長安孔仙菴，先生徑往參謁，時丹陽初頂三髻。先生出示重陽向日所留畫圖，大爲讚異。四師告以海上開化、汴梁升仙之事，遞相印可，相得甚歡。即與四師同葺劉蔣菴居之。丹陽屢以詩詞訓告，次第誘掖。不數載間，克臻大妙。

後復還醴泉，和光玩世，不拘禮法。時人以史風子呼之。忽歌舞於市，唯云歸去蓬莊，衆俗莫曉。如是者三日，徑來菴中，奄然蟬蛻。時甲午六月十五日也。官僚士庶，靡不瞻拜。初葬醴泉，明年，丹陽移葬於劉蔣之仙塋。開棺視之，顔采如生。丹陽以四言讚之云：「史公得遇，得遇重陽。重陽傳授，傳授玄黄。玄黄至理，至理不忘。内持修錬，外絶炎涼。水火既濟，日月交光。龍吟离位，虎嘯坎房。木金間隔，姹女圓方。刀圭爛飲，知味聞香。神丹結正，晃耀晶陽。風仙來度，顯出嘉祥。歌舞三日，辭别街坊。惟云歸去，趨赴蓬莊。復入菴内，奄然坐亡。觀者雲集，事理匪常。一靈真性，班列仙行。」先生道業，讀此讚文自可見矣。享年七十有三。中統癸亥，再遷仙塋。開壙視之，僅及百年，骨雖散亂，其色如金，其堅若石。余所親見者也，異哉！

嚴處常

先生姓嚴氏，名處常，號長清子。京兆櫟陽縣人，即重陽祖師之外戚。幼習儒，志尚清虚。以父母在堂，未能高蹈物表。爲縣法司，臨事慈愍。一日向暮還家，路拾遺書一卷，題曰：「玉靈聖書，得之者仙。」於是焚香祝曰：「我今二十有九，誓於不惑之年潔身入道。」祝畢，酹酒於醮盆中，有聲隱隱若雷，家人咸以爲異。後踰一紀，二親俱喪，忽患目疾，治之愈甚。默自責曰：「昔得聖書，誓以四十出家，今過期矣。此疾稍痊，即當從道。」無何，目明如故。遂往終南劉蔣，參重陽祖師，願受教爲門弟子。時大定癸未歲也。先生既蒙允納，克志于道，數年，祖師授以微旨。

七年丁亥夏，祖師東遊。先生遨遊終南泉石，住處頤神毓浩。十年春，丘劉譚馬四師入關。蒙丹陽宗師復爲印可，仍贈之楊柳枝詞云：「一虎一龍一處眠，打盤旋。一呼一吸一周天，徧三田。一麥一麻通一線，裊祥煙。一來一往一還元，產胎仙。」先生拜受，自是了無疑障。居祖庭又逾十載，道契真常。

以二十三年癸卯夏四月八日焚香辭衆，無疾而逝，春秋七十三矣。

姚　玹

先生姓姚氏，諱玹，號雲陽子。終南蔣夏村人，世爲鄉里巨族。父祖俱好賑贍貧乏，多積陰德，乃生先生。丰神灑落，超然挺出塵之姿。性甚仁慈，聞人有急，必往援救。與重陽祖師有緦麻之親。

大定丁亥四月，重陽詣門告別。先生問將安往，重陽告欲遊海上，丘劉譚中捉馬之行。先生素以害風相待，笑而別。無何，重陽自汴京爲先生寄藏頭拆字詩一章，云：「前相識，二官人。你真靈，看好因。抵芝苗，公未識。成道果，次須屯。蒙卦聚，神來祐。左源通，氣轉新。斧若磨，交利快。頭一點，遇長春。」

不數年，丹陽輩來居劉蔣菴，先生所居相去數里。聞之，往詢其始末。見丘劉譚馬四師皆凌雲仙客，愕然歎曰：「向重陽告别之語今果驗矣。我輩常以害風待，何愚之甚邪？」由斯頓悟，乃棄家捐累，乞受道於丹陽宗師。丹陽教以修真奥旨及賜今名號，仍贈之詩云：「灰心忘富貴，槁體樂清貧。甘作逍遥客，長爲自在人。氣中須養氣，神内更頤神。不著纖毫假，方能得至真。」恭侍左右，多所傳授。先生得法之後，目不交睫，脅不占席，十有餘年，深入大妙。壬寅，丹陽東歸寧海，先生從行，迨丹陽上仙。先生遊歷磁、相間，愛滏陽風俗淳厚，築白雲菴居之，隨機接物，演化度人。一日謂衆言曰：「師真有命，吾其歸乎？」於是沐浴更衣，跏趺而坐。日方卓午，寂爾返真，異香芬馥，移時而散。享年七十二。

平生所述詩詞號破迷集，行於世。

曹 瑱

先生姓曹，諱瑱，道號朝虚子。陜右坊州人，家世鉅富，猶子徽美叔早登甲第。先生少讀書，鄉里以孝悌稱。爲人忠厚謙和，襟懷蕭爽。壯歲遊場屋間，屢中高選。大定甲午暇日，因覽仙經道典，掩卷歎曰：「人生浮世，光陰電回，倏然而已。不究生前妙本，出世高標，果何爲哉？雖有學仙之志，罔知所適。」聞丹陽宗師於終南祖庭居環堵，先生徑往參謁。一見，神合氣協，若有夙習之契。丹陽納諸門下，教以道要。

先生既蒙接引，心知至人不易遇也，遂捐進取心，以永依歸。丹陽知先生逸氣超邁，妙識高明。一日因先生靜室澄坐，思造乎靜。丹陽詣之曰：「學進歟？」先生稽首而跪乎前曰：「學欲進，而未之能也。」丹陽曰：「夫靜也者，天命之原，仙聖之本。習而進之，猶假翰以登天。反思而究，則如坐堂上而覩階前也，不曰靜乎？攖而不煩，不曰真乎？作而不妄。」先生拜而謝曰：「瑱得之矣，自信而不疑，自明而不昧。自古自今，繩繩而不絶者，其斯之謂歟？」丹陽乃首肯，瑱再拜而退。後得玄門十解元者，自先生始也。凡初入道者，丹陽以先生爲兄。

壬寅，丹陽東歸寧海，先生侍行。明年，丹陽羽化，先生代師行化海上。明昌中，與雲中蘇公、無染柳公奉長春師叔命，同飛舄燕薊，演化度人，應緣接物。十有餘年，玄化大行。於泰和丁卯夏四月，先生時寓燕都城東永壽觀，忽告衆曰：「吾當歸矣。」不數日，示微疾而逝，道衆具禮，葬之觀東。兵後乙巳冬，改葬于五華山。庚戌歲十二月，奉朝命追贈翊玄惠正朝虚真人號，蓋掌教真常真人請之也。

來靈玉

先生世爲京兆右族，姓來氏，諱靈玉，道號真陽子。幼習儒業，鄉里以解元呼之。大定十年間，禮丹陽宗師出家。迨丹陽東歸海上，先生侍行。嗣後事跡無所可考，姑略紀其大概，他日得之，當爲詳録。

雷大通

先生姓雷氏，名大通，道號洪陽子。世爲延安敷政之巨族。身長六尺，情懷雅淡，不事小節。眉踈目秀，耳大準直，唇如渥丹，鬢髯美細。幼業儒素，嘗以詞賦魁鄉選，故時人以解元稱之。

當大定乙未春，方夜讀書燈下，月朗風清。欲竟三鼓，忽聞窗外以杖畫地聲，既而言曰：「可歎愚迷謾用功，浮華一夢轉頭空。何如立志修仙舉，永住三山最上宮。」先生劇啓户出觀，了無所見。秉燭視之，見以杖畫向詩四句，後畫「嵓翁」二字。先生自是了悟空華，頓悱學仙之志。是歲秋，因赴試長安，聞終南祖庭有丹陽宗師闡全真教法，即往謁之。一見若有夙契，乃作詩一絶，寫懷以呈。宗師即繼韻答之云：「饒君聲價勝蘇秦，不似韜光更匿名。物外逍遥真坦蕩，亘初一點自然明。静清便是長生訣，捨棄妻男没口傳。悟後知空寧著有，自然獲得好因緣。」先生焚香拜請，願執弟子禮。宗師留於座下，訓以今之名號。朝叩夕請，於道大有所得。

壬寅夏，丹陽東歸，先生留居祖庭，日進道業。甲辰春，聞丹陽上仙，杖屨游海上，奠祭墳壠。迨明昌初，迤邐西來，道過滕郡，愛嶧山巖壑幽邃，築修真菴於響石澗，棲真養浩，演化度人。厥後詣門受教爲門弟子者數百人。惟靈真子馬了道、清明子王志專爲入室，今各建方所，引接後進。

至大安辛未秋，先生謂門人曰：「百六數窮，劫災斯至。生靈魚肉，吾不忍處世也。」無幾何，示微疾而逝，門人葬于修真菴側。未幾，兵甲擾攘，烽煙澒洞。後至大元撫定，人煙稍集。歲庚戌，先生之高弟清虚真人張志洞至自武川，覩先生宅兆卑隘，封樹草略，即會四方法屬，備衣衾石槨，大行改葬於雪山仙瑩靈都宫。以弟子馬靈真、王清明祔于左右，仍構堂設像，以事香火。

劉真一

先生姓劉氏，諱真一，道號朗然子。世爲登州黄縣之巨室，父祖以儒學起家，積德奉道，鄉里所稱。先生幼喪其父，讀書日記數千言，辭源浩瀚。弱冠間，試藝春官，得占高甲，時人以解元呼之。然每以世事爲不足玩，常有凌雲邁往之志。忽得泄瀉之疾，纏滯彌年。已及膏肓，百療不效。大定己丑秋，重陽祖師挈丹陽、長真、長春三真過其門，母氏設齋供養之，且以子疾告。祖師視之曰：「此吾門大士，非汝家子也。許之入道，則可矣。」母氏焚香跪於前曰：「此疾果愈，俾侍几杖以從。」祖師以餘飲與之。既飲，汗出如洗，厥疾漸瘳。迨明年，祖師已升仙於汴梁，先生入關詣終南劉蔣村，禮丹陽宗師出家。奉侍既久，得付玄旨。

壬寅夏，從丹陽東歸。癸卯冬，丹陽將羽化，召先生囑之曰：「汝等要作神仙，須要積功累行。縱遇千魔萬難，愼勿退墮，然後可領吾言。我開眼也見，瞑目也見。元來不在眼，但心中了然，則無所不見矣。」又曰：「汝緣在北方，可往矣。」先生拜而謝。丹陽既升仙，迤邐北游平灤之境，所至請益者，户外屨滿。一日至撫寧縣，愛其山水佳勝，築重陽觀居之。

厥後度門衆數千餘輩，創宫觀大小僅三百區。北方道風洪暢，先生闡揚之力居多。至泰和丙寅歲二月初六日，召入室弟子邸道明等曰：「吾其歸矣，昔丹陽將升仙，囑予進道之語，汝輩當無忘金玉集，凡入道者不可不觀，爲我鏤梓散于多方可也。」須臾，翛然假化。平昔所作歌詩，目曰應緣集，行于世矣。

李大乘

先生姓李氏，世爲平涼府華亭縣之大族。幼習儒業，長於辭翰。早年嘗中鄉選，迨中歲至御簾，下第。慨然有煙霞之志。大定戊戌秋，丹陽宗師行化西來，先生邀于私第事之，丹陽日談道妙。於是黜妻棄累，改衣執弟子禮。丹陽訓名大乘，號靈陽子。日受真教，曲盡妙藴。

己亥二月十五日，丹陽就先生花圃築環，與先生同居，約百日爲期，仍贈之詩云：「西北亭川環堵居，此中堪可隱吾軀。眼前碧竹數君子，面對青松二大夫。流水假山兒戲爾，清風明月汝知乎？若能悟解予栽韭，時宗師環中栽韭以寓意也。有分靈光赴玉都。」丹陽又見花圃中林檎一株，久已枯死，於四月十四日命移於環内栽之，仍作詩云：「天上三十六，地下三十六。天地入寶瓶，七十二候足。」後至五月二十日，青芽徧吐，枯榦復榮。丹陽謂大乘曰：「四月十四乃純陽降世辰也。至此日，吾之生辰也。相去三十六日，天地晝夜相合爲七十二候，足矣。」先生作異木記以紀其神，刻諸貞石。無何，丹陽挈先生來終南祖庭，居數載之間，屢蒙印可。壬寅，丹陽將東歸，長春謂先生曰：「吾道東矣。」時館陶劉武節得官鄠邑，雅與先生相善。官既滿，請先生東遊。至家，築菴奉之。劉亦入道，爲門弟子。厥後道緣日盛，門徒雲集。

又數年，先生示微疾順化。其體若蟬蜕而輕，遠近觀者大加歎異。門人具禮葬於菴側。關中兵後，道衆即先生華亭環圃大行興建，爲太清觀矣。

趙九淵

先生姓趙氏，諱九淵，字幾道，湛然子其號也。世爲隴州隴安縣之右族。先生自幼不同兒輩戲狎，既長，賦性謹愿，平居寡言。體貌魁偉，襟度灑落。習儒業，嘗中鄉試之甲科，故隴人以解元呼之。不事功名，每有高蹈遠引之志。年逾三十，未嘗婚娶。

大定戊戌秋，丹陽宗師演化隴川，一時歸嚮者雲集。先生見之而心醉，曰：「此吾歸休之地。」於是設齋炷香，請預弟子列，丹陽納之。明年，丹陽還祖庭，先生從居之。朝叩夕參，於道德性命之學大有所得。迨壬寅，丹陽仙仗東歸，先生往來終南鳳、隴之間，徜徉自若也。河内張邦直、尹扶風日常延致其家，與之談道。每留數月，爲方外忘形之交。

先生作文尚平淡，詩句雅健，得陶謝體。每誦老、莊、黄庭爲日課，非法之言，略不出口。聞人談及他人之短，輒瞑目，不與之相接，但云：「置論徒敗德招怨，躬自厚而薄責於人，聖人之遺訓也。」故所至人皆敬慕之。

正大末，鳳、隴兵亂，先生負笈，深入隴山，莫知所終。及大元撫治輔正，洞真真人于君奉旨住持終南祖庭。尋訪先生遺文，得於隴州祐德觀鄭鍊師子周處，目之曰思玄集。中統初，京兆昊天觀先生門人趙志沖，於府城之北特置吉地，請翰林待制孟攀鱗作誌，起墳葬先生之衣冠，以致春秋之祀云。

蘇鉉

先生姓蘇氏，名鉉，號雲中子。華州蒲城人。賦性寬慈，謙而好禮。遇煙霞勝概，終日忘返。

大定辛卯春，詣終南祖庭丹陽宗師席下乞垂開度。丹陽置諸左右，教以入道儀範。服勞既久，未嘗少懈。丹陽付授道妙，及屢以詩詞接引，使進真功，以至心源明了，道體沖融。一時，羽屬皆以小丹陽目之，其造道之深可見矣。後辭師游海上，和光同塵，扶宗翊教。壬寅夏，丹陽東歸，復侍几杖。迨丹陽之上仙也，盤桓登、萊之間。明昌初，長春宗師命先生演教燕薊，住崇福觀。道緣日興，從游者衆。一日，謂門人曰：「世緣塵務，何時了絶，吾其歸矣。」言訖，綵雲繚繞空際，枕肱而逝。

至大元乙巳冬，清和真人移葬于五華山仙塋，真常真人奉朝命追贈體元輔教雲中真人號云。

于通清

先生河東隰州人，姓于氏，諱通清，字泰寧，道號真光子。初母夢神人授丹一粒，服之有娠。洎分瑞之日，紅光照室，半日方散。夙喪其父，所居與神霄宫相近。先生髫齔之歲，母氏攜往宫炷香，手指道像而問母曰：「此聖真者，人可得而爲乎？」母曰：「唯志於道者，可得而近之。」先生心諾其言，自是時詣宫嬉游。每見黄冠師誦經，必澄坐其側諦聽，筵終而去。既長，爲人端直，不事家産。恒有高蹈物表之志，但未知所適。年幾冠，母氏終天，葬祭盡禮。

大定己亥歲，忽一道者詣門乞食，先生飯之。因問將安往，道者告以將詣終南參師。先生乃從其行，謁見丹陽宗師於祖庭。丹陽問其行止，先生具實以告。丹陽留居座下，執巾瓶之役數年。一日，手書立身法付之曰：「遵是而行，仙階可至。」又屢授真訣，乃得心性圓通。後丹陽東歸，留先生居祖庭。迨明昌辛亥，長春亦東還海上，先生從，居棲霞之太虛觀。

又數載，長春進而前曰：「聖賢教門，方欲開闡，汝可分適北京等處，弘揚吾道。」遂授以親翰，付畀教法。先生承命，至霫都，環居三載。其神光屢見，僚庶敦請出環。參玄問道者不可勝計，莫不虛往而實歸。厥後道緣日興，度門弟子踰千人。唯盧柔和、丁至一爲入室。僚庶選京城東北隅爽塏之地，築華陽觀奉之。先生亦自號塗陽隱士。大安己巳，玉陽真人仙仗北來，館于觀下。無何，挈先生至燕都，保賜紫衣師號。自是道價益高，門徒愈集。貞祐甲戌歲，蒙長春書召，還棲霞之太虛觀，俾主觀事。

興定改元，土寇擾攘，遷居福山縣杏山村之修真菴。忽然先生集衆告曰：「今日天氣清朗，北兵寢息，吾其歸矣。」遂沐浴，書頌曰：「今朝推倒無根樹，頃刻扳翻鍊藥鑪。我獨去時無滯礙，杖藜倒曳赴蓬壺。」擲筆瞑目而逝，春秋五十有六。時五雲繚繞，籠罩菴所，竟日不散。兵後，住持彰德府天慶宮門下法孫李志方，遷先生遺蛻，葬于府城西北王裕村之仙塋，構堂以奉香火矣。

趙悟玄

先生姓趙，名悟玄，字子深，道號了真子。京兆臨潼人，家世業農。寄母胎十有二月，生於天德元年五月初二日。分瑞之際，神光滿室。親屬相傳，莫不爲異。既長，志尚清虚，不樂世味。

大定庚寅春，丹陽宗師率丘劉譚三友入關，道經零口鎮。先生見之，識其非凡，遂邀至家，設齋延待。既而與母魏氏並姊弟妻姪六人，俱詣終南祖菴，投丹陽出家。丹陽方急於度人立教，俱蒙允納，各付以修真微旨。及嗣後，屢以法言誘掖，皆能爲玄門之達者。惟先生侍丹陽最久，既得法之後，於劉蔣居環者數年。

庚子歲，京兆趙恩舍宅修蓬萊菴，請先生居環，忻然就請，兀坐逾十年。爾後邠州淳化縣秦莊道友李氏築環，來請先生，又往居一紀之歲，遂得心符至道。因折柏四枝，插於環中，迄今榮茂。泰和中，咸寧縣樊川雒希瑄聞先生爲有道者，築環請居之。一日，房弟雒都巡於京兆茶肆内，見一道者來乞錢，遂手付一文與之而去。後月餘還家，謁先生於環堵，見而驚曰：「此向日茶肆乞錢道者也。」問兄先生亦嘗出乎，曰無。都巡乃焚香拜禮，以朱陽村世業柏坡與先生修全道菴，永爲棲真福田。先生嘗謂弟子然逸期曰：「京兆太白廟，道祖

今果爲名觀矣。居數載，先生復往淳化。玄元示迹之地，向者丹陽已築堂其側，他日必爲崇福道場，汝可居之。」先生亦時往來其中，

以大安三年三月十有七日，無疾而逝，享年六十有三。生平暢道詩詞號曰仙梯集，行于世。度弟子數百人，惟王德遇、然逸期爲入室。後移葬先生於樊川全道菴之柏坡，訪平涼同知楊庭秀爲作墓碑以紀其道行。天興兵後，就全道故址大行興建，爲翠微宮矣。壬子歲，真常真人炷香祖庭，贈以弘玄真人號。

段明源

先生世居平水，法諱光普，字明源，道號真陽子。幼而聰慧，長而豪俠。因酒悞傷人肢體，避罪入關中。偶至終南祖庭，聞丹陽宗師談道，大有開悟。於是焚香拜禮，懇祈出家。丹陽見許，恭執勞役，以事左右。數年之間，漸有得於心。一日，跪告師前，丹陽教以寡欲澄心，摧强挫鋭。先生既蒙印可，行其所受之學。不數載乃得，心宇瞻明，臻於妙道。遂杖筴還河東，於稷山縣城之北築了真菴，居環堵，自此依歸者衆。

歲壬寅夏，忽謂門人曰：「丹陽宗師將東歸，可備香信，汝等隨吾往謁。」即出環，率衆而行，甫抵潼關，仙仗果至矣。丹陽叩其所修，先生以所進答之。丹陽嘆曰：「關中已有趙

悟玄，河東又得段明源，吾教得所傳矣。」先生拜辭而回，道價益高。三原楊明真聞之，往詣參請，多蒙指授，仍以物外人詞見贈。

迨明昌改元二月二十八日，先生召門人曰：「吾有三山之遊。」沐浴，書頌云：「歲久樂希夷，光明性燭輝。靈通三島路，氣結六銖衣。放曠無拘束，逍遥出是非。默然無一事，鶴馭綵雲歸。」書畢，曲肱而逝。目光炯然，數日不落。備禮葬于了真菴側。平生歌詩號曰明源集，行于世矣。

終南山祖庭仙真内傳卷上

終南山祖庭仙真内傳卷中

夷山天樂道人李道謙編

柳開悟

先生陝右坊州人，姓柳氏，諱開悟，字巨濟，道號無染子。性聰敏少言，家富，不喜華飾。業進士，博識强記，能屬文。再赴廷試而還鄉中，以才名推爲州學録。大定壬辰春，因游長安遇丹陽宗師，與之語，及贈以詞。先生有所開悟，遂捨家從之游。居劉蔣祖菴踰十年，於道大有所進。與曹瑱、來靈玉、劉真一、李大乘、雷大通、李大莖、趙九淵輩俱在丹陽門下，時人稱之曰玄門十解元。丹陽東歸，先生與諸公亦從行。迨丹陽上仙，先生於明昌間奉長春宗師命，演化燕薊。既而還固安之棲玄菴，以崇慶改元壽終。兵後乙巳冬十月，清和真人移葬于五華山。庚戌冬，掌教真常真人奉上命贈明玄崇德無染真人號，仍作墓碣銘。

任守一

先生姓任氏，諱守一，道號自然子。世爲京兆鄠縣之農家。體榦魁梧，胸襟開朗，不拘小節，性喜射獵。一夕夢鬼使攝入陰府，歷見罪囚校對拷掠之事。覺而有悟，因毀弓折矢，對天自盟，願改前非，以新厥德。徑詣劉蔣祖菴丹陽宗師門下，求受道業。丹陽斥逐，至於數日，其心益堅，乃納之，俾就環堵供事飲膳。三載之間，服勞益謹，未嘗須臾少懈。丹陽憐之，指授真訣，教以忍辱降心，調鍊神氣。久之心地虛明，漸有所得。一日跪前告曰：「庸鄙凡愚，蒙師開悟，顧無以報，願垂慈憫，不棄陋拙，更執汲爨三年。」丹陽却之曰：「汝向時未悟，須當服勤效役，今既有所得，當進汝真功，接引後進。」於是先生拜辭，乞食河朔間，道緣日盛。

至大定癸卯冬，聞丹陽返真，先生廬墓三載。未幾，忽召門人曰：「昨夕師真有命，令從游道山。」沐浴更衣，翛然順化，即明昌改元四月十四日也。兵後，門人移葬于登州蓬萊縣百澗村重陽觀，構堂設像矣。

楊明真

先生姓楊氏，世爲耀州三原縣人。父蕃，母劉氏，以天德庚午歲十一月十八日，先生乃生。分瑞之際，青氣盈室。幼而孤梗，不與群兒戲狎。既長，每發浮生如電之嘆，志慕仙道。當大定十四年聞丹陽宗師弘全真大教於終南祖庭，即棄家，特詣門下，乞垂開度。丹陽見其體貌魁梧，胸襟開朗，嘆曰：「此真仙材也。」因訓名明真，號碧虚子，授以還丹泝流之訣。

先生既得受記，頭髯面垢，乞食度日，或歌或舞，佯狂玩世，人皆以楊害風呼之。常持一馬杓以爲飲器，隱迹匄徒中，數歲不語。志逾金石，盤桓終南鄠、杜間。後聞丹陽上仙，東游海上，奠祭墳壠。覲謁長生、玉陽二宗師，多蒙指授。迤邐西歸。嘗聞稷山縣真陽子段君爲丹陽許可，取道河東，炷香參拜。段君密授道要，又以物外人詞贈之。先生辭而還秦，自是了無疑障。徑入京兆省前宣詔廳，忘言危坐，雖紛華滿前，未嘗一盻而已。心灰體槁，如在山林。一紀之歲，入於大妙。

承安己未，轉運使高德卿忽患心痛，百醫不效。屬纊之際，夢先生以水噀之，徧身汗出，倏然而甦。不數日，四肢康豫。親詣宣詔廳，焚香拜謝，多贈金帛。先生不受，復作詩十絶謝之。重午日，先生在清真菴畫地爲鑪，撮土代香，翠煙靄出，盤結丈餘，旋爲華蓋，移時不散。時有數鶴飛鳴其上，萬目仰瞻，靡不讚異。由是統軍完顔公助貲興建，即今之丹霞觀也。蒲城老蘇兩膝拘攣，不能步履。先生以水噀之，奔走如故。厥後里人之疾者，竟來求水。先生厭其紛冗，呪水一杯注之井中，有聲如雷。自此疾者汲而飲之，無不痊差。迄今號曰法水井。

無何，還祖庭閑居，召門人修齋，集衆嗣法於無欲子李公，及請知觀畢知常，囑以藏身之地。留頌云：「八十年來如電拂，一堆臭腐棄荒田。予今去後全無礙，撒手歸空合自然。」置筆，奄然順化。福山宋昭然者，與先生素不相協，先生窗外與之告别，宋遽出户迎待，適人來報先生羽化。時正大戊子六月十一日也，享年七十有九。度門人數百輩，平生著述目曰長安集，行于世。葬于劉蔣之仙蜕園。庚戌冬，掌教真常真人奉朝命追謚曰碧虚毅烈真人。

周全道

先生姓周，名全道。世爲古豳之巨室。生於皇統乙丑歲十二月二十二日。自幼語默，進止若成人。狀貌奇古，神情雅澹。夙喪其父，生理蕭索，竭力以事母。母忽感奇疾，百療不愈，先生割股與藥同進，厥疾乃瘳，鄉黨以孝聞。年及冠，里人有以子妻之者，先生婉其辭而却之。及母氏之終天也，哭泣過哀，幾於滅性。歎曰：「吾嘗聞道家有言，一子進道，九祖登仙。欲報罔極之恩，無踰於此。」

時大定癸巳歲，丹陽宗師環居終南祖庭，演全真教法。先生遂詣席下，求受道要。丹陽納之，俾與弟子列，自薪水舂爨，皆使親歷。先生恭服勤勞，數年匪懈。丹陽察其有受道之志，一日召入環室，授以真誥，及賜全陽子號。先生既得法，克己鍊心，行其所受。如是又數載，合堂雲衆，莫不服其踐履之實。無幾何，丹陽謂曰：「豳近邊鄙，教化難通，汝當往居，以弘吾道。」先生受教而往，卜菴玉峰山下，頤神毓浩。演化度人，各隨其根性淺深，皆蒙啓發。至於疲癃、殘疾、嬛獨、鰥寡而無告者，收養於菴中。由是鄉里士庶日益敬仰，豳人爲之遷善。

壬寅，丹陽東歸。先生每至清明，必躬詣祖庭奠祭，歲以爲常。貞祐間，羌人陷豳，先生亦在虜中。雖被俘縶，其精進道業，略不少渝。羌識其爲異人，遂釋之。四方來受教者，不可勝計。俱令各立方所，誘掖後進。元光末，尚書左丞張公信甫出鎮豳郡，素忌先生之名，徑來玉峰叩其所修，先生告以道德性命之理。公喜其誠，出而語人曰：「周全陽，有道者也。」翌日設齋，仍贈袍履，時遣人候問起居。

先生亦常往來寓居長安之漢高祖廟，統軍完顔公待以師禮。正大戊子，復還豳，以十月十有七日，命衆作齋，召嗣法門人圓明子李志源，囑之曰：「終南南時村，祖師開化鍊真之地，吾欲修建，以彰仙迹，奈世態如此，不可强爲也。他日升平之後，汝輩當勉力，以成吾志。」言訖，令侍者焚香，命衆誦清靜經，先生危坐澄聽，甫竟三過，枕左肱而逝，春秋八十有四。葬於玉峰菴側。士人王才卿者，與先生爲莫逆，時仕慶陽。方天兵圍城甚急，忽夢先生飄然而來曰：「吾今特來與公相别，軒冕儻寄，不堪久戀。此身一失，再得實難。」珍重而去。未幾圍解，王乃訪人，始知先生入夢告别之日，即返真之辰也。遽解印綬，黜妻子，樂道以終其身。

先承安戊午歲，東魯鄆城縣洞虚子張志淵者，嘗兩夢神人持白刃叱之曰：「爾年將盡，胡爲不參師學道，以免速死耶？」既覺，心神恍惚，因詣郭西郊行，俄見一道者，麻衣草履，軀榦魁偉，自西而來，就張言曰：「汝有宿緣，故來相接。」即於路左教以修真密旨，及以麻絛贈之，且曰：「敬之哉，無忘吾訓。三十年後，當有吾門人來此，與汝相會，是時汝得與師真結大緣矣。」張請其姓名，答曰：「吾關中周全陽也。」俄失所在。張遂易衣入道，後於濟州創白雲觀，度弟子數百人，悉立菴觀於齊魯之間。壬辰，六軍下河南，李圓明挈衆北渡，於東阿縣築棲真觀居之。張聞往謁，告以向日遇師之故。圓明出先生畫像示之，張焚香致拜曰：「此正吾曩者所遇師也。」以圓明爲道兄焉。乙未，關中撫定，圓明追念先生遺命，率法屬百衆西歸，於南時創成道宫。張洞虚屢輦金幣以資其用。不十載，雄構壯締，庨豁可觀。

辛丑春，清和真人命門人捧先生遺蜕葬於劉蔣之仙蜕園。壬子，掌教真常李君奉朝命追贈全陽廣德弘化真人號。

喬潛道

先生家世平陽，族喬氏，名潛道，號沖虚子。賦性沈靜，素嗜玄虚。大定壬辰歲，時年三十有六，與里人李沖道同游終南，拜禮丹陽宗師，求受全真教法。居劉蔣祖庭，採薪汲水，供事道衆。艱辛備歷，略不敢怠。一日，丹陽授以玄旨，仍付詩二絶云：「樂天知命不愁窮，懷玉身心衆莫同。烹鍊神丹憑匠手，須教鼎内雪霜紅。道中玄妙與誰窮，撞著知音語話同。守黑不教心上黑，丹紅勝似面顔紅。」先生既得道訓，與同志李君相爲切偲，克勤道業逾十載，故能各造玄奥。

壬寅，丹陽東歸。先生與李君共游郃音閤。水，乞食度日。既而劉户部好謙語人曰：「昔列子居鄭圃四十年，人不知其有道。蓋懷道抱德之士，如良賈之深藏其貨，惟恐人知。吾觀喬李二仙，其斯人之流乎？」縣人聞之，日加敬仰，擇故城之東北隅，築太清觀事之。丙午，長春宗師演教祖庭，二公徑來席下，日親教語。長春察其所安，忽謂衆曰：「喬李二公克勤于道，真吾門之達者。」自是道價日益高。明昌辛亥，承長春命，同弘化河東，於臨汾築沖虛觀居之。泰和壬戌，復來郃水，棲真接物。貞祐丁丑春三〔一〕月，因與士人王可大坐間，忽曰：「吾敢少煩於君，願助一袍以贐吾行。」不數日，無疾而逝，享年八十一。可大來弔，方知索袍謂棺也。時門人李道隱居於他所，一旦，先生突然踵門，密有規誨，臨別又曰：「明日可一來，吾別有所囑。」翌日，道隱行至中途，逢人來報先生昨日已羽化矣，方知來者身外之化身也。

李沖道

先生姓李，名沖道，清虛子別號也。家世平陽。性剛毅，善辭翰，事父母孝。於大定壬辰間，年幾不惑，遂與同里喬潛道結爲林下莫逆友，偕詣陝右終南丹陽宗師門下，求受道業。宗師視其可教，留與弟子列，舂爨灑掃，勤事數年，愈久愈敬。宗師一日授以祕旨，仍贈之詩云：「逍遥物外興無窮，且恁和光混俗同。堪嘆浮生虛幻夢，恰如敗葉舞秋紅。任人閑笑道家窮，一志修仙俗匪同。三伏洞天霜雪降，靈苗慧草轉添紅。」先生既得印可，篤志於道，脅不占牀者僅十霜，故得心宇泰定，忽夜見神光照室，朗如白晝。遂與

〔一〕三：輯要本作「二」。

喬君同往郃陽，匄食鍊行，弘演真教。丙午，長春自隴山來祖庭，復詣座下，參進上道。迨明昌辛亥，長春東歸，命先生與喬君弘化河東。於臨汾縣西築沖虛觀居之，度門弟子數百人，造菴觀數十區。長歌短詠，稍露玄旨。喬君責之曰：「道人貴韜光晦迹，且今向上真師在世，止可各進真道。」先生謝而焚之，

一旦，命衆具湯沐，且曰：「吾世緣已盡，今當歸矣。」囑門人以志道之語，翛然順化。非煙非霧，徧覆庭宇，三日而休〔一〕。士庶瞻拜，靡不歎異。葬于沖虛觀，構堂造像，以奉香火。

趙九古

先生姓趙氏，諱九古，道號虛靜子。家世檀州，祖宗簪纓相繼，咸有政聲。父淄州太守，改同知平涼府事，因家焉。先生大定三年癸未生，天姿澹靜，日者相之曰：「風清骨奇，非塵坌中所能留也。」夙喪其父，每有升虛之志。

〔一〕休：原作「修」，據輯要本改。

十七年丁酉，母欲娶之而不從命，屢請入道。母數詰責，知其志不可奪，乃從之。聞府中崔羊頭者爲有道，往師焉。崔命執厨爨之役，每夜令造食五七度，度必改味。及所進，亦不多食，亦不令多造，使通宵不寐。如此三載，其心益恭，亦無分毫驕氣，人以内奉先生呼之。崔知其可教。十九年己亥，俾先生詣華亭丹陽席下請益，丹陽納之。

庚子，丹陽還終南，命先生往龍門供侍長春，而親訓炙，長春易名道堅，時往來於平涼。丙午，長春挈居終南祖庭。長春赴〔一〕戊申之詔也，留先生事靈陽李君。明昌辛亥，長春東歸海上，攜過掖城，命謁長生。未幾，長生令先生歸棲霞，長春喜其來也，命充文侍，掌經籍典教。凡僚庶道流來謁，必先參先生，然後入拜丈室。其爲文清古，筆法類瘞鶴銘。迨己卯歲，長春赴詔適西域，選侍行者，先生爲之首。至賽藍城，先生謂清和尹公曰：「我至宣德時，覺有長往之兆。嘗蒙師訓，道人不以死生介懷，何所不可，公等善事師真。」言畢而逝，享年五十有九。葬之郭東原上，迄今土人祀之。

初，長春過阿不罕山，留宋道安等九人建棲霞觀以待。至壬午，爲惡人妬忌起訟，衆皆憂懼。道安晝寢，見先生自天窗而下曰：「吾師書至。」道安曰：「自何來？」曰：「自天上。」

〔一〕赴：原作「起」，據輯要本改。

受而觀之，止見「太清」二字。宋覺，白於衆。翌日果有書至自行在，訟事乃寢。蓋先生之陰護也。癸未，長春東還，過其塋域。諸友欲扶櫬而歸，長春止之曰：「四大假軀，終爲棄物。一靈真性，自在無拘。奚拘拘然以棄物爲念哉？」明日遂行，既達漢地。自雲中、武川、灤陽、燕薊十餘處，見先生單騎而至，預報長春宗師東還，何不遠迎。其神異之迹，不能備紀，姑録一二以表死而不亡者也。

庚戌歲，真常真人奉命褒美道門師德，贈先生中貞翊教玄應真人號，葬冠履於五華山，以奉歲祀焉。

陶彦明

先生平陽襄陵縣人，幼而好道，事父母以孝聞。年逾三十，怙恃俱失，先生哀毁過禮。服闋，慨然置家累，渡河而南，寓居靈寶縣。欲投師學道，罔知所適。

大定癸巳歲，河間許子靜來爲縣宰，見先生氣質淳正，且告之曰：「公果欲慕道修仙，非得師匠，徒費世祀。吾聞丹陽馬君弘全真之教，今居終南，汝可依歸。」仍作詩送行，先生徑詣劉蔣。丹陽見之，如有夙契，留居座下，與之名曰彦明，字明甫。親炙日久，教以性命之理。朝夕訓誨，以至心地開通，了無凝滯。使之遊歷諸方，究取父母未生前去。先生卜居渭南，簞食瓢飲。行其所受於師者，若將終身焉。

不數歲，丹陽召還祖庭，問以日用，且嘆曰：「純而不雜者，其惟陶明甫乎？」賜之號曰無名子。既而丹陽東歸，先生亦出關，棲止于洛西抱犢山，尋遷桃花山，隱居逾二十年。忽告其徒曰：「吾昨於定中，偶憶先世嘗居靈光洞，今失其所在。」後因遊女几山，見石壁間有刻「靈光洞」三字，中有石牀鐵臼尚在，遂葺居之。衆驗其言，益加信敬。隱逾十載，俄還居長淵，人莫測其意。不數日，北兵掠女几，民多被禍，獨長淵無一騎之來。人益服先生有預見之慧。雖法壽甚高，而步履康健，精神悦懌，可見平日鍊養之功也。

正大丙戌秋，雲溪菴門人狄抱元、王抱真請先生就菴過冬。先生辭曰：「此中已備結冬之計，待來春當往，彼作歸休之所。」丁亥三月六日，杖筴抵雲溪，與道衆笑談終日。翌旦，更衣端坐，索紙筆書頌，奄然而逝，享年八十有六。停柩七日，顇紅頂温，如熟睡狀。殯於所居靜室，明年離峰于君葬諸鳳翼山之西。啓棺，形質不變，香風滿谷。萬人瞻拜，莫不讚異。故左丞姚樞爲作墓銘，以紀靈異焉。

王志達

先生，延安之大族，姓王氏，名志達，道號玄通子。生於天德庚午歲十二月二十九日，夙喪其父。妙齡雅負清鑒，每歎世緣虚幻，有超然拔俗之心。既長，以户般充里正，徵斂廉平，鄉人敬之。

以大定丁酉歲，因友人得疾，數日身化爲大蛇，惟頭面未變。先生視之，友曰：「公輩可備筐器，送我於山，不然恐頭面隨化，傷及生人。」先生揭衾一視，其項已下果爲蟒矣。遂與家人送至山麓間，即附草而去。先生驚駭，從此長往不歸。路逢異人，授以玄旨，且曰：「今丹陽師演化于終南，可往師焉。」俄失所在。先生徑往，求爲度脱。丹陽初不納，至於責辱數日，求教益堅。憫其誠至，留居席下，俾隨衆執役，教以忍辱鍊心。居數年，其勤儉謙退，愈久愈篤。未幾，丹陽以道德性命之要付之。先生既得法，卜雲陽縣環堵。默坐一十三年，乃得心光内發，吐爲辭章，脗合玄理。度門弟子數百人。

後復還延安。五月大旱，官民問先生雨期，曰：「今日小雨，未能霑足。過此三日，澤大足矣。」至期，果如其言。泰和間，羌人入寇，人心駭懼。先生徐曰：「請無慮，昨吾定中見三千無首人，驅五百大獸至。」後數日，捷書至，果梟首三千級，獲駝五百餘頭。四方聞之，益加敬奉。一日於市肆中小酌，出門仰瞻天表，還入坐，索紙筆書頌云：「一輪紅日耀中天，五色祥雲頂上旋。珍重一聲歸去也，倒騎玄鶴海東邊。」擲筆曲肱而逝，時大安庚午十二月初二日午時也，享年六十一。

平生著述號玄通集，行于世。葬于府城之東南。天興兵後，門人就先生葬所建玄通觀，以奉香火焉。

薛知微

先生世居河東河津縣，乃唐征遼將軍薛仁貴之遠孫也。法諱知微，字道淵，號碧霄子。以天德庚午歲生，幼不嬉戲，長慕清閑，性沈默寡言。年踰弱冠，酷好養生性命之學。大定辛卯歲，丹陽宗師演教終南，聲揚遠邇。先生乃黜妻子，敬謁席下，操綈篲以侍門庭，前後三霜，始終一節。丹陽識爲受道器，乃付以修真祕旨。先生既得其傳，復還鄉里，築菴守靜，調氣養神。如此六載，故得心宇泰定，性天疏明。

辛丑，再至祖庭，奉師進道。忽一夕，天澄月朗，輒起取薪，置諸屋下。衆皆訝其誕，比明雪已盈尺，共服先生有靜定之功，洞見未然。癸卯，二三道侶拉同遊天壇。先生曰：「王屋洞天素欲一往，安樂窩中可以託宿。」既至，主人迎居一室，軒扉雅敞，榜曰安樂窩。同行者相視歎曰：「先生誠有道者也。」時丹陽東歸海上。冬，法弟王志一欲遊寧海參師。與之相別，先生慟哭，衆莫測其所以。及王抵寧海，丹陽已羽化二旬矣。未幾，復還鄉中。王汝霖來見，先生曰：「胡不早求良醫胗治厥疾？」王時無恙，聞先生之言，不以爲事。未及月，忽中風而卒。崇慶間,儒士吴世傑、薛國寶問先生秋試題目,對曰:「三王以賞刑致康。」至期果然,二人皆第。又一日,杜仲敏者來菴閑話,先生笑曰:「公可速歸,落井之婦猶可救也。」杜蒼忙至家,果如所告。先生預見未然皆類此。後南渡,遨遊嵩少間,尋還内鄉,愛其人淳景秀,即結茅隱居,多所接引。至正大壬辰冬十月三日,無疾而逝,享春秋八十三。所作詩詞號清虚集。度門弟子數百人,唯侯志忍、柳志春、唐志安、范志沖四人爲入室,皆立觀度人於河東雲、應間,爲當代之高道。兵後還先生遺蜕葬於終南山下鄠縣遊仙宫之集真堂。掌教真常李君奉朝命追謚先生曰昇玄真人云。

陳知命

先生姓陳,名知命,道號朝真子。終南縣袁村人,與劉蔣爲鄰疃。重陽祖師累曾化度,先生以家産殷富,未能遽拋塵累。後因丹陽等四真來居祖菴,先生頗有入道之心。一日丹陽宗師以青包巾一頂,作詩贈之云:「青雲翦破作雲包,熟視陳公有分消。顧我共君同宿契,願君同我樂逍遥。長生路上尋金鑛,不夜鄉中採玉苗。何啻一身超達去,九玄七祖上丹霄。」先生既蒙點化,嘆曰:「向日重陽累曾化度,我已愚昧不能從師高蹈,儻一朝大限臨頭，寧得以此薄業少延一日之生耶？」即日禮丹陽爲師，改衣入道。丹陽以先生有幹濟才，俾充祖庭菴主，積行立功。十載之間，每以醫藥救人，多種陰德，其道衆多賴芘蔭。丹陽每作詩詞，教戒先生修真處靜，大造其妙。無何，退職閑居，丹陽以吕道安代主菴事。先生專以修進爲業。

至承安丁巳，忽以手撫吕背，曰：「公緣法甚大，將來此菴爲觀之日，度道士數百人爲門弟子。是時吾道大弘，公適當其時，善自保愛，吾其歸矣。」言訖，徧辭道侣，怡然順化，享壽八十有一。停柩三日，肌體輕輭，目光炯然。明年，玉陽宗師買祖菴爲靈虚觀，保賜吕道安沖虚大師號，俾掌敕牒，主領觀事。後果度道士僅三百人。皆符先生之言矣。

宋明一

先生姓宋，諱明一，號昭然子。登州福山縣人。乃祖及父世爲縣吏，以廉平積德，見稱于鄉里。先生幼習儒業，長於詞翰。每以此世爲不足玩，發出塵學道之志。年踰三旬，辭親長往，徑入關中，禮丹陽宗師出家。千磨百鍊，志如金石。服勤之暇，其於修真習靜之業，與日俱進。丹陽付之口訣，仍以青華陽巾賜之。先生拜受，以其師之所賜，終身收掌，每至旦望頂之，朝拜真聖。

迨大定壬寅春，丹陽鶴馭東歸。先生侍行至海上，日以其母兄姊姪六人俱禮丹陽入道。明年冬，丹陽上仙，先生復入關居祖庭。丙午，率衆詣隴山，請長春宗師還終南，大弘祖教。明昌辛亥，長春仙仗亦東遊，先生受法旨，充祖庭尊宿，自後凡入道者，令先生爲引度師。

至正大丙戌，北兵下秦川，民庶驚擾，避地南山。道衆俱入澇谷，先生獨不肯往。衆勸之行，先生曰：「吾之宿債，安所逃乎？汝輩可行，吾獨於此守之。」不數日，邏兵卒至，靈虚殿宇悉爲灰燼，先生亦被害。翌日，道衆下山視之，膏血不流，可謂純陽之體。嵇康、羅公遠之流乎？時十月十有三日也，享壽八十四。

至大元壬子春正月，掌教真常真人李君奉朝命追贈先生以無憂真人號云。

吕道安

先生姓吕氏，諱道安，世爲寧海巨族。幼年穎悟，志慕玄風。仙姿道骨，稟於天然。事父母孝，聞於鄉里。

先年僅三十二，親俱喪。盡葬祭禮，慨然捐俗入道。是時馬譚丘劉四師於終南守墳，先生隻身西來，納拜於丹陽宗師。丹陽與先生同里閈，素知門第清潔，遂令服勤左右。既薰陶日久，乃能了悟道妙。大定庚子歲，丹陽俾先生充祖庭菴主，撫育道衆。時靈陽李君在世，亦多蒙啓發。丙午，長春宗師自龍門來居祖庭，數載之間，日親玄訓，於道了無疑障。明昌辛亥，長春仙仗亦東歸，先生修身以敬，莅衆以寬，道風不減師真在日。承安乙卯，朝省罷無敕額菴院，悉没於官，祖庭亦在其數。自是門庭蕭索，道侶散逸。丁巳，時玉陽真人被召闕下，遣人來召先生。明年春，至燕都。玉陽買祖庭爲靈虚觀，仍保授先生沖虚大師號，使掌敕牒，主領觀事，且曰：「重陽祖師徒步數千里來化我輩，端爲教門後事。我雖不能親往來，嘗敢忘？汝於祖庭夙緣甚厚，善爲主持。」及以詩贈之云：「大悟威光朗太空，先天真瑞信忽忽。虚無清静全今古，至道流傳正祖宗。三界十方通一致，千經萬論了無窮。忘情自現天元主，透出陰陽造化中。」先生西歸祖庭，因緣復振。不數載，買度爲道者，皆以先生爲師，僅三百人。買額爲觀在陝右者數十區。至興定辛巳二月十三日，囑門人以修進之語，以法弟畢知常嗣主觀事，翛然順化，享年八十。葬于仙塋諸師之側。大元壬子春，掌教真常真人李君奉朝命追贈先生以凝虚真人號。

畢知常

先生姓畢，諱知常。世爲乾州醴泉之巨室。昆季四人，俱好清虚無爲之學。大定壬辰歲，聞丹陽宗師於終南祖菴弘演真教，偕來席下出家。丹陽各付祕訣，節次授以詩詞誘進，以至俱能深造道妙，翹翹爲人天師。惟先生最幼，置之左右，執巾缾之役，日夕訓誨，歲月既久，故偏得修身性命之要。

迨壬寅夏，丹陽東歸，囑先生西入隴山，侍長春丘君，採薪汲水凡五年。每進饋之暇，危然澄坐，通夕不寐，以修靜定之功。明昌辛亥，長春仙仗亦東游，留先生與吕道安同主祖菴事。先生於吕雖爲昆仲，待以師禮。六年乙卯，朝省新法，以祖菴無敕額，例没於官。承安丁巳，先生往海上謁諸宗師。長春以所有之貲傾囊盡付，及親作疏文，俾先生化導諸方，爲重建計。明年春，先生上燕都。玉陽時應命闕下，召吕道安至燕，買祖庭爲靈虚觀。仍保賜先生通真大師號，令副知觀事。與吕偕西歸祖庭，道風爲之再新。先生尤善醫藥，聞人之疾，不擇貧富，必往救之。至興定辛巳，吕道安上仙，先生嗣主靈虚香火。其殿堂廊廡創造增葺者甚多，道緣日弘。不數歲，度門人踰百衆。無幾何，謝觀事閑居，退隱岐山縣五姓之洞真觀，和光同塵，頤真養浩。時亦一至靈虚，綱領觀事。

正大辛卯，關中受兵，先生與居民同避地於太白山之峽。至三月十六日，告門人曰：「昨於定中山靈潛報，此地不堪久處，當徙之他所。世態如此，吾不忍見。」即焚香辭聖，翌旦奄然長逝。門人葬于所居之石室。居民有聽其言而去者。不數日兵至，不去之民俱被禍。大元庚子冬，洞真真人于君奉朝命來住祖庭，念及先生同出丹陽之門，又爲平昔莫逆友，爲衆言曰：「畢通真昔居此踰五十年，恢弘祖教，實吾門之大士也。」遂命門人遷先生遺蜕，葬於劉蔣之仙塋。

壬子春，掌教真常李君奉朝命追贈先生曰廣容真人。

終南山祖庭仙真内傳卷中

終南山祖庭仙真内傳卷下

夷山天樂道人李道謙編

清和真人

師姓尹氏，諱志平，字大和。遠祖居滄州，前宋時有官萊州者，因家焉。顯高祖妣有子七人，俱登進士第，仕至郡守者五人。大父公直，考弘誼，皆隱德不耀。於大定九年己丑正月二十日生師。是夕，其母方寐，夢儀衛異常，皆盛服而入，神思愕然，驚寤，師已誕矣。時里人相驚曰：「尹氏宅火。」奔往救之，至則光照庭宇，知生子矣。咸曰：「是家陰德動天，他日必爲異人。」三歲穎悟，善記事。五歲入小學，日誦千餘言，於理即玄解。在髫齔日，舉止異凡兒。嘗因祀事，究生死理，杳然遐想自忘。

十四歲，遇丹陽宗師，遽欲入道，其父難之，潛往。十九歲，復迫令還家，錮之，竟逃出再三，始從之。詣武官靈虚觀長生宗師席下，執弟子禮。尋住昌邑縣之西菴，常獨坐樹下達旦。或一夕，靜中見長生飄然而來，斷其首，剖其心，復置之，覺而大有所悟。後住菴福山縣，惠濟貧困者數年，衆德之。明昌初，聞長春宗師還棲霞，往侍左右。長春特器異之，付授無所隱。玉陽王宗師屢握手談道，授以口訣。又受易於太古郝宗師，皆世所未嘗聞。自是道業日隆，聲價大振，四方學者，翕然宗之。時濰州龍虎完顔氏素豪倨，慕師道德，施囿地創玉清觀事之。數載之間，姬侍供奉者未嘗識其面目，亦未嘗知其姓字，其所守如此。

興定己卯歲冬，大元太祖聖武皇帝自西域遣便宜劉仲禄徵長春宗師。仲禄及益都，會真常李公，曰：「長春今居東萊，非先見尹公，必不能成此盛事。」及濰陽，謁師於玉清，見其神采嚴重，不覺畏敬，自失從容。語及詔旨，師大喜曰：「將以斯道覺斯民，今其時矣。」遂偕往覲長春於萊州昊天觀。先是，金宋聘命交至，皆不應。至是長春與師議，决計北上。時從行者十有八人，皆德望素重者，師爲之冠。自庚辰春啓途，至癸未秋回轅，四載跋涉，備嘗艱阻。既見上於西印度，奏對稱旨。還及雲中，長春聞山東亂，天兵又南下，曰：「彼方生靈，命懸砧鼎，非汝莫能救。」因遣師往招慰，聞者樂附，所全活甚多。甲申歲，敕令長春住太極宫，即今之長春宫也。師在席下最爲入室，四方尊禮者雲合。師曰：「我無功德，敢與享此供奉乎？」遂辭，退住德興之龍陽觀。屢承長春手澤，示以託重意，及蒙賜清和子號。

迨長春上仙，師方隱上谷之煙霞觀。又欲絶迹遠遁，爲衆以主教事敦請，勉從之，還長春宫，以嗣玄教。厥後門徒輻輳，輦幣樂貢者，日充塞庭户。壬辰春，太宗英文皇帝南征還，師迎見於順天，慰問甚厚，仍令中宫代祀香於長春宫，貺賚優渥。癸巳夏，遊母閆山，太玄觀之李虚玄語人曰：「去年院中青氣氤氲者累日，占者以爲當有異人至。今師來，既驗矣。」其演化白霫之間，道緣真蹟備見北游録。

至甲午春，南歸，及玉田，衆喜，爲數日留。日已晡，遽促駕兼夜行五六十里，舍豐草中，衆莫知所以。後還宫，始知在玉田時，有寇數十欲劫掠，追至大合甸，不及而返。從者相賀曰：「非師，奈我輩何？」夏，聞朝廷遣官撫綏關輔。適無欲李公自衛來燕致祭處順堂，師命入關招集道侣，興復終南劉蔣之祖庭。秋，中宫遣使勞問，賜道經一藏。

乙未春，沁州牧杜德康請師主黄籙醮事。師由雲、應南下，所至原野道路，望塵迎拜者日千萬計。願納宫觀爲門弟子者，若前高之玉虚，崞縣之神清，定襄之重陽，平遥之興國，咸請主於師。及理醮，時旱久且風，醮之三晝宵，燈燭恬然，在他境猶風。杜以州之神霄宫爲獻，尊事之。師以玄化大行，歸功於重陽祖師，乃留意於終南祖庭。冬，京兆總管田德燦遣官偕無欲李公馳疏來請，雅與師意合。丙申春正月，始達終南，規度兆域。初，重陽祖師修道於劉蔣村，既成，火其菴而東，貽詩有「後人復修」語。先大定間，丹陽、長春二宗師已嘗建立。值天興劫火，焚毁殆盡。至是師賡之，亦有繼祖來修之什。於是翦蕪平丘，築垣架屋，而草創之。又若樓觀宗聖宫，終南之太平，炭谷之太一，驪山之華清，太華之雲臺諸宫遺址，悉擇四方緣重耆德付之，俾任興復之責。時陝右甫定，遺民猶未安業，道衆艱於得食，師以道德罪福之報撫慰之。是年夏，被命，令師選戒行精嚴之士，就禾林住持，爲國祈福。秋，中書楊惟中召還燕，道經太行山間，群盜羅拜受教，悉爲良民。

戊戌春，忽曰：「吾老矣，久厭勞事。」以正月上日，會四方耆宿嗣法於真常李公，俾主教席。遂於長春西院及五華、大房增葺道院以爲佚老之所。庚子冬，京兆太傅移剌寶儉，總管田德燦請師主重陽祖師葬事，師欣然而往，雖冒寒跋涉不憚也。常曰：「吾以報祖師恩耳。」當時秦地大旱，師下車而雪，大闡葬禮，以明年辛丑正月二十五日既事。時盛行興造，及經理會葬者，多方道俗常數千人，物議恟恟不安，賴師道德威重，鎮伏邪氣，故得完其功。師嘗與老師宿德往來于樓觀諸宫，逍遥自若，以揚玄化。

是歲冬十月，仙仗還燕山，居五華、大房之間，遠近達官士庶，仰之如景星丹鳳。乙巳春，命潘沖和主領河東永樂純陽宫之法席，以事建立。無何，中宫遣近侍賜黄金冠服，仍敕有司衛護。又令門人增飾濰陽之玉清，不數載，奂然一新矣。

至辛亥二月五日，謂侍者曰：「我常便房山之幽邃，故居之。今爲我灑掃殿宇，以備長生昇仙之齋。」翌日，焚香禮聖畢，謂衆曰：「吾將逝矣。」衆驚愕，師嘿不應，惟戒葬事無豐。

遂不食，但飲水歠茶，危坐談道，語音雄暢如平日。是夜，正衣冠，曲肱而逝，享春秋八十有三。門衆毀哭，若喪考妣，時馨香之氣滿室。遠近聞者，奔走賻賵，絡繹如市。初，師遺言葬大房。嗣教真常李君以大房去京師稍遠，艱於登涉，輦柩葬于五華，構堂曰復真，以事香火。師平日著述目曰葆光集，行于世。

中統二年秋九月，璽書追贈清和妙道廣化真人號。

真常真人

師族李氏，諱志常，字浩然。其先洛州永年人，宋季避地濮之范陽，尋又徙開之觀城，因著籍焉。高祖皓、曾祖昌、祖明、父蔓，皆隱德不耀，素爲鄉里所重。母聶氏夜夢異人授之玉兒，覺而生師，即明昌四年癸丑正月二十日也。師生六歲，考妣俱喪，養於伯父濟川家。濟川諱蒙，名舉子也，賦義兩科，屢占上游。雖以四舉終場，同進士出身歉如也。愛師穎悟不群，意用作成，以償平昔之願。而師不喜文飾，雅好恬淡，常默禱高穹，望早逢異師勝友，式副夙心。年十有九，伯將議婚，師聞之歎曰：「本期學道，未涉津涯。若愛欲纏縛，則聖賢高蹈出塵之事業難乎有成矣。」

居無幾，負書曳杖，作雲水之游。初隱東萊之牢山，復往天柱山之仙人宮。宮之主者曰湯陰李先生，有藻鑒，見師儀觀魁偉，固已知其不凡。因冬夜談道，言及日用，乃大加賞異。退謂其徒曰：「余在道三十年，老師宿德與之談論者，能如此子精當，曾不一二見。」迨辭，始告之曰：「君玄門大器也，山菴荒僻，非君久淹之地。海上昔祖師至，異人並出，今獨長春在焉，宜往從之，他日成就，未可量也。」師翌日遂行，至即墨之東山。屬貞祐喪亂，土寇蜂起，山有窟室，可容數百人，寇至則避其中。衆以師後，拒而不納。俄爲寇所獲，問窟所在，箠楚慘毒，絶而復甦，竟不以告。寇退，窟人者出，環泣而謝之曰：「吾儕小人數百口之命，懸於公一言，而公能忘不納之怨，以死救之，其過常情遠甚。」爭爲給養，至於康調，迄今父老猶能道之。

歲戊寅夏六月，聞長春宗師自登居萊，師促裝以往，拜謁席下。長春一見器許，待之異常。師於承教之後，益自奮勵，歷兵革死生憂患之際，曾不易其所守。山東東路轉運使田琢器之，高其行，且聞昔在即墨，其主帥黄摑副統咨師籌畫，保完一城，以書邀至益都，待以賓禮。己卯夏六月，益都副帥張林叛金歸宋。冬十有二月，太祖聖武皇帝遣便宜劉仲禄齎詔備禮，起長春宗師于東萊。師覘此事機，知張林新以其地入宋，叛服靡常，密念若不先入白則必見阻滯。乃往説林曰：「長春師天人也，今三使徵聘，毅然北行。舍近道而即遠途，救世之心於斯可見。相君能爲推轂，則非惟一方受賜，實四海生靈無涯之福也。」林悦，移檄所經，俾衛送以行。

庚辰春正月，長春命駕，從行者一十八人，師其一也。二月，達燕。明年春，北上。秋七月，至阿不罕山，距漢地僅萬里。並山漢人千家逆塵羅拜，以爲希世之遇，咸請立觀，擇人主之。長春坐上指師語衆曰：「此子通明中正，學問該洽，今爲汝等留此，其善待之。」因賜號真常子，仍預書其觀曰棲霞。長春既西邁，師率衆興作，刻日落成。又立長春、玉華二會，至今不輟。

癸未夏五月，長春至自行在，憩于其觀。一日，齋客四集，長春手持弓弦一，不言以授師。師亦不言而受，圈而佩之，作詩爲謝，長春但笑領而已。蓋阿不罕之留弓弦之授，識者知其有付囑之意。秋七月，至下水時，殘暑尚熾，長春納涼於官舍之門樓，字呼師而教之曰：「真師不易逢，得道者不易遇，遇之而不易識也。守道之篤，人貌而天行，直寓六骸而淵宗，忘飢渴而常寧，至靜而遺形，獨遊乎無極之妙庭。此語汝當記之，以俟他日自得之耳。」師拜謝已，乘間因問：「向者避地山東，爲寇箠撻，俄墮窈冥，赫日方中，而目無所見，幽明路隔。其歸根復命之理，果何如哉？」長春曰：「人之生死猶晝夜，乃幻相相因之道，叩其道之至，則無有也。當汝疑念未起時，體取死生，晝夜了無干涉。則天光湛澄，若太虛之無際。名言象教不可得而喻，斯汝疑心靜盡之地。」師復再拜受之。

長春自入漢地，人事益繁，四方道俗來覲謁者，皆託於師。師陰蓄歸隱之念而未有以發，雖心交不知也。長春忽語之曰：「昔有一道人，趙其姓，初在門下，向道甚勤。一日遽辭，欲往他所，我因戒之曰，不應去而去，不爲退道即爲慢道。」師愕然，知斯言爲己設，其念遂絶。師以長春西域見上演道之語編爲西遊記，行于世。

丁亥秋七月，長春仙去，清和嗣教，以師爲都道録，兼領長春宫事。當時朝廷在禾林，師歲一往，以扶宗翊教爲己任，雖龍沙風雪，寒裂肌膚，弗憚也。庚寅秋七月，太宗英文皇帝始即大寶，師見於乾樓輦。時方詔通經之士教儲君，師乃進詩、書、道德、孝經，上嘉之。冬十一月，得旨方還。

辛卯冬，有誣告處順堂繪壁有不應者，清和被執，衆皆駭散。師獨請代之曰：「清和，宗師也，職在傳道。教門一切，我悉主之，罪則在我，他人無及焉。」使者高其節，從之，特免杻械，鎖之入獄。夜半，鎖忽自開，師以語獄吏，吏復鎖之，而復自開。平旦，吏以白有司，適與來使會食，所食肉骨上隱然見長春相，其訟遂息。癸巳夏六月，承詔即燕京教蒙古貴官之子十有八人，師薦寂照大師馮志亨佐其事。日就月將，而才藝有可稱者。乙未秋七月，奉詔築道觀於禾林，委師選高道住持。

戊戌春正月，清和會四方耆宿，手自爲書付師，嗣主教席。師度不能辭，乃受之。三月赴闕，以教門事條奏，首及終南山靈虚觀係重陽祖師錬真開化之地，得旨改稱重陽宫，敕洞真于君住持，主領陜右教事，以白雲綦公、無欲李公輔翼之，大行營建。乙巳，奏請河東永樂純陽祠宇，及師真堂下並賜宫額，以彰玄化。丙午，定宗皇帝即位，詔師以戊申上元日就長春宫，設普天大醮。仍降璽書，凡名山大川，諸大宫觀，及玄門有道之士，委師就給師德名號。

歲舍辛亥，憲宗皇帝嗣登寶位，欲遵祀典，徧祭嶽瀆。秋八月，遣中使詔師至闕下。上端拱御榻，親緘信香，冥心注禱於祀所，賜師金符寶誥，及内府白金五千兩以充其費。師奉旨驛車南下，徧詣嶽瀆，以行祀事。越明年春正月初吉，來終南祖庭，敬展精衷，恭行祀禮，規度營建，整治玄綱。凡山下仙宫道觀皆爲一到建功，師德賜賚各有差，以是地係教門根本故也。至四月既望，仙仗東歸，由中條之純陽宫，亦如終南故事。秋九月，還燕。癸丑冬十月，聖天子在藩邸開府上都，命師修金籙大齋，作大宗師，普度隨路道士女冠，給授戒牒。甲寅春正月，上遣使就宫，會集諸路高道作普天醮，敕師濟度海内亡魂，賜黄金五百兩、白金五千兩，凡龍璧環鈕鎮信之物、焚獻香燈，並從官給。自啓事至滿散，鸞鶴五雲之瑞，不可殫紀。秋，聞亳社戍兵，師遣道人石志堅輩興復太清宫。

乙卯秋七月，見上於行宫，適西域進方物，時太子諸王就宴，敕師預焉。十有二月朔旦，上謂師曰：「朕欲天下百姓安生樂業，然與我同此心者未得其人，何如？」師奏曰：「自古聖君有愛民之心，則才德之士必應誠而至。」因歷舉勳賢並用，上嘉納之。自午刻入承顧問，及燈乃退。

丙辰春正月，以老辭。夏四月，至自北庭。六月庚申朔，師倦於應接，謝絕人事，隱几不言。戊寅，正襟危坐，語左右曰：「昨夜境界異常，吾自知卦數已盡，歸其時矣。主領後事，向已奏誠明張志敬受代，餘無可議者。」翌日，乃留頌，順正而化，春秋六十有四。葬于五華山之存存堂。平昔著述有又玄集二十卷，行于世。中統辛酉秋九月，制書超贈真常上德宣教真人號。

洞真真人

師諱善慶，字伯祥，寧海人，漢廷尉高門于公之後。祖彥升，嘗主好畤縣簿。考珍，韜光不仕。師以大定六年丙戌十二月初八日生，幼不茹葷，長通經史，雅嗜道德性命之學。與丹陽宗師同里閈。

二十二年壬寅夏五月，丹陽自陝右還鄉中，演道於金蓮堂，老稚雲集。師與焉，時年十七，丰神整秀。丹陽見而問之，知爲彥升之孫，歎曰：「吾向畏重陽譴訶，頗萌倦弛。然得以終其業者，彦升輔贊之功居多，使是兒入道以報乃祖之德，可乎？」翌日，師與衆再至，丹陽袖〔一〕出一熟芋與之，師拜而食。其父母聽執几杖以侍左右，乃蒙授以今之名字。既而父珍與其室王氏謀曰：「吾止是兒蒸嘗所系，今丹陽化度入道，殆夙契乎？丹陽嘗業儒，必不妄絶吾于氏之祀。其修真之門，量有超出世法之外者。我輩區區，尚何所戀？」遂與女子洎家人輩，俱受業于丹陽之門。丹陽訓珍法諱曰道濟，王氏曰道清及號玉谿散人，女曰妙静，即師之姊也。後俱爲玄門之宿德。

再年癸卯冬，師從丹陽赴萊陽遊仙觀醮。未幾，丹陽上仙，長生、玉陽二宗師來主喪事。嘗聞丹陽有報德彦升語，乃授師道門儀範，命宋崇福相將入關，俾事長春宗師，以遠鄉土親愛之情。師受教而西，至終南祖庭，拜謁靈陽李君，備陳長生、玉陽之命。靈陽見師天姿雅澹，舉措不凡，教之棲山林，遠鄽市，親有道，種福田，且使枉道詣平涼，參高士崔羊頭。師承命而往。一夕，宿回山王母宫，夜夢老媪持餅一槃，餉髯頭道者，道者即取一餅擘半與師食，仍自食其半。又二日，達平涼崔菴。參禮甫畢，俄一媪持餅一槃來饋于崔，其崔與媪克肖夢中之見。崔取一餅，擘半與師食，即自食其半，且曰：「連前夜者，食吾一餅矣。」時

〔一〕袖：原作「神」，據輯要本改。

趙九古侍側，崔指師曰：「是子可教，其有道緣乎？」居踰月，多蒙指授。遂辭，詣隴州龍門山侍長春，恭執汲爨。

乙巳春，長春命師詣洛陽致書于長真宗師，長真訓以摧强挫鋭，鍛鍊塵心爲學道之要。無何，長真返真。師葬祭禮竟，復入關，匄食同、華間，行其所受。丙午，長春下隴山，振教祖庭。召師席下，令日服勤勞，以結勝緣。先長春游隴川日，愛汧陽縣東之石門嘉勝，築全真堂，命弟子蒲察道淵居之。明昌辛亥，長春將歸海上，謂師曰：「汝緣在斯，無他往。人需友以成，友不可不擇。蒲察道淵者，心存至道，是人必能輔成爾業，可往居之。」師詣吴嶽五峰山，鑿石以處，日止一餐，晝夜不寐者七年。惟道是力，乃臻於妙。凡未然之事，必預知之。隴人迄今目其龕曰于真人洞，塑像事之。蒲察請師下山同處。承安戊午，郡之好事者輸貲構造，揭玉清觀額。尋禮玉陽，參受經籙，以輔道救物，遠近益加崇敬。

泰和癸亥，隴州牧保賜沖虚大師號。五年乙丑，復往棲霞覲長春，請進上道。無何，長春遂促西歸。至臨沂，遇玉陽于縣廨。玉陽首問關中日與甚人爲友，師以蒲察告玉陽。再問蒲察入道之由，師告以奉長春命。玉陽曰：「審若是，則可與友矣。」遂蒙教以微旨，及授洞真子號。居數日，乃別，道過林慮，愛其幽闃，棲止于天平觀。丙寅，長春介畢知常持教帖云：「大抵上根之人，惟財色是遠。汝既能推財讓義，何必深山窮谷守靜篤也？草字到日，即便下山，復還汧、隴。目今教門闕少得力人，要汝弘闡。爾仍更名志道。」師拜命還秦。八年戊辰，南征凱還，憫其俘縶，購援者甚多。師自五峰卒業以來，詣門求度爲道士者數百人，俱立觀院於鳳翔、汧、隴之間。

元光癸未，汴梁中太一宫提點李沖虚，舉以自代，不起。正大改元，上悼西軍戰没，詔遣禮部尚書趙公秉文醮祭於平涼，延師爲濟度。醮竟，師以所奉信幣悉具呈回，納助軍須之用。趙素重師高潔，圖像薦諸朝，遣使召之，又不起。已而隴山兵亂，畢知常請師詣岐山五姓之洞真觀居環堵。丙戌，遣中使再召，起而應之。至京之日，奉旨提點中太一宫。若密國公璹、侯莘公摯、楊尚書雲翼、許司諫古、馮内翰璧，諸相貴近，爭相景慕。時金運將終，徭役叢出，民大不堪。徵及道釋，師每於執政者方便啓導，屢寢其議，四方緇黄，多賴以安。丁亥，北來道衆傳長春升仙于燕山。師日惟一飯，心喪者三年。庚寅，河南旱，詔近侍護師禱於濟瀆，上期望祀于宫中。醮竟，立致甘澍，特旨褒異，令兼領五嶽佑神觀事。是秋，書大有年。

天興癸巳春，汴京納款聖朝，遣使訪三教人，以師爲之冠。秋七月，由中欒北渡。時依附者衆，舟人疑有金帛，薄暮啓船，遇一沙渚，紿以達岸，委之而去。黎明，驚濤四涌，莫不倉惶失措，師泰然無懼色。是日，會八柳樹堤潰，水勢南下，命弟子符道清濟賂二舟，舉脱其扂，於是挈衆達大名。玄通范圓曦時主東平上清宫，聞師至，率在府僚屬道衆備車騎來迎，虛席引避。師辭不得已，乃弘教於東原。

乙未秋，上燕都謁長春處順堂。燕人懇留，不獲南歸。丙申夏，燕境蝗旱大作，行臺諸官禱師禳祭。師俯徇輿情，啓醮即雨，蝗不爲災。秋，清和真人尹君自關中還燕，命真常李君權教，築室于西院，與師對處，日相陪佚。戊戌春，真常嗣掌教事。夏四月，朝廷選試道釋，以師聞望隆重，進號通玄廣德洞真真人。適北京留守烏德亨築全真觀，邀師矜式其國人，勉應而行。秋七月，真常奏請得旨，改終南靈虚觀爲重陽宫，敕師住持，主領陝右教門事。庚子夏，太傅移剌寶儉，京兆總管田德燦差官持疏往邀，即日命駕。烏公以下僚庶，以師興復祖庭之故，知不可留，饋金贐幣者充積。過燕涉趙，度晉來秦，所至之方，諸侯郊迎，士庶嚮慕。以所得之貲，悉爲興建之費。

辛丑春正月，會諸路師德，葬祖師於白雲殿。時關輔甫綏，民稀土曠。門下道流共念祖師開化之德，競來入關，營佃方所，爲之羽翼。東連海岱，西徹鞏洮，南際江淮，北通沙漠，往還道俗，奉香送供者，絡繹不絶。與李宫作務之衆，恒不下數千人，賴師道德高厚。每至朔望，必設齋集衆，教以修身養性爲功，立觀度人爲行，及諭以罪福之理，俾各從所使，故得循規蹈矩，教門寧謐。不十載間，雄宫傑觀，星羅雲布於三秦之分矣。其祖庭制度，爲海内琳宫之冠。

師以甘河祖師遇真之地，建遇仙宫以彰靈跡。又於西虢磻谿長春鍊化之所，分命門人千指創長春成道宫以報教育之德。夾谷先鋒使於祖庭作功德主，建虚皇壇，殿以甲辰上元日請師設羅天大醮，薦悼海内亡魂。以落成之適皇子闊端大王開府西涼，遣使趙崇簡就宫修金籙醮七晝宵，方降聖之際，北東二方真文無火自化。使回啓其靈異，王特降璽書護持玄教，仍增以重陽萬壽宫額，賜與醮五師以真人號。謂師與宋披雲、薛太霞、綦白雲、李無欲也。夏五月，聖旨遣近使裴天民詣宫行降御香，特加優遇。丙午秋，鞏昌總帥汪德臣欲請師作醮，薦父靈儀，慮其不能動，啓於王府，以汪侯開國大臣，遂命丞相完顔鳳哥敬詣終南禮請，師即應之。鞏昌地接西羌，居民但習浮屠之教，師以無爲清靜、正心誠意之道化之，風俗爲之一變。冬，演教秦亭。應緣接物之迹，秦士有西州録。

丁未春，還宫。秋八月，皇太后賜以冠服，仍頒寶誥，敕守臣外護玄化，無令擾瀆。庚戌夏六月，通明閣告成，師拽杖逍遥其下曰：「吾焚修祖庭，經營是閣僅十年，今始見成就，豈徒以誇其壯麗爲哉？蓋常人之情，見其嚴飾乎外者，而儼敬之心油然而生乎内。夫上達之士，以清静無事、絶慮修身者，固不在是。其於弘教度人，此象設崇構之緣，亦不可偏廢。教之所以崇，道之以所尊也。」

冬十月三日，沐浴，正襟危坐，召衆於前，囑以修進之語，日方卓午，留頌而逝於衆妙堂。春秋八十有五。醮祭九日，顔采如生。遠近道俗，執紼奉賻者數萬人。葬於宫之仙蜕園，附玉蟾、靈陽二師之側。度人暢道詩詞目曰洪鍾集，行於世。故翰林待制孟攀鱗作文，率長安士人特來祖庭致祭。河南轉運使楊奂爲作道行碑。至元戊寅歲，於白雲殿後建思真堂，設像以事香火矣。

披雲真人

師姓宋，諱德方，字廣道，萊州掖城人。先世以積善見稱。其初生之夕，里人見其家祥光照徹，比日即大定癸卯歲八月一日也，時人遂異之。僅能言，便好讀書，不爲童穉嬉戲事，穎悟强記。識者謂是夙性薰習。故在年十二問其母曰：「人有死，可得免乎？」母曰：「汝問神仙劉真人去。」時長生劉宗師闡教於武官，於是師明日徑往。長生一見，愛其骨格清秀，音吐不凡，留侍几杖。因於灑掃應對之間，就憤悱鬱積之地，投以正法，而啓發之。師既得指授，朝夕充養，未始少息。後得度於玉陽，占道士籍。迨長生仙去，事長春宗師於棲霞。儒經道典，如易、老、中庸、大學、莊、列等書，尤所酷好。外雖詩、書、子、史，亦罔不涉躐。於中采其窮理盡性之學，涵泳踐履，潛通默識，光明洞達，動與之會。其日新之美，固已不可掩矣。

庚辰春正月，大元太祖聖武皇帝遣近侍劉仲禄起長春於東海之濱。選其可與侍行者一十八人，師其一也。往復三載，還燕，住長春宫。是時，從長春之衆皆躬勤勞。師獨泰然以琴書自娱，有評之於長春者。長春拒之曰：「汝等勿呶呶。斯人已後扶宗翊教之事業，汝等皆不可及。」長春亦嘗私謂師曰：「汝緣當在西南。」師因語及道經泯滅，宜爲恢復之事，長春曰：「茲事體甚大，我則不暇兼，冥冥中自有主之者，他日爾當任之。」仍授以披雲子號。

及長春羽化，清和嗣典教事。令師提點教門，一舉一動，無偏私而有規制，内外道流，莫不心服。癸巳，大丞相胡天禄時行臺河東，請主醮事。甲午，遊太原西山，得古昊天觀故址，有二石洞，皆道像儼存，壁間有「宋童」二字。師修葺三年，殿閣崢嶸，金碧丹雘，如鼇頭突出，一洞天也。丁酉，復主平陽醮事，因於玄都觀，思及長春向日堂下燕閒之際有曰「藏經大事，我則不暇，他日汝其任之」，又曰「汝緣當在西南」之語，乃私自念云：「吾師長春君以神化天運之力，發而爲前知之妙，凡有言之於其先，莫不驗之於其後，謂緣在西南之語，我已安而踐之矣，何獨至於藏經而疑焉？」遂與門下講師通真子秦志安等謀爲鋟木流布之計。丞相胡公聞而悦之，傾白金千兩以爲創始之費。即授之通真子，令於平陽玄都觀總其事。至事成之日，曾不愆于素。故翰林學士李治所作碑文，從倡始而至畢手，靡不備録，讀之見其補完亡缺，搜羅遺逸，而海内數萬里皆經親歷之地。使他人處之，縱不爲煩冗所困，則必厭其勞矣。

師猶假餘力，即萊州神山開九陽洞，及建立宮觀。自燕至秦晉，几四十餘區。辛丑春正月，會葬重陽祖師於終南。癸卯，自甘棠來永樂鎮，拜謁於純陽祠下，見其荒蕪狹隘，師乃招集道衆住持。後雖掌教真常李君奏請朝命，大行興建者，師實爲之張本。甲辰春，來終南祖庭，應皇子闊端大王醮事。醮竟，例賜玄都至道真人號。是時藏經勝緣俱已斷手，即閒居於雪堂，日與耆年宿德相會談道。

至丁未冬十月十有一日，沐浴更衣，示微疾而逝於所居之待鶴亭，春秋六十有五。越七日，葬於宮之仙蜕園。平生所作詩文目曰樂全前後二集，行于世。戊申冬，門人遷仙柩於河東永樂鎮純陽宮葬之，建祠立碑，以事香火。

至元庚午歲春三月，聖旨追贈玄通弘教披雲真人號。

白雲真人

師姓綦氏，名志遠，字子玄，世爲萊州掖縣巨族。祖德中，父遵，皆雅志田園，以陰德見稱於鄉里。皇統間，餓莩滿野，其家設粥以濟，至秋成乃止。大定己丑，重陽祖師挈丹陽、長真、長春三師過其門，嘗邀至家，修齋供奉。後於鄉里創龍翔觀，朝夕香火，以奉上真。割膏腴田，施充常住，以贍雲衆。當明昌庚戌正月十九日，師乃生。幼不戲狎，年志學，使之讀書，師曰：「所願學者，方外修真之業。」弱冠之歲，父母欲議婚。師聞之，潛於靜室，自潔其身。家人知其志不可奪，即令披道士服。既而往棲霞參長春宗師。服勤久之，於道有所得。無幾何，從長春居萊州昊天觀。

己卯歲，太祖聖武皇帝遣使持詔起長春遊北闕。明年春正月啓途，選從者一十八人，師預其一也。霜眠露寢，往復三載。道路艱辛，備嘗之矣。回達金山之巔，林間少憩，長春顧謂清和尹公曰：「綦生賦性淳謹，將來吾教可勝大用。」甲申，長春還燕都，住長春宮，師服勤愈謹。迨長春上仙，清和嗣主教席，俾師知長春宮事，仍賜白雲子號。既而委之，行化山東，所至迎迓者不輟。師以善言勸諭，四方耆宿奉幣堂下者不可勝計。

戊戌春，真常李君嗣掌教事。夏四月，入覲天廷，以師從行。秋七月，真常奏請得旨，命師同洞真于君住持終南山重陽宮，提點陝右教事。還燕，清和謂師曰：「昔長春金山之語，今其時矣。汝當克勤，乃事無怠。」師謝而西來。庚子，率京兆僚屬復上燕都，禮請清和主重陽祖師葬事。厥後祖庭興修，師多所規畫，仍於京兆府城玄都萬壽宮及炭谷太一宮俱加營建。甲辰上元日，皇子闊端大王遣使趙崇簡就宫修金籙醮七晝宵，使回啓陳靈異，王特降旨，護持玄教，洎預醮五師，俱賜徽號，例授玄門弘教白雲真人。丙午冬，皇太后賜以黄金冠服，特加優遇。辛亥，憲宗皇帝嗣登大寶，頒降聖旨，敕師典領陝右道門如故。壬子冬，是時西蜀未全歸附，一妄人誣告道衆與蜀人相通，有司率兵大加按治，道衆駭散。明年夏四月，聖天子在藩邸行宫六盤。師往謁見，以實哀訴，蒙降璽書撫慰，始安度門弟子數百人，建立宫觀二十餘所。

至乙卯秋七月二十四日，示微疾而逝於玄都之丈室，春秋六十有六。初瘞於樊川白雲觀，後改葬于劉蔣祖庭之仙蜕園矣。

無欲真人

師家世耀州之美原，姓李氏，名志遠，道號無欲子，以大定己丑歲十二月初十日生。五歲始能行。及長，慷慨特達，毅然以正直自負。鄉里有狡獪者，每正辭折之，望而畏服。嘗肆意酒間，視此世爲不足玩。

年三十七，乃曰：「與其汩没塵坌中，曷若徜徉方外邪？」時碧虚楊君大暢全真教法於長安，乃往見之。碧虚識爲玄門重器，然天屬所繫，度其有難解於心者，且使還家，但勉以積善而已。師歸，遂與諸親友決，棄妻子而去。其妻訕之，笑而不顧。其父見而呵責，師婉辭告以性命之學。父乃悟，偕受業於碧虛之門。師蓬首弊衣，行匄於市，時人以酒李先生呼之。日用間以修身利物爲己任。

大安庚午，秦境大旱，餓莩者相枕藉。邑人趙三郎富甲鄉里，師以善言誘導。趙悟，乃發廩粟。師令法弟齊志道輩春爨以給貧病，至秋斂而罷。已而入興平環居，千日乃得大妙。適河渠使夾谷公請主縣南龍祥觀，師應之。居及五稔，遷居樓觀，又遷京兆之丹霞。無何，碧虛俾營三原之碧虛觀。正大戊子，碧虛嗣教於師而逝。未幾，關中受兵，師挈衆避亂于南山。至庚寅春，達南陽。會沖虛李君、洞真于君在汴，聞之，遣人持書請至，住丹陽觀。癸巳，汴京納款，城中絕粮，人爭北渡。師繼達汲郡，因以陰騭開諭津人，創靈虛、天慶二觀，以濟南來之衆。

明年，適燕，時清和尹君掌教，委師入秦興復祖庭，授以提點陝西道門之職。啓行之初，賸黄金一笏，以爲創始之貲。過趙過魏，公侯郊迎，饋財幣者不可勝計，悉歸祖庭興建之用。京兆總管田德燦督佐官就河中相迓，以府城佑德觀居之。時關中甫定，暴恨相煽，劉蔣之側，了無人跡。師率衆慇築，以創其業。辛丑春，會葬祖師之際，多所規畫。壬寅，秦士議修文廟，闕瓦。師盡給之，士皆歎服。甲辰春，皇子闊端大王遣使就宫修金籙醮七晝宵，事竟，例賜無欲觀妙真人號。秋，渭北萬户郝公臧獲數十，陰謀南遁，得其顯狀，盡欲刑之。師連夜馳至，以罪福之理曉勸，皆免。明年，京兆群小結連私逸，府尹韓淵議尸諸市，以令衆感。師一言，但殲厥渠魁。太傅移剌寶儉，其母死，欲以二婢爲殉。師以古葬禮正之，始革其弊。

丙午，詣燕，炷香堂下。夏四月，回車過汴，寓丹陽觀，坐中若有急色。介諸徒速出，甫離一舍，宋軍已至城下。其先見類如此。明年秋八月，中宫賜冠服之寵。甲寅春，掌教真常李君以普天醮事，具書召師。時年八十有六，不敢以老耄辭。比至燕，疾篤，以六月二十六日於長春宫方壺翛然而逝。門人捧柩西歸，葬于劉蔣之仙蜕園。師生平雖不讀書，四方衣冠之士相待甚厚，在燕則王萬慶淡游、趙復仁甫、敬鉉鼎臣，在秦則紫陽楊奂、姚左轄樞、來獻臣明之、邳郎中邦用輩，皆挽之以詩，及作文致祭，刻石於佑德之靜復堂。讀之，平日道業自可見矣。

圓明真人

師姓高氏，諱道寬，字裕之，世爲應州懷仁縣之豪族。質貌魁偉，襟度夷曠。以明昌乙卯歲七月十九日生。幼不同群兒戲狎，既長讀書，通經史大義。性尚雅淡，每有出塵遠引之思。以二親在堂，莫遂其志。及大安兵興，雲、應當其衝，即挈家避地居長安，隱身爲刀筆吏。既而考妣俱下世，喪祭如禮。一夕，露坐家庭，夜將半，忽覩光明如晝，仰視西北，天門大闢，紅霞翠靄之間，瓊林、琪樹、寶殿、瑶臺，歷歷具見，須臾復闔。自是學道之心益切。興定辛巳，聞章臺街蓬萊菴全真安君有道，即捐家棄累，執弟子禮。安君愛其勇决，教以摧强挫鋭、寡欲治心爲修身之本。師佩服玄訓，弊衣糲食，味道思真，晏如也。

正大改元，遊汴梁，依丹陽觀沖虚李君參進上道。沖虚俾服勤勞，以資福德。師躬執爨汲之役，數年不怠，沖虚授之道要。丙戌，金主遣中使詣鳳翔徵洞真于君，仍命李沖虚選精嚴道人一員副行。沖虚召師前曰：「師資契遇，實關冥理。洞真，吾方外友，昔嘗蒙丹陽、長春二師真印可，真玄門之宗匠。今上命有請，汝可偕往。他日興起吾道，作成爾業者，其斯人歟？敬之哉。」師受教而行。洞真既至汴，奉命提點中太一宫。師居席下，朝叩夕請，其於道德性命之學有所進。癸巳，汴京下，師乃北渡，上燕都。尋居德興之龍陽觀，頤神毓浩，若將終身焉。戊戌春，洞真召還燕，從演教白霤。

庚子冬，又從入關，興復終南祖庭。是時經營會葬祖師之際，師多方化導，裨贊其用。戊申，洞真賜號圓明子，署知重陽萬壽宫，及提點甘河遇仙宫事，且語之曰：「人徒知枯坐息思爲進道之功。殊不知，上達之士，圓通定慧，體用並修，即動而静，雖攖而寧，爲無爲，事無事，同塵和光，此老氏之微旨也。今玄化盛興，汝當奉此，應緣扶教，接物利生，以爲登真達道之基，汝後必負教門重任。事雖稠疊，慎無憚，是皆庸玉汝於成也。」師叩頭，跪進曰：「仙真妙旨，實非凡俗所聞，今日見教，請事斯語。」由是儉以治身，寬以莅衆。不數載，内外道衆莫不得其歡心。識者嘆服，以洞真爲知人。

壬子春，掌教真常李君祀香祖庭，俾師充京兆路道録。從事十年，事有成而無替。迨中統辛酉，誠明真人張君詣闕，保奏宣授陝西、興元等路道教提點，兼鎮重陽萬壽宫事。至元戊辰夏，皇姪永昌王賜金冠錦服。辛未，嗣教真人純真王君，贈號知常抱德圓明尊師。未幾，永昌王再賜洞觀普濟圓明真人號。癸酉春，皇子安西王開府六盤，師一見，應對稱旨，荐賜冠服。乙亥夏，召師就行宫修金籙羅天大醮，自將事之日迄于筵終，瑞雲輪囷，靈應昭著，備見于參政商君所作投龍册碑，兹不贅述。無幾何，中宫又以冠服見賜，寵諭優渥。丙子秋七月，安西王頒降璽書，益以西蜀道教併付掌管。

師典領教門踰二十年，專尚德化，未嘗一施政刑。在祖庭則繼創南昌上宫洎五祖大殿，其餘厨庫藏厩，增葺者甚多。雖一穉子參請，亦必以禮相接，未嘗有自得驕慢之色形於顔間。教事繁劇，物來即應，皆曲中其理。每至夜分，澄神静坐，達旦不寐，其修真鍊養之功，習以爲常。以是年逾八旬，步履康强，精神充懌。上而王公，下迨黎庶，莫不待以殊禮。

故得教門靜肅，道衆乂安，四方陰受其賜者爲不少。

丁丑春正月上旬，忽得微疾，侍者勸進藥，師曰：「死生如旦暮，乃物之常理，奚藥石可延分外之筭邪？」至二十四日，遂不食，終日危坐，談話如平昔，但教人以進道之語。翌日，奄然順化於所居之靜室，享春秋八十有三。越五日，葬于宫之仙蜕園。送葬道俗踰萬人，其平生道力自可見矣。

終南山祖庭仙真内傳卷下

甘水仙源録

甘水仙源録目録

甘水仙源録卷之七 …… 二九一

甘水仙源録卷之八 …… 三一五

甘水仙源録卷之九 …… 三三九

甘水仙源録卷之十 …… 三六四

甘水仙源録序

夫道家之學，以祖述黄老而憲章莊列者也。後之學者去聖逾遠，所謂微妙玄通大本大宗，閎衍博大之理，枝分派别，莫得其傳，蓋已數千餘歲。於今矣，道不終否，待時而行。我重陽祖師挺天人之姿，奮乎百世之下，乃於金正隆己卯夏，遇真仙於終南山甘河鎮，飲之神水，付以真訣。自是盡斷諸緣，同塵萬有，即養浩於劉蔣、南時等處者三年，故得心符至道。東遊海濵，度高弟弟子丹陽、長真、長生、長春、玉陽、太古諸君，遞相闡化。於是高人達士應運而出，大則京都，小而郡邑，建立名宫傑觀，比比皆是，遂使真風遐布於世間，聖澤丕敷於海内，開闢以來，而道門弘闡未有如斯時之盛。嗚呼，其重陽祖師曁門下諸君，有功於玄教者爲不淺矣。

道謙爰從弱冠，寓跡于終南劉蔣之祖庭，迄今甫五十載。每因教事，歷覽多方，所在福地名山、仙宫道觀，竪立各師真之道行，及建作勝緣之碑銘者，往往多鴻儒鉅筆所作之文，雖荆金趙璧未易輕比。道謙既經所見，隨即紀録，集爲一書，目之曰甘水仙源録，鋟梓以傳。如他日嗣有所得，繼之斯後，庶使向上諸師仙功道行不離几席之上，得以觀覽者焉，亦可謂玄教盛事之一端也。

至元戊子歲重九日，夷門天樂道人李道謙序。

甘水仙源録卷之一

夷門天樂道人李道謙集

詔　書

皇帝若曰：大道開明，可致無爲之化；至真在宥，迄成不宰之功。朕以祖宗獲承基構，若稽昭代，雅慕玄風。自東華垂教之餘，至重陽開化之始，真真不昧，代代相承，有感遂通，無遠弗届。雖前代累承於褒贈，在朕心猶慊於追崇，乃命儒臣，進加徽號。惟東華已稱帝君，但增紫府少陽之字。其正陽、純陽、海蟾、重陽宜錫真君之名，丹陽以下七真俱號真人，載在方册，傳之萬世。噫，漢世之張道陵，唐朝之葉法善，俱錫天師之號，永爲道紀之榮，當代不聞異辭，後來立爲定制。朕之所慕，或庶幾焉。

東華教主可贈東華紫府少陽帝君。

正陽鍾離真人可贈正陽開悟傳道真君。

純陽吕真人可贈純陽演正警化真君。

海蟾劉真人可贈海蟾明悟弘道真君。

重陽王真人可贈重陽全真開化真君。

丹陽馬先生可贈丹陽抱一無爲真人。

長真譚先生可贈長真雲水藴德真人。

長生劉先生可贈長生輔化明德真人。

長春丘先生可贈長春演道主教真人。

玉陽王先生可贈玉陽體玄廣度真人。

廣寧先生郝大通可贈廣寧通玄太古真人。

清淨散人孫不二可贈清淨淵貞順德真人。

宜令掌教光先體道誠明真人張志敬執行，准此。

至元六年正月日。

碑文

終南山神仙重陽真人全真教祖碑〔一〕

開〔二〕府儀同三司上柱國密國公金源璹撰

皇圖啓運，必生異人。大定隆興，道圓賢哲。夫三教各有至言妙理。釋教得佛之心者，達麽也，其教名之曰禪；儒教傳孔子之家學者，子思也，其書名之曰中庸；道教通五千言之至理，不言而傳，不行而至，若太上老子無爲真常之道者，重陽子王真人也，其教名之曰全真。屏去幻妄，獨全其真者，神仙也。

真人〔三〕名喆，字知明，應現於咸陽大魏村。仙母孕二十四月又十八日〔四〕，按二十四

〔一〕此碑亦見於清王昶編的金石萃編卷一五八（此據石刻史料新編第一輯所收影印本，臺灣新文豐出版公司一九八二年版），以下簡稱「金石本」。其題名中「重陽真人」作「重陽子王真人」。金石本後有編者按語，詳述全真教歷史，見本書附録其他資料。

〔二〕開：金石本前有「前金皇叔」四字。

〔三〕真人：金石本作「先生」，終此碑，下同。

〔四〕日：金石本下有「一生」字。

氣餘土氣而成真人也。真人美鬚髯，大目，身長六尺餘寸。氣豪言辯，以此得衆。家業豐厚，以粟貸貧人，惠之者半，其濟物之心略可見矣。弱冠修進士舉業，籍京兆府學。又善武略，聖朝天眷間收復陝西，英豪獲用，真人於是捐文場應武舉，易名德威，字世雄，其志足可以知。還，被道炁充餘，善根積著，天遣文武之進，兩無成焉。於是慨然入道，改今之名字矣。

會廢齊攝事，秦民未附，歲又饑饉，時有群寇劫真人家財一空。其大父訴之統府，大索於鄰里三百餘户，其所亡者金幣頗復得焉。又獲賊之渠魁，真人勉之曰：「此乃鄉黨飢荒，譬如乞諸其鄰者，亦非真盜也，安忍陷於死地？」縱捨使去。里人以此敬仰真人愈甚。咸陽、醴泉二邑賴真人得安。是後於終南劉蔣村創别業居之，置家事不問，半醉高吟曰：「昔日龐居士，如今王害風。」於是鄉里見真人曰：「害風來也。」真人即應之。蓋因自命而人云。

正隆己卯季夏既望，於甘河鎮醉中啗肉，有兩衣氈者繼至屠肆中。其二人形質一同，真人驚異，從至僻處，虔禱作禮。其二仙徐而言曰：「此子可教矣。」遂授以口訣。其後愈狂，詠詩曰：「四旬八上始遭逢，口訣傳來便有功。」明年，再遇於醴泉，邀飲肆中酒家，問之鄉貫年姓。答曰：「濮人，年二十有二，姓則不知也。」其異歟？留歌頌五，命真人讀餘火之，文載全真集中。自此棄妻子，攜幼女送姻家，曰：「他家人口我與養大。」弗議婚禮，留之而去。又爲詩，故以猥賤語詈辱其子孫，其末後句云：「相違地肺成懽樂，撞入南京便得真。」後別號重陽子。於南時村作穴室居之，名曰活死人墓。後遷居劉蔣村北，寓水中坻。凡肆口而發，皆塵外句〔一〕，鄉人唯以害風謔而未始詢其意。遇遊則挈一壺，行歌且飲，有乞飲者亦不拒。或以壺取水與人，但覺其醲香冽異常。後復遇至人，飲以神糞，因止酒，唯飲水焉。人聞真人口鼻間醺酣之氣，而已醉矣。

大定丁亥四月，忽自焚其庵，村民驚救，見真人狂舞於火邊。其歌語傳中具載。又云：「三年之後，別有人來修此庵。」口占詩有「修庵人未比我風流」之句。凌晨，東邁過關，攜鐵罐一枚，隨路乞化，而言曰：「我東方有緣爾。」七月，至山東寧海州。郡豪有馬從義者，先夢南園仙鶴飛翥。俄頃〔二〕，真人至，馬公信猶未篤。真人於鶴起處築全真庵，鎖門百日，化之，或食或不食，又絶水火。庵至馬宅幾百步，復隔重街。馬公寢於宅中，樓上門户扃閉。真人遇夜，親對談論，不知從何而來。人欲寫其神，左目右轉，右目左轉，或現老

〔一〕句：金石本作「語」。
〔二〕俄頃：金石本作「未幾」。

少肥瘠黄朱青白，形色無定，人不能狀之。馬夢母曰：「有一客吕馬通。」未嘗語人。次日，真人訓馬公名曰通有〔一〕。馬復夢有梓匠周生者傳道與馬，即辭乃尊，有關中之行。披席出家，見一道士入族人馬户曹邸。馬亦隨入，見真人與道人對坐，有馬九官人者求術於二老。真人目公曰：「教馬哥代我。」於是馬公誦歌一首，約二百餘字。夢覺，唯記歌尾三兩句云：「燒得白，鍊得黄，便是長生不死方。」翌日，真人訓馬公法名曰鈺，號丹陽子。又夢隨真人入山。及旦，真人便呼馬公曰山侗。至於出神入夢，感化非一。有譚哥〔二〕者，患大風疾，垂死，乞爲弟子。真人以滌面餘水賜之，盥竟，眉鬚儼然如舊，頓覺道炁瀟灑，訓名處端，號長真子。又有登州棲霞縣丘哥者，幼亡父母，未嘗讀書。來禮真人，使掌文翰，自後日記千餘字，亦善吟詠，訓名處機，號長春子者是也。後願禮師者雲集，真人詬罵捶楚以磨鍊之，往往散去，得真人道者，馬、譚、丘而已。

八年三月，鑿洞於崑崙山，於嶺上採石爲用，不意有巨石飛落，人皆悚慄，真人振威大喝，其石屹然而止。山間樵蘇者懽呼作禮，遠近服其神變。又或餐瓦石，或現二首坐庵中。

〔一〕通有：金石本作「通」。
〔二〕哥：金石本作「玉」。

人見遊於肆，或留之飯，預言來餽者何。神通應物，不可概舉。至八月間，遷居文登姜氏庵。在張氏家食，童子輩見目前瑠璃、碼腦、珍珠衆寶，競來乞取，餘人則不能見。於文登建三教七寶會。九年己丑四月，寧海周伯通者，邀真人住庵，榜曰金蓮堂。夜有神光照耀如晝，人以爲火災，近之，見真人行光明中。寧海水至鹹鹵，真人呪庵之井，至今人享其甘潔。於是，就庵建三教金蓮會。至福山縣又立三教三光會。至登州，遊蓬萊閣下觀海，忽發颶風，人見真人隨風吹入海中，驚訝間，有頃，復躍出，唯遺失簪冠而已，移時，却見逐水波汎汎而出。或言真人目秀者，即示以病眸；或誇真人無漏者，即於州衙前登溷。凡爲變異人不可測者皆此類也。在登州建三教玉華會。至萊州起三教平等會。凡立會必以三教名之者，厥有旨哉？真人者，蓋子思、達磨之徒歟？足見其沖虛明妙，寂靜圓融，不獨居一教也。萊人從之者衆，獨納劉處玄者，號長生子，有「釣罷將歸又見鰲」之什。此四子者，世所謂丘、劉、譚、馬也。又於寧海塗中，真人擲油傘於空，傘乘風而起，至查山王處一庵，其傘始墜，至擲處已二百餘里也。其傘柄内有傘陽子號。王自髫齔間，嘗過玄庭宫主空中警化，今呼云玉陽子是也。與寧海州署相對，有卜隱郝生鬻肆。真人倒坐於其間，郝曰：「請真人回頭。」真人曰：「爾不回頭？」拂袖而去。郝亦隨悟，乃廣寧郝大通也。馬公之妻孫不二者，亦同入道，早明心地，世云孫仙姑者。四哲之亞，真人門人又有此三大士矣。

真人一日告衆曰：「時將至矣，明日西行。」道友乞詩詞，自旦至夜，留詩曰：「登途上路不由吾，雲霧相招本性甦。萬里清風常作伴，一輪明月每爲徒。山青水緑程程送，酒白粱黄旋旋沽。今夜一杯如有意，放開紅燭照冰壺。」筆尚未投，從外有史公者來送酒，一座大驚。真人勸人誦般若心經、道德、清静經及孝經，云可以修證。明日，率馬公等四人徑入大梁，於磁器王家旅邸中宿止。時遇歲除，與衆别曰：「我將歸矣。」衆乞留頌，真人曰：「我於長安欒村吕道人庵壁上書矣。」枕左肱而逝。衆皆號慟，真人復起曰：「何哭乎？」於是呼馬公，附耳密語，使向關中化人入道。至十年庚寅正月四日，口授頌曰：「地肺重陽子，呼名王害風。來時長日月，去後任西東。作伴雲和水，爲鄰虚與空。一靈真性在，不與衆人同。」頌畢，儼然而終。

是後，馬公傳道，四海大行。伏遇世宗皇帝，知真人道德高明，二十八年戊申二月，遣使訪其門人，應命者丘與王也。命丘主萬春節醮事，職高功。五月，見於壽安宫長松島，講論至道，聖情大悦，命居於官庵。又命塑純陽、重陽、丹陽三師像於官庵正位。丘累進詩曲，其辭備載磻溪集中。八月，懇辭還山。至承安丁巳六月，章宗再詔王處一至闕下，特賜號體玄大師，及賜修真觀一所。十月，召劉處玄至，命待詔天長觀。自重陽、丹陽、長春暨諸師，皆有文集傳於世。嗚呼，真人起西州，化行山東，道滿於天下，名聞天子，開發後人，使盡逍遥之遊，豈不偉歟？

後真人五十六年，嗣法孫汴京嘉祥觀提點真常子李志源、中太一宫提點洞真子于善慶二大士，真實道行，弘揚祖道者也，慇懃求記於玉陽子友人樗軒居士。居士援筆爲之銘曰：咸陽之屬，曰大魏村，山川温麗，實生異人，幼之發秀，長而不群。工乎談笑，妙於斯文，又善騎射，健勇絶倫。以文非時，復意于武，戡定禍亂，志欲斯舉。文武二進，天不我與，蓋公宿緣，道氣爲主。慨然入道，真仙自遇，頃刻授之，口訣祕語。人呼害風，真人承當。或歌或舞，以酒徜徉，維摩非病，接輿非〔一〕狂，肆口而發，皆成文章。燒却庵舍，拂袖關中，乞化而往，全真道東。寧海因緣，萊陽通融，亟顯神異，東人畢從。陶汰真實，杜絶虚假，鍛錬百端，捶楚怒駡。餘鄙解散，四子傳化，四子爲誰？丘劉譚馬。德其亞者，王郝與孫，共成七賢，贊我真人。玉陽長春，大啓其門，遭遇聖朝，爲王之賓。真人高躅，望若星雲，瀛海渺然，仙跡宛存，此道大行，逍遥乎真〔二〕。

〔一〕非：金石本作「不」。

〔二〕真：金石本該字後云「下闕」。

終南山重陽祖師仙跡記〔一〕

翰林修撰嘉議大夫同知制誥上輕車都尉彭城郡開國伯
食邑七百户賜紫金魚袋劉祖謙撰

孔老之教，並行乎中國，根源乎至道，際六合無内外，極萬物無洪纖，真理常全，無有欠餘，固不可以淺識窺測。或者剖强名之原，指成器之跡，互相排斥，是此而非彼，而二家之言，遂爭長于天下。是不知天下無二道，聖人不兩心。所以積行立功，建一切法，導迪人心，使之遷善遠罪，洋洋乎大同之域，其於佐理帝王，一也。爲老氏者曰吾寶慈儉，又曰常善救物，與夫孔聖本仁祖義之説若合符契。今觀終南山重陽祖師，始於業儒，其卒成道。凡接人初機，必先使讀孝經、道德經，又教之以孝謹純一。及其立説，多引六經爲證據。其在文登、寧海、萊州，嘗率其徒演法建會者凡五，皆所以明正心誠意、少私寡欲之理，不主一相，不居一教也。

師咸陽人，姓王氏，名喆，字知明，重陽其號。母孕二十四月而生。美鬚髯，目長於口，

〔一〕此文亦見於羅振玉金石萃編未刻稿卷上，以下簡稱「未刻本」。

形質魁偉，任氣而好俠。少讀書，係學籍，又隸名武選。當天眷之初，以財雄鄉里。歲且飢，人多殍亡，有盜盡劫其資以去。一日，適因物色得盜，終不之問，遠近以爲長者。正隆己卯間，忽遇至人於甘河，以師爲可教，密付口訣及飲以神水。自是盡斷諸緣，同塵萬有，陽〔一〕狂垢污，人益叵測。慮夫大音不入俚耳，至言不契衆心，故多爲玩世辭語，使人喜聞而易入。其變異談詭，千態萬狀，不可窮詰。嗚呼，箕子狂，九疇叙，接輿狂，鳳歌出，權智倒横直竪，均於扶世立教良有以也。師後於南時村掘地爲隧，封高數尺，榜曰活死人墓。又於四隅各植海棠一株，曰「吾將來使四海教風爲一家耳」。居三年，復自實之，遂遷於劉蔣，與和、李二真人爲友，各結茅居之。

至大定丁亥夏，復焚其居，人爭赴救，師婆娑舞於火邊，且作歌以見意。詰旦，東邁，徑達寧海，首會馬鈺於怡老亭。馬亦儒流中豪傑者，初未易許師，故懇師庵居，固其扃鐍，率數日不給食，縱與食之，亦未嘗見水火跡。或時夜就馬語，莫知其所由來。及去，追之不及，扃鐍如故。間與魂交夢警，分梨賜栗之化不一。馬於是始加敬信，與其家人孫氏俱執弟子禮。又得譚處端、劉處玄、丘處機、王處一、郝大通等七人，多類此。號馬曰丹陽，譚曰

〔一〕陽：輯要本、未刻本俱作「佯」。

長真，劉曰長生，丘曰長春，王曰玉陽，郝曰廣寧，孫曰清靜散人，並結爲方外眷屬。迨己丑季秋，留王、郝於崑嵛山，攜四子西歸。抵汴，寓王氏逆旅，無幾何，呼丹陽付密語，無疾而逝，春秋五十有八。四子歸其柩，葬於劉蔣故庵之側。丹陽因廬於墓次，今之祖庭是也。師先自六年前於長安欒村庵壁留題云：「害風害風舊病發，壽命不過五十八。」乃知仙齡有期，非偶然也。有詩詞千餘篇，分爲全真前後集，傳于世。玉峰老人胡光謙爲之傳。

及丹陽嗣教，從之者益衆，其徒遂滿天下。丹陽東歸，長春因劉蔣故庵大加營葺。玉陽又請〔一〕額爲靈虛觀。凡住持者始受度爲道士，以奉香火。世宗皇帝素欽其名，嘗遣使訪焉。戊申春，長春、玉陽應命至京師，賜以冠巾絛服，命居天長觀。尋又徵至北宮長松島，與語，大悦，詔於島西築官庵居之。承安、泰和間，道陵亦屢召玉陽、長生至闕下，賜居修真觀，以待召問。玉陽得號體玄大師。自丹陽而下，所爲歌詩各有集，而郝廣寧獨邃於易，備見于太古集中。至正大初，密國公璹讚云：「全真道東，四子傳化，四子謂誰？丘劉譚馬。德其亞者，王郝與孫，共成七賢，贊我真人。玉陽長春，大啓其門，遭遇聖朝，爲王之賓。瀛海渺然，仙跡宛存。」細玩此讚，其師資道業，概可見矣。

〔一〕請：未刻本作「買」。

僕適承乏翰林，與提點嘉祥觀沖虚大師李志源，及提點中太一宫沖虚大師于善慶、無欲子李志遠[一]爲方外友，因索鄙文以紀重陽仙跡。僕往年從事鄠亭，密邇靈虚，宿聞真風，故就爲之説，使後之學者知師出處之蹟，其功用及物若是之大，得以考觀而推行焉。若其出神入夢，擲傘投冠，其他騰凌滅没之事，皆其權智，非師之本教，學者期聞大道，無溺於方技可矣，是不得以固陋辭。

天興元年九月重陽日[二]謹記。

丹陽真人馬公登真記

邑子張子翼撰

真人間世[三]之異人也，禀天仙之姿，應期運之數，明哲聰敏，沖粹夷曠，學窮六藝，行包九德。夫其器量弘深，襟宇豁達，邈乎人不可及已。然棲遲衡門，不苟禄仕，常喜詩酒，陶陶自樂，而不屑世務。一日，重陽真人西來，授以祕訣，則頓然而悟，視妻子如脱屣，於是

〔一〕遠：原作「常」，據未刻本及終南山祖庭仙真内傳卷下無欲真人傳、孟攀鱗祭無欲真人李志遠文改。
〔二〕重陽日：未刻本作「初吉」。
〔三〕間世：輯要本作「世間」。

捐千金之産，皆爲水雲之遊。

遡洛入關，結廬於太一之下，修真功，積真行，服紙麻之服，食糲糧之食。隆冬祁寒，露體跣足，恬然不之顧，惟一志于道。且手不接人一錢，積有年矣。至於出口成章，咳唾珠璣，多至數千百篇，無非發揮玄奥，冥合於希夷之趣者，布於四方，人人傳誦。其安心定性，則清虚澹泊；其接物導人，則慈愛愷悌。由是遠近趨風，士大夫爭欽慕而師友之。於斯時也，踴金臺劉公顯武榮任京兆之運勾，一見真人，傾蓋如故。自公退食，揮麈清談，懽然相得，每期異日同爲蓬閬之客。居無幾何，真人會有鄉關之行，乃忽忽執别。及抵山東，凡在三州五會之衆，傾赴雲集，懽喜踴躍，不啻如見慈父。乃起黄籙，爭虔懇延致，以爲濟度師焉。癸卯冬閏，赴萊陽之請，乃館於遊仙觀之環庵。席不及暖，遽然即真。

越明年夏六月，顯武公來宰斯邑，下車之日，獲聞真人於此登真也，即躬詣靈殯，流淚拜伏，不勝哀悼。徐謂道衆曰：「真人上昇之際，得無遺教乎？當具告我。」翌日，曹瑱、劉真一乃奉上真人遺跡，仍略之曰：「先師前冬臘月既望，遽示歸真之意。越七日癸未，適遇重陽真人生朝，方陳設供養，纔初鼓，震雷忽奮，聞重陽真人言曰：『子仙期已及，不當淹久。』及中夜，即枕左肱而化矣。既而復神遊於酒監郭復中家，留頌二十字，且言在世無人識之意，墨跡在焉。又往劉錫之居，復書一絶，有風馬升仙之言，洎吾邑黄籙感應之祥，蓬萊真容出現之異。其靈顯之事孔多，蓋不可以縷指數。」公嗟嘆良久曰：「異哉，真人行跡神妙如此，近古希有。苟不刻於翠琰，傳之來世，良爲可惜。汝等其奈之何？」答曰：「弟子不肖，安能傳播師父功行之萬一，大可罪也予。雖然，竊聞古人有云，布衣之士，不附青雲，烏能施名於後世哉？今日幸遇我公，豈非自有宿緣乎？」公曰：「我聞命。」

乃召邑子張子翼謂曰：「丹陽師父仙去之跡，吾將勒石，以傳不朽。聞子遊全真之門久矣，子其爲我記之。」子翼承命，驚悸伏謝：「駑材不足以仰承重委，願選諸能者。」公曰：「子無牢讓。」子翼因不敢復辭，乃伏思而言曰：

在昔西京曹參之來相齊也，盡召諸耆老問所以安集百姓者，然人人言異殊，未知所定。聞膠西蓋公善治黃老言，乃使人厚幣請之。既見，爲言治道貴清靜而民自定，推此類具言之。於是避正堂，舍蓋公焉，其治要用黃老術，故相齊九年，齊國安集，大稱賢相。今我顯武公之來令是邑也，暫淹驥足，聊用牛刀，視事月餘，闔境稱治，向之冤抑無訴者得以伸其屈，奸猾抵獻者無所肆其惡，百姓懽然，均賴其福。加之清廉公正，無一毫之私，雖魯仲康之令中牟，西門豹之治鄴縣，不能過也。且萊陽素爲劇縣，號稱難治，今庭無留事，居多暇日。乃延請道衆，若鐵查山玉陽子輩，引居便坐，講道論德，探清靜無爲之本，窮修真養性之術，庭館蕭然，殊不覺有官況。既散，則復治事如初，從旦達暝，略不知倦然。

夫公之高才絶能，剸裁如流，而清静之道，抑不爲無助也。由是觀之，與夫曹參之禮蓋公何所異哉？矧乎同僚皆一時之賢，協心戮力，贊成美政。主簿夾谷昭信，朱勾課最，户無逋租。仙尉蒲察武功，綵棒威行，盜奔他境，遂使一邑之内，皆攝然安生，曾無所擾。其道治化，宣聲遠近，靡不景仰其德政矣。且夫公之爲京兆運幕也，與真人道契彌篤，已見之於初。及真人登真於萊陽也，值公復宰斯邑，與諸僚佐特命樹碑勒文，垂示無窮，以張大全真之教，復成之於末。竊觀初末遇合之因緣，殆爲大幸，實非人力所能及也。賤子不敏，因摭其相遇之實，得非〔一〕并記云？

大定二十五年歲次乙巳正月十五日己亥謹記。

全真第二代丹陽抱一無爲真人馬宗師道行碑

翰林直學士中順大夫陝西漢中道提刑按察副使王利用撰

天地無爲而全道，至人悟道以全真。廣大簡易不見其朕，資生資始而弗能主名。道全

〔一〕非：輯要本作「以」，語氣則肯定，不同於此處之反問。

於内者，其天地乎？屈伸消長，莫測其變。德參化育，而必臻其極。真全於内者，其至人乎？丹陽馬宗師瑞金蓮於東海，根玄教於重陽，起跡於金源氏全盛之時，流泒於我大元開創之始，與夫廣成鳴道於上古，混元垂教於姬周，沖虚、南華立言於戰國之世者，無以異也。

師諱從義，字宜甫，世業儒，系出京兆扶風，漢伏波將軍援之後。五季兵亂，東遷寧海，因家焉。祖覺，字萃叟，以孝行稱。父師楊，字希賢，容儀可觀，沉默有度，事親爲學，綽有父風。客或驚走，以紬複擲於家者。視之，兼金也，白於父，藏之以待。旬日客至，即付之。客謝曰：「吾吕仙也，居幽谷村，以淘採爲業，積金兩鎰，將鬻於市。逼於監税者，賴公獲免，願中分以報。」希賢固却之。吕曰：「公有黄向風義，後當有高士出焉。」他日，訪幽谷，人無姓吕者，始知其異人也。師將育，母唐氏夢麻姑賜丹一粒，吞之，覺而分瑞，金天會元年癸卯五月二十日也。昆季五人，以仁、義、禮、智、信命之，故號五常馬氏，師次子也。

童時常誦乘雲駕鶴之語，及長，善文學，不喜進取。適李無夢鍊大丹於崑崙山，幾三載矣，曰「仙至則丹可成」。一日，師遊其側，無夢見而異之，曰：「是子額有三山，手垂過膝，真大仙之才。」因爲之贊曰：「身體堂堂，面圓耳長。眉脩目俊，準直口方。相好具足，頂有神光。宜甫受記，同步蓬莊。」既而丹果成。忠顯孫君惜師才德，以其子妻之，凡三息，曰庭珍、庭瑞、庭珪。師嘗補試郡庠，夜夢二衣褐者，一素補兩肩，跪且泣曰：「我輩十萬餘命在公所主。」言訖而去。逐之，入屠者劉清圈中，壁有字云：「我輩己亥十萬人，太半已經辛巳殺。此門若是不慈悲，世世軸頭常斷抹。」既覺，聞屠猪聲。往視之，則清之子阿澤屠一猪，其一肩白，欲止則弗及也。始悟己亥猪也，辛巳清之歲屬也。詣術士孫子元占之，以决其惑，因稽壽幾何。曰：「君壽不踰四十九。」師嘆曰：「死生固不在人，曷若親有道爲長生計。」已而與客弈棊，乃失聲曰：「此一著下得是，不死矣。」

大定七年丁亥秋七月，師偕高巨才、戰法師飲于范明叔之怡老亭，酒酣賦詩曰：「抱元守一是工夫，懶漢如今一也無。終日銜杯暢神思，醉中却有那人扶。」中元後復會，重陽祖師造其席。戰師曰：「布袍竹笠，冒暑而來，何勤如焉？」曰：「宿緣仙契，徑來訪謁。」與之瓜，即從蒂食。詢其故，曰：「甘向苦中來。」復曰：「奚自？」曰：「終南不遠三千里，特來扶醉人。」師心自謂曰：「前所作有醉中人扶之語，此公何以得之？」就叩「何名曰道」。曰：「五行不到處，父母未生時。」席間談道，多與師合，乃邀居私第，出示所述羅漢頌一十六首，祖師賡和，宛若宿成，遂心服而師事之。先是師夢南園地中一鶴湧出，今兹欲爲祖師結庵，祖師即指鶴出之地，師大異之。庵既構，字之曰全真。

師欲從祖師西遊，以累重難之。祖師乃盛陳離鄉遠遊之樂以開釋焉。是歲十月朔，祖師令師鎖庵，齋居百日，日止一餐，雖隆冬祁寒，唯筆硯几席、布衣草屨而已。形神和暢，若寒谷回春者焉。八年春正月十有一日，庵始啓鑰，祖師謂師曰：「將謂汝三數日從我西遊，直鎖害風百日，仍作一場奇怪。」師悟，以資産付庭珍輩，以離書付孫氏，遂易服而道焉。祖師因師夢中歌有「燒得白，鍊得黄，便是長生不死方」之句，命師更名鈺，字玄寶，號丹陽子。師又夢從祖師入山，及旦，祖師呼曰山侗，因爲小字焉。居崑嵛之煙霞洞，師忽患頭痛，殆若無所遁者，祖師令醫於家。一日，謂門弟子曰：「昨日馬公飲酒，其破道乎？」使候之。師蓋藥用酒引，不覺過量，疾甚。人復曰：「馬公將死矣。」祖師拊掌嘆曰：「吾遠尋知友，緣信道不篤，而至此耶？」乃以鍊心語療之，曰：「凡人入道，必戒酒色財氣，攀緣愛念，憂愁思慮。此外更無良藥矣。」疾遂愈。其年十月朔，令師焚誓狀于文登蘇氏庵。師從祖師至汴，寓王氏之旅邸，飲食起居悉以仙機示之，鍛鍊既久，遂承祕印。

十年春正月四日，祖師將昇，師請曰：「鈺當爲吾師服。」祖師曰：「可赴終南劉蔣之故居。」囑以後事而逝。師暨譚、劉、丘三道友入關謁和、李二真人，詣劉蔣祖庵居之。十二年春，化自然錢於長安市中，復護仙柩自汴之秦，歸葬劉蔣，遵遺命也。師居廬，頭分三髻。三髻者，三「吉」字，祖師之諱也。十四年秋夕，師與三道友言志於秦渡鎮真武廟，師曰「鬪貧」，譚曰「鬪是」，劉曰「鬪志」，丘曰「鬪閑」。翌日乃別，師復歸劉蔣，構一廣庭爲環居之所，手書「祖庭心死」以表其顔。庵爲祖庭，自此始也。師謂門人曰：「一晝夜凡幾時？」對曰：「十二。」曰：「十二時中天運造化曾少停息否？」對曰：「無。」師曰：「學道者亦如是矣。」

十八年，就化華亭劉昭信、李大乘不果，乃賦詩曰：「錦鱗不得空滂漉，收拾綸竿歸去來。」大乘即悟，遂執弟子禮，賜以靈陽子之號。十九年春二月，師築環華亭，大乘亦與焉。牆外來禽一株，枯已久矣。四月十四日，移植環内，以水沃之，曰：「今日純陽降世辰也，予生於五月二十日。」至日，此樹生葉矣。仍作頌曰：「天上三十六，地下三十六。天地入寶瓶，七十二候足。」大乘請釋其旨。曰：「此隱語也，其應有日矣。」及期，緑葉敷榮，始知移植之日至五月二十相去三十有六，是天地晝夜合爲七十二候也。大乘因作異木記以誌之。秋八月，遷居隴州佑德觀，解元李子和輩願執几杖以從，繼而棄俗歸道者不啻百餘人。二十年春，東還祖庭，適長安，居蓬萊庵，從善友趙恩請也。秋八月旱，師祈雨詩云：「一犁沾足待何時，五五不過二十五。」至日，果雨。

二十一年冬，師謂門人來靈玉曰：「世所稱衣服舊弊，重修潔者何名？」曰：「拆洗。」師曰：「東方教法，年深弊壞，吾當往拆洗之。」未浹旬，官中有牒發事，遂以關中教事付丘長春爲主張焉，仙仗東歸。過濟南，有韓淘清甫者，慕康節之爲人，所居號安樂園，禮師乞垂開發。師曰：「夫道以無心爲體，忘言爲用，柔弱爲本，清淨爲基。節飲食，絶思慮，靜坐以調息，安寢以養氣。心不馳則性定，形不勞則精全，神不擾則丹結。然後滅情於虛，寧神於極，不出户庭而妙道得矣。」淘謝曰：「大道鴻濛，無所扣詰。今聞至言，得其門而入矣。」師嘗説四體用云：「行則措足於坦途，住則凝神於太虚，坐則匀鼻端之息，卧則抱臍下之珠。」類此甚多，蓋言道人分内事也。

二十二年夏四月，至寧海。未幾行化于文登之七寶庵。門人穿井九尺而大石障之，師乃云：「穿鑿須加二尺深，甘泉自有應清吟。」及疏鑿尺有八寸，泉乃湧出。冬十二月晦，師謂門弟子曰：「今日有非常之喜。」遂乃歌舞自娱。二十三年春正月，報者云，仙姑孫不二返真于洛陽矣。冬十月下元日，文登令尼厖古武節請師作九幽醮，師謂姚鉉、來靈玉曰：「空中報祖師至。」青巾白袍，坐白龜於碧蓮葉上，龜曳其尾，見於雲表。道俗懽呼，焚香致拜。居無何，回首側卧，東南而去。

十二月，師赴萊陽遊仙觀，忽肆筆書委形贊，其略云：「大哉登真，路入青冥。麟隨絳節，鳳捧朱輧。鳴鑾佩玉，履虚步雲。超受真誥，上登玉宸。」特寓其歸真之意耳。是月二十二日，祖師誕辰，師仰瞻天表，曹瑱問其故，曰：「祖師偕和師叔至，當赴仙會矣。」于知一曰：「教門洪大，胡不憖遺？」師曰：「堂堂歸去也，作箇快活仙。」謂劉真一曰：「汝等欲作神仙，須要積功累行，縱遇千魔百難，慎勿退惰。果爾，然後知吾言不妄矣。」又曰：「我開眼也見，瞑目也見，元來不在眼，但心中了然，無所不見耳。汝緣在北方，可往矣。」時將二鼓，師東首枕肱而蜕。是夜於劉錫屋壁間留一頌云：「三陽會裹行功圓，風馬乘風已作仙。勸汝降伏龍與虎，自然有分亦登天。」俄頃，人云師已仙矣，方悟留題蓋師之神也。初，崑嵛紫金山東華庵有松數株變青爲白，師曰：「松之白，殆爲我乎？」不半載，師果逝焉。長生、玉陽二宗師來莅喪事，七日而卜兆於遊仙觀而安厝之。二十五年，邑人疑仙骨陝右門人盜去。萊陽宰武節劉公啓柩視之，貌如生，乃更衣於金玉堂，復葬之。

師幼習儒，長克家，有不貲之産而樂周急，故得輕財好施名；禮所謂積而能散者，此也。雖爲碩士，接一童子必致敬焉；老氏所謂不敢爲天下先者，此也。承師訓以闡化，援門人以歸真，雖寓形於寰海，以濟衆爲己任；語所謂人能弘道者，此也。一遇至人，得傳心法，日經鍛鍊而不弛其志；孟軻氏所謂樂取於人以爲善者，此也。以致感海市之瑞像，變苦泉爲靈液，劉清毁屠具而改行，欒周焚漁網以向風。所過者化，狂恣革其非心；所存者神，耋稚爲之雲集。果行西秦，飛舄東海，凡五道場，弘師教也。故曹瑱、雷大通、劉真一、于洞庭等數十人，實修真達道，扶宗翊教之士，悉出師陶鑄之手。譚長真、劉長生、丘長春皆祖師之高弟，尊師曰叔，師處之裕如也。生平所作歌詩皆出塵絶俗之語，而沾丐後人者亦多矣。

至元六年春正月，璽書加贈丹陽抱一無爲真人之號。十九年秋八月朔，住持終南山重陽萬壽宫真人李天樂持師道行之狀致懇於僕，曰：「吾嫡祖丹陽宗師，葬于萊陽，進士張子翼作登真記，已識之矣。而祖師成己成物，盛德大業，師能纘承之；乘風御氣，長生久視之道，師能揄揚之。祖庭會真，實本諸此。不以貞珉載其道行，以詔後人，殆爲闕如。子無靳其文，庶傳其不朽也。」僕惟道德之源，繼繼承承，不迷於後世者，丹陽師之力也，牢辭其可乎？乃繫之以銘，其辭曰：

乾坤大道法自然，至人一出千百年。道非人弘道不傳，人能弘道道始全。重陽飽飲甘河泉，道眼直視東海壖。金焰爍爍開七蓮，慨然捉馬揮玉鞭。丹陽鴻儒宿有緣，行功鍛鍊方且圓。渙然冰釋歸真仙，詞源落紙如雲煙。機發於踵崑丘巔，降龍伏虎祕法玄。知知覺覺無後先，道場五闡教乃宣。秉風御氣遊八埏，下視塵世猶天淵。若子若孫稱大賢，胸中冰雪壺中天，傳心嗣法無窮邊。

長真子譚真人仙跡碑銘

開府儀同三司上柱國密國公金源璹撰

昔人有言，仙語無詞，心傳道見。神丹之訣，洞簫之音，流注於玄虚渺漠之間，其得之者，又不知幾何人哉？隱之則紅霞丹景，出之則琳宫金簡，如斯人輩，似有爲之士也。士至於無爲無不爲，攜壺曳履，落魄于逆旅酒家之間，吟嘯忘懷，與風月爲莫逆，此亦近乎大隱者矣。德不孤，必有鄰；道不我，須及人。黄、秦、晁、張，東坡門下之四賢也，詩文雄深，筆力雅健，故能弘先生之教。馬、譚、丘、劉，重陽門下之四仙也，道用沖虚，處心清寂，故能明祖師之道。教何以弘？道何以明？其實皆一心也。其虚心明道者誰？長真子譚公真人也。

師諱處端，字通正，山東寧海州人。其父即繆鐐之工，於權衡出納之間無非平實，輟己生資以濟貧窘，積善累行，備餘慶而生先生。公幼而秀發，聲韻琅然，人知其非常兒也。甫及六歲，因戲墮於井中，人急下井救之，見公安坐水上，隨挈而出，略無傷焉。又所居遺火，巨棟碎於榻前，公方寢熟，呼而起之，神情自若。蓋有道之士，非水火所能殞越也。至十有五齡而志於學，詠物警策，其葡萄篇已膾炙人口。及弱冠，乃尊以玉名之。遂涉獵詩書，工諸草隸。一朝因醉遇雪，卧於途中，即感風痺之疾。公喟然嘆曰：「玉平昔爲行於世，略無鮮益，中復遇奇疾，必非藥石可療之。」惟暗誦北斗經以求濟，忽夢大席横空，公飛昇欲據之，見北斗星君冠服而坐，公叩首作禮間恍然而覺。自兹奉道之必篤矣。

至大定丁亥歲仲秋，聞重陽真人度馬宜甫爲門生，公徑赴真人所，祈請棄俗服羽，執弟子禮。真人付之以頌，便宿於庵中。時嚴冬飛雪，丹竈灰冷，藉海藻而寐，寒可墮指。真人遂展足令抱之，少頃汗流被體，如置身炊甑中。拂曉，真人以盥洗餘水使公滌面，從滌之月餘，宿疾頓愈。於是公推心敬而事之。其妻嚴氏詣庵呼歸，公怒而黜之。公拜禱真人，求道之日用，真人以四字祕訣授之，遂立今之名字焉，又道號長真子。師命公赴維陽，與馬、丘、劉同處。真人步虛詞中有「達真譚玉」之語，味之，豈小許哉？真人至汴，遺訓命四子主掌教門。及重陽仙遊，公與三大士負師遺蜕，徑歸關中，瘞之于劉蔣村祖庵之西隅，供祭盡師資之禮。頃有請長真齋者，公不避嚴凝，涉溪而往，冰介於梟舄之間，足無所苦，人咸異之。

後寓跡於河朔獲鹿縣府君廟之新庵。一日，先生鎖庵而出，云往衛州。至夕，廟官温生者見庵中光輝照映，即窗隙而窺之，見先生逼火而坐，温驚疑潛退。未曉，默遣人趨州，託乞藥於師。其人至衛，見先生於卧内尚未起，授藥而還。復視庵中，燃火猶未畢燼。與薊子訓歷諸家之説，異世而同科爾。先生行業頗多，不能遍舉，姑略而論數事于後：忍折齒之憤，德也；施夢中之藥，神也；知巨僚之見訪，明也；書「龜蛇」以辟火，靈也。爲人德能通神，明可濟靈，非仙而何歟？又聞先生不擇貴賤賢鄙，不異山林城市，俱以道化，無非晏然。作歌詩百餘篇，目之曰水雲集。

宿慕洛陽天中之土，人多道心，有意作丹成之所。因見洛南之朝元宫，昔朗然子之故居也，愛其山水明秀，遺跡尚存。有道士張永壽者時主觀事，即以宫之東隙地數畝遺之。先生誅茅拾礫而庵焉。有洛人朱氏者奉道構庵，請公居之。先生於朱庵中神遊間，似與重陽、丹陽遇，報以仙期，旋復返朝元之故居，即今之棲霞觀也。觀在後，長春丘公真人立名。至大定乙巳歲孟夏朔日，無疾留頌而逝，異香凝室者數日，世壽六十三。昔嘗畫龜蛇者，蓋巳年巳月巳時歸真之預知也。

其門人王道明、董尚志自童稚禮先生，盡負汲香火之勤，先生馭鸞之後數十年，居仙塋之側。王生主棲霞觀事，與董生始終醮祭無惰，擬行改葬，因李公都運先生暨四大道師李公志源、于公善慶、王公志淵、陳公無染以碑銘見囑於老夫，敬喜而筆之。銘曰：

重陽真人，大道之師。長真先生，攝衣從之。以心傳心，神鬼不知。我知至人，生於聖時。人貴其異，我敬其實。東齊發揮，西洛留跡。語見歌詩，名傳金石。霞舉玄風，雲開丹液。野鶴昂藏，靈龜寶章。伏火制水，順陰調陽。分形入夢，道術彌彰。先生未亡，千載馨香。

甘水仙源録卷之一

甘水仙源録卷之二

夷門天樂道人李道謙集

長生真人劉宗師道行碑

秦志安撰

夫欲襲氣母，含元精，探混茫，窺杳冥，縮地脈，抽天扃，毫芒太虚，塵芥無垠〔一〕，鞭烈缺，笞豐霳，躐汗漫，肩鴻濛，萬物之所待而成，一化之所係而靈者，豈尋常下士、蹇淺小夫之所能哉？

今夫東萊長生真人，卯金右族，炎漢遺英，矯矯雲翮，堂堂嶽精，湖海不足以盡其涵容，星斗不足以極其高明。乃祖乃父，世居武官，好陰德，樂推恩，恤寒餒，惠孤惸，捨良田八十餘頃與龍興巨刹，以爲常住種福之根。當前宋太平興國間，朝廷嘉厥孝義，旌表門閭，蠲免

〔一〕垠：原無，據輯要本補。

祖征，光照連郡。天不負仁，自紅霞丹景中選擇其仙材之精明者，降瑞於掖城。既挺世也，謹事孀母，特以孝聞。誓不婚宦，憎華醜榮，清淨自守，希夷若昏，顧世間物，無足以撼其胸中之誠。屨辭故山，欲訪異人，而慈親盼盼然未之許也。

大定己丑之春，忽於鄰居壁間人所不能及處揮灑二頌，而墨跡尚新，不留姓名。其末句云：「武官養性真仙地，須有長生不死人。」先生嘆賞其筆力遒勁，疑神物之所化成，而未能決其信情。是歲九月，霜寒露清，重陽祖師杖屨西行，攜丘、譚、馬三仙之英，度海島，歷山城。先生聞之，竭蹶而趨，香火而迎。祖師顧而笑曰：「壁間墨痕，汝知之乎？」三子者亦相視而冰哂。方悟其頌乃神通變現之所以相驚也，於是鏤肝薦誠，刻骨效盟，負几杖，執巾瓶，左右惟命，死生自程。祖師愛其慇懃，美其專精，顧其神彩之不群，乃嘆曰：「松之月，竹之雪，故不受於黃塵。」贈之詩曰：「釣罷歸來又見鰲，已知有分列仙曹。鳴榔相喚知予意，躍出洪波萬丈高。」仍取壁間語意，以長生爲之號，處玄爲之諱，通妙爲之字，時方弱冠之明年也。丘、劉、譚、馬之名充塞乎九野八紘。

遊汴梁，寓夷門，乞食鍊形，隱姓埋名，朝叩暮請，行薰坐蒸，委曲而挑斡玄機，丁寧而啓迪丹經，掃惑雲，泮迷冰。祖師既盡付其四象五行，乃遺物離人而退藏于天，所謂得知友而赴蓬瀛也。四子乃負仙骸，報洪恩，叩咸陽，歷華陰，寧神於劉蔣舊廬之垌。四子之志各異，先生獨遁跡於洛京，鍊性於塵埃混合之中，養素於市廛雜沓之叢，管絃不足以滑其和，花柳不足以撓其精，心灰爲之益寒，形木爲之不春，人饋則食，不饋則殊無愠容，人問則對之以手，不問則終日純純，定力圓滿，天光發明。乃遷於雲溪之濱，門人爲之穿洞室於巖垠，忽遇石井，寒泉泠泠。衆駭其異，先生笑曰：「不遠數尺更有二井，乃我宿生修鍊之所經營也。」鑿之果然，迄今洞宮號爲三泉。

逮丙申歲，復還武官，往拜母氏，相見甚懽。卜太基之陰麓，建靈虚之祖堂，手植檜柏，蒼翠成行。居無何，鄉里誣告先生殺人，輒不辭而就縛，坐狴犴者近將十旬。純陽祖師聽玉漏，駕蒼麟，下碧霄，入幽圄，就枷尾，付管城，教之習文。後殺人者自首，先生得以免縲絏之刑。比其出也，翰墨絶妙，有龍蛇飛舉之形。大定戊申，主醮于昌陽，綵雲覆壇，白鶴舞庭。是歲也，秋旱如焚，復披禱雨之誠。既登厥壇，四望無雲，曰：「來朝巳午之交，當有甘澍如傾。」言出有徵，如影響之應形聲。自後東州醮壇，獨師主盟，必有祥風泠泠，捲楮幣而上騰。其感應也如神，迄今諸郡石刻猶存。

至承安之三年也，章宗聞其道價鏗鍧，乃遣使者徵之，鶴板蒲輪，接於紫宸，待如上賓，賜以琳宇，名曰修真。官僚士庶，絡繹相仍，户外之屨，無時不盈。明年三月，乞還故山，天子不敢臣，頟賜靈虚，寵光祖庭。

迨癸亥歲二月仲春初六吉辰，鳴鼓集衆，告之以閬苑之行，曲眠左肱，翛然返真，祥光氤氳，瑞氣紛綸。所有遺文，仙樂、太虛、盤陽、同塵、安閑、修真，仍注道德，演陰符，述黄庭，奥涉理窟，條達聖真，足以爲萬世之規繩。披雲宋君襲教，軫承法輪，吸月之髓，餐日之魂，啓玄牝，交谷神，不忘千劫之恩，乃紀跨鸞之盛跡，勒蒼山之翠珉。其銘曰：

長生老仙，主張化權，呑虚無，吐自然。乘紫雲而下，遊碧海之邊，遇甲子天元之會，契重陽多劫之緣。撞百關，通九泉，驅四獸，耕三田，坐洛陽之市井，鑿雲溪之洞天，融白雪以成粉，熟玄霜而不煙。聲名簧〔一〕鼓於鳳州，光華照耀於金蓮，構靈虚之紺宇，拜朝廷之紫宣。還斷東萊之宿債，然後骨肉都融而遊宴八騫也。

長春真人本行碑

寂通居士陳時可撰

戊子之秋，八月丙午，余自山東抵京城，館于長春宫者六旬。將徙居，清和子尹公謂余曰：「我先師真人既葬矣，當有碑。知先師者，君最深，願得君之詞刻之，以示來世。」余再

〔一〕簧：原作「篁」，據文意及前文金蓮正宗記卷四長生劉真人改。

讓于耆宿，且以晚塗思涸，不足以發明老仙爲解。弗從也，乃命其法弟玄通大師李君浩然，狀老仙之行，謁文于余，曰：

父師長春子，姓丘氏，諱處機，字通密，登州棲霞人。幼聰敏，日記千餘言，能久而不忘。未冠學道，遇祖師重陽子于崑嵛山之煙霞洞。祖師知其非常人也，以金鱗頌贈之，遂執弟子禮。尋，長生劉公、長真譚公、丹陽馬公皆造席下，相視莫逆，世謂之丘、劉、譚、馬焉。

大定九年，從祖師遊梁。明年，祖師猒世。十有二年，師洎丹陽公護仙骨歸終南，葬于其故里。師乃入磻溪穴居，日乞一食，行則一簑，雖簞瓢不置也，人謂之簑衣先生。晝夜不寐者六年。既而，隱隴州龍門山七年，如在磻溪時，其志道如此。道既成，遠方學者咸依之，京兆統軍夾谷公奉疏請還祖師之舊隱。師既至，構祖堂輪奐，餘悉稱是。諸方謂之祖庵，玄風愈振。

二十八年春，師以道德升聞，徵赴京師。官建庵于萬寧宫之西，以便咨訪。夏五月，召見于長松島。秋七月，復見。師剖析至理，進瑶臺第一層曲，眷遇至渥。翌日，遣中使賜上林桃，師不食茶果十餘年矣，至是取其一啖之，重上賜也。八月，得旨還終南，仍賜錢十萬，表辭之。爾後復居祖庵。明昌二年，東歸棲霞，乃大建琳宫，勅賜其額曰太虛，氣象雄偉，爲東方道林之冠。泰和間，元妃重道，遥禮師禁中，遺道經一藏。師既居海上，達官貴人敬奉者日益多，定海軍節度使劉公師魯、鄒公應中二老，當代名臣，皆相與友。貞祐甲戌之秋，山東亂，駙馬都尉僕散公將兵討之。時登及寧海未服，公請師撫諭，所至皆投戈拜命，二州遂定。

己卯之冬，成吉思皇帝命侍臣劉仲禄持詔迎師。明年春，啓行。夏四月，道出居庸，夜遇群盜于其北，皆稽顙以退，且曰無驚父師。是年十月，師在武川進表，使回復，有勑書，促師西行，稱之曰師，曰真人，其見重如此。又明年春，踰嶺而北。壬午之四月，甫達印度，見皇帝于大雪山之陽。問以長生藥，師但舉衛生之經以對。他日，又數論仁孝，皇帝以其實，嘉之。癸未之三月，車駕至賽藍，詔許師東歸，且賜以贐禮。師固辭曰：「臣歸途萬餘里，得馹騎館穀足矣。」制可其奏，因盡蠲其徒之賦役。

師之馳傳往返也，所過迎者動數千人，所居户外之屨滿矣，所去至有擁馬首以泣者。其感人心如此。及入漢地，四方道流不遠千里而來，所歷城郭皆挽留。八月，至宣德，元帥邀師居真州之朝元觀。明年春，住燕京大天長觀，行省請也。自爾，使者赴行宫，皇帝必問神仙安否，還即有宣諭語，嘗曰：「朕所有地，其欲居者居之。」繼而行省又施瓊華島爲觀。兵革而來，天長已殘廢，島尤甚。師葺之，工物不假化緣，皆遠邇自獻者，三年一新。師之在天長也，靜侶雲集，參叩玄旨，旁門異户，靡不向風。每醮輒鶴見。熒惑犯尾宿，師禳之，即退舍。旱魃爲民虐，師祈之，則雨應。京人歸慕，建長春等八會，教行四方。

丁亥之五月，有旨以瓊華島爲萬安宫，天長觀爲長春宫，且授使者金虎牌，持護教門。六月二十有三日，雷雨大作，太液池之南岸崩裂，水入東湖，聲聞數里，魚鱉悉去，北口山亦摧。人有以〔一〕是報者，師莞爾而笑曰：「山摧池枯，吾將與之俱乎？」七月四日，顧謂門人曰：「昔丹陽公嘗記余曰：『吾殁之後，教門當大興，四方往往化爲道鄉，公正當其時也。公又當住持大宫觀。』其言一一皆驗，吾歸無遺恨矣。」俄而示疾，數如偃中，侍者止之，師曰：「吾不欲勞人，汝等猶有分别在，且偃寢奚異哉？」七日，提舉宋道安輩請師登堂，慰會衆之望。師曰：「吾九日上堂去。」及是日，留頌葆光而歸真焉，春秋八十。明年七夕前一日，將葬，群弟子啓棺視之，師儼然如生。道俗瞻禮者三日，日萬人，悉嘆異之。九日，醮畢，閟仙蜕于白雲觀之處順堂。

師誠明慈儉，凡將帥來謁，必方便勸以不殺人。有急必周之，士有俘于人者必援

〔一〕以：原作「亦」，據輯要本改。

而出之。士馬所至，以師與之名，脱欲兵之禍者甚衆。度弟子皆視其才何如，高者挈以道，其次訓以功行，又其次化以罪福，罔有遺者。故其生也，四方之門人丹青其像事之；其殁也，近者號慕，遠者駿奔，如考妣焉。及其葬也，會者又萬人。近世之高道，福德兼備未有如師者。師於道經無所不讀，儒書梵典亦歷歷上口。又喜屬文賦詩，然未始起藁，大率以提唱玄要爲意，雖不事雕鐫，而自然成文，有磻溪、鳴道二集行于世云。

嗚呼，浩然君能述其父師之道行若是昭昭然，可謂能子矣，又豈待鄙夫文之而後著耶？雖然，舉其大者論之可也。我老仙生能無欲，没能不壞，百世異人也。又能以一介黄冠，上而動人主如此，下而感人心如彼，非至誠粹德能然乎？長松之見，道已崇矣。及乎至自印度，教門益闢，求之古人，大略與寇天師相似。至校其出處之道，大有不同者。何哉？謙之之受知魏主也，自言嘗遇老子，授以辟穀輕身之術及科戒，使之清整道教；又遇老子之玄孫，授以圖籙真經、天宫静輪之法，使之輔佐北方太平真君。且有崔浩贊之，帝始崇奉。老仙則不爾，方其未召也，澹然海上，其與世相忘久矣。一日有詔迎致，誠出自然，非有以要之也。又其所以奏對者，皆以道。由是推之，賢於謙之遠甚，是已足銘矣，而况道眼之具、道行之圓乎？宜乎嗣得其人，世有如尹公者接跡而出，以光揚妙道，俾無墜耳。謹系之以銘，其辭曰：全真一泒，道爲之源，鼻祖其誰，聖哉玄元。誰其導之，重陽伊始，誰其大之，子長春子。子居磻溪，一簑六年，簞瓢無有，人皆曰賢。廬于龍門，亦復如是，羽服來歸，如渴于水。子誠真仙，道林之天，退然其中，氣呑大千。世宗問道，再見松島，俄聽還山，煙蘿甘老。章廟之世，作宮海濱，帝妃遺經，寶藏一新。干戈既舉，一炬焦土，子率其徒，往來雲嶼。龍興北庭，召以使星，逮乎東歸，道乃益弘。方其生也，世繪其像，忽焉没兮，高堂厚葬。有子克嗣，尹公其人，福德兩全，偉哉長春。

祭文

定庵吴章撰

維丁亥歲七月十五日，燕京儒學官孫周等謹以香茶之奠，致祭于長春真人丘仙翁之靈：嗟嗟仙翁，早歲出家，壯而成道。九八仙而五四皓，無書不覽，無事不知。九經庫而五總龜，天下之老，天子之師。籍在仙班，跡居塵寰，舉臂汗漫，騎鶴三山。名滿世間，千秋萬古，何者爲住？何者爲去？嗣教門人，結緣道友，衰絰滿堂，如喪父母。吾屬蹉跎，蒙知最重，奠拜靈筵，哭之爲慟。嗚呼哀哉，君壽國安，師能致之；含靈耳目，師能啓之；水旱爲沴，師能禳之；師爲飛仙，何日忘之？嗚呼哀哉，尚饗。

玉陽體玄廣度真人王宗師道行碑銘并序〔一〕

前〔二〕翰林直學士奉政大夫知制誥同修國史姚燧撰

至元二十有四年歲丁亥，秋九月，提點秦蜀九路道教天樂真人李道謙，偕終南上清太平宫提點賀志沖、李志真來言：「伏讀六年詔書令掌教光先體道誠明真人張志敬執行省節文：『皇帝若曰：自東華垂教，至重陽開化，朕心慊於追崇，乃命儒臣進加徽號，教主可贈東華紫府少陽帝君，鍾離〔三〕正陽開悟傳道真君，吕真人純陽演正警化真君，劉真人海蟾明悟弘道真君，王真人重陽全真開化真君，馬鈺丹陽抱一無爲真人，譚處端長真雲水藴德真人，劉處玄長生輔化明德真人，丘處機長春演道主教真人，王處一玉陽體玄廣度真人，郝大通廣寧通玄太古真人，孫不二清静淵貞順德真人。』其於誄德述道，聖謨天出，稱情適中，死濡生被，道紀光賴，永永萬年。重惟重陽真君七弟子，有婦人者一，餘六真，平生求道之確，

〔一〕此碑亦見張仁蠡柳風堂石墨拓本，現藏於北京大學圖書館，下簡稱「柳風堂本」。

〔二〕前：柳風堂本無。

〔三〕鍾離：柳風堂本下有「真人」二字。

成道之艱，尚恐行實流之人間者，不託金石，無以聞之將來久遠。用是以禱詞臣，并真君既傳六人，獨是玉陽尚無屬筆，敢以累君。」

燧谿職史館以來，嘗思古者史臣，不要死者之或知，不必生者之見求，於德於功，於事於言，見書見而聞書聞，信傳信而疑傳疑，實録直致，俾觀者自判是非於千載下。細及龜筴、貨殖、方技、滑稽、隱逸、卓行，猶特傳之，況聖皇下詔褒崇有道之真人哉？固宜有述，不可以吾儒者不爲其道，非職而辭也。

按事狀及顯異録，真人王姓，名處一，寧海東牟人，以金熙宗皇統壬戌三月十八日母夢丹霞被身而生。七歲，無疾死而復生，由是若知死生説。後遇異人坐大石，來前撫首與言，又聞空中神自名玄庭宫主，歸乃敝服赤脚，狂歌市中。人謂或病失心，或識爲無疾，將收斂冠巾妻之，不可，遂與母皆爲老氏法。世宗大定八年，年二十七，聞開化真君至州，願厠弟子列。真君知可授其道，爲制今名，從居崑崙煙霞洞，又名其母曰德清，號玄靖散人。明年，辭居查山。真君從其徒馬無爲、譚藴德、丘演道、郝太古四真人者，自文登將歸寧海，徑龍泉，去查山二百里。時炎暑，真君持傘自手飛出，未晡，墜查山，柄得「⿱亼⿰糸糸陽子」三字，識其師蹟。「[⿱亼⿰糸糸]」，字書所無，若真君特制之，以號真人。後有詩。「[⿱亼⿰糸糸]」、「竹」通，爲七箇人〔一〕；又若「[⿱亼⿰糸糸]」爲本字，五人合「竹」二人爲七者。

後居雲光洞，志行確苦。嘗俯大壑，一足跂立，觀者目瞚毛竪，舌撟然而不能下，稱爲鐵脚仙。洞居九年，制練形魂。其〔二〕長春爲詩頌〔三〕曰：「九夏迎陽立，三冬抱雪眠。」亦庶幾其跨火不焦、入水不濡之徒歟？遨遊齊魯間，大肆其術，度人逐鬼，踣盜碎石，出神入夢，召雨摇峰，烹雞降鶴，起死嘘枯，麾訶嗾斥，一方千里。白叟黄童，竭蹶其廬。或以爲善幻誣民，因召飲可鴆。真人出門，戒其徒先鑿池灌水，撓而濁之。往則持杯盡飲，曰：「吾貧人也，無嘗從人丐取，今幸見招，願丐餘杯，以盡君懽。」與之，又盡飲。歸，解衣浴池中，有頃池水沸涸，以故不死，猶鬚髮髡髵，不纓不能受冠。

二十七年，徵至燕京，居之天長觀。嘗問衛生爲治，對曰：「含精以養神，恭己以無爲，雖廣成復生爲陛下言，無易臣者。」世宗嘉之，繼問飲鴆，對曰：「臣素無取仇人者，良由得疾致然。」或曰或謂異人，或讒善幻。世宗試而鴆之，見不可殺，悔怒而逐讒者。當時諱之，

〔一〕人：原無，據柳風堂本補。

〔二〕其：柳風堂本下有「友」字。

〔三〕頌：柳風堂本下有「之」字。

謬云然也。明年，爲修真觀，居不踰時，求還山，世宗賾之，委去。其年，世宗不豫，復來徵，真人對使者曰：「吾不難斯行，誠不及一仰清光矣。」明年正月三日下車，世宗崩已一日。章宗留爲醮，資大行冥福。其年，復還山。萊陽富人劉植無子，六月爲供致真人而薄其酒，曰取汝某室藏樽煮酒來，植依求之，則其妻密置，人初不知者。飲已，留書「四四應真」字，曰「以是嗣汝」。明年四月十四日，真君降辰，植果育子，舉家喜曰：「四四，真人指月日爲告耶？」即求子名，真人曰：「吾已名之應真矣。」

承安二年，再徵至便殿，問〔一〕衛生，對如告世宗者，賜紫，號體玄大師，居之崇福觀，月給錢二百緡。是時，吕道安將建祖庭，蓋真君故廬，以無勑額，不敢集衆，真人奏立觀靈虚，賜道安沖虚大師，而祖庭造建始盛。以母玄靖年九十，求還山侍，厚賾遣之。泰和改元及三年，詔兩設普天醮於亳州太清宫，度民爲道士千餘人。其年，玄靖逝。七年，居聖水玉虚觀，元妃送道經一藏。大安改元，北京請居華陽觀。庚午，醮薊州玉田縣，謂其徒曰：「若聞空中劍楯擊撞聲乎？北方氣運將回，生齒必有横罹其毒者。」是年，果天兵南牧。

丙子，文登請居天寶觀。明年丁丑四月二十三日，沐浴衣冠，拜上下四旁以逝，年七十

〔一〕問：柳風堂本上有「復」字。

六。有雲光集行世。爲其言者，條分派出，多於六宗，數不啻萬。丘演道弟子尹清和真人，爲道大宗，視真人爲叔。

歲乙未，擇其孫清泠子劉志源，俾建上清太平宫。蓋由盩厔民張守真能誦翊聖保德真君語必爲今及，當來休咎徵，且授九壇三劍之法，以捕逐鬼物。宋太宗嘗勑有司作宫千柱，以妥景靈。金季蕩焚，木灰瓦屑，清泠剪棘誅茅以居。時日薄西山，纔構孚佑一殿，卒。其弟子陳志玄、朱志彦、趙志古、張志隱、李志宗、李志明、崔志安、趙志真及今賀、李兩君，十人相嗣爲之，歷四十五年，構通明、紫微、七元三殿，虚皇一壇，凌霄一門，靈官、演法、湛然、傳應法師祠四堂，鐘樓、齋庖、廡廩將二百楹，位置雖劣祖庭，猶足爲自關而西名山福地土木之冠。嗚呼，上清作，爲宋太平興國中出内帑，殫西土財力爲之；既其毁也，乃復於道流數人之身。真人生逝於金，而見贈於皇元，真人生逝皆在山東，其徒教行關西，擇勝地以祠其祖，亦事理之不可必究者也。彼真人者，果能不死，排空御氣，載營而西，顧不抵掌雲中曰：「吾孫若曾，亦有可才如是者耶？」

詩曰：少正純重兮，四君皆陽，生不並時兮，名相襲芳。豈以陽者兮，本天親上，輕舉凌空兮，易爲向往。何獨一君兮，海蟾自名，將取月魄兮，隨日受明。日月爲易兮，衛生要訣，世微五君兮，奥疑誰析。又嘗思之兮，少正蟾純，歷世綿邈兮，絶學無人。嗚呼重陽兮，纔七弟子，有婦人焉兮，六人而已。父雄子良兮，中有玉陽，體玄廣度兮，始人爲狂。行歌市中兮，望道未見，從學崑嵛兮，識習一變。離隱查山兮，旋徙雲光，冬眠抱雪兮，夏立迎陽。九年德就兮，鬼盜避逐，騰神入夢兮，群異傍出。莫毒匪鴆兮，持飲如漿，名藹燕都兮，徵來天長。衛生爲治兮，宸扆問益，鴻言剖疑兮，中夜前席。別建修真兮，還山固求，鳳翼承旂兮，邈不可留。歸軫經時兮，世宗不豫，章廟累起兮，奏章帝所。惟不拒人兮，崇福玉虛，華陽天寶兮，不恒其居。在在授業兮，其出一户，繇子曁孫兮，獨踰萬數。東海之波兮，百里涵濡，今焉西流兮，溢及鎬都。太平之宫兮，古仙聖宅，一孫十曾兮，剪棘攸作。身生不西兮，逝未百年，而教之西兮，他〔一〕門孰先。碑其平生兮，道行彌晰，爾祖爾思兮，來裔無斁。

廣寧通玄太古真人郝宗師道行碑

嘉議大夫嶺北湖南道提刑按察使東平徐琰撰

大元有天下，好賢樂善，度越前古，凡有德之士不及用者，必加寵數以旌顯之，初無間

〔一〕他：柳風堂本作「玄」。

於道俗存亡之異也。中統二年，詔賜盤山棲雲道人王志謹之號曰惠慈利物至德真人。至元六年，詔贈棲雲之師廣寧郝大通之號曰廣寧通玄太古真人。至元二十三年，詔賜棲雲弟子洞陽徐志根之號曰崇玄誠德洞陽真人，旌有德也。

是年三月，予將赴官湖南，道出汴梁，時洞陽掌本宗教，住朝元宮，率其屬來見，請於予曰：「貧道出家，無過人之行，誤蒙聖朝采録，錫以徽稱，使得簉於師真之列，皆吾先師棲雲之訓也。棲雲之所以表見於世者，獨非先師太古之澤也歟？二師道行卓異，在人耳目，孰不知之？必得文士與之紀述，庶幾可以傳信後來，昭示永久。棲雲則有翰林承旨慎獨王公之作，已勒之石。若夫太古之碑，義不可後，而今尚缺然，是則嗣教者不敏之過，願屬筆於子。儻辱惠顧，我曹之責塞矣。」予自惟儒生昧於玄學，叙事遣辭或致抵捂，徒取誚於識者，牢讓再三，竟不獲已。又洞陽與予同宗，見待素厚，難於終拒，乃據洞陽所録宗師行實，採摭綴緝以付之，仍繫以銘詩，俾步虛者歌之，以頌師德。

師姓郝，名大通，字太古，道號廣寧子，寧海人。家故饒財，爲州首户。兄俊彦登進士第，官至朝列大夫、昌邑縣令。師初諱昇，少孤，事母孝，禀賦穎異，識度夷曠，蕭然有出塵之資。讀書喜易，研精尤甚，因洞曉陰陽律曆之術，不樂仕進，慕司馬季主、嚴君平之爲人，以卜筮自晦。大定七年，重陽真君王祖師自關西、寧海遊行於市，見師言動不凡，仙質可度，思所以感發之者，遂背肆而坐。師曰：「請先生回頭。」真君應聲曰：「君何爲不回頭耶？」師悚然異之。真君出，師閉肆從之，及於館所，而請教焉。真君授以二詞，師大悟，不覺下拜，自是日往親炙。以有老母，未即入道。明年，母捐館，師乃棄家入崑崙山，禮真君於煙霞洞，求爲弟子。真君納之，賜名璘，號恬然子，仍解衲衣，去其袖而與之曰：「勿患無袖，汝當自成。」蓋傳法之意也。

九年，寧海人有構金蓮堂，以待真君挈其徒西歸居之。師攜瓦罐乞食，誤觸之，碎。真君別授一罐，題頌其上云：「撲碎真灰罐，却得害風觀。直待悟殘餘，有箇人人喚。」未幾，師辭真君去，與王玉陽往居查山。真君亦赴汴京，馬丹陽、譚長真、劉長生、丘長春四子實從。十一年，師聞真君上仙，四子已入關，遂西遊以訪之。十二年，葬真君於祖庭。師欲與四子同廬墓側，長真激之曰：「隨人脚跟轉可乎？」師明日遂行，至岐山，遇神人授今名字及道號。十三年，度大慶關而東，翱翔趙、魏間。十五年，坐於沃州石橋之下，緘口不語，河水泛溢，身不少移，水亦弗及。人饋之食則食，無則已。雖祁寒盛暑，兀然無變，身槁木而心死灰，如是者六年。昌邑君之季女嫁爲真定郭長倩之夫人，長倩夫婦過沃州，知師在橋下，駐車拜謁，贈之衣物，所以存慰者甚厚。師藐然若不相識，一無所受。夫人感泣，長倩嗟異而去。二十二年，師過灤城，又與神人遇，受大易秘義，自爾爲人言未來事不差毫髮。至鎮陽居觀，升堂演道，遠近來聽者常數百人。已而闡化諸方，專以利物度人爲務，由是郝太古之名聞天下。明昌初，東還寧海。一日欲作易圖，遽索紙筆，適粥熟，弟子不即與，請俟食已。師曰：「速持來，我方得意，何暇食粥？」筆入手，布紙揮染，疾若風雨，不終朝，成三十三圖，其旨意皆天人之藴奥，昔賢所未發者。咸平高士王賢佐，占筮素精，見師推服，盡棄其學而學焉。由是技進，名動闕庭。其他靈異之跡，如天長預告侯子真之火，恩州夜入王鎮國之夢者，尚多有之，不可殫紀。春秋七十有三，以崇慶元年臘月晦日，仙蜕於州之先天觀。前此三年，勑其徒預營塚壙，告以死期，及是果然。平生製作有三教入易論一卷、示教直言一卷、心經解一卷、救苦經解一卷、周易參同契簡要釋義、詩賦、雜文、樂府，及所作易圖，號太古集，凡十五卷，行于世。

噫，道家者流其源出於老〔一〕莊，後之人失其本旨，派而爲方術，爲符籙，爲燒鍊，爲章醮，派愈分而迷愈遠，其來久矣。迨乎金季，重陽真君不階師友，一悟絶人，殆若天授，起於終南，達於崑嵛，招其同類而開導之，鍛鍊之，創立一家之教，曰全真。其修持大略以識心見性，除情去欲，忍耻含垢，苦己利人爲之宗。老氏所謂「知其雄守其雌，知其白守其黑，知

〔一〕老：原作「若」，據輯要本改。

其榮守其辱」、「爲道日損，損之又損，以至無爲」，莊生所謂「游心於淡，合炁於漠」、「純純常常，乃比於狂」、「外天地，遺萬物」、「深根寧極」、「才全而德不形」者，全真有之，老莊之道於是乎始合。重陽唱之，馬譚劉丘王郝六子和之，天下之道流祖之。是謂七真，師其一也。非天授之，其孰能與於此哉？

師逝之後，弟子行緣四出，能世其業者甚衆。高弟范玄通與棲雲王宗師，又其尤者。當中原板蕩，國朝隆興之初，一居東平，一往來乎燕汴，建琳宇，開玄壇，聚徒講説，貴賤欽仰，宗風大振，道價增崇，不減太古。今洞陽耆艾敦厖，剛毅木訥，食師之德，幹父之蠱，當釋道紛爭，摧敗挫衄之際，寂然湛然，守之以謙沖，安之以委順，處之以鎮靜，操修無方，精進不輟，用能上取聖知，特降璽書褒美。較其難易，又不出於棲雲之下，謂非太古之澤，將何歸乎？凡今之人欲知太古，請觀其子，欲知其子，請觀其孫。銘曰：

東方雲海空復空，群仙出没空明中。此語常怪東坡公，神仙有則八表同。不應秀止東方鐘，崑崙山高天比崇。左顧右瞰搏桑宫，上有一洞煙霞封。重陽發之麾鬼工，紫炁直與閶浮通。馬譚劉丘王郝從，六子矯矯皆人雄。縹緲至自蓬萊峰，驚見碧海磨青銅。煌煌七朵金芙蓉，信哉仙人出於東。就中郝公鸞鳳龍，洗心以易虚玲瓏。藏用於密退以沖，粃糠富貴不掛胸。剛決物莫嬰其鋒，訓練復遇王元戎。衲衣一傳神契融，有袖無袖由人縫。同門之朋稑與穜，脚跟不必隨渠儂。沃州石橋張果蹤，亘如虹蜺插蒼穹。大道在此南北衝，何須遠走巢雲松。止而不動吾非慵，艮乃萬物之始終。結跏趺坐爲瘖聾，朝覿日出光曨曈。吞霞入腹丹火紅，暮觀流波朝彼宗。河車挽水玄霜蓬，有人問之趨下風。如以寸莛撞巨鐘，摇手使去妨吾功。過橋行人抗塵容，僵名仆利不有躬。見公視世猶蟻蜂，形骸土木心冥鴻。纇必有泚羞頑庸，反求於身當發蒙。撙貪節愛瘳瘝恫，憧憧往來秋夏冬。百感一二亦已豐，如此利益誰能窮。確乎六年真苦攻，養成姹女連嬰童。奮袖起舞知德充，願以所餘及悾侗。普度一切超樊籠，泥在鈞兮金在鎔。螟蛉蜾蠃無常蟲，功成朝元去忽忽。飛霞佩玉鳴冬隆，雲裝煙駕滄溟重。弱水萬里昏濛濛，淮南小山空桂叢。黄芽欲種須圃農，公不可見憂心沖。棲雲老仙亦難逢，住世賴有徐神翁。

七真讚

北平王粹子正述

重陽王真人

出應道運，豪雄絶倫。甘河得遇，兀若狂人。挈還四師，大開全真。巍巍法教，東海西秦。

丹陽馬真人

晚契奇因，盡捨家貲。千朝得道，三髻承師。風雷示化，金玉垂辭。邈矣前躅，如何可追。

長真譚真人

一見師真，痼疾頓愈。決烈入道，水雲爲侶。歸櫬終南，聚徒洛土。教風既弘，蜕然高舉。

長生劉真人

童真之力，聖賢所扶。風姿秀異，洛市工夫。中遭厄鬱，所守不渝。聲名卒顯，被召海隅。

長春丘真人

猗歟長者，不可復得。三朝推尊，才學功德。愍此兵戈，遠涉西北。九九乃終，世人莫測。

玉陽王真人

幼遇玄庭，再禮重陽。飛傘送號，金蓮共芳。跡多神異，名動帝王。高山景行，千載雲光。

廣寧郝真人

雖出閥閱，獨喜林泉。兩詞一衲，終始師傳。神示易祕，沃橋六年。化緣逆順，悉合自然。

甘水仙源録卷之二

甘水仙源録卷之三

夷門天樂道人李道謙集

清和妙道廣化真人尹宗師碑銘并序〔一〕

汝陽弋彀撰

宗師，全真嗣教六世祖也。自守真緒，風化鼎盛，什百於疇昔。形器之域，古今同盡。春秋八十有三，遽有拂衣啓手之嘆，以辛亥二月六日昇于大房山清和宫之正寢。寧神五華山者，幾十稔矣。嗣教誠明張公一日語衆曰：「清和師思報祖師之恩，遂大葬之禮，仍即其福地，並建宫宇，勝概甲天下，弘闡祖道，功越古今。吾儕享其成業，今無一報，顔實腆矣。將刻碑紀實，以詔無窮，若何？」僉曰唯。遂以中統三年十月吉日，徵文於汝陽弋彀。僕以師真道德高厚，奥妙無方，詎以荒踈淺淺者所能窺測形容哉？固辭不可，謹按門人馬志通

〔一〕此碑亦見於藝風堂拓片，現藏於北京大學圖書館，以下簡稱「藝風堂本」。其題名在「清」字上有「玄門掌教」四字。

所紀行狀，仍摭其功德之著見於耳目者，序述之。

夫道之在天下一而已，惟天之所以畀付於聖賢者無不備。其所以濟斯世而見於功用者，或久近廣狹之不齊。何哉？曰時也。時非聖賢所能必，能不滯其時而已。或拱揖廊廟，或私淑側陋，或清靜而化，揖讓而治，或平水土，降播種，或放伐以救焚溺，或寬默以革苛僞，文勝質喪，則示還純反朴之訓，禮壞樂崩，則正三綱五常之教，大則天下後世，小則一郡一邑，隨機應變，與物推移，要不過乎徇道以濟斯世耳。由跡以觀之，功用之不齊者，所遇之時異也。則天之以是道而畀付於聖賢者，曷嘗有二哉？道猶水也，渴則爲酌飲，旱則爲灌溉。道猶火也，飢則爲烹飪，寒則爲煦嫗。用雖不同，而水火曷嘗有二哉？

頃以金録訖運，喪亂並興，黔黎殄於葅醢，玉石燼於烈火。天意開顧，挺生至人，全畀斯道，以假援之之手。於是重陽而後，丹陽、長真、長生、長春繼出，而全真之教興。及清和接長春之統，授受之際，累聖之妙無餘藴。父作子述，闡化數十年，徒侶徧天下，聞望重朝野。風之所靡，狠戾易心，强梗順命，革煩苛爲清靜，化湯火爲袵席，挈一世鄙夭之民，躋之仁壽之域。自古教法之盛，功德之隆，惟清和師爲最。蓋天之畀付之道一，而所遇之時異也。

師諱志平，字大和，姓尹氏。遠祖居滄州，前宋時有官萊州者，因家焉。顯高祖妣有子九人，俱登進士第，仕至郡守者七人。顯大父公直，顯考弘誼，皆隱德不耀。師於大定九年正月二十日生，是夕其母方寐，見儀衛異常，皆盛服而入，神思愕然，驚寤，師已誕矣。時里人相驚曰：「尹氏宅火。」奔救之，至則無火。稍長，舉止異凡兒。三歲，穎悟善記事。五歲入學，日誦千餘言，讀書即玄解。嘗因祀事，究生死理，杳然遐想自忘。七歲，遇陝西王大師，有從遊意。十四歲，遇丹陽真人，遽欲棄家入道，其父難之，潛往。十九歲，復迫令還家，錮之，竟逃出再三，始從之。住昌邑縣之西庵，常獨坐樹下達旦。或一夕，見長生劉真人飄然而來，斷其首，剖其心，復置之，覺而大有所悟。後住庵福山縣，養疾惠困，勤瘁者累年，衆德之。遊濰州，時龍虎完顔氏素豪倨，慕師道德，施圃地，創觀曰玉清，率家人尊事之。今觀廢於兵，而松檜鬱爲茂林。後覲長春真人於棲霞觀，執弟子禮，真人特器異之，付授無所隱。又受易於太古郝真人，受口訣於玉陽王真人。自是道業日隆，聲價大振，四方學者翕然宗之。

己卯歲，太祖皇帝遣便宜劉仲禄徵長春真人。仲禄及益都，真常李公曰：「長春今在海上，非先見尹公，必不能成此盛事。」及濰陽，謁師於玉清之丈室，見其神采嚴重，不覺畏敬，自失從容。語及詔旨，師大喜曰：「將以斯道覺斯民，今其時矣。」遂偕往覲長春真人於萊州昊天觀。先是金宋聘命交至，皆不應。至是，師勸行，決計北上。時從者十八人，皆德望素重者，師爲之冠。辛巳及癸未，備嘗艱阻，既見帝於西印度，奏對稱旨。還及雲中，真人聞山東亂，國兵又南下，曰：「彼方生靈，命懸砧鼎，非汝莫能救。」遂遣往招慰，聞者樂附，所全活甚多。乙酉歲，勑令長春真人住太極宮，即今長春宮也。師在席下，四方尊禮者雲合。師曰：「我無功德，敢與享此供奉乎？」遂辭，退住德興之龍陽觀。屢承真人手劄，示以託重意。

及真人升，師方隱煙霞觀，又欲絶跡連遁，爲衆以主教事敦請，勉從之。還長春宮，以嗣事自任，自是徒衆輻湊，輦贐樂貢者，日充塞庭宇。忽謂衆曰：「吾素猒冗劇，喜山林。」遂因平灤請主醮事，而出遁景州之東山。未幾，燕之僚士固請還宮。壬辰，帝南征還，師迎見於順天，慰問甚厚，仍令皇后代祀香於長春宮，貺賚優渥。甲午春，遊母閭山，太玄觀之李虚玄語人曰：「去年院中青氣氤氳者累日，占者以爲當有異人至。今師來，既驗矣。」踰春南歸，及玉田，衆喜，爲數日留。日已晡，遽促駕兼夜行五十餘里，舍豐草中，衆莫知所以。後還宮，始知在玉田時，有寇數百欲劫掠，追至大合甸，不及而反。從者相賀曰：「非師，奈我輩何？」時皇后遣使勞問，賜道經一藏。

乙未春，詣沁州，主黄籙醮事。入郊城境，居人或夢縣之地祇曰：「真人來，當警衛無虞。」及平遥理醮事，時旱久且風，醮之三晝夜，燈燭恬然，在他境猶風。沁帥杜德康、平遥帥梁瑜各施宫觀，一方傾心焉。九月，達平陽，分命披雲宋公率衆鏤道藏經板，不數載而完，所費不貲，而人樂成之，亦師爲之張本。師以此道化大行，歸功祖師重陽真人，遂留意祖庭。時京兆行省田公馳疏來請，適與師意合。丙申春，始達，於榛莽中規度兆域及宫觀基址。終南太華等處諸觀宇，廢不能復，咸請主於師。時陝右甫定，遺民猶有保栅未下者，聞師至，相先歸附，師爲撫慰，皆按堵如故。繼而被命於雲中，令師選天下戒行精嚴之士，爲國祈福，化人作善。時平遥之興國觀、崞之神清、前高之玉虛白雲洞、定襄之重陽、沁之神霄、平陽之玄都，皆主於師。秋，帝命中書楊公召還燕，道經太行山間，群盜羅拜受教，悉爲良民。出井陘，歷趙魏齊魯，請命者皆謝遣，原野道路設香花，望塵迎拜者日千萬計，貢物山積，略不顧。

戊戌春，忽曰：「吾老矣，久猒勞事。」以正月上日，傳衣鉢於真常李公，俾主教事。乃卜築五華山，并增葺大房山之真陽觀，更曰清和宫，以爲菟裘焉。終南祖庭葬具已備，庚子冬，請師董其成，欣然而往，雖冒寒跋險不憚也。常曰：「吾以報師恩耳。」時季冬，京兆一境旱，衆禱曰：「師來，和氣必應。」下車而雪。大蕆葬禮，以明年正月二十五日既事。時陝右雖甫定，猶爲邊鄙重地，經理及會葬者，四方道俗雲集常數萬人，物議恟恟不安，賴師道德素重〔一〕，鎮伏邪炁，故得完其功。初，重陽真人修道於此，既成，火其庵而東，貽詩有後人復修意。至是師賡之，亦有繼祖來修之語。噫，百年事終始脗合，豈偶然哉？於是剪蕪平丘，土木並作，堂廡殿閣，粲然一新。既成，額以重陽，以示報本意。若華山之雲臺、驪山之華清、太平宗聖等宫，悉擇名重耆宿以主之，興完皆踰舊。是年，還燕。夏五月，過太原。時自春不雨，禾種不入，師憐之，出己帑物爲香火費，爲民祈禱，雨大霈。

及還燕，無幾何，謂侍者曰：「我常便清和宫之西堂，故居之。今爲我灑掃方丈。」從之，翌日，長往，及宫，洮頮禮聖畢，訣衆曰：「吾將逝矣。」衆驚愕，師曰：「吾意已決，夫復何言？」有進紙筆者，默不應，惟戒葬事勿豐。遂不食，但飲水啜茶，危坐談道，語音雄暢異常。是夜，久正衣冠，曲肱而逝。衆毁哭過哀，時馨香之氣滿室。遠近聞者，奔走賻賵，哀戚若喪考妣。初，師遺言葬大房。至是，僚士固請，遂葬五華，徇輿意也。中統改元二年，詔贈清和妙道廣化真人。師平日著述甚多，門人板之，目曰葆光集，并語録〔二〕，皆通貫經藝，洞見道體，所謂博學而約説者。當時朝旨褒崇，及宏儒名卿詩文讚美，裒爲一集，目曰

〔一〕重：原作「里」，據輯要本、藝風堂本改。
〔二〕録：藝風堂本下有「行於世」三字。

應緣録。

其覺後進則高下不遺，蹊逕坦明，以謙遜勤約爲治心之要，以踐履功行爲入道之基。及其縱説，則時亦露機緘之妙，所謂窮理盡性以至命者也。得其門者，由堂及奥，其次不失爲誠謹之士。其成就於人者如此。初，居濰陽龍虎家餘二十年，姬侍日滿前，終莫一識其面。嘗失善馬，獲其盜，物色既驗，盜畏罪不承，曰「此我馬也」，師即還馬縱去。其高潔不累於物如此。至大至剛之氣，充諸内，形諸外，望之如神，即之如春，不怒而威，匪爵而尊，雖萬乘不足加其重，雖窮處不足爲之輕。其平日之所養者如此。及遭時得君，權道濟物，祥風時雨，覆及遠方，跂行喙息，罔不得其所。其見於功用者如此。

其至誠前知，感通神明，則又時出人意表。以天挺之姿，承積累之基，譬猶日中之陽，月盈之光，不期盛而自盛，尚且謙抑自居，淡泊自樂，化應乎無窮之緣，神寂乎寥廓之鄉，體用兼備，無過不及之弊。其諸異乎同源而異流者歟？抑世有以綱常爲言者，是又大不然。自四海横潰，華禮蕩滅，污俗所染，又豈特於借鋤德色，取箒誶語，八佾舞庭，召王所狩者乎？及風化所過，暴者仁，奪者讓，泰者抑，上下怗然。此於綱常之助，其功豈易量哉？僕悼夫昧大體而妄自分裂者，故并及之。銘曰：

叔世運厄坤軸旋，皇綱解紐兵方連。鼎中生靈若小鮮，磨牙萬喙垂飢涎。天生至人蓋汝憐，神道設教畀己專。重陽發源亦有傳，得自無始先天先。世間果有甘河泉，萬劫老泒常涓涓。流入濰陽玉清前，灌溉六葉開金蓮。混沌雖鑿大道全，積靄掃盡孤月圓。至理渾融無正偏，漆園鄭圃非獨賢。遭時得君明機權，鑑光亦豈從媸妍。冥鴻高舉蓬海邊，閶闔萬里來翩翩。鰲頭可釣虎可編，萬蚪誰信容笞鞭。頹波力障迴九川，塗炭氣化成几筵。惠雨一灑劫火燃，大地墾作種玉田。精衛投石海空填，螟蛉遇祝速變遷。風雲千載非偶然，轉禍爲福皆夤緣。歸來演教談妙玄，英華咀嚼九九篇。琅函萬軸成蹄筌，始信天上無癡仙。洙泗豈特徒三千，燈分大小俱燀燀。有心不敢自聖癲，有口難説無礙禪。人云功行徧八埏，波浪幻跡從汩汩。草樓菟裘茅一椽，茹芝大房腹便便。直鈎坐釣三峰巔，寶地花木肥芊芊。青山不礙行雲煙，死而不亡壽更延。他山有琰實可鐫，光騰億劫無歲年。千谿萬壑分嬋娟，明月依舊懸青天。

玄門掌教大宗師真常真人道行碑銘

翰林學士承旨資善大夫知制誥兼修國史王鶚撰

道教之曰全真，以重陽真人爲祖師，其自甘河仙遇，劉蔣焚庵，行化關東，前後僅十年，而天下翕然宗之，非信道篤而自知明，安能特立章章如是？卒之搜奇訪逸，得高第四人，曰丹陽，曰長真，曰長生，曰長春。四人者，俱能整玄綱，弘聖教，使運數起而道德新，韪矣哉。至於禮聘兩國，聲馳四方，生能無欲，殁能不壞，惟長春師爲然。師救物以仁，度人以慈，澹然無極，而衆美從之，故遊其門者率聰明特達之士。然傳法嗣教止於尹清和、李真常二公而已。清和公早慕真風，徧趨法席，濰陽化度，沙漠侍行，爲長春門弟子之冠。其踵師掌教，謙抑不居，竟脱煩勞，優遊以壽終。若夫以清静養真，以仁恕接物，華實相副，文質兼全，名重望崇，使遠近道俗趨拜堂下，惟恐其後，則吾真常公有之矣。

公諱志常，字浩然，其先洺州永年人，宋季避地濮之范陽，尋又徙開之觀城，因著籍焉。高祖皓、曾祖昌、祖明、父蔓，皆隱德不耀，素爲鄉里所重。明昌癸丑春正月十有九日，母聶氏夜夢異服一人授以玉兒，覺而生公。二歲喪父，六歲喪母，養於伯父濟川家。濟川諱蒙，名舉子也，賦義兩科，屢占上遊。雖以四舉終場，同進士出身歉如也。見公潁悟不群，嶄然出頭角，意欲作成，以償平昔之願。而公不喜文飭，雅好恬澹，常默禱高穹，望早逢異師勝友，式副夙心。年十有九，伯將議婚，公聞之嘆曰：「本期學道，未涉津涯。若愛欲纏縛，則古人高蹈出塵之事業難乎有成矣。」同舍兄張本敏之初以嗣續規公，既知牢不可奪，乃各言所志而訣。

居無幾，負書曳杖，作雲水之遊。初隱東萊之牢山，復徙天柱山之仙人宫。宫之主者曰湯陰李仙，見公儀觀魁偉，音吐不凡，大加賞異。逮公辭，告之曰：「君玄門大器也，山庵荒僻，非久淹之地。昔祖師所至，異人並出，今獨長春在焉，宜往從之。他時成就，未可量也。」公翌日遂行，至即墨之東山。屬貞祐喪亂，土寇蜂起，山有窟室，可容數百人，寇至則避其中。衆以公後，拒而不納。俄爲寇所獲，問窟所在，捶楚慘毒，絶而復蘇，竟不以告。寇退，窟人者出，環泣而謝之曰：「吾儕小人數百口之命，懸於公一言，而公能忘不納之怨，以死救之，其過常情遠甚。」爭爲給養，至於康調，迄今父老猶能道之。

歲戊寅夏六月，聞長春師自登居萊，公促裝往拜席下。師一見器許，待之異常。山東路轉運使田琢器之，高其行，且聞昔在即墨，主帥黄摑副統咨公籌畫，保完一城，以書邀至益都，待以賓禮。己卯冬十有二月，我朝遣便宜劉相仲禄齎詔備禮，起長春師于東萊。時益都副帥張林自金歸宋，叛服靡常。公懼其爲阻滯，乃往説林，俾移檄所經，衛送以行。庚辰春正月，師始命駕，從行者十有八人，公其一也。二月，達燕。明年春二月，北上。秋七月，至阿不罕山，距漢地幾萬里。並山漢人千家逆師羅拜，以爲希世之遇，咸請立觀，擇人主之。師將行，指公，坐上語衆曰：「此子通明中正，學問該洽，今爲汝等留此，其善待之。」因賜公真常子號，額名其觀曰棲霞。師既西邁，公率衆興作，刻日落成。又立長春、玉華二會，至今不輟。

癸未夏五月，師至自行在，憩于其觀。一日，齋客四集，師手持一弓弦，不言以授公，公亦不言而受，圈而佩之，仍作詩爲謝，師但笑領而已。蓋阿不罕之留，弓弦之授，識者知其有付屬之意。秋七月從師還，至下水時，殘暑尚熾，師因納涼官舍之門樓，字呼公而教之曰：「真師不易遇，得道者不易逢，逢之而不易識也。守道之篤，人貌而天行，直寓六骸而淵宗，忘飢渴而常寧，至靜而遺形，獨遊乎無極之妙庭。此語汝當記之，以俟他日自得之耳。」公拜而謝，自承教之後，益自奮勵，息機體真，敬事循理，歷死生憂患之際，曾不易其所守。師住燕京之日，凡教門公事必與聞之。

丁亥秋七月，師既仙去，清和嗣教，以公爲都道録兼領長春宮事。己丑秋七月，見上於乾樓輦。時方詔通經之士教太子，公進易、詩、書、道德、孝經，且具陳大義，上嘉之。冬十一月，得旨方還。庚寅冬，有誣告處順堂繪事有不應者，清和即日被執，衆皆駭散，公獨請代之，曰：「清和，宗師也，職在傳道。教門一切，我悉主之，罪則在我，他人無及焉。」使者高其節，特免杻械，鎖之入獄。夜半，鎖忽自開，公以語獄吏，吏復鎖之，而復自開。平旦，吏以白有司，適以來使會食，所食肉骨上隱然見師像，其訟遂息。癸巳夏六月，承詔即燕京教蒙古貴官之子十有八人，公薦寂照大師馮志亨佐其事。日就月將，而才藝有可稱者。乙未秋七月，奉詔築道院於和林，委公選高道乘傳以來。雖清和掌教，而朝覲往來必以公，故公爲朝廷所知，而數數得旨，璽書所稱曰「仙孔八合識」。八合識，譯語「師」也。

戊戌春正月，清和會四方耆舊，手自爲書付公，俾嗣教。公度不能辭，乃受之。三月，大行臺斷事官忽土虎奉朝命復加玄門正泒嗣法演教真常真人號。夏四月赴闕，以教門事條奏，首及終南山靈虛觀係重陽祖師鍊真開化之地，得旨賜重陽宮號，命大爲營建。甲辰春正月，朝命令公於長春宫作普天大醮三千六百分位，及選行業精嚴之士，普賜戒籙。逮戊申春二月既望，醮始告成，凡七晝夜，祥應不可殫紀。歲辛亥，先帝即位之始年也，欲遵祀典，徧祭嶽瀆。冬十月，遣中使詔公至闕下，上端拱御榻，親緘信香，冥心注想，默禱於祀所者久之，金盒錦旛，皆手授公，選近侍哈力丹爲輔行，仍賜内府白金五千兩以充其費。陛辭之日，錫公金符，及倚付璽書，令掌教如故。公至祭所，設金籙醮三晝夜，承制賜登壇道衆紫衣，曁所屬官吏預醮者賞賚有差。詢問窮乏，量加賑卹。自恒而岱，岱而衡，衡隸宋境，公嘗奏可於天壇望祀焉。既又合祭四瀆於濟源，終之至於嵩，至於華，皆如恒岱之禮。祀所多有徵應，鴻儒鉅筆，碑以紀之。

壬子春正月，命駕終南祖庭，恭行祀禮，規度營造，凡山下道院皆爲一例，以是地係教門根本故也。逮四月既望，東歸。癸丑春正月，奉上命作金籙大齋，給散隨路道士女冠普度戒牒，以公爲印押大宗師。甲寅春，上又遣使作普天大醮，分位日期如戊申，而益以附薦海内亡魂，勑公爲大濟度師，出黄金五百兩、白金五千兩，凡龍璧環紐鎮信之物，及沉檀龍麝諸香，並從官給。自發牒至滿散，鸞鶴五雲現於空際者無虚日。公復念燕境罪徒久幽狴犴，不以湔洗，則無由自新，言之有司，蒙開釋者甚衆。冬十有二月，有旨召公。乙卯秋七月，見上於行宫。適西域進方物，時太子諸王就宴，勑公預焉。舍館既定，數召見，咨以治國保民之術。十有二月朔旦，上謂公曰：「朕欲天下百姓安生樂業，然與我同此心者未見其人，何如？」公奏曰：「自古聖君有愛民之心，則才德之士必應誠而至。」因歷舉勳賢並用，可成國泰民安之效，上嘉納之，命書諸册。自午未間入承顧問，及燈乃退。

丙辰春正月，以老辭。夏四月，至自北庭。五月至晦，總真閣之北簷無故摧壞。六月庚申朔，公倦於接應，謝絶賓客，隱几不言。戊寅，正襟危坐，語左右曰：「昨夜境界異常，吾自知卦數已盡，歸其時矣。主管教門，向已奏聞，令誠明張志敬受代，餘無可議者。」翌日，悉以符印法衣付之，乃留頌，順正而化，春秋六十有四。平昔著述多爲人所持去，有又玄集二十卷、西遊記二卷行於世。

公以儒家者流，决意學道，事師謹，與人忠，茹葷飲酒之戒涓毫不犯。主宫門二十年，凡所營繕，皆公指授，翬飛櫛比，雄冠一時。四方信施，歲入良多，悉付之常住，一無私積，羽化之日衣衾杖屨而已。性質直，不能曲意順情，故謗訟屢興，隨即自解，公一不校，復以誠信待之。方其與同舍張君敏之之訣也，各言其志。敏之卒中詞賦高第，而公竟掌道教長春。別幾二紀，敏之以使北見留，隱爲黄冠。公兄事如昔，并其屬給養之。時河南新附，士大夫之流寓於燕者，往往竄名道籍。公委曲招延，飯于齋堂日數十人。或者猒其煩，公不恤也。其待士之誠類如此。長春道侶不下數百，獨能識誠明於齠稚，教育成就，卒付重任。其知人之明又如此。故能歷事三朝，荐承恩顧，雲軿所至，傾動南北，香火送迎，絡繹不絶。及聞訃音，近者素服長號，若喪考妣，遠者出迓仙靈，爲位以哭。可謂其生也榮，其死也哀矣。

庚申夏四月，今上嗣登寶位。中統辛酉秋八月，詔贈真常上德宣教真人號。明年夏五月既望，予方逃暑不出，誠明子攜諸執事踵門來見，曰：「先師嗣法，有功玄教，今猒世幾七年，不有以追述其美，則門弟子輩俯仰慚怍，殆無了期。惟先生與師鄰鄉縣，熟其爲人，敢以斯文請。」予辭之力。不踰月，凡三見臨，具狀其師之道行，及持虚舟道人李鼎之和所爲傳，併以見示。予觀其行實平美，略無纖芥譎怪之事，乃以予平昔之所見聞，併爲次第其先後而銘之。銘曰：

道之爲教，基於老氏，不肆不耀，知足知止。性而身之，全真則是，質而文之，真常乃爾。粤惟真常，系出仙李，重陽裔孫，長春嫡子。笑授弓弦，傳法微旨，留建棲霞，嗣教伊始。言必成章，動必循理，誠以待士，廉以律己。萬口推尊，三朝付倚，善始令終，榮生哀死。蒼蒼五華，涓涓一水，窈兮窀穸，閟我冠履。付畀得人，追書遺美，有狀斯述，有傳斯紀，仙靈雖昇，仙聞不已，我銘以辭，無愧焉耳。

終南山重陽萬壽宮洞真于真人道行碑〔一〕

宣授河南路轉運使兼廉訪楊奐撰〔二〕

盈尺之璧，徑寸之珠，天下皆知其爲寶也，不以藴於山淵而不聞，況於人乎？東魯宣父，炳辟世辟地之訓；歷代史臣，列隱逸逸民之傳，宜乎綿亘千數百載而不廢也。僕儒家者流，竊有志於史學。謹按洞真之行實，斯亦古之所謂宗師者歟？故碑之無疑。

師諱善慶，字伯祥，寧海人，高門于公之後。祖彦升，主好時縣簿。考道濟，韜光不仕。師幼不茹葷，長通經史大義，雅嗜道德性命之學。與馬丹陽同里閈。大定二十二年，丹陽演法於金蓮道場，耋稚雲集，而師預焉，時甫十七矣。丹陽見而奇〔三〕之，且嘆曰：「向畏重

〔一〕此文亦見於元楊奐還山遺稿卷上（此據四庫全書本），題爲洞真真人于先生碑；也見於清李嘉績編汧陽述古編（簡稱汧陽本。此據石刻史料新編第一輯所收影印本，臺灣新文豐出版公司一九八二年版），題作汧陽玉清萬壽宮洞真真人于先生碑並序。汧陽本後有編者按語，記述碑文中相應内容，見本書附録其他資料。

〔二〕署名，汧陽本作「宣差河南路徵收課税所長官兼廉訪致仕楊奐撰」。

〔三〕奇：輯要本、汧陽本作「異」。

陽譴訶，頗萌倦弛。然得以終其業者，彦升力也。使是兒入道，殆天報乎其家。」聽執几杖以從。再年冬，丹陽返真，徑造隴州龍門山謁丘長春。長春俾參長真於洛陽，得鍊心法，丐食同、華間。明昌初，長春歸海上，囑曰：「汝緣在汧、隴，無他往。」夫人需友以成，不可不擇。」復入秦，卜吳嶽東南峰，鑿石以處，日止一餐。凡可以資於道者，造次不暫舍，絶跡人間七八年，迄今目其龕曰于真人洞。友蒲察道淵待之如師。後創觀汧陽之石門。承安中，好事者請玉清額。禮體玄大師，尋佩受法籙，以輔道救物，遠近益加崇敬。

泰和三年，隴之州將保賜沖虚大師號。五年，再謁長春，啓證心印，退隱相州天平山。六年，長春介畢知常緘示密語，督還汧、隴，仍易名志道。師再三敬諾，參長生。久之，道價隆重，輝照一時。雖黄髪故老，自以爲不逮也。常謂學仙者存乎積累，赴人之急，當如己之急。八年，南征凱還，憫其俘纍，必盡力購援而後已。元光二年，隴山亂，中太一宫李沖虚聞之，舉以自代，不起。正大改元，上悼西軍戰殁，遣禮部尚書趙公秉文祭於平涼，充濟度師。秉文高其節，圖像薦諸朝，召之，又不起。二年，饑荒，或言路直秦、岐之咽，過客無别，歲計奈何。師曰：「吾門一見其難，而遽如許，不廣甚矣。」言者愧愧。未幾，秋大熟。還五姓洞真觀，環居弗出。逼中使絡繹不絶，起而應之，遂領中太一宫事。

七年，河南不雨，召近侍護師降香濟源上。初期望祀於宫中，而臨河阻風，鐵劄既沉，斥鼓棹前進，登岸，風如故，立致甘澍，特旨褒異，兼提點五嶽佑神觀。天興二年春，京城送款于我朝，驛訪高道，以師爲之冠。秋七月，約由中灤渡北邁。時苦於餓，依附者衆，船人疑其有金帛，迤邐沿流而下，夜將半，遇一沙渚，委之而去。黎明，驚濤四涌，莫不倉皇失措，會八柳樹堤潰乃定。徐謂弟子符道清曰：「今日之事，非爾不能濟。」道清，秦人，不安於水，承命，捷若神助，俄賂二舟馳迓，舉脱其厄。其臨事如此。過魏，過魯，過趙，諸侯郊迎以相躡，擁篲以相先。玄通子范圓曦方爲人所尊信，主東平上清宫，聞風虚席引避，良有以也。

乙未秋，入燕，致祠處順堂下。適清和嗣教門事，待之如伯仲。丙申，燕境大旱而蝗，俯徇輿情，投符瀘溝，乃雨，蝗不爲災。戊戌夏四月，詔天下選試道釋，進號通玄廣德洞真真人。秋七月，掌教李公真常奏請住持終南山重陽萬壽宫。適北京留守烏公築全真觀奉之。庚子，太〔一〕傅移剌寶儉、總管田雄交疏，邀師會葬祖庭，即入命駕入關總宫事。綦白雲、李無欲實綱維之，而曹沖、和志陽實潤色之。丙午夏五月，西遊鞏昌，以汪侯德臣敦請故也。冬，盤桓秦亭，賓僚劉澤琡、王道寧、焦澍，朝夕左右，動静語默，具西州録。丁未春

〔一〕太：汧陽本、還山本上有「京兆」二字。

二月還宫，張道士來雲中，躬拜庭下，師堅讓不受。執事者曰：「真人壽垂九秩，簪冠滿前，以此而處淵源之地，過矣。」師曰：「禮無不答，大白若辱，廣德若不足，老氏有之。以丹陽接一童子，必答焉，忍自尊大耶？」

庚戌冬十月二日，沐浴，正襟危坐，猶平日。翌日，留頌，以寓生不必樂、死不必憂之旨，曲肱歛息，坦然順化，春秋八十五。後九日，葬于宫之西北隅。有洪鍾集行於世。鎮陽馮侍郎璧傳其事甚悉。在汴則尚書左丞張公行信、平章政事侯公摯、司諫許公古、禮部尚書楊公雲翼、王府司馬李守節、修撰雷淵、應奉翰林文字宋九嘉，在燕則陳漕長時可、吴大卿、張侍讀本，在關中則參省王輔臣、郎中邳邦用、講議來獻臣，同德寺丞楊天德、員外郎張徽、中書掾裴憲、經籍官孟攀鱗、署丞張琚，蓋當世景慕者也，容力取而言詰之哉？

師間氣天挺，謙慈夷粹，似簡而不失其〔一〕倨，似和而不涉於流，信乎其難名也。四方學徒，不可勝數，雖久於其事者，未嘗見喜怒之色形於顔間。察其日用之常，則寒暑風雨無少變，六十八年，脇不沾席，衣不解帶，可謂慎終如始矣。與人言惟正心誠意而已，至於嗇神頤真之祕，苟非其人，閉口不吐，恐失之强聒也。精潔儉素，不習而能，一履韈之細，至經

〔一〕其：汧陽本、輯要本、還山本俱作「於」。

歲不易，肯以絲毫利諸己耶？東徹海岱，南窮襄鄧，西極洮巩，北際燕遼，瑰蹤瑋跡，章章可考。

葬之明年春，僕以南澧長告老燕臺，無欲子促其徒往返六千里，懇徵文石。嗚呼，玄鶴不來，青山已塵，遐想巖扉，强勒之銘。銘曰：

維道與天初同原，方術分裂無乃繁。至人躍然起海門，丹陽嫡子重陽孫。空山大澤環四垣，隱几坐觀萬馬奔。物生不願爲犧樽，火烈始見玉性温。西翱東翔動帝閽，歲旱懷詔濟瀆源。洪流怒濤鯨吐吞，靈符一擲懾老坤。蜚廉馮夷掖兩轅，焦穀載沃如平反。朝那夜哭戰死魂，霓旌豹尾交繽繙。楊枝麾灑消沉冤，隨機應物忘清渾。疾雷破聵電燭昏，功成弗居德愈尊。上賓碧落何軒軒，道路掩面泫宿恩。洪鐘叩擊皆玄言，包括鄭圃羅漆園。陸陶殊派契義敦，我舌入筆勢可捫，赤書翠琰馨蘭蓀。

甘水仙源録卷之四

夷門天樂道人李道謙集

真常子李真人碑銘

朝請大夫翰林修撰同知制誥賜紫金魚袋張邦直撰

學道之難，大要有三：一曰悟理，二曰弘教，三曰付畀得人。能備是者，其真常真人乎？真人之所學，即世之所謂全真者也。是道之傳，古所未有，倡始於重陽王君。門弟子得其傳者，馬丹陽玄寶洎其室孫清淨不二，譚長真通正，劉長生通妙，丘長春通密，王玉陽體玄，郝廣寧大通七人而已。厥後學者徧天下，無慮數千萬人，而習他教者爲衰，嗚呼盛哉！真人之時，馬已謝世，而丘、劉、王、郝尚無恙，真人歷扣四君，見者皆以爲可教，乃抽關啓鑰，不少靳固。真人會集微妙，淵停海涵，無一不具，由是心益明了，而其道坐進矣。

性好山林，乘興即往，然未嘗留滯一處。始在燕薊間，尋之登，之萊，之嵩，之河秦，既而即大梁之丹陽觀居焉。所至則徒衆奔走往來，願受教門下者無虚日，真人一皆接納飲食，教誨略無倦容，故人人咸自以爲有得，而依歸之誠益堅。

真人一日遣人詣鄘之五姓，邀寧海于公伯祥主中太乙宫，且曰：「于吾友也，風神灑落，識度夷曠，衣褐懷玉而不願人知，蓋吾先師長春子所密授者。他日興吾教者，其斯人歟？」及癸巳之春，大朝遣使徵真人。既受命治裝，行有日，忽顧謂其衆曰：「天將興治古之道，而吾不及見。吾向所以邀于者，正謂今日也。」遂以後事付于，而問曰：「日景午未？」侍者曰：「午矣。」乃枕肱而逝，享年八十有三。

真人德興人，諱志源，李其氏，真常蓋丘師所賜號云。其他神異之事，當世名公鉅人載之詳矣，故不復具。系之以銘曰：

維昔重陽，倡此全真，孰承孰傳，作者七人。迨及真人，會同諸師，微顯闡幽，于南之陲。聲聞于天，大朝來徵，受命既還，忽焉遐登。真人嘗云，寧海之于，他日興教，在斯人歟？出言必酬，如響應聲，所以前知，得於至誠。維生有聞，維後有傳，概之古人，不幾乎全。夷山之陽，汴水之湄，刻我銘詩，以永厥垂。

離峰子于公墓銘〔一〕

遺山元好問撰

有爲全真之言者衛致夷，狀其師離峰之行，請予爲墓道之碑曰：「始吾離峰子事長生劉君，年未二十便能以苦自力，丐食齊魯間，雖腐敗委棄，蠅蚋之餘，不少猒。不置廬舍爲定居計，城市道途，昏暮即止，風雨寒暑不卹也。吾全真家禁睡眠，謂之錬陰魔，向上諸人，有脇不沾席數十年者。吾離峰子行丐至許昌，寄嶽祠，通夕疾走，環城數周，日以爲常，其堅忍類如此。嘗立城門之側，有大車載藁秸而過，藁觸其鼻，忽若有所省，懽喜踴躍，不能自禁，爲一老師鎖閉空室中，三日乃止。初不知書，自是日誦數百言，有示老、莊者，隨讀隨講，如迎刃而解。不數年，徧内外學，作爲歌詩，伸紙引筆，初若不經意，皆切于事而合于理，學者至今傳之。爲人偉儀觀，器量寬博，世俗毁譽，不以關諸心，獨於周急繼困恒若不及也。南渡後，道價重一時，京師貴遊聞師名，奔走承事，請爲門弟子者不勝紀。正大中，

〔一〕此文亦見於金元好問遺山集卷三十一（此據四庫全書本，以下簡稱遺山本），其題名作紫虚大師于公墓碑。

被旨提點亳州太清宫，賜號紫虚大師。離峰子之生平如此。門人輩將以〔一〕葬師洛陽長生觀，吾子嘗許以銘，幸卒成之。」予在三鄉時，蓋嘗見離峰子於衆人之中。及官東南，離峰子樂與吾屬遊〔二〕，思欲扣其所知而未果也。且衛〔三〕求予文有年矣，今復自聊城走數百里及於濟上，待之者又數月，病予懶於筆墨，若謂有疑於師者。然予於離峰子何疑哉？

予聞之今之人，全真道有取於老佛家之間，故其寒餓憔悴痛自黔劓。若枯寂頭陀然。及有得也，樹林、水鳥、竹木、瓦石之所感觸則能穎脱，縛律自解，心光曄然，普照六合，亦與頭陀得道者無異。故嘗論之，夫事與理偕，有是理則有是事，然亦有無是理而有是事者。予〔四〕撰夷堅續志，有平居未嘗知點畫，一旦作偈頌，肆口成文，深入理窟者三數人。駡卒販夫且然，況念念在道者乎？張内翰敏之，離峰子之舊，叙其歌詩曰：「師自以其言爲道之棄物，今所以傳者，欲知此老林下、百眂塵中幾蜕耳。」又曰：「悠然而風鳴，汎然而谷應，彼區區者或以律度求我，是亦按天籟以宫商，責渾沌之勘丹青也。」吾友孫伯英，河洛名士，在

〔一〕門人輩將以：遺山本作「致夷將以某年月日」。

〔二〕離峰子樂與吾屬遊：遺山本作「離峰子亦嘗寓書求予爲録章封事。予雅知若人樂與吾屬遊」。

〔三〕衛：遺山本作「致夷」。

〔四〕予：遺山本下有「載於書，接見於耳目，往往有之，是三尺童子不以爲然，而老師宿學有不敢不以爲然者」句。

太學時，出高獻臣之門。若雷希顏、辛敬之、劉景玄〔一〕，皆天下之選，而伯英與之遊，頭角嶄然，不甘落其後，一見師即北面事之，竟爲黄冠以殁。張，予所敬而孫〔二〕所愛也。二君子且然，予於離峰子何疑哉？乃爲銘。

離峰子諱道顯，出於文登于氏，初隱觀津女几之桃花平，過洛陽，得其師劉君舊隱葺居之，是爲長生觀。住太清〔三〕三年，避壬辰之兵於盧氏，漆水公迎置鄧下，俄以疾終，春秋六十有五，離峰子其自號云。銘曰：

分食雞豚，託處鼯蛇，視身寇讎，自干罝羅。樂有加耶？年可退耶？所持者狹，而所獲奢耶？豈無考槃，在澗之阿？木茹草衣，召來天和，急而張之，弦絶奈何？學道之難成，使人咨嗟，曰婦姑勃磎，交喪則多。千日之功，或棄於毫末之差。彼避險而就夷，背實而趨華，拱璧以先駟馬，不免於盜夸。若人者不潰於流，不磷於磨，始於同氣闘弓，終以大方爲家。顧雖蜕骨〔四〕於此，安知其不冠青雲而佩飛霞也耶？

〔一〕雷希顏、辛敬之、劉景玄：遺山本作「雷希顏淵、辛敬之願、劉景玄昂霄」。
〔二〕孫：遺山本下有一「予」字。
〔三〕清：遺山本下有一「宫」字。
〔四〕蜕骨：遺山本作「有墓」。

弘玄真人趙公道行碑

翰林待制知制誥兼修國史李謙撰

弘玄真人仙蜕之七十年，至元庚辰春，嗣法孫邢默庵道安託終南重陽萬壽宫宗主天樂真人李道謙狀其行實，遣弟子至京師以道行碑爲請。推本源委，乃叙而銘之。

按真人諱悟玄，字子深，姓趙氏，出臨潼之零口民家。在孕十有二月，生於金天德元年，驚姜之夕，室有光燁然，父母異之。早孤，事母魏以孝謹稱。性沖澹，屏棄外慕。既冠，讀書通大義。時全真教始興，真人聞而嚮焉。會第一代重陽公謝世，丹陽馬公扶護而西，道出零口，真人迎館於家，禮敬備至。丹陽觀其有受道之器，與之語，遂相契。翌日，遇丹陽行丐長安市，真人出貨泉百緡饋之，歸謂母曰：「人生幾何，汩没一世間，徒勞人耳。不若鄙遠俗務，棲心玄門，可以悟理，可以明性，可以達道。」母曰：「果若有志，吾與偕往。」乃舉家入道，訪丹陽於終南之劉蔣，師事之。親炙日久，丹陽教以息心養性之術，浸有所得。長安人趙恩虚第宅以請，乃築爲環堵，師弟子入居其中，今蓬萊觀是也。宴坐數歲，心境澄徹，至理貫融，得丹陽之學爲多。

其後丹陽東遊，有稷山段明源者，復究玄旨。丹陽喜曰：「關西已有趙悟玄，河東又得段明源，吾教得所傳矣。」是後關中之人，攀挹道譽，以不得參接爲恨。邠州淳化李氏築爲精舍，延真人以居，因剪柏四枝，手植於庭，且口占數語，以道其樹善本之義，柏遂生，迄今茂盛。泰和中，樊川雒六郎者，事真人執禮恭甚。其弟某，家居城中，屢於茶肆見一道者居座傍。暇日謁其兄來樊川，聞真人爲兄所禮敬也，同往拜之，閱其貌，則茶肆常見者。因以語兄，知真人未嘗出，大加敬信，遂割別墅朱陽村之柏坡爲真人築庵之地。庵成，命曰全道。又謂弟子然逸期曰：「京兆延祥觀，道祖玄元示跡之地，曩者丹陽師已築堂其側，他日必爲崇福道場，汝可居之。」真人時亦往來其中，歲增月葺，今爲名觀。

大安壬申春，真人拜掃先塋，諸弟子皆從，中路聞虚空有聲，如樂音合奏，從者皆聞之。真人因作歌詞以志其異，僅成半篇，命弟子魯現琦識之。時弟子李道寶自洛西還，道中忽與真人遇，且曰：「汝當速行，吾其逝也。」言終不見。至陝復遇真人，曰：「向嘗作歌詞未終篇，今足成之，汝其無忘。」道寶至淳化，真人已返真矣。道寶爲諸弟子言所見，舉其詞合現琦所識，遂成全篇，衆皆駭異。真人閲世六十有三年，自號了真子。明年，葬柏坡之全道庵，同知平涼府事楊公庭秀實誌其墓。國朝掌教宗師清和尹公拜祠下，嘆其崖巔峻狹，不足以容廣厦，命其徒芟夷坡之下而改作焉，額曰翠微宫，尊之也。真常李公奉朝命追贈今號曰弘玄真人。

真人邃於玄學，所謂修丹養性，黄庭内外景之説，得之於心，宣之於口，皆成詠歌，有曰九九詩、無生吟，具載仙梯集，傳於道流。山東諸郡目真人曰小丹陽。初，真人居澧西，嘗晨起呼衆曰：「三十年後，玄教大興，當有宗師闡化門人徧天下，汝等其勉之。」及長春丘真人赴太祖聖武皇帝之召，竟如其期，咸以爲至誠前知，静而能應云。門弟子甚衆，其尤賢而有道者曰清貧子王德遇、洗燈子然逸期、明微子王志清。嗣清貧者曰吕志真，嗣洗燈子者曰張道性，明微子度李志久，方主翠微宫事。銘曰：

道家者流祖玄元，太虚爲室静爲門，靈襟不受塵翳昏，擴然洞見天地根。厥初濫觴發真源，季世遂有支流分，禬禳科禁何紛紛，玄元至教幾湮淪。全真之興百餘年，弱而能强謙而尊，無爲而爲妙用全，不言而言真理存。重陽而下數散仙，翼贊其道能弘宣，就中丹陽得真筌，誰能繼之曰弘玄。妙齡不著愛欲纏，逃人逕入終南山，環堵宴坐百慮捐，天光内照如澄淵。關中道譽芬芝蘭，捐貲割土爭招延，築庵要結香火緣，嗣法有人今再傳。淳化之柏高參天，翠微之宫矗雲煙，御風乘氣返自然，惟餘勝跡光樊川。

終南山碧虚真人楊先生墓銘

翰林修撰嘉議大夫同知制誥上輕車都尉彭城郡開國伯食邑七百户賜紫金魚袋劉祖謙撰

明昌初，僕時年十四五，就學于長安，聞得道羊皮先生已羽化于府署之宣詔廳，復有紙襖先生居焉，數數見之。方稚蒙，未能知其異人。泰和之末，得官有扈，或言楊碧虚者，傳王祖師之道，名振關中，乃向所謂紙襖先生也。

先生名明真，其號碧虚子，耀州三原趙曲里人，家世爲農，兄弟四人俱入道，先生其伯也，仲曰守珪，餘俱早世。先生始從馬丹陽學，復詣山東見丘、王諸師，由宣詔廳往來南山。承安、泰和間，徒衆頗多歸之。適陝右二統帥俱皇族，相繼師禮焉。運使嘉議高公，忽病心痛，治莫能效，先生爲布氣按摩立愈，有詩十絶爲謝。先生素不識書，口占賡酬，略不停思，高大異之。嘗云：「先生獨傳祖師心要。紙襖草履，土木形骸，或歌或舞，或類狂癡，曾以養生安心術相授。」其爲宦貴士流尊禮如此。道俗景仰，隨問隨答，頃刻詩頌積疊，人人滿意。

正大二年清明日，語門人李志常即祖墳預建壽塔，果以十年六月無疾而逝，享年八十。

集所爲歌詩餘三百篇，目曰長安集。先是，其仲守珪受印可於先生，遂居鳳翔。一日，求木于前知府术虎公。既暝目，門人斂焉，郡人驚異，觀者萬計。二道人因忿爭於前，久之不解，忽聞擊木聲，舉蓋再起，讓曰：「若輩將賣我作利賂耶？速蓋棺，將無人矣。」葬後不數日，北兵奄至，城扉果闔，於是郡人始悟。事見定海節度使盧通議墓碑云。嘻，一門而二達者，異哉。志常以師之擴獨未有銘見請。宜銘：

世人憧憧名利場，體便綺紈味膏粱。氣不内充性則戕，一真忽焉散微茫。反以紙襖爲猖狂，誰知懷玉終煌煌。倒持陰陽長不亡，飛上神京朝玉皇。守爐鍊丹曾竊嘗，其徒今有李志常。

終南山全陽真人周尊師道行碑

筠溪天樂道人李道謙撰

至元甲戌歲秋九月壬午，終南山重陽成道宫提點吴志恒來劉蔣祖庭之筠溪，再拜稽首曰：「我先師全陽周君，道高德著，福大緣深，願得子之文，刻石以傳來世。」余以不敏辭，而弗許也。謹按藏室所收金蓮記，及崆峒李公君瑞作師墓銘，并向者洞真真人于君常談師之言行，而編次之。

師姓周氏，諱全道，世爲古豳之巨室，亂後譜牒遺墜，故世系莫得其詳。生於皇統乙丑十二月二十二日，自幼語默，進止若成人，狀貌奇古，神情雅澹。夙喪其父，生理蕭索，竭力以事母。母忽感奇疾，百療不愈，師割股與藥同進，厥疾乃瘳，鄉黨以孝聞。年及冠，里人有以子妻之者，師婉其辭而却之。及母氏之終天也，哀毁過禮，幾於滅性。嘆曰：「吾嘗聞道家有言，一子進道，九祖登仙。欲報罔極之恩，無踰於此。」

時大定癸巳歲，聞丹陽宗師環居終南祖庵，弘演真教。師徑詣席下，求受道要。丹陽納之，俾與弟子列，自薪水舂爨，皆使親歷。師恭服勤勞，數年匪懈。丹陽察其有受道之志，一旦召入環室，付之真訣，及賜以全陽子號。師既得法，克己鍊心，行其所受。如是又數載，合堂雲衆，莫不服其踐履之實。無幾何，丹陽謂曰：「邠近邊鄙，教化難通，汝當往居，以弘吾道。」師承命而行，卜庵玉峰山下，頤神養浩，積德累功，與人子言教之孝，與人弟言告之順，貪者誨以廉，懦者諭以立，各因其根性淺深，皆蒙啓發。至於疲癃、殘疾、惸獨、鰥寡而無告者，收養於庵中。由是閭里士庶日益敬仰，邠人爲之遷善。

壬寅，丹陽鶴馭東歸，師每至清明，必躬詣終南祖庭致祭，歲以爲常。貞祐間，羌人陷邠，師亦在虜中。雖被俘縶，其精進道業，略不少渝。羌識其爲異人，遂釋之。厥後四方來詣門請益受教者，奚止滿户外之屨。度弟子僅千人，俱令各立方所，誘掖後進。元光末，尚書左丞張公信甫出鎮邠郡，素忌師名，一日詣庵叩其所修，師告以道德性命之理。公喜其誠，出而語人曰：「周全陽，有道者也。」翌日設齋，仍贈以袍履，時遣人候問起居。

師亦嘗往來寓居長安縣之漢高祖廟，統軍完顔公待以師禮。正大戊子，復還邠，以十月十有七日命衆作齋，召嗣法門人圓明子李志源洎諸上足，囑之曰：「終南南時村活死人墓，祖師開化鍊真之地，吾欲增葺以彰仙跡，奈世態如此，不可强爲也。他日昇平之後，汝輩各當勉力，以成吾志。」言訖，命侍者焚香，令衆誦清靜經，師危坐澄聽，甫竟三過，枕左肱而逝，春秋八十有四。葬於玉峰庵側。士人王才卿者，與師爲莫逆友，時仕慶陽。方天兵圍城甚急，忽夢師布衣藜杖造門而至曰：「吾今特來與公相別。軒冕儻寄，不堪久戀，此身一失，再得實難。」珍重而去。未幾圍解，王乃訪人，始知師入夢告别之日，乃返真之辰也。遽解印綬，黜妻子，樂道以終其身。

先承安戊午歲，東魯鄆城縣洞虚子張志淵者，嘗兩夢神人持白刃叱之曰：「爾年將盡，胡爲不參師學道以脱速死耶？」既覺，心神恍惚，因詣郭西郊行，以暢其情。適見一道者麻衣草屨，軀幹魁偉，飄然西來，就而言曰：「汝有宿緣，故來相接。」即於道傍樹陰教以烹鉛鍊汞密語，及解以麻絛贈之，且曰：「敬之哉，無忘吾訓。三十年後，當有吾門弟來此，與汝相會，是時汝得與師真共結大緣矣。」張問其姓名，答曰：「吾關中周全陽也。」俄失所在。

張乃警悟，遂易衣入道，後於濟州創白雲觀，度門弟數百人，悉立庵觀於齊魯之間。壬辰，六軍下河南，李圓明挈衆北渡，於東阿〔一〕縣築棲真觀居之。張聞往見，告以向日遇師之故。圓明出師畫像示之，張焚香致拜曰：「此正吾曩者所遇師也。」即遞相印可，以圓明爲道兄焉。乙未，關中甫定，圓明追念師之遺命，率法屬門衆百餘西歸，於南時創重陽成道宮。張洞虛屢輦金幣以資其用。不十載，雄構壯締，庨豁可觀。

辛丑春，清和真人會葬祖師畢，命門人捧師仙柩葬於劉蔣之仙蜕園。壬子，掌教真常李君奉朝命，追贈全陽廣德弘化真人號。師仁慈憫物，惠愛困窮，處己儉薄，而厚於施設，每以謙沖自守，不恃其成而居物先。其嗇氣頤神之妙，乃平日素習，雖須臾不少替。迨乎應緣扶教，則任物之自然，而門徒輻集，權貴欽崇，非以計謀而致其事。仙宮道觀所在，俱有成績。兀坐終日，望之儼然而不見惰容，及其即之，熙然如陽和生物，使人虛往而實歸。老氏之三寶，南華之真人行，師兼而有之，可謂聖門之達者歟？系之以銘曰：

嗟若全陽，玄門之綱，天姿英偉，上性昭彰。松筠節操，鐵石肝腸，釋塵緣而求道要，適玄化之浸昌。三髻宗師，授以靈章，心淵而明，氣大而剛。神宇泰定，發乎天光，

〔一〕阿：原作「河」，據前文終南山祖庭仙真内傳卷中周全道改。

七載而心符聖教，九年而妙契真常。承命而行，演道故鄉，邠人先饋，奚啻五漿。示神變而警張，入夢魂而別王，駕一氣之鴻濛，恣八表以翱翔。遊紫府，宴華堂，朝上帝，禮元皇，混太虚以莫測，齊浩劫以無疆。門徒道友，思之不忘，構祠而設像，暮燈而朝香，紀遺烈而刻貞珉，將爲萬世而傳其芳也。

普照真人玄通子范公墓誌銘

上黨宋子貞撰

公諱圓曦，姓范氏，號玄通子，寧海人。性有夙慧，能記始生時事。少長見屠豕，遂不茹葷。居母喪，露處墓側，父喪，具凶服，日一往，雖大風雨不避。幼業儒，喜涉獵書傳，務通大義而已。年十九，從郝太古學爲全真。太古深器之，潛授祕訣，且屬以觀事，常住多羨餘幾十萬緡，聽其出入不問。太古尋順世，餘衆利其財，謀欲害公。公聞而笑曰：「吾爲衆守耳，何至如是？」即并管鑰以付，拂袖如膠西。屏絶世慮，自閉環室中，究其所謂精氣神之學。繼徙密州，州人大加敬信。貞祐初，紅寇起，東海富人多以財寶寓公。城破寇入，公度不可保，乃盡出所有以啖渠帥[一]，老幼獲免者甚衆。寇退，遺民奉公爲主，復爲城守。先是有詔，能完復一州一縣者，名就拜其州縣長官。已而命下，公力辭之曰：「道人得此安用？」改賜普照大師，本州道正，受之。山東益亂，由東平入覃懷，登太行，下遼山，以達邢臺。時邢臺已歸命，遂屬國朝。尋遷趙州，築環堵不出。居一歲，聞丘長春奉詔南下，詣謁於燕山，大蒙印可，俾充河間、真定等路道門提點。武仙之變，挈徒走泰山。丙戌，東平大行臺嚴公迎修上清萬壽宫，署道教都提點，時遣人候起居，或就諮訪，禮意勤縟，莫與爲比。公亦論列利害不屈，左右行臺之政，多所裨益。積十有二年，宫事稍就緒，乃東遊海上，謁太古祠，及一覲先壠，徑詣真定築太古觀，又修趙州之天寧觀，時時往來其間。

戊申，朝命加賜玄通廣濟普照真人，牢讓不受。是歲遊關中，祀重陽祖師於終南，秦隴帥太傅濮國公素蹇傲，未嘗下士，見公不覺膝屈，三返致疏，請提點重陽萬壽宫。公辭以年老，不任應接。帥檄關吏不令出，公不得已爲之。住持纔半載，假以行緣諸方，復還真定。未幾，會葬源明真人李志源於有莘，歸次大名。一日，晨起盥漱畢，忽謂衆曰：「吾今日以往更不度人。」日始中，奄然長逝。平昔嘗語人曰：「從上諸師多淹疾累久，不得速去，甚不

[一] 帥：原作「師」，據輯要本改。

快人意。」或曰：「師能之乎？」公曰：「令汝看。」至是果然。歲在己酉十月二十五日也，享年七十二。門人王裕中等輦其柩歸東平，卜以明年二月二十五日葬于上清萬壽宫之翛然堂。以子貞嘗辱知於公，懇求乞銘。

公爲人開朗尚義，汲汲於濟物，而疾惡之心太重，若將有志於世者。閒暇談笑，亹亹可愛，一有不合，則面折力爭，雖毫髪不貸。要之胸中無滯礙，故言雖切直，人不以爲訐。與人交必盡誠，振乏急難，輕財如糞土。樂從士大夫遊，汴梁既下，衣冠北渡者多往依焉。尤邃於玄學，神怪幻惑之術略不掛口。其嘗受戒籙稱爲門弟子者，不可勝計。四方請益之士多乞爲歌詩及其手字。公布紙落筆動數百幅，殊不致思，而文彩可觀，得片言隻字，皆藏之十襲，以爲祕寶。所至之地，則候騎絡繹，幢蓋塞路，馬首不得前。自郡守縣令而下莫不奔走致敬，北面師事，其爲時所重如此。銘曰：

三山無跡雲海昏，海上渺渺餘仙源。篤生異人弘妙門，太古嫡嗣重陽孫。清談揮麈玉屑噴，戲墨落紙銀濤翻。窮殫聖奥角與根，餘子不得窺其藩。姝姝暖暖蓬艾繁，竊取温飽幾穴垣。鵬化寧知北海鯤，麾斥八極恒孤騫。退身閑居道愈尊，所在請益如蜂屯。百歲猒代歸朝元，羽輪飆車閬復崑。昭昭中有不亡存，惠子已矣誰與論。爲公作詩銘九原，亦以發予之狂言。

棲雲真人王尊師道行碑

翰林學士承旨資善大夫知制誥兼修國史王鶚撰

今上皇帝即位之二年，稽古建官，百度具舉，内嚴省署，外列監司，班慶賞以酬勳庸，錫嘉名以尊有德。越八月之望，中書丞相奏：「全真老宗師王棲雲操行純正，海内欽崇，宜降璽書以彰寵數。」制可，特賜號惠慈利物至德真人。命下之日，四方萬里聞之，莫不感悦，知其錫予允當，師真得人也。

師法諱志謹，占籍東明之温里，家世業農，富而好禮。師生體異，夙有道緣，甫冠將娶，不告而出，徑趨山東。路聞太古廣寧真人演教寧海，執弟子禮，久之緣熟，漸次親炙，口傳心受，凡得一語，銘諸肺腑，自是日益修進，大蒙印可。逮廣寧仙蜕，隻影西來，壞衲破瓢，首蓬面垢，行不知所之，止不知所爲，人役之笑而往，人辱之拜而受，韜光晦跡，未有識其爲道者。尋值兵饑，盗賊蜂起，民皆潛匿，師遭執縛，將殺而烹之，神色不變，言辭慷慨，略無懼容，群盗知其異人而釋之。亂甫定，從長春真人北遊燕薊，徜徉乎盤山西澗之石龕，草衣木食，若將終身焉。諸方學者日來質疑，由是道價愈增，令聞遐播，然猶執謙，樂居人後。長春仙去，方出經行，不喜置鉢囊拄杖，盛暑不笠不扇，嚴冬不裘不帽，沿身之外無長物。人有以財物獻者，雖勉受之，過目不問。後遊諸方，到即緣契，興建琳宇，在處有之。所至泰然，不以舊新介意，住雖久，去不回顧，暫[一]憩朝夕，亦猶久寓之安。車轍所經，願爲門弟子者動以千數。達官著姓，白叟黄童，山林緇素之流，闤闠笄緫之子，莫不羅拜于前。其爲世景仰如此。凡丫童之拜，師即答之，或問之，則曰：「凡隷玄門，皆太上之徒，吾之昆季也。天下之患，莫大乎傲慢輕易。道性人人具足，奚分長幼乎？」聞者嘆服。平居澹泊，不事華飾，惟祭饗高真，色色莊嚴，未嘗以爲過，雖金冠玉珮，鶴氅鳳履，服之不辭也。設醮之際，屢致休禎，或鸞鶴翔空，或風雨應期，隱而不言，不可殫紀。

歲戊子，經鎮市帥曹德禄邀師作黄籙大齋，遠近會者不下數千。其井僅供二三十人，德禄憂之，請于師。師命具茶果躬祭井上，以淨席覆之，歷一晝夜而後啓，其泉洶湧，用之不竭，醮已復初。四方傳誦，師不以爲異，或詢其故，師曰：「無他，彼以誠告，我以誠應，誠意交孚，天地可通，況其餘乎？」聞者愈服。其感應不可備録。

初，重陽真人西歸，契丹陽輩四子傳道于汴之逆旅。主人王氏不禮，反謗毁之，重陽曰：「吾居之地，他日當令子孫卜築於此。」主人以爲狂。未幾，重陽登仙。後六十有四年，

〔一〕暫：原作「蹔」，據輯要本改。

汴降，師挈其徒跡其地，不十數年殿宇壯麗，氣壓諸方。識者知重陽之言始驗。師亦不以爲功，曰諸人之力也。凡所興工，皆聽自願，不强率，不責辦，故人樂爲之用。

中統癸亥夏六月己酉朔，晏坐方壺，不語不食，門弟子怪問其故，但閉目凝神指虛空而已。及沐浴安寢，靜聽不聞呻吟之聲，熟視不覩屈伸之跡。門衆環侍，不敢少離。叱之曰：「汝等各幹自己正事去。」越十有七日乙丑，盤桓枕肱，晏然而逝，春秋八十有六。傾城號泣三日，遠近訃聞，皆爲位以哭，事之如生。其至誠感人又如此。

師雖不看書，所行皆合理事，所言唯真實語，動與二篇四輔相契，有一毫利人利物即自〔一〕爲之。向在特室環堵中，如對千百人，無做作，無縱恣，無褻慢，日日如是，歲歲如是，所謂獨立而不改，周行而不殆，惟師有焉。師慈以利物，儉以律身，謙以自牧。老氏之三寶，師能保之，所以上格天心，下孚人望，嶷然爲一代宗師。學者瞠乎其後，而有不可及焉。

歲閼逢困敦正月朏，師之門人論志元、魏志言持師行狀，洎提點張志格、李志居書，不遠數千里乞銘於予。予於師，鄉里也，同宗也。昔予待罪翰林，稔師之名，限以南北，未之獲見，北渡後始識于燕。予不知宗屬近遠，以年長一紀拜之，師亦答拜。比年數數會晤，時

〔一〕自：原作「目」，據輯要本改。

辱見臨，情[一]話終日。予乘間問之曰：「師年八十，宜深居簡出，坐以傳教，使問道之人香火來，不亦重乎？顧區區普受人請，車無停轍，人無寧跡，毋乃涉於輕易耶？」師應之曰：「渠書生也，凡在交際，宜有分別。我全真者流，不敢失前輩遺躅，富貴者召之亦往，貧賤者召之亦往，一日十請亦往，千里來請亦往，急於利人，所以不敢少安以自便耳。」又問：「師所至，日書法名，不知其數。不詢其人，不考其素，其中豈無惡少博徒，無乃爲累乎？」師曰：「全真化導，正在此耳。使朝爲盜跖，暮爲伯夷，則又何求？雖千百一人，亦化導之力也。」予聞之喜甚，知師之心，天地之心，父母之心也。後之學者，欲吾[二]師之真、師之全，一編語録求之有餘師。予衰朽之人，忝居翰職，應制之外，不宜爲人作文字，惟師以同里同宗之分，而掌教誠明真人亦爲言之，義不容辭，乃爲書其大概，拜手稽首而爲之銘。銘曰：

玄元至德，澹乎無爲，支分派别，横流四馳。天授全真，障而東之，作者七人，爲百世師。粤有廣寧，號稱鐵面，棲雲入侍，久經鍛鍊。隻影西歸，一無健羡，白刃交前，神色不變。北遊燕薊，養浩盤山，學者方來，日叩玄關。爾言雖答，予心自閑，長春仙寂，

〔一〕情：輯要本作「請」。

〔二〕吾：輯要本作「晤」。

遊戲人間。睠惟汴梁，重陽蜕息，大建朝元，翬飛雉翼。不自爲功，歸之衆力，名飛九重，璽書褒德。八十有六，聊以應緣，密承道廕，在處百千。一聞訃音，泣涕漣漣，付畀知常，教得所傳。惟師之行，光乎道紀，惟師之名，達乎萬里。堂堂一碑，未盡其美，我銘以辭，無愧焉耳。

應緣扶教崇道張尊師道行碑

承事郎太常博士應奉翰林文字孟祺撰

廣哉道之爲用，巨無不包，細無不入。後玄元之跡千八百年，黄其冠，鶴其氅，以五千言爲宗者，不可勝紀。而全真之教，獨能大振玄風，會衆流而爲一。夷考其行，豈無所本而然哉？當乾坤板蕩之際，長春老仙徵自海濱，首以好生惡殺爲請，一言之功，既足以感九重而風四海。又侍從之士十有八人，皆英偉宏達，道行純備，或心膂之，或羽翼之。欲玄風之不振，衆流之不一，不可得矣。故應緣扶教崇道大宗師，十八人之一也。

宗師姓張氏，諱志素，號谷神子，睢陽人。震肅之際，母夢衣冠丈人以芝見授，明日誕師。及長，風儀秀整，遇異人飲之以酒，襟靈頓悟，有瀟灑出塵之想，遂拉同志謁長春真人於東萊。長春嚼齒大駡，漫不加省。二三子大懼，皆逡巡遁去，師留請益恭。長春噱然笑曰：「孺子可教。」遂以備庖爨之列。始於侍海嶠之遊，赴龍庭之召，迄於環西域之轍，税燕城之駕，艱關數萬里，首尾四十年，周旋供養，未嘗失長春旨意，暫違几杖，輒有如失一手之喻。長春羽化，清和、真常二真人嗣教。師一居提點之位，一録中都路道教事，衆務鱗集，他人若不可措手，師處之常有餘裕。既而應北諸侯之聘，演教白霫，門徒琳宇，燦然改一方之觀。時譙郡玄元祖庭，久廢於兵，僉以興復爲難。誠明真人念獨師可辦，尺書加幣，改白霫之轅而南之。居十餘年，殿堂廊廡合百餘楹，彩碧一新。郡上其事，有詔特加擁衛，仍錫今宗師之號。

至元五年十二月，屢有光自頂出，氤氳徹於空際。一日，語其徒曰：「長春有閬風之召。」遂沐浴具衣冠而逝，壽八十有一。嗚呼異哉！師有才略幹局，遇事必成，文章技術，靡不兼善，故訃傳之日，咸有道林憔悴之嘆。雖然，此奚足以知師？蓋大方之家，以心爲死灰，以形爲槁木，黜聰明，去健羨，至於嗒焉隱几，不知有己而後已。師至人也，豈獨異夫是哉？但真光内映，心與天遊，物交於前，一與之淵默，一與之波流，發於外者不得不爲賢智事業，與人蚩蚩語其渺冥恍惚之妙，不可得而致詰，特以土苴見稱耳。觀谷神子者，能以此言求之，庶乎其不繆矣。

一日，住持太清宫提點李志祕，狀師生平，用道教提點劉公之命，以紀述爲請。義不可讓，遂約其所説而書之。

至元九年春謹記。

甘水仙源録卷之四

甘水仙源録卷之五

夷門天樂道人李道謙集

玄門掌教宗師誠明真人道行碑銘〔一〕

翰林學士嘉議大夫知制誥兼同修國史王磐撰

師姓張氏，諱志敬，字義卿，燕京安次人。幼清臞，骨骼巉巖，寡言笑，不喜葷茹，見道士輒懽喜迎接，聞讀道經則諦聽不忍去。父母相謂曰：「此兒其有方外之宿緣乎？」八歲送入長春宫，禮真常李真人爲師，給使左右，朝夕未嘗離。真常本儒者，喜文學，而師性敏悟，善誦習，工書翰，又謹飭如成人，故真常愛之特異。恕齋王先生以詩名當世，而清高絶俗，棲止道宫，真常命師從之學。方丈西有堂曰萃玄，側有小樓，積書萬卷，人莫能到，真常以鎖鑰付師，恣所窺覽。師資禀既異，所以涵養成就之者，又有本源，宜其所造超詣而不凡

〔一〕此碑亦見於藝風堂拓本，題名爲玄門嗣法掌教宗師誠明真人道行碑銘並序。以下簡稱「藝風堂本」。

也。甲寅歲，以師提點教門事。後兩年，真常示化，易簀之際，衆以後事爲請，真常曰：「志敬在，諸君何慮焉？」哭臨既畢，衆環師而拜，内外翕然欽服。

中統三年，朝廷賜之制書，其詞曰：「玄門掌教真人張志敬，自童子身，著道士服，志行修潔，問學淹該，甫踰不惑之年，純作難能之事，增光前輩，垂法後人，可特賜號光先體道誠明真人。」尚服新恩，益堅素守。至元二年，聖旨就長春宫建設金籙大醮三千六百分位。行事之日，有群鶴翔舞，下掠壇墠，去而復來者累日。天子嘉之，賜師金冠雲羅法服一襲，仍命翰林詞臣作瑞應記，刻之碑石。嶽瀆廟貌，罹金季兵火之餘，率多摧毁，内府出元寶鈔十萬緡付師，雇工繕修。師擇道門中廉潔有幹局者，量工役多寡給以錢幣，使各任其事。或剷瓦礫而更造，或補罅漏而增修，凡再易寒暑，四嶽一瀆，五廟完成，盡還舊觀。方將礱磨貞石，叙聖代尊崇祀典，祗敬山川，興壞起廢之盛美，而師忽感微疾，以至元七年冬十一月十有七日化，享年五十有一。京師士大夫遠方道俗，奉香火致奠禮者填塞街陌，累月不已。

噫，全真之教，以識心見性爲宗，損己利物爲行，不資參學，不立文字，自重陽王真人至李真常，凡三傳，學者漸知讀書，不以文字爲障蔽。及師掌教，大暢玄旨，然後學者皆知講論經典，涵泳義理爲真實入門。當嗣法之初，先輩師德存者尚多，師以晚進，躐出其上，中心不能無少望焉。師德度深厚，氣貌温和，頹然處順，不見涯涘。彊悍者服其謙恭，驕矜者慚其退讓，故初雖少咈，久乃怗然。加以持身精謹，遇物通方，京師賢士大夫及四方賓客，所與遊者靡不得其懽心。

至元九年三月三日，葬五華山道院東。襄事畢，提點劉志敦持行狀，致嗣教真人王志坦之命來求文。謹次第其行實之大略，而繫之銘辭。銘曰：

降衷秉彝同此天，有生具足都渾全〔一〕，知誘物化中變遷，大朴乃始淪虧偏。爰有至人起秦川，不修不爲口忘言，希風遠暨東海壖，一驅學者歸淳源。流傳四葉道愈妍，嗣教乃得誠明賢，誠明早有青霞志，善根宿植資禀異。髫丫初入長春宫，三千道流仰標致，萃玄堂深人絶跡，戢戢千函鎖幽祕。師持管鑰恣披番，萬卷汪洋在胸臆，捷趍徑造浪苦辛，博中得約道乃真。真常門人偏天下，齒尊緣熟非無人，一朝順化拂衣去，心傳密授惟師親。將壇高築拜韓信，千古盛事驚三軍，學道由來在心悟，行輩不拘年早暮。羽服黄冠十萬餘，趨走長春宫下路，仙家閲世如流萍，空裏浮雲聚散輕。適向市朝觀物變，忽乘鸞鶴上青冥，玉泉西北煙霞多，五華山色高嵳峨。飈馭一往同逝波，長

〔一〕全：藝風堂本作「然」。

留仙骨埋山阿，千秋風雨荒雲蘿，墳前豐碑字不訛。

湛然子趙先生墓碑

京兆路提舉學校官前進士孟攀鱗撰

古之有道之士，正直其心，剛大其氣，不爲世故所奪，不爲人欲所雜，利害憂樂不能惑，得失寵辱不能動，施於行業，著絶俗之善，形於言辭，見軼衆之美，在儒林作儒術之儀範，居玄門立玄學之標凖。非心之正直，氣之剛大，涵養至到，始終全道者，其孰與於此哉？湛然子趙先生，諱九淵，字幾道，隴州人。自幼出家，禮丹陽大宗師。天資高明，德性純淑，潔静精微之理，素所深究，怪誕虚無之事，未之或及。知身以神爲主也，故力於修鍊；知道以文爲用也，故寓於著述。談不輕易，所談必本於公論；交不泛濫，所交必取於端友。至於一篇一詠，一贈一答，皆所以發揮玄旨，暢叙幽情，混元洙泗，融爲同境。由是道望崇重，教風周廣于西土矣。丁亥中，翻然仙去，凡爲門徒者，久服心訓。嗣法子趙公志沖追念先師傳授之恩，恨無以報，謹捨静貲，特置吉地，起墳立石，乃勒其文云。

玄黓閹茂歲，閼逢攝提格月，昭陽大淵獻日敬誌。

終南山靈虚觀沖虚大師吕君墓誌

隴山湛然子趙九淵撰

道家者流，備真功以光前人，修實德以詔來世，高蹈物表，超出塵寰，其亦絶類離倫之所爲乎？偉矣哉。全真道教，其來尚爾，重陽祖師發其源，繼有七真暢其委，接其武，而開祖庭之基者，誰歟？沖虚大師吕君其首也。

君法諱道安，家本寧海，世爲巨室。幼年穎悟，志慕玄門，仙風道骨稟於天，真功實德資於性，善繼丹陽之志，遠離東土之遥。君也，其出家之雄歟？事師則夙夜匪懈，立志則終始不渝。故在祖庭四十餘年，撑拄玄教，光大前猷，建堂殿，潔壇場，以嚴香火之奉；步斗牛，頤精神，以成静定之功。修外養内，積德累行，其詔來世之規者，何其博哉？承安擾攘，真道否閉。君也，其中流之壺歟？不降其志，不屈其身，回既倒之瀾，挽將傾之棟。會玉陽真人奉勑主掌教事，君乃復構基址，於是宣賜觀之號曰靈虚，制授君之稱曰沖虚，披戴門弟子三百餘人，祖庭之教粲然復興矣。歲在興定，數絶塵緣。一日，屬門人以進道之語，乃書頌云：「平生不解道詩篇，鍬钁爲朋四十年。稍通陰符三百字，粗明道德五千言。般般放下般般悟，物物俱忘物物捐。此去不遭閻老唤，今朝唯待玉皇宣。」頌畢，儵然羽化，享春秋者八十。噫嘻，出家修道如吕君者，信乎絶類離倫之流也。已而其法弟畢知常安厝君之靈櫬于祖塋之北，丐予爲誌，以光潛德，因摭其實而爲之記，且繼之銘曰：

載惟吕公，崑嵛秀鍾，幼脱塵綱，早登道宫。侍師惟謹，接物惟恭，立志立事，有初有終。不忝厥祖，克修厥躬，值歷道否，挽回教風。啓佑我後，規恢實功，制授徽號，人欽德容。大數適至，塵緣頓空，舟移夜壑，珍藏里中，揭諸貞石，以熾無窮。

真靜崔先生傳〔一〕

止軒〔二〕杜仁傑撰

先生姓崔氏，諱道演，字玄甫，觀之脩人，真靜其號也。賦性雅質，無俗韻。長讀三教書，洞曉大義，識者以爲載道之器。事父母以純孝聞，廬墓三年，去家爲道士，師東海劉長生，甚得其傳。頃歸將陵之韋家墅下栖焉，假醫術築所謂積善之基。富貴者無所取，貧窶

〔一〕此碑亦見於藝風堂拓本，以下簡稱「藝風堂本」。

〔二〕止軒：藝風堂本作「清亭」。

者反多所給，是以四遠無夭折，人咸德之。粗工王彰嫉甚，必欲致之死地而後已。一日，與先生遇諸曠，輒挽裂偃仆，以塊封厥吻而去之。彰以爲死矣。少之復甦，過者驚叫問狀，曰「我每疾作乃如是」，後亦不復介意。居無何，弟子劉志恒請布金山昊天觀居焉。邊人楊涓、畢琳意在有所詰，期以仲冬來，過是不至。時大雨雪，畢因擁掃家庭間，獲片楮，開看，乃先生讓二子寒盟之章也。復有横山馬志定、路志亨者，事先生有日矣，將去，以詩爲贐，扁諸所居之堂。堂菑，詩奄然在壁間，如新染翰者。其神異類此。當貞祐之亂，挺身南渡，因僑寓之純陽觀，駐錫未幾，屨滿户外。越興定辛巳八月二十九日，端坐南向而逝，俗壽八十有一。凡先生平生所爲所行所得，唯門人張志偉〔一〕獨具其體云。

贊曰：天下所貴乎得道之士者，時其來順其去而已矣，非直以乘雲氣，跨箕尾，解水火，遺冠舃，導以旛幢，殿以聲樂，然後以爲昇天之證。吾讀列仙傳，涉此説者甚多。夫古之隱者，深山窮谷中恬然委蜕，千載而下，不知幾千百人，不幸不爲世所知，至於泯滅而無所聞。幸而爲好事者紀録，而又過神其事，使後世不能盡信，惜哉。吾復揣隱者之心，恐不如是其汲汲於駭一時之觀聽也。如先生則不然，不内不外，非有非無，吾以爲黄耶？其教

〔一〕張志偉：藝風堂本作「郝志堅」。

戒精嚴有過乎釋氏者。吾以爲緇耶？其業履忠孝〔一〕又出乎先儒。將前聖之萬法，輒混而爲一區，問者遺馬、路以燎原之頌，墮楊、畢以雪庭之書，聊遊戲乎三昧。此亦豈先生之本心也歟？要之，以慈、儉、禮、讓爲立身之本，以詩、書、語、孟爲教人之符。及其逝也，兀然端坐如晏居，浩浩乎同造物者遊，悠悠乎將元氣者與俱。是以恩綸一出，名隸清都，號曰真靜，不亦宜乎？

沖和真人潘公神道之碑

翰林侍講學士少中大夫知制誥兼修國史徒單公履撰

自黄帝問道於廣成，而神仙之説始興。老氏跨殷歷周，以道德五千言推極要妙，其教被於萬世。降秦及漢，代有顯人，安期、赤松、張道陵之流，或出而不晦，或見而不常，神奇之徵，昭揭於世人之耳目者，非一事也。涉魏、晋、隋、唐以來，蜕跡闤闠，凝神碧落者，其名不可殫紀。至於恊陰陽之祕幻，集靈異之大成，微而草野鄙人，幽而深閨稚女，一聆其名，知其爲列仙者，唐吕純陽一人而已。盛矣哉，其傳之也。全真之教蓋發源於此。其流逮於

〔一〕忠孝：藝風堂本作「孝悌」。

金初，祖師王公倡之於前，七真繼起於後，而道大行矣。惟丘公起東海之濱，玄教真風，彌漫洋溢。其高弟一十八人，世稱爲十八大士者，師其一也。

師姓潘氏，諱德沖，字仲和，沖和其號也，淄之齊東人，家世業農。大父秉政，適大安兵興，起家爲軍都統，戍萊州。父楫，字濟之，以儒爲業，辟充益都府學教授。世父澤民，萊州節度判官。自高祖以上及於師，九世同居，家素饒財。嘗過歲凶，發粟賑飢，民賴以全活者甚衆。鄉閭有貧者即假貸之，不責其償。其樂施如此。一日，有術士過其家，語之曰：「是家有陰德，必獲陽報，當生異子。」初，師之母王氏，嘗夢有祥雲入室覆其身，良久乃去。自爾有娠，妊十九月，師乃生。七歲不能言，其父憂之。忽有一道者來乞食，父延之入門，問所從來，云自東海，將適長安。師即從傍與之語，應答如流，父駭愕，道者曰：「是子神韻沖粹，非凡兒也，異日當爲人天師，宜善鞠之。」自此遂能言。後稍長，警悟敏慧，常人莫及，讀書日記千餘言。後聞父母欲爲娶妻，遂宵遁，即往棲霞濱都觀。道過濰陽，時清和真人住持玉清宫，問所適，知其將詣長春，乃引見焉。自是服膺問道，得傳心之要。長春委師以焚修之事。至其暇日，則默坐靜室中，凝神滌慮，物我兩忘，一歸於要妙幽玄之境，如是者十餘年。太祖聖武皇帝親征西域，聞長春之名，遣仲禄劉君齎詔詣海上起之。乃從長春西覲，風沙萬里，不以爲勞也。還燕之三年，長春仙去，真人尹公嗣法，命充燕京都道録兼領宫事。真常復總玄機，注倚尤深。燕去和林數千里，朝覲往返，凡十有三，供擬之費，皆倚辦於師，一無所闕。所以玄教真風恢張誕布，薄海内外無所不至者，師與有力焉。師之内誠外方，各有所任，道並行而不相悖者，又可見於此。歲乙未，平遥官長梁公，偕同僚懇疏請清和真人重修興國觀，真人命師往。甫踰年，撤其舊而新之。壬寅，署師諸路道教都提舉，仍兼本路道録。甲辰，河東永樂祠堂災。祠蓋吕純陽之仙蹟也，朝議以爲純陽之顯道如此，祠而祀之，事涉簡陋，可改爲純陽萬壽宫，命李真常遴選道望隆盛人所具瞻者崇建焉。

先是，長春自西域回，抵蓋里泊，夜與諸門弟子談，語次謂師曰：「汝緣他年當在西南，此時永樂吾道矣。」至是真常洎清和二宗師，集衆言曰：「純陽，吾教之祖也。今朝廷崇飭如此，孰可任其事者？」衆以師德望幹才，綽有餘裕，即欲堪其役，無踰於師，況長春蓋里泊之言，已嘗命之矣。乃署師爲河東南北兩路道教都提點，命往營之。師率其徒至永樂，百工勸緣，源源而來，如子之趨父事，陶甓伐木，雲集川流，於是略基址，度遠邇，程功能，平枝榦，合事庀徒，百堵皆作，不數稔新宫告成。堂殿、廊廡、齋厨、廄庫，下至於寮舍、湢浴之屬，各有位置，莫不焕然一新。北踰一舍，有山曰九峰，土人云此純陽得道處也。遣其徒劉若水起純陽上宫，及於宫側創下院十餘區，市良田竹葦及蔬圃果園、舟車碾磑，歲充常住百色之費。至於四方賓侣過謁宫下者，周爰四顧，見其嚴飭壯盛，儼敬之心油然而生。夫撤祠宇而爲宫庭，其崇卑相去奚啻萬萬，然於純陽之本真何加損益？但致飭之道，斯其行者遠矣，而人之觀感異焉。此象教所以不可廢於後世。聳天下耳目於見聞之際，而絶其褻易之心，嚴乎外者所以佐乎内。象之所以崇者，道之所以尊也。由是言之，師之恢大盛緣，作新崇構，豈徒以誇其壯麗也哉？

己酉秋，中宫懿旨，凡海嶽靈山及玄教師堂，遣近侍護師悉降香以禮之。乃增葺濰陽玉清宫，至崑崙山麻姑洞，取歷代誥册刊之石，以彰靈蹟。壬子夏四月，真常因奉朝命祀嶽瀆，過永樂，見其規模宏敞，喜謂師曰「非師不能畢此勝緣」，乃傾帑以助其經費。明旦，與師同躋九峰之巔，見其秀拔如椅，遂易其名曰玉椅峰。甲寅春，聖天子在藩邸，命設普天醮於長春宫，於是召四方羽侣道行清高者畢集，師首與其選，致彩雲鸞鶴之瑞。真常曰：「此瑞公適當之。」遂以清和真人所遺金冠錦服爲贈。事畢還永樂。

丙辰夏四月適上宫，至五月朔旦，忽謂左右曰：「吾幼遇長春師，授以祕傳，終身誦之，粗有所得。繼而清和、真常以純陽師祖世緣見付，吾比年經營，略有次第。今世緣道念亦庶幾兼修而並舉，無復事矣，吾其行乎？」衆不知所謂。二十六日，將返下宫。時方盛夏，畏日載途。從者咸以爲病，師曰：「汝衆弟行，無傷也。」忽陰霧四合，抵下宫四十餘里，人不知暑，此尤可訝。初，純陽殿前有古柿二本，根幹盤錯，枝葉茂盛。一夕無風自折，衆方驚悟曰：「此柿無風而折，可謂大異。吾師前日之言，其兆於此矣。」是夜二更將盡，師忽扶杖而出，面四方，誦呪語。隨即以灰摻之，露坐移時，若有所待，尋復入，以湯頮其面，即易衣索筆，書頌一篇，既畢，乃就枕翛然而逝，春秋六十有六。門人奔訃於掌教誠明真人，遣提點孟公，賻賵甚厚。庚申歲三月初五日，葬于宮之乾位，仍建别祠，令嗣事者以奉歲時香火，報本反始之道也。既而誠明疏師之德，上于朝，賜沖和微妙真人之號。

師性資仁裕，戒履修潔，雖居道流，然樂善好施。中條東西居民每歲初或有貸粟於宮者，數踰千石。適時凶荒，道侶不贍，衆議欲徵之。師曰：「歲荒人飢，奪彼與此，是豈仁人之用心哉？」負者聞而德之，後每於純陽誕日相率設會，獻香資以致報，歲以爲常。癸丑春旱，總管徐德禄拉諸耆老禱於師，師爲誦靈寳經，不旬日致甘澍盈尺。

師嘗居九峰純陽上宫，又號九峰老人。門人三宫提點淵靜大師劉若水，乃於師誦經處築臺，志之曰「九峰老人誦經臺」。因狀其行，付提點純陽萬壽宫事文志通，自永樂走燕，凡二千里，拉知宫劉志復詣予而言曰：「師之道行如此，然神隧之石未有所紀，敢請。」予以不敏辭，凡四五往返，請益堅。予以志通尊其師也篤，而託於予也專，是可嘉已，乃爲述其始終而次第之，因系之以説焉。

夫道之爲教尚矣，小而始於鍊度之微，大而極於性命之奥，無非事者。至於營葺宫宇，惠鮮貧乏，此但觸物應緣，隨感而動，勞而不有，施而不報，特神化之糟粕耳，非師之至也。與接爲構，紛紛擾擾，殆多事矣。然遊神於淡，合氣於漠，超然獨觀以自出於塵境之外者，彼何足土苴芥蔕乎其間也耶？故自從師海上，締構諸方，跡與世俱，道隨神運，固未嘗一日不接於事爲，亦未嘗一日不在乎悠然泊然之中也。世徒見師之揆日作室，不少輟於斯須之頃，以爲若是而止耳。豈知至人循其故然，無所事事，寂感一致，虛中泛應之心跡也哉？道一而已。自隨其所見而名之者，蓋不止於一而已也。試以四者言之，曰微，曰妙，曰玄，曰通。謂之微者，以其杳冥恍惚，不可爲象者也。謂之妙者，以其變化不測，莫知所以然也。玄者，深而不可探也。通者，其化無不徧也。模狀形容，固亦至矣，然智者之智，仁者之仁，雖所見殊方，會歸則一，亦豈有二本哉？渾淪圓周，無所玷缺，在山滿山，在河滿河，道之全也。極六合之内外，盡萬物之洪纖，雖神變無方，而莫非實理，道之真也。由是而爲命，由是而爲性，由是而爲心，又由是而之於情，或源也，或委也，引而伸之，亦將何有不全？何有不真者乎？然則全也、真也，一而二，二而一者也。其萬化之本根，一元之統體歟？長春之傳於師者蓋如此，師則有以推而廣之，是可銘也。銘曰：

渾淪妙理含元精，先天後天無壞成。一真融冶儲萬形，繄誰不足誰奇贏。于于天樂誠難名，無何七鑿情竇萌。以智相軋機相傾，紛然百僞無一誠。風頹俗靡三千齡，何人椅挈還大庭。豈謂否極時方亨，粤有奇人悼含靈。因心悟理開聵盲，爾全爾真性爾情。若醉而醒昏而醒，六塵瑩徹神珠明。維師啓鑰通玄扃，十年動息静不凝。外營擾擾中常寧，功成羽化何泠泠。乘風萬里遊太清，俯視八極塵冥冥。中條之山鬱葱青，黄流宛轉相抱縈。紀師盛德存吾銘。

無爲抱道素德真人夏公道行碑記

紫微野人姬志真撰

公姓夏，諱志誠，號清貧道人，濟南章丘人。世本農家，以積善稱於鄉里，非義不爲。歷祖宗未嘗有及公訟之門者，蓋以分守傳家焉。父珍，有三子，公其長也。生而簡静，體貌魁偉，賦性敦厚，希言笑。自髫齔便有方外之志，甫弱冠，不願有室，常以生死性命事爲虞。俟二弟成人，俱爲之婚姻，教以奉養二嚴，自求出家，人初不之許。泰和改元，公固辭，父母亦知不能奪其志，從之。徑詣棲霞太虚觀，師禮長春宗師，參求玄理，遂親炙左右，得一善則服膺，朝夕不替。公不讀世間書，然進修道德之語日記千言。恒若不識不知者，但躬勤庶務而已，蓋行衆人之所難爲也。

貞祐中，四夷雲擾，有大寇據海州，州之道衆無計可出。宗師命公往救之，即不辭而去。既至，方便援引，獲免者甚眾。觀其從命專直，雖經虎兕甲兵而無所避忌，蓋敬信之心致一也。己卯，國朝遣使召宗師，公亦從。北行居延沙漠，迢遞數萬里，衆有倦行役者，公以己乘之騎付之，而自徒步。蓋苦己利他之行如此也。及行在，居無幾，復從宗師還燕，肇闢玄門，真風大振，遠近炷香參謁者如市。公有所得珍玩財賄，雖過目，不問其所以，人求則與之而無悋。宗師以公愿慤，命主玉虚觀事。不數歲還宫，曳杖拂袖而來，囊橐俱棄，蓋不以物介意也。復命主白雲觀事，公率衆勉力，皆服其德。丁亥秋七月，宗師猒世，繼而清和主盟玄教，壬辰，以公提點長春宫事。雜處稠人，未嘗有尊大之心，無問則終日不語，有問則怡然而應，惟勸人行道而已。其在紛紜曹雜中，不擇乞兒、皂隸及門弟之末行者，雖狂童對坐，爾汝談笑，與貴戚大人不分等類。蓋其心無彼此也。

壬寅秋，領宫事已十餘年，以老乞閑，衆猶戀之不已，固辭方免。雖退居閑處，云爲普請，則以身先之，蓋忘我之至也。在宗師左右，始終恒若一日，其事上之心無時少替。常危坐終日，介然如石，雖對喧悖淆混，若無聞見，如土木偶，其不識者目以爲愚。或叩以方外先天之説，歷歷皆明其要而未之嘗言，蓋涵養深厚攖而能寧者也。詳夫莅事則專，行身則真，視財則踈，處衆則寬，奉上則敬，接人則誠，一皆出於道德之純正。戊申，掌教真常真人以恩例授無爲抱道素德清虚大師，兼賜金冠錦服。

公乙卯年八月初六日化，享年八十三。門人奉其衣冠葬于五華之仙塋，禮也。辛酉，王庭嘉其德，遣使持旨追贈今號。

予嘗試論之：昔田子方之師曰東郭順子，其爲人也真，人貌而天虛，緣而葆真，清而容物。物無道，正容以悟之，使人之意也消。而田子方未嘗譽之，以其德之難言也。素德真人若東郭之爲人，何如是之同也？原自弱冠以迄於終身，步趨玄域而無一毫利欲之私。至於以身率物，未嘗詰責傷割於彼。其專心致志，内不失己，外不失物，往來塵境幻化之間而無礙，所謂人貌而天，清而容物者，宜矣。至論公行無妄跡，言無愧辭，手橈指顧，無不任真，語默作止，無不從實，此皆以跡求之而已。其在玄門六十餘年，有所密受於真師者，未易以示人，所謂聖智造迷、鬼神莫測之事，將與天地相終始矣。是豈輿人所得而輕議哉？後之人聞公清静真實平澹之風，勉而效之，未有放其心而不復者，久而肖焉，與道幾矣。

中統閼逢困敦姑洗既望，謹齋沐頓首勉爲誌云。

沖虛大師于公墓碣銘

太原李鼎撰

師姓于，名志可，字顯道，沖虛其號也，寧海人，漢高門于公之後。父諱江，子六人，師其幼也。雅好淡淨，齠齔有出塵之志。承安初，長生劉真人以道接人於武官，師聞之往焉，於顧盼之間，似有所契。雖爲父兄約制，不得即從之長往，而默相感召之機已動，而不能自止矣。年甫十九，乃決意往事之席下。居無幾，長生歸真，遂求法於長春宗師。宗師知其爲受道器，乃授之。師既得法，因服炊爨之役十餘年，期報厚德，時亦以嚴潔見稱。後從宗師應詔，回，處燕京大長春宮。宗師仙去，清和真人嗣教，乃命提點本宫事六年。常住物業，有增益而無廢壞，上下協穆，内外寧謐，如空冥中有扶持之者。後以老得閑。至乙卯春二月庚午朏，越五日甲戌，託以微疾，斂息曲肱，安然順化於白雲觀寢室中，葬之五華之衆仙塋，春秋七十有一。

衆耆宿相與言曰：「此老自宗師仙去之後，受清和、真常二大宗師託以提點宫門事，如彼其久，當時常日用度，或出或納，物之充溢流轉於前者，可勝計耶？及兹小斂之際，一衲一袍之外無長物，可稱者一也。又從在道門以來五十餘年，衣不解帶，脇不沾席，可稱者二也。其臨化之時，門人問及喪葬安措事，乃拒之曰：『吾將往矣，清濁各有所歸，兹一聚塵，沉焚露瘞，無所不可。又何足問，任爾所爲。』可稱者三也。」至如其餘，於語默動静之間，謙柔誠敬之德，日積月累，見之於所行者多矣，不必徧舉。姑以兹三事占之，明見善守其傳之於師者，精確純正而外物不能溷也。

乃暨門弟子衆人等，謀爲不朽計，狀其師平昔所行之大概，請文於予，將刻之石。予亦重師之有道，乃因其實而編次之，屬之以銘曰：

萬善之美，藏之於誠。何以占之，觀其所行。五十餘年，脇不沾席。胡不少轉？我心匪石。財貨泉如，人事絲如。胡不少溷？我心本虛。曲肱斂息，不昧所得。今果何存？溪聲山色。假者見假，真者見真。吾玄門中，偉哉若人。耆宿門弟，謀不朽計。刻此銘辭，昭示後世。

玄門弘教白雲真人綦公道行碑〔一〕

京兆府學教授少〔二〕華李庭撰

書曰「吉人爲善，惟日不足」，謂心無所爲而爲之也。易曰「積善之家必有餘慶」，謂天無不報也。夫人有奇偉卓絶之行，而不得享樂於其身者，必有其子孫。竊觀白雲真人綦公之父，修仁行義孜孜不懈〔三〕，其於賑貧周急，若飲食然，勤亦至矣。是以上天降監，挺生善

〔一〕此碑亦見於藝風堂拓片，題名中「道」作「本」。以下簡稱「藝風堂本」。

〔二〕少：藝風堂本前有「前進士」三字。

〔三〕懈：輯要本作「倦」。

人，仍命仙真周旋誘掖，卒使蟬蜕污濁之中，坐享清淨之福者垂五十年。所謂「有積於冥冥，獲報於昭昭」者，寧不信歟？

公諱志遠，字子玄，萊州掖縣人。高祖元亨，嘗歷官至安化軍節度使。曾祖貞、祖得中，皆雅志丘園，潛德不耀。父遵，性明毅慷慨，胸次洞然無畦畛。初，綦氏世爲著姓，宗族嘗至萬指，中有孤惸，其征徭不能力給者，皆身任之。事既濟，未嘗纖毫有德色。里中人有以飛語被繫有司者，義其無辜，即爲代之，在囹圄中復能以恩信感動獄吏，因縱其出入。凡獄之冤者，多從容設策理出之。未幾，己亦以恩獲免。大定丁亥，重陽祖師挈諸師真西遊，乃館穀于其家，因語之曰：「汝將來必有一子爲羽衣。」遂即其里建龍翔觀，朝夕香火敬奉天真。泰和乙丑歲餘，民有菜色，因發私廪爲粥以給之，賴以全活者甚衆。癸酉兵凶之後，遺骸徧野，親犯寒苦，悉以收瘞。數獲遺物甚腆，必伺其主而歸之，無則皆散之，以賙不給。母張氏，亦有淑德，事舅姑以敬順〔一〕稱。既而生公，氣質沉厚，寡言笑，舉止不凡。至十五歲，嘗使之學，辭曰：「性非所好，乃所願則神仙輕舉之事。」父母欲力奪之。即屏居一室，自潔其形。祖師先見之明於斯驗矣。乃辭家禮長春大宗師丘公爲師。

〔一〕順：原作「願」，據輯要本改。

戊寅，奉宗師教，住持萊州昊天觀。大元龍興，太祖聖武皇帝，天資仁聖，志慕玄風。己卯冬，遣近臣劉仲禄齎手詔，駕安車，東抵海濱，就徵宗師。明年春，啓行，仍率高第弟子一十八人與之偕，公即其一也。當時，櫛風沐雨，胼手胝足，跋涉數萬里，見上於西域雪山之陽。因〔一〕承虚己之問，乃答以民爲邦本，本固邦寧，既來之，即安之，此濟世之要術也。是言既奏，深契上心，玉音獎諭，惟恨相見之晚。因被旨，佩虎符，宗主天下道流。比回，駐車金山之巔，顧謂清和尹公曰：「綦公從我以來，山行水宿，日益恭敬，可謂勤矣。觀其氣象，將來弘吾教者必斯人矣。」尹公曰：「然。」至燕，宗師住持太極宫，尋改大長春宫，委公總知宫門事，授清真大師號，洎以助國救民經籙付之，度道士吴志泱等以備灑掃。宗師既仙去，遺命清和嗣教門事，公左右維持，終始未嘗怠。甲午春，清和委以山東諸路，行緣所至，老師宿德望風迎迓，輦粟帛委堂下者動以千計。非誠心妙行有以動人悟物，能若是乎？

戊戌春，太宗英文皇帝詔選高道，從掌教真常李公被詔赴闕。是歲冬，奉旨輔洞真于公，偕無欲李公復立終南祖庭，提點陝西教事。庚子春，遂入長安，從府僚之請也，建立大

〔一〕因：藝風堂本作「宗師」。

玄都萬壽宫，若驪山之白鹿、終南之太一、樊川之白雲、鳳棲原之長生、藍田之金山，皆斥其舊而新之。其餘宫觀修廢補弊，不可殫紀。秋，太傅移剌公、總管田侯各差官從公持疏詣燕，邀請清和大葬祖師。既畢，甲辰春，先鋒使夾谷公祖庭設羅天大醮，禮請于洞真、宋披雲、薛太霞洎公與李無欲，共成五位真人，攝行醮事。會皇子永昌王遣使趙崇簡設金籙大醮爲國祈祥，遂復同諸公莅事。觀其進奏精嚴，靈異昭著，使回，具啓其事。因引見，待之敬禮甚厚，進與醮五真人徽號，公例加玄門弘教白雲真人。丁未冬，太傅移剌公就佑德觀設黄籙大醮，臨壇仆體者百餘人。戊申春，皇太后遣使楊仲明賫旨，寵錫金符冠服，仍命領職如故。辛亥歲夏，憲宗皇帝即位，遣使唐古出持璽書宣諭，倚付掌管關中道教。癸丑，皇太弟遣使脱懽馳驛諭旨，待以師禮。

乙卯六月，無疾，晨興，忽集衆謂門人申志信曰：「吾將行矣，汝當嗣吾職，主張後事。」仍命經營喪具。至七月二十四日，順化而終，享年六十有六。明年，改葬于祖庭西北隅仙塋之次。己未冬，門人將樹碑，志信偕本宫提舉郭德山、李〔一〕志希等，狀其行實，來謁文於庭。辭再三，不獲已，謹次序其事。

〔一〕李：藝風堂本上有「提領」二字。

按公之爲人，恂恂謙退，似不能言，至論及救時利物之事，屹然山立，辭色俱厲，言必有據，衆皆心服，以是宗師獨爲倚重。及來關中，道價日益隆，尋常以恬淡自持，未嘗出怪誕之語以誘愚俗。一時，達官聞人翕然歸仰，四方學徒不可勝數，故能名動闕庭，疊蒙獎賚。非踐履純實，何以及此？今夫世之人所以陷溺其心者，欲與利耳，而公能斷然絶之，其視財貨不啻若涕唾然。蓋其天姿過人遠甚，故碑之無疑。仍繫之以銘曰：

綦爲著姓，居海濱兮，世載潛德，生哲人兮。天與之性，含元淳兮，不雕不飾，全其真兮。有來提警，緊長春兮，玄言祕訣，授受親兮。刳〔一〕心去智，專精神兮，始終一節，無緇磷兮。聖皇嚮道，起隱淪兮，萬里逐師，謁紫宸兮。一言止殺，如其仁兮，功塞兩儀，孰與倫兮。推其緒餘，淑吾秦兮，餐和飲惠，鷙猛馴兮。列聖相承，教益振兮，金冠鶴氅，寵渥新兮。高堂大厦，奂且輪兮，逍遥宴處，終其身兮。功成猒世，乃上賓兮，往來倏然，肘屈伸兮。有不亡者，壽無垠兮，門人紀德，刊翠珉兮。千秋萬歲，仰光塵兮。

甘水仙源録卷之五

〔一〕刳：原無，據輯要本、藝風堂本補。

甘水仙源録卷之六

夷門天樂道人李道謙集

終南山重陽萬壽宫無欲觀妙真人李公本行碑

宣差宗玄大師提點陝西五路興元路教門兼領重陽萬壽事何道寧撰

苟志於大，釣六鰲於東海者，不爲鯢鱨而垂鈎；採合抱於鄧林者，不爲拱把而加斧。區區細務不較也。今觀無欲行實，其超出物表之志，蓋類是歟？

公族姓李，諱仲美，原月山人。父珍，職官醞，有子四人，公其次，生於大定己丑。五歲始能步，及長，聰慧邁倫，慷慨特達，毅然以正直自負，里閈有狡獪者，每正辭折之，人望而畏服。嘗肆意酒間，視舉世爲不足玩。年三十七，乃幡然曰：「與其汩没塵坌中，孰若擺脱方外耶？」時全真教方行，意欲從師而未知所向，適碧虚楊先生主重陽祖庭事，乃往見之。碧虚素得人於眉睫間，知其爲玄門重器，然天屬所繫，度其有難解於心者，且令還歸，但勉以積善而已。公抵家，與諸親友决，謝妻子而去。其妻訕之，笑而不顧。其父見而呵責，公婉其辭，曉之以理性之事。父徐省悟，亦欲向道，乃同詣碧虚門下。碧虚以公識量不凡，命名守寧及無欲子號。公蓬頭弊衣，行丐於市，時人謂之酒李先生。日用間，惟以濟人利物爲己任，至於幽微之理，允造其極。

大安庚午，秦境大旱，居民阻飢。公謂其屬曰：「餓殍如此，安忍坐視。」同邑趙三郎富甲關中，公詣其門，備訴田里艱棘之狀。趙悟，乃發廩粟，付公賙賑。公與齊志道等晝夜舂爨，以給貧病，日不减百人。井水適涸，衆憂之，公密禱于神，鑿泉得水，設濟至秋斂而罷。公素不欲彰名，懼人知己，即日西行。已而有司奏聞，特賜趙爲潤國長者。未幾，入興平環居，以千日爲約。其静中妙用，見長安集。至期，渠河使夾谷公及耆老數輩就環懇請，以縣南龍祥觀委公爲主，公諾之。居五年，至興定庚辰，住終南樓觀五年，又還京兆之丹霞。尋蒙師旨主營建三原碧虚觀事，所寓之地皆有成規。正大戊子春，碧虚於祖庭丈室，謂公可以倚重，舉以自代。關中搔動，公及軍民避亂于南山，粮盡，人相魚肉，幾及我公，或曰「此酒李先生，素有道者也」，因攜持出山，遂得免焉。

庚寅春，如南陽，依附者衆，會沖虚李公、洞真于公在汴，沖虚奏請住持丹陽觀。癸巳，汴京款附于我朝。俄而忽起異議，無辜者皆坐誅。公與一長老止水泊中，迫於兇焰，長老悚慄不能自持。公止之曰：「我輩平日所行，正爲此耳。死生常事，夫何畏焉？」竟以事免。城中絶粮，人爭北渡，津人固拒，飢溺者以萬計。公請洞真先登，因以陰騭開諭津人，餘皆獲濟。公繼達新、衛，門徒望風輻湊，今之靈虚、天慶創成榮觀，自此始也。

明年，領衆適燕。時清和尹公掌教，每會道衆議祖庭緣事，皆推公爲能，公謝不逮，復奏請住持重陽宮兼任提點陝西教門事，更名志遠，祖以厚贐。公東行而歸，過魯過魏，自侯伯以下皆夾道祇迎。有以庵觀奉之者，有願爲弟子者，有以財施者，公得之，不以一毫私己，悉歸之祖庭。京兆田侯德粲聞公西歸，督佐官就河中相迓，以府城佑德觀歸之，今玉清宫是也。時關中甫定，暴很相煽，公以仁言誘掖，稍稍格心。比年南征，俘摯來者不絶。公詢其主，有好善者，多端勸諭引而歸道，有不可必致者，乃議貨取，隨授以明文，許其自便。其感之深者終不忍去。公嘗往來於祖庭、玉清之間，然規畫調度，未嘗不拳拳於祖庭。丙申秋，受清和師書，督祖師葬事〔一〕。掌教真常宗師又任以祖庭之職。冬十月，詔提點重陽宫。再年，秦士議修文廟，闕瓦，郎中邳邦用輩請於公，公盡給之，士皆稱嘆。庚子春三月，被旨特賜無欲觀妙真人號。

秋七月，河北郝公總管家隷百餘，陰謀南遁，得其顯狀，盡欲刑之。公聞之，連夜馳至

〔一〕事：輯要本下有「畢」字。

其門，以善言誨導，亡者皆免。明年，城中群小數百，結連私逸，權府韓淵密知其情，議尸諸市以令衆，感公一言，但殲其魁渠。太傅移剌寶儉，其母死，欲以二婢爲殉，公以古葬禮正之，始罷議。凡契丹人以人殉死者，弊因以革。

丙午春，詔燕京作普天醮，公預焉。夏四月，歸自衛，汴京長官復請住丹陽，棲雲王公具禮郊迎。座中若有急色，介諸徒速出，人莫知其然。甫登舟，南軍已擁京門。其先見類如此。明年，還宮。秋八月，朝旨加玄微真人號，尋又被冠服之寵。甲寅春，宗師以國家醮事，具書招致，年已八十六矣，不敢以老耄辭。比至堂下，疾篤，以後事付于法弟衍真大師張志悦，以其徒拜宗師爲大度師，於長春方壺留頌而蜕，時夏六月二十六日也。諸徒奉柩西歸，附葬于終南祖塋，禮也。

葬之明年，志悦命李志安、陳志元具行狀請于宗師，欲刻諸石。道寧適有事于堂下，宗師就命當筆，且曰：「無欲領袖祖庭，蓋有年矣，今子代之，始終行實，子必熟知，其文之也固宜。」道寧不復牢讓，謹按無欲可見之行，爲之説曰：有主持玄教之大人，不可無輔翼玄教之仁人。大人者，正己而物正者也。我宗師正容悟物，天下羽士皆觀而化。無欲公輔弼其教，以仁存心，俾祖師根本之地有隆無替，可謂無負宗師眷倚之意。蓋公之爲人，禀剛大正直之氣，持特立獨行之操，傳授有源，充養有地，故施於事也，無不濟之以仁，遇患難則先之，見人急難，必盡力救援而後已。有叩其修真之訣者，則以積累勉勵之；其可與談性命事者，每至夜分不寐。雖與童子言，亦諄諄未嘗倦；至於名士大夫，尤樂與交遊而相忘形骸。與人接談，又能度其高下而切中其機；然且待人以約，持己以謙。其處衆也，威而不猛，和而不流。在環堵四五年間，神變之妙，欲直書之，恐人以爲誕。原其動静語默之常，亦可謂間世異人者矣，故碑之而無慊。乃贊之曰：

偉歟李公，專氣致柔。其守也堅，其行也周。解紛庶務，而善計不籌；一志不撓，而先爲之儔。若人者，將猒世擾攘而追帝鄉之遊耶？吾知其了了諸緣，而嗒然乎歸休也。

紫陽真人祭無欲真人

維大蒙古國歲舍乙卯正月己亥朔二十三日辛酉，友生河南漕長兼廉訪致仕奉天楊奂謹致祭于無欲真人：

開元天寶，若吴尊師，性質高鯁，克慎攸履，嘯月吟風，嵩少之趾，所與善者，惟李謫仙、孔巢父爾。若張志和，號玄真子，浮家泛宅，逍遥卒歲，寓意於魚，釣不設餌，曰陳少游寔觀察使，曰顔魯公乃州刺史，杖屨往來，迄今傳之，以爲勝事。奂也何人，浪名進士，職非顔陳，才非孔李，巖穴素契洞真、無欲兩翁而已。旅舍京華，適癸之巳，天兵南渡，喋血千里。十二都門，閉而弗啓，一死一生，誓言在耳。頃承驛召，入長安市。洞真羽化，吁亦久矣。真人既見，傾寫底裏，目電射人，徹曉不寐。青山滿眼，簿書紛委。盛夏五月，腦瘡作祟。夜半託君，萬有不諱，朝殯朝葬，暮殯墓瘞。大限未終，勉强而起。真人入燕，遽然猒世，倏聞訃音，老淚如水。玉骨北還，卧病桑梓，剥琢荆扉，尺書踵至。白馬素車，遠涉清渭，三奠生蒭，少酬知己。儻念宿昔，能不監止，再見無時，伏惟尚饗。

佐玄寂照大師馮公道行碑銘

虎巖趙著撰

公諱志亨，字伯通，寂照其號，同州馮翊人，五代瀛王道之後。賦性明敏，業進士，年甫弱冠，府薦入京師，就住太學。兩赴内試不中。適崇慶兵亂，還鄉，以詩書自娱，不復爲舉子計。本州節度使奥屯肅請攝教授事，公辭以不能。大兵西征，公因北渡，寓德興，深居不出。歲癸未，長春宗師自北闕迴，道過焉。公以其平昔聖學浸灌之故，至是爲真師感發之機一召於外，而己之天機立應於内，鶴鳴子和，森不可禦。尋即願奉几杖，列門弟中。乃先謁真常真人爲先容，真常一見，莫逆於心，遂引見焉。宗師亦不以常人待之。既還燕，一夕指公謂二三尊宿曰：「斯人他日必能扶持吾玄門後事也。」公默然銘於胸中。後數載，宗師將歸真宅，衆乃以嗣事爲請，師曰：「我之託付，伯通知之矣，不必復言。」長春仙去，公謂清和真人曰：「道教之興，自開闢以來，未有今日之盛。長春宗師人貌而天者也，教門後事，屬意在君。豈非天乎？請毋多讓。」遂集道衆，并達官貴族、天下大老、便宜劉公之屬，就迎於所居之靜室，請定仙號。初，清和閉門而不納，公爹户而入，扶至堂上，使衆羅拜堂下。名位既正，玄風大振，公之力也。至乙未，清和因祖庭事，往闡教於秦晉之間，默遺公手書云：「予年運而往矣，老不歇心，少不努力，俱非所宜。況四時之序，功成者去，未成者來，汝當果斷，時不可不順。」公得書，乃自念言：「真常攝行此事已十年，知之者，不惟玄門道衆，上至天庭，下至山野，皆知之。此蓋天也，豈人私意所得而可否哉？」丁酉，清和承詔還宫。公乃取元初立清和彌縫扶護之禮，按爲典故而行之，遂立真常。既畢，清和乃以歸老之計逍遥於自得之鄉，真常乃以無礙智慧進服教門之重任。輔兹二真人終始進退俱不失其正者，亦公之力也。

先是承詔教授胄子十有八人，公乃於名家子弟中，選性行温恭者如其數爲伴讀，令讀孝經、語、孟、中庸、大學等書，庶幾各人於口傳心受之間，而萬善固有之地日益開明，能知治國平天下之道本自正心誠意始。是後日就月將，果皆克自樹立，不惟俱獲重用，復以才德見稱於士人。又勸宣撫王公，改樞密院爲宣聖廟，命弟子薛德琚修葺武廟而守祀之。又創建五嶽觀及道庵十餘處，爲道衆修進之所。庚子冬十月，京兆太傅及總管田侯等，請清和改葬重陽祖師，以公爲輔行。自燕至秦三千餘里，凡經過道家宮觀，廢者興之，缺者完之，至百餘所。其間公爲之記，使刻諸石者亦十二三焉。祖師葬事既已，復從清和還宮。戊申，真常大宗師依恩例賜金襴紫服，遷充教門都道録、權教門事，仍賜以今號，蓋嘉之也。及將立玄學，公復以作成後進之心而贊助之，直至有成。

甲寅秋八月二十三日，示疾即真，享壽七十有五，二十六日葬之五華山之西南原，禮也。化之明日，著因以祭文致奠禮於靈柩前。門人薛德琚、姚志玄執公之行狀求爲墓銘，將刻石以表之。著辱公之交爲最厚，因知公爲最詳，故不辭而爲之。且真常之於此老，一相遇便懽若平生，遂引致博大真人門下，同著道家冠服，又與築室於宮之右而居之，比至物化，三十五年之間。其相與往來者，梁運使斗南、陳翰林秀玉、吴大理卿德明輩，每論及當世人物，至以宰輔之器許之。其雅量高致爲可知已。歷觀三代宗師所行之實跡，則是靡有一事不相咨問，不相假借而成之者。又於化前後凡十數日，數相往來於似夢非夢之中，豈亦各人胸次真理融會之地，别有相得於形聲之表歟？何其誠通氣合，物莫能間，而至於是耶？或者往往竊議謂同出身於儒之故，兹蓋囿於私智之所見也。化之後，真常祭之曰：

「與公相會，三旬有五。不交以勢，不聚以富。憶初相見，無言心許。公今假化，境出非人。生死示跡，孰知其神。」此豈囿於私智者之所能及也哉？予故斷之曰：「如其不然，烏得爲寂照？」乃銘之曰：

堂堂佐玄，博大無偏，止水應物，不隨物遷。禮服智燭，仁宅義路，才德雖兼，時則不遇。華門圭竇，終日如愚，窮通有别，聖道豈殊。忽遇長春，星拱北辰，一惠發藥，德因日新。孔廟躬修，武廟繼創，文武之道，將行有望。公之所開，豈小補哉？贊成玄教，亦卜大來。荆金趙璧，光而不耀，英華外發，誠明内照。昔日非熊，今學猶龍，彼此一時，不謀攸同。刊之金石，磨滅有終，盛德流風，云胡可窮。

重玄廣德弘道真人孟公碑銘

太原虚舟道人李鼎撰

公名志源，字德清，號重玄子。其先本上京徒單氏，大定末，遷萊州膠水，居孟氏宅，人因以孟氏歸之，此亦古之因食采地得氏者也。高祖晛，卒于汾陽軍節度使。高祖母完顔氏，金源郡王希尹之妹。曾祖克寧，尚嘉祥縣主，事熙宗、海陵、興陵、道陵凡四朝，以功累遷至太師，封淄王，及薨，謚曰忠烈。祖斜哥，辭世襲千户，終于南京副留守。父給答馬，復世襲千户職，母烏林答氏。略以金國名臣傳考之，其家世可謂盛矣，況在大定、明昌、泰和間，使他人處之，鮮不爲紛華之所流蕩。公獨從髫齔中猒富貴而樂淡薄，非性分上夙有薰習之力，能之乎？

明昌初，年饑，即墨人高翔嘯聚劫掠，詔命公之父討之，乃曰：「食者民之天，得之則生，弗得則死。抵死求生，小人之常情，討而誅之，惡在其爲民父母也。」遂宣布主上之德，賑以倉廩，不戮一人，寇爲之平。古語有云：「活千人之命，其後必有顯者。」是公能了此大事，亦必借先世豐功厚澤陰相之力而致之耳。公有三兄六弟，其兄有官至驃騎者，有至輔國者，餘皆克紹家聲。泰和癸亥，父母與議婚事，公因遁去，徑詣濰州玉清宮，見長春宗師，請爲門弟子。師憐其貴家子，兼異其風骨不凡，後必爲玄門大器，乃從其請，授今之名字。父兄疑其第四都全真觀主知之，故爲隱匿，縶歸有司。公聞之，遂還家自言其志。父母知不可奪，因選第二都樂真觀使居之，樂真今更名玉清矣。公雖得法於長春，充養之際，亦嘗質於玉陽、太古二師真，玉陽賜號開真子。大安己巳，長春應詔京師，還住玉清，知公有所得，乃賜重玄子號，蓋嘉之也。

貞祐癸酉，公之昆弟皆爲兵亂蕩散，而父母失依。公乃扶二親就己所居，致孝養之力三載。雖二兄還，其安置省問誠敬之禮未嘗缺。己卯，聖朝遣便宜劉仲禄起長春於海濱，門人中選道行清實可以從行者，得十八人，公其一也。及進程萬里沙漠，其緇重車皆兩人主之，惟公獨御焉。清和憫其勤，請副於師，師曰：「吾知斯人之勤矣，但欲先行其人之所難，而後必有大所獲耳。」公聞之，乃曰：「弟子於師丘山厚德無以爲報，其僕其御，實當爲之事。予惟不知所求，亦不知爲勞也。」同行者由是雖勤苦百至，皆爭赴矣。辛巳，西至阿不罕山，始有漢人耕作，因公等九人立棲霞觀。癸未，住德興之龍陽。甲申，長春奉旨住燕城太極宫，尋更名長春，公亦自龍陽來。

丁亥，師反真，公年四十一矣。一日，靜坐一室，忽於恍惚間見重陽、長真、長春三師真，公拜畢侍立。祖師言：「汝壽當七十五。」長春言：「汝五十後必負教門重任，事雖繁劇，汝勿憚，是皆磨礪汝之砥石，煆鍊汝之鑪冶也。」言訖，不知所在，尋覺身中百關通暢，真氣泝流，昇尾閭，入泥丸。是後日復一日，神物變化，金漿玉液，黄庭絳宫，灌溉浸漬，非言可及。公因徧考先代師真得道之後，身中之事著見於書者，針芥相投矣。公從此以來，雖顛沛造次，罔不在是。其身中所得流運之理，亦未嘗止，想當時其爲樂可勝計耶？

至清和真人掌教，乃副知長春宫事，俄遷知宫。戊戌，受宫門提舉。丙午，遷宫門提點。戊申，權教門事。己酉，以恩例賜金冠紫服，並至德玄虚悟真大師號。癸丑，掌教真常大宗師奉朝命普度戒籙，委公爲監度師。丙辰，真常羽化，誠明真人張公嗣教，以公玄門大老之故，已又在制，遂授以教門都提點印，俾攝其事。戊午秋，應丞相胡公之請，主平陽黄籙羅天大醮，尋奉令旨賜今真人號。

中統二年辛酉，春秋七十有五矣，度門人五百有奇，宫觀稱是。是年春二月二日，順正而化。前此數日，預以後事囑門人。凡來省視者，見其耳聰目明，音吐洪暢，盡如平昔，皆不之信。至是，方知公之所得過人遠甚。越三日，葬之五華山仙塋，從遺命也。至於度門人，立宫觀，兹皆緒餘土苴，衆人之所共見者，或可得而言之。今壽幾八十矣，而精神不衰，臨行一著，又明白如彼，其素養之於内，必有精真微妙，衆人之所不能見之者，豈易得而言之也？送葬之日，官僚士庶前祭〔一〕後擁，傾動都邑，道衆不言可知。秋九月，門人狀其行，請文於予。予因按其實而次第之，屬以銘曰：

荏苒柔木，言緡之絲，大浸滔天，砥柱不移。二者之美，公并有之，公既有之，我請布之。一遇師真，便得正理，觀公之性，已超異矣。及住大宫，中正不倚，四十年間，又出類矣。苟非其人，道不虚行，本若不立，道無由生。推公之孝，及公之誠，本既立矣，道宜有成。人所見者，緒餘土苴，公之得者，妙絶真假。天地一指，萬物一馬，不以是

〔一〕祭：輯要本作「擠」。

觀，知公蓋寡。與其觀身，孰若觀神，神如之何，把握乾坤。陰升陽降，黄河崑崙，至人妙處，不屬見聞。精神骸骨，各歸本始，門人治任，奢儉合禮。燕城之北，五華之址，碑以表之，公元不死。

渾源縣真常子劉君道行記

前進士王鶚撰

君諱道寧，雲中白登人，世爲縣吏，以廉平稱。君生不好弄，間與諸兒戲，必結庵趺坐，曰「我學道爾」，識者知其有宿習。及長，雅意玄門。昆季凡四人，君其伯也，縣民推嗣世業，力却之。

泰和壬戌，聞渾源隱士劉柴頭號得道，乃與家人訣，詣屏風山金泉觀，師事焉。師歷試諸難，至遣丐食，君樂從不屑也。師知可教，遂授微旨。自是東遊海上，西歷關中，寓華山上方之白雲宫。屬歲饑僵餒，立志不少衰。既又如太原，泊神霄宫，有饒益院僧賢而飯之。道獲楮幣千二百貫，君榜求其主，踰月竟不至，悉以給貧乏，而一無所私。貞祐之甲戌，避地張村，穴洞以居。歲丙子，鄉里稍安帖，土官馮禄聞君之在并也，迎歸雲内。君尸居環堵，若將與世絶者，而樂道之人渴於請益，百方爲出之。於是肩摩踵接，學君之學者日益衆矣。庚辰春，渾源長高定飽聞君譽，敬請之來。曰龍泉，曰金泉，曰玄元，皆名觀也，君更爲住持，而興廢起頓之功爲多。

癸未秋，真人丘長春入覲回，君執弟子禮，迓諸銀海之東，目擊〔一〕道存，一見如故。問君之初事，以柴頭對，師頷之曰：「仙人中天隱也。」因授祕訣，加號真常，令築室西京。未幾，推爲道官長，遊戲十年，庭無一訟。逮長春仙蜕，清和紹休，尤與君相得。丙申之春，尹清和謁祖庭還，會君於古恒嶽之陽，語之曰：「吾近遊陜右，奉田侯德粲之命，凡玄宫道宇皆擇人主之。惟華山之雲臺，地靈物秀，實仙家一洞天，非君無可託者。」君再辭不獲，遂遣門人爲經營。君亦往返再三，大興築構，所過崇奉，男女如市。癸卯中夏，田侯修華嶽廟，復與丞相胡公天禄同署，邀君於雲、應間。君聞命欣然，即日就途。甫四三年，厥功告成。

丙午春，有詔設普天大醮於燕京之長春宫，徧召諸方耆德，而君亦預焉。時李真人主醮事，得君甚喜。是年夏五月庚申，旋車古恒。越二十二日壬午，請州牧高仲棟洎門人許志安，屬以後事。翌日將中，曲肱而逝，春秋七十有五。君生長大定、明昌間，不以世俗所樂者嬰其心，而能遠跡塵凡，棲心物表，東遊西歷，所至風靡。雖土木屢興，聊亦應緣而已。嘗作巴人

〔一〕擊：原作「繫」，據輯要本改。

曲接引於衆，又著會仙、隨應、總仙三録，以道神仙可學之事。臨終語門弟子曰：「可於丈室瘞吾軀，榜以『翛然』足矣。」蓋取南華「翛然而來，翛然而往」之義，則君之平昔所養可知已。

方君之在渾源，樂與學士魏公邦彦遊，故其亡也，門人史志經狀其行，走燕求記于公，且將刻石祠堂之側。公一日攜以過僕曰：「真常好道人，吾知之詳。然吾老，不作文字久矣，子其代予言。」僕初客燕城，殊無文思，重違學士之請，而復嘉志經之不忘所事，乃以臨終之言名其堂，因爲紀其始末云。若夫門弟之翹楚者，皆當識諸碑陰，兹不敢喋喋。

歲彊圉協洽清明前六日記。

重玄子李先生返真碑銘

嘉議大夫吏禮部尚書高鳴撰

金朝故事，新天子即位，例出諸王爲方鎮。大安、崇慶間，宣宗以豐王來彰德。先生時以高訾家推擇爲功曹掾，有廉平稱，尤精算術，因之出入府中。雅性重厚，復小心畏慎，故見親任。至寧元年，宣宗入繼大統。明年，車駕幸汴梁，扈從以行，補户部令史。當艱難之際，柄臣高琪蕘視文吏，其持下急如束濕，從事者爲之惴恐，稍稍引去，先生以直道自任，氣殊不少衰。會被檄漕米餽燕師，抵霸州，值北兵大入，幾至不測，然憂世之懇每見於顔間。

議者謂，秩無崇卑，顧力行何如耳。若是而進武，則功名爵位，其畏不顯？一日，忽報謝病歸隆慮山，聞者愕然。

適與丹陽馬公之高弟盧公相遇，便請執禮爲全真師。既付授有源，未幾，默有所契，徑入棲霞谷無憂洞，深坐練化，木茹澗飲，其節愈堅，苦學道者難言之行。元師府宗室惟良、招撫使杜仙，皆一時豪傑，日加敬異，在屯戍扞禦中，嘗率僚佐致謁，其他可知。甲申，聞長春丘公應召還，附盧公遠迓，得賜名志方，號重玄子。盧公有北京之命，謂先生緣在彰德，俾之南行。總管趙德用請住迎祥觀。觀雖兵燼日久，凡事草創，先生一顧奐焉，有承平舊物之漸。丁亥，長春公上仙，攜法衆往祭，因宿留檀、順，若致心喪焉。庚寅，復還，士庶逢迎，懽動閭里，皆曰：「吾家先生來也。」總帥蕭仲通曁同列奉疏請主盟天慶宮。宮之荒廢，略如始住迎祥時。先生力爲經度，不數歲，大敞而新之，殿堂庭廡，壇藏厨庫，下逮厩湢咸備，而法視他郡邑爲冠。丁巳，宗王穆哥崇向高風，遣使持金冠雲錦羽衣焜耀之，仍加真人號。以庚申二月九日，春秋七十有六，怡然留頌而逝。門弟子葬之王裕村某原，從治命也。所著地元經若干篇行于世。

甲子春，提點趙志璞偕法兄弟持狀來謁曰：「先師寧神，塚上之木拱矣，而旌紀寂寥，誠惠顧之以銘，死且無恨，敢請。」嗚以先生之行有應銘者。蓋先生少時已自不碌碌，雖由文法進，人皆以遠大器許之。況潛邸舊人，依光日月，君臣相遇，古人謂之：「千載，雖方駕漢名臣可也。」乃今挺然不顧，槁項黄馘，自棄於澹泊無端倪之地，以至成道，非烈丈夫，孰能如此？以是概之，真可銘也已。若夫萬鶴遶醮壇而翔飛，蝗抱祭器而死，虎承牒而殺田豕，雪失道而作司南，其靈異類此者甚多，皆先生平日所不喜道，亦不敢具書。先生字友之，相州安陽人，初諱益，既入道，止以法名行。銘曰：

貪魃倀倀，不膠者臧。在昔所難，在我翕張。城旦刑書，家令智囊。顧乾龍未躍，已麗乎初九之陽，追雲雾滃然而從，相得益章，果以功名自任，於一代宗臣而有望，政屑就代來之議，猶作封侯之宋昌，胡舍彼而取此，抑可謂有天德沉潛之剛。翩翩獨征，澹與世忘，擁腫之與鄰，寂寞之爲鄉，是宜爲下士所笑，而耿耿自信者，廓兮其心光。此孰得孰失，計必有能辨其詳，或乘白雲，或下大荒，千年夜旦，曾不失處順安時之常。有豐者碑，植立墓傍，緊攓蓬之日，雖樵童牧竪，知有道者爲不亡。

棲真子李尊師墓碑

嘉議大夫河東山西道提刑按察使王博文撰

尊師姓李氏，諱志明，字用晦，棲真其號也。世爲潞之壺關人，以農爲業。祖考而上，皆潛德不耀。甫九歲，去父母，爲全真學。初禮樊山潘先生爲師，誦經讀書，爲童子事。稍長，遇超然廣化王真人，授以火候周天之法，鍊陰爲陽之術，久之，覺有徵驗，鼓舞踊躍不自勝，乃曰「師真豈欺我哉」。自是益積日新之功，遂事長春真人，命名與字，愛之深，所以教之篤。始自薪水庖厩及一切勞筋力役心智之事，皆令親歷而備嘗之，然後誘之以至道之妙，示之以用力之方，廑懇諄複，不憚朝夕。師亦力强而志苦，至脇不沾席者餘十年。靜而生慧，性識明了，伸紙引筆，肆口爲歌頌，皆有理致。長春曰：「李生果爲受道之器，非餘子所及也。」居無幾，乃曳杖掛瓢，徑歸太原，葺保真觀居之。或寄跡於鄽肆，或丐食於村墟，觀化閲世，人無識之者，但以單子李師父目之。時方進取，國制未定，戎馬營屯星散汾、晉間，劫攘財物，戕害人命者，在所有之，有司莫敢誰何。歲庚寅，太宗皇帝南伐，駐蹕并之古城，師率徒侣拜覲天光，拈香祝壽，上情悦懌，因勑兵人有暴民攘物者，以軍法從事，遂著爲令。由是行者無擾，居者晏然，師與有力焉。辛卯，再駕而南，復蒙眄睞，是後師之道價益重矣。

清和宗師嗣教，命管領一路道門事，仍兼本府道録，復以道體沖虚大師之號畀之。未幾，府尹石抹公及道録智公，以保真狹隘，疏請師住持天慶故宫。天慶兵亂後，鞠爲荆棘瓦礫之場，既允其請，慨然以興復崇建爲事。一日，從容語徒衆曰：「度道士以守宫觀，雖近代之制。然自漢武帝時於甘泉宫中爲臺，畫天地太一諸鬼神像，各置祭具，自是之後，蔓綿衍溢，恢張弘大，以至於今，其來遠矣。吾道家者流，雖恬淡無爲以治其心，可不以分祉祝釐爲立教之跡乎？是則以營繕之事，不得不盡心力而爲之也。或有以功大難之者，師曰：「古人有言，作舍道傍，三年不成，謀之欲衆，斷之在我。」即荷畚鍤爲之倡，從之者雲集，貴者董其役，富者輸其財，智者獻其巧，壯者程其力。師斡旋運動於神明之中，而應之者不愆於素，遂使天慶之規制雄碩俊整，爲一方之冠者。具見於榮禄宋公所撰萬壽宫碑，兹故略。

戊子夏，大旱，將爲一路災，府中祈雨，僚屬以師主醮事，已而澍雨霑浹，歲以大豐。又宣差完顔胡失刺暴得奇疾，氣息幾絶，家人走告師以危殆狀，躬詣其處呪詛，杯水下咽，復甦。其精誠之至，感格之效如此，平生不勝計，所録纔一二耳。己酉，真常真人以師踐履之實，洋溢遠邇，遷河東南北兩路道教副提點。凝坐一室中，不動聲色，而事無不集者，雅爲誠明宗師所敬重。中統二年，即陞副爲正。越明年，左仙翁保奏於永寧邸，即授棲真洪妙真人之號。

方爲人天所瞻仰，遽爾猒世，於至元丙寅建子月之浹辰〔一〕返真，得年六十有七。又明

〔一〕辰：原作「晨」，據輯要本改。

年，師之高弟提點張志希、侯志正等，請道教都提點洞元大師申雲叟繼主天慶事，雲叟即師之同法弟也。至元癸酉，予方官太原。適洞元還自燕都，將以是年四月己酉葬師於太原府城之東南三里所，從遺命也。洞元持師之門人郭志脩等所纂行實狀，以墓碑爲請。洞元與予二十年之舊也，固辭弗許，因請洞元言：「尊師一方外閑人耳，無猗頓之富，無晉楚之力，徒以日積月累而歲以增加，遂令荒寒寂寞之域，一顧盼之頃化爲天上之玉京，平地之寶坊。非德足以服人，誠足以感物，曷以臻此？莊子有言：『水之積也不厚，則其負大舟也無力。風之積也不厚，則其負大翼也無力。』以師今日之所成就者論之，可謂積厚而有力者哉！」銘曰：

維全不虧，不虧何傷？維真不僞，不僞可常。斯道昭昭，孰爲主張？得其人而遇其時，遂川流而天光。僉謂若人，福厚莫量，心靜而明，志堅而剛。内德既充，道價日彰，事之者煬竈爭席，師之者摳衣升堂。騰實蜚聲，佩蘭襲芳，砥柱中流，横潰獨障。遊赤水而得玄珠，讀南華而友子桑，視人世之死生，猶旦夜與陰陽。遽猒世而上仙，返白雲之帝鄉。顧雖蜕骨於此，既不足以喪吾存，則又何必驚於凡亡耶！

甘水仙源録卷之六

甘水仙源録卷之七

夷門天樂道人李道謙集

崇真光教淳和真人道行之碑

嘉議大夫吏禮部尚書高鳴撰

全真之教，始於少陽君，興於重陽子，大盛於長春公。長春傳之清和，清和傳之真常，真常傳之誠明，誠明傳之淳和。

淳和以大元數之，實爲宗門五代祖，諱志坦，字公平，出於相州湯陰王氏。父諱忠，性愨願，以貲雄其鄉。母岳氏，閨壼有微妊，夢古仙來告曰：「此子成人必令學道，否則將禍而家。」已而公生焉。自童弁不好弄戲，且不喜華羡〔一〕物。甫及冠，即著道士服，師北京盧尊師。師乃丹陽馬公之法孫、洞清于公之高弟也，時以道録居京之華陽宫。盧素嚴厲，少

〔一〕羡：輯要本作「美」。

忤，輒責誚之，殆若官府然，故居門下者鮮克終。公參謁之餘，力營百役，至於膾厩湢磑之細，躬執靡有懈。盧亦憫其勤而誠，復加以禮。癸未秋，謁大宗師長春真人于宣德，一見器之，傳付祕訣。既恐無以善其後，遂行化興中、義、錦間，日丐一食，雖蚊蚋嘬敗，亦不屑棄已，匪茹而居，不計何地，遇昏暮即止。

戊子，聞清和宗師駐燕，知道統所在，參禮焉。師愛其力行，大加奬拔。公忽有開悟，恍若神明，頓還舊觀。無幾何，徑入金坡，坐而鍊化，窮深抵幽，木茹澗飲，人莫見其面。其志愈堅苦，雖晦跡十餘年，無賢不肖，皆曰：「金坡王先生，有道之士也。」甲辰春，真常真人李公素高其玄，屢以書見招，來拜爲大度師。夏五月，從真常北上，參受三洞祕籙，以祈禳訶禁濟人。其疾病，藥石不可爲者，假符水，或以袂拂之，罔不立驗，咸畏服其神。皇太后欽挹真風，寵賚以禮。公益自謙遜，惟顛墜是懼。每蒙慰諭，必歸功於聖神，若私不敢有者，其知本不伐也如此。留居闕庭者六年，還燕爲教門都提點。燕去和林，里千六百有奇，凡赴十有七，馳驅寒暑，略無艱苦狀。蓋以輔翼玄教爲己任，雖九死不悔也。

先皇帝踐祚之元年，龍集辛亥，詔真常公佩金符，馳傳祀嶽瀆，以公爲輔行，繼而奉香代祭者又四，皆以祈天永命，斂福錫民爲意。癸丑，上問養生之術，對曰：「此山林枯槁之士所宜，非天子之急務也。天子代天理物，當順天心，與民興利，則天降之福壽。近大赦天下，革故鼎新，民樂生活。開創以來，戕横天閼，精魂無依，非求諸冥冥中而莫之能救，是所謂恩已及於八方，澤又浸於九原矣。」因奏修黄籙普天大醮。上喜曰：「天垂此教以利天下。」即詔公，命真常公于燕之長春宫陳設醮事，所須旅百，俱出内帑，一無擾於民食墨得。甲寅三月十有五日，禮備將行，雲膚寸而雨。公密禱於天，天爲之靜，風月肅然，星辰可摘，又有卿雲鸞鶴之應，公卿文士咸作歌詩以贊其瑞。繇是道價益重一時，貴遊悉奔走承事，或執弟子禮。

真常猒世，誠明嗣之，公之力居多。中統建元春，入關，旋及覃懷，陟天壇，愛之，留玉峰前期歲。相州神霄宫久虚玄席，諸耆宿士庶懇公主之。明年，會真常葬。又明年，復入金坡。至元改元，燕人楊提領者素慕玄教，於私第之後圃，作環庵一區，願得天下清修高尚之士奉之。僉曰：「金坡王練師可。」即禮致焉。三年冬，誠明復以提點事懇公。七年，誠明上仙，今皇帝詔公襲位，仍加真人號。以九年十一月二十有七日，蜕形於長春之玄堂，得年七十有三。越明年，門弟子梁志安、常志敏等，奉其衣冠，寧神於金坡山下，從治命也。時天氣肅冽，比襄事，熙熙然化而陽春，執紼祖輤者萬餘人，汗皆浹背，咸嗟異之，以謂純誠之驗也。所著信心録、六牛圖傳於世。

葬之明年，志安、志敏等狀公之行，來謁銘。嗚治彰德時，蓋嘗以疏請公主神霄，從遊甚款，故習其爲人，義不可辭。公美儀觀，愛讀書，尤喜性理學，深得奥義。好施與困乏無聊者，不以己之有無。謙恭寬碩，克己下人，故度門弟子者數千人，若觀若庵者又營建百餘區，可謂能弘其道矣。嗚呼，以公平日陰功濟物之心，嚮在闕庭，假之以政，救時行道，焉知不有如行符設醮之功耶？若夫將適遼東也，禱之而愈風痺；又去許昌也，空中傳玉帝有命。其靈異若是者甚多，然實非公之本心。且有淳和真人傳在，兹略而不書。銘曰：

混沌既死，大道窈冥，乃醨其醇，乃濁其清。喫詬以形，勃磎以情，拱璧而先駟馬，竟盜爲夸矜。天開聖人，藥石聾盲，著書二篇，强爲之名。爰有漆園，演爲鯤鵬，蝶夢破而虚白生，然後使混沌復起，大道復明，代有人焉，玄風日宏。有來重陽，莫之與京，孰其似之，淳和是承。挺焉志堅，夷焉心衡，嗒焉尸居，而聞望震驚。寂然無聲，澹然無營，眇翩翩而獨征。砥柱中央，萬古不傾，力提玄綱，惟公主盟。雖以符水藉名而救世，是宜羔鴈待之如老更。金坡蒼蒼，草木光榮，衣冠有藏，功行有銘。而復返其精，抑將乘泠泠之風，御顥顥之氣，遊元洲而戲赤城也耶？

頤真沖虚真人毛尊師蜕化銘

宣授河南府路提舉學校官李國維撰

人命於天地兩間，事莫大於生與死也。自生至死之際，善惡所歸，其可以見之矣。且莫高者天，莫厚者地，在天而日月有晦蝕，在地而山川有崩陷。天地尚不能久，有壞如此，而況於人乎？乃知生不常存，惟靜而復命曰常，死而不忘者壽，蓋有道存焉耳。自大道既隱，人慾滋熾，不可救藥。幸鍾吕而下，降及近代，全真之教興，有王重陽者出，化馬、譚、丘、劉於海上，相從往返東西二都，仙跡顯著，而後遠近向風，而流傳漸久，彌滿四方，遊其門而學者，不知其幾萬千人。至於識性命之理，了死生之事，而不失其所者，蓋亦寡矣。百年以來，能繼重陽、七真之風而不下，於今之高道，動化關洛間，衆所欽慕，卓然獨異者，沖虛真人毛尊師也。

師諱養素，字壽之，道號純素子，頤真沖虛真人其師號也。家世平水，太常博士兼祕書郎、沁州同知毛麾牧達之嫡孫。牧達以文行純粹，前金明昌初，朝廷重其名，特徵授宫教之職，得其師道，上下受益，歷館閣，通守外郡，於道無少違失，宜其爲天所佑，有賢子孫。其父諱德，字日新，以門資入仕，不喜躁進。師性資沖澹，稚有出塵之志。幼喪母，事父謹敬，鄉里以純孝稱。既長，僑寓許昌。貞祐初，適一羽客見過，風神蕭爽，師一見，乃知其爲異人，謹奉之久。羽客曰：「此子可教。」授以祕語。師問仙號，曰：「我華山陳希夷也。」言訖，忽失所在。自是心神涣釋，道緣漸濃，又於隱君子于、宋二老時親言教，以謙光處己，賓德接物。乃父既即世，喪祭禮闋，棄家易服而道，往禮太華惠照真人田無礙，即丹陽之法嗣也，謹執几杖，清苦玄門，幾二十年。惠照異之，丹書祕訣，又得其傳，天光煥發，日以益新，殆不可掩。

因志在四方，不爲物滯。門人常志久系出素宦，方監永寧務，棄官入道，同諸貴遊請師居鳳翼道院。一日，其子尋訪，既見，堅乞還歸，師却之曰：「吾既在道門，去就自有時，終不能爲世俗累，爾無顧我。」子號泣而迴。後天興河南之變，大朝王師南渡，因復姑汾。時官府道俗，交狀敦請，同法屬王、葉諸公，棲霞党子春住持玄都觀。當其晉境，飛蝗滿地，民心懸急，師率王、葉輩，齋戒致禱，蝗悉飛去，竟不成災。人以爲靈應昭然，精誠所致，莫不尊敬之。但福地靖廬，未能全忘其情。乙未，同諸門人常志久，由陝而南，興葺洛陽朝元、棲霞二宫，及華陰清華觀。不數年，金碧輪奐，冠於他處。丁酉，汝州官府狀請住北極觀。己亥，關洛荐饑，豪富閉糴〔一〕，師悉發餘糧，均施困餧，賴以活者甚衆。蓋平昔樂於賙急，以仁爲己任如此。辛丑，清和真人至終南，以師宿德望重，起爲棲霞提點兼領披雲玄都寶藏八卦局。時紫陽楊使君行漕臺，暨玉華王元禮、西庵楊相正卿諸公，俱在洛，與之遊，相得甚厚，道價增重，光耀一時。甲辰，副提點寂照大師吴志明北上，齎皇后懿旨，有沖虚大

〔一〕糴：原作「糶」，據輯要本改。

師之號，繼及真常掌教大宗師銜命南下，賜號頤真沖虛真人。既莅琳宮，主盟師席，薰戒嚴肅，日無惰容。庚戌，舉燕京都道録韓公以自代，退跡清華。未幾，韓復歸燕，棄世，再奉掌教誠明真人法諭，復領朝元、棲霞宮事。

師於性理之學，尅意終世，斯須無少間斷，故能透脱融貫。全真正脈，其造之也不爲不深。一日，炷香危坐，即示歸寂之語，衆莫能測。翌日晨興，方理巾幘既畢，依牆儼然立化，神觀不衰。是日朝霞亘天，人有見師翱翔其上者。士子伊川楊君用、登封韓仲温因宿於宮，嘆以爲異，實己未七月上旬四日也，世壽八十有二。凡聚徒闡教，前後度門人百數輩。其遺骨瘞葬於本宮之先塋，關洛諸公多爲作傳，及賦歌詩挽誄之。有汎霞圖卷傳於世。翰林待制孟攀鱗、京兆教授李庭，叙之甚詳。門弟子王志沖、張志佺，同道判常志久，齎講師郭從道所作行狀，謁余求誌，辭不能已。

余以謂：甚哉，道之難明也。其道有成不成，由其人之悟不悟，故前聖有「道心唯微」之旨，亦有謂「朝聞道夕死可矣」之語，皆不以達道爲易。其所以悟而成者，誠亦有所由來，必也所禀賦高明，所遇合神異，所以抱神守一甚固，積行累功甚勤，自種時一點物真，力耕敏耘，善始令終，然後可望入其閫域矣。

師生於姑汾，長於賢祖考積慶之門，得天地之間氣；其禀賦不必論也。隱於許下，遇希夷，許以可教，遂授其妙道，入太華禮田無礙；授丹書，其遇合可知也。内持孝敬以事親奉天，外施慈仁以愛人及物；此非積累之功行乎？隱居華之下、洛之濱，清淨虛寂，餘四十載，有進無退；此非抱神守一甚固者乎？故卒能有成，脱塵網之中，出化機之表，翛然往來，入於自在逍遥之境界，不亦宜乎？後之學者，可不景行而加諸意。抑謂自大朝奄有天下，以至中統改元，當今皇天眷命，皇帝暨后妃、太子、諸王莫不敦尚玄風，敬禮高士，而師之所歸至善若此，不可不爲之銘。銘曰：

太古之時，人生之始，壽而不夭，仁而不鄙。大道既隱，衰俗靡靡，滋熾人慾，泯絶天理。輕妄好惡，勞煩聽視，真趣之歸，幾人而已。在清流中，有純素子，忘情名利，遠跡朝市，養氣煙霞，棲身山水。伊水洛水，嵩山華山，往求同志，密叩玄關。當擾攘之際，徜徉乎其間，契遇高真，逸駕相攀，傳授祕訣，煅成大丹。輟食賙人，救時阻艱，内持外修，功成行完。策名紫府，垂範黄冠，塵緣方盡，飆馭將還。幻身外物，付之等閑，汎霞璇空，眇視塵寰。陳跡在碑，有志明刊。善始令終，衆之所難。不歸於地府，不列之王官，生死無變於己，而況乎利害之端，豈亦不幾於神仙之一班？後人仰止，拂石以觀。

終南山圓明真人李練師道行碑

祖庭天樂道人李道謙撰

師姓李，諱志源，邠州三水縣人。天挺至性，宗黨以孝悌稱。自幼有沖舉志。年未三十，考妣俱喪，乃棄家絶累，潔身入道，師事本州玉峰觀全陽周君，服勤左右，數年匪懈。全陽憫其精懇，遂付以修真微旨，且使遊歷諸方，參證心印。至醴泉，與同志裴公結茅以居，遺欲凝神，虚心集道，歷十有八載，故得塵慮盡銷，天光内發。鄉人李公，崇尚高潔，建道院，率閭里耆艾延至，事以師禮。無何，全陽召之還邠，賜號圓明子，俾主玉峰觀。又嘗集衆言曰：「圓明於道實有所得，他日吾歸全之後，汝輩當尸祝之。」迨正大戊子冬十月，全陽返真，門衆遵宿昔之命，舉練師處師位，練師勉從其請。未幾，遷居京兆府城之西漢高祖廟。凡昆季子姪，教育公溥，遠近道屬靡不得其懽心，始服全陽付畀得人之哲。

天興初，秦地受兵，練師挈衆出關，寓陝州之雞足山，尋遷洛陽長生觀。及河南破，天朝遣使招集三教人，練師率衆北渡，於東阿縣築棲真觀居之，遠邇聞其名德之重，請益受教者不可勝紀。玄通子范尊師方主東魯道教事，待之如伯仲，時遣人候問起居，資其不給。甲午歲，關輔略定。練師念及終南南時村活死人墓乃重陽祖師錬真之地，曩者全陽意欲葺居，以彰仙跡，適丁金季之亂，不克肯構，即遣門人王志瑞等西歸耕占。乙未，參軍齊大年與練師鄉里之舊，時居趙州，慕其道德，創悟真庵，請至事之，百色用度，繼奉不輟。丙申冬，適燕，謁處順堂，掌教清和宗師遇以殊禮，署練師充真定路道門提點，且曰：「吾向詣長安，祀香祖庭，見公遣人創制南時勝跡，吾就名與重陽成道觀矣。然此非細故，公儻不親臨，恐莫能濟。」練師還趙之日，繼令法弟吴志恒來充知觀。

戊戌冬，京兆總管田德粲差官持疏，往迓練師，即日命駕，率百衆西還，大行起建。由是道緣益弘，門徒翕集，不數年，殿宇壯麗，與宗聖、上清、遇仙諸宮相甲乙。辛丑春，祖庭會葬之際，道流恒數千人，洞真宗師舉練師提舉重陽宫。練師以正己而物正之道，裨贊玄化，與有力焉。丙午八月朔旦，朝謁禮竟，忽謂衆曰：「吾昨承玄告，不能久留世矣。公輩各當以進修爲業。及此師祖勝緣，實先師之志，今克伸之，吾歸無慊矣，可善主持，無使中道而廢。」遂絶粒忘言，越五日，沐浴更衣，奄然解化，春秋七十有一。門衆葬于本宫東北之仙塋。庚戌冬，掌教真常真人奉上命委加玄教有道之士名號，以恩例追贈淵虚圓明真人，仍升觀爲宫，於戲盛哉。

練師道器凝重，上性謙沖，律己容人，輕財重義。生平不讀書，凡視聽言動，脗合經旨。當作務紛擾之甚，其修鍊之功亦無時少輟。丈室之中，惟巾盂几杖，無長物。一冠一袍之外，不置囊橐。終日塊坐，殆若與世相忘者，及其即之，而飲人以和，使人自有所得。其教誘後進，又能隨其根性高下，各有所發明，無非頤神、毓氣、誠意、正心之要。雖髫童之愚，所爲不道，亦未嘗以惡言斥辱，但以善惡罪福之報方便啓導之，必使心自慚服，以馴其化。其成就於人者如是。

至元癸酉秋重陽日，提點吴志恒每念練師薰陶切磋之惠，思而不忘，丐予爲文，用刻貞石，以垂不朽。向予與練師同居仙境，僅及十年，仰慕高風，亦樂道其盛德，仍系之以銘。銘曰：

真常之道，無門無房，誰其啓之，教祖重陽。東遊海上，四子傳芳，支分派别，化洽萬方。圓明老仙，天挺道器，丹陽裔孫，全陽嫡嗣。久進真修，功周德備，或出或處，有道有義。仙仗西來，肯構南時，門徒濟濟，教化熙熙。樓觀嵳峨，金碧參差，肇開神宇，萬世之基。善始令終，曲肱歛息，形有生化，道無終極。我銘以辭，無愧乎實，刻石琳宫，後昆懿則。

清虚大師把君道行録

翰林侍讀學士正議大夫兼國子祭酒陳楚望撰

國家尊右三教，道其一也。爲教者思寵遇之優渥，而歸美報上之念，亦與國家相爲無窮。是以道家者流，必創宫殿，集徒侣，崇奉玄昊，晨夕焚修，以爲皇家祈天永命之地，此乃天保下報上之遺意，而通明殿之所以建也。天下之理，通則明。人心本自虚明洞達，一爲外物所蔽，則明者塞矣，塞則暗莫甚焉。夫明必本於通，不通未有能明者也。此通明之義，是宜清虚大師把君以是銘諸心，而又以是名其殿也。

君諱德仲，字仲直，世居唐邑。幼而好學，事親以孝聞。學廣聞多，而以老氏虚心體道之要爲入道之門户。值貞祐南遷，挈家襄陵十餘載，二親相繼而逝。既終喪，欲訪異人，辭故里，南遊至蒙山，受道於無塵子衛君。無塵甚器重之，爲立今名字。自此黄冠野服，惟意所適。晚寓青社，養素於太虚宫。先是有同門高士王君，於府城東南隅卜建觀基，欲居雲遊之衆，城東二十里許購田園，以備香供之具。一旦，遇仲直，道同志合，悉以其地相付與，且曰：「成吾志者子也。」仲直躬率羽流，鋭意締構。是時總管于公、元帥姜公及諸方信士，隨心樂施，助成勝事。崇通明之正殿，立玉帝之尊儀，方丈雲堂，齋厨庫庾，廊廡雜舍，以序營爲，一新偉觀。落成之後，每遇朔望，自總管以次官行香致禮，以賛頌天子萬年之祝，其歸美報上之一念，必使無負於尊右之初意。此仲直之本志也。玄門掌教大宗師真常真人名其觀曰通玄，仍付以金襴紫衣，號曰清虚。大宗師誠明真人特授益都路道録。

歲次乙亥，朝廷遣使徵召，留長春宮，每事屢有咨訪，特旨遷授提舉諸路道教，以彰有德。昔河内司馬子微受中嶽體玄潘君正一之法，體玄受之於茅山昇玄王君，昇玄受之於華陽隱居陶君。自陶君至子微歷四世，而子微被召於唐景雲間，乃以治國猶治身之説納誨於睿宗。自丹陽宗師以是道傳之元元宋君，元元傳之無塵子衛君，無塵子傳之仲直，亦已四世。而仲直以有道榮膺召命，他日奏對，必能以正心誠意、開物成務之學啓沃聖心。其視子微治國治身之語，殆異世而同符矣。仲直老名而儒行者也。余與交最久，頗知出處之大概，併筆之以遺後之嗣教者，使有知焉。

至元庚辰正月吉日記。

終南山樓觀宗聖宮同塵真人李尊師道行碑〔一〕

宣授陝西五路西蜀四川道教提點天〔二〕樂真人李道謙撰

師姓李氏，諱志柔，字謙叔，其先洛水人，世業農桑，以門地清白見稱於鄉里。昆季四

〔一〕此碑亦見古樓觀紫雲衍慶集卷中（此據道藏本，以下簡稱「樓觀本」）。樓觀本此碑題名爲大元宗聖宮主李尊師道行碑。

〔二〕天：樓觀本上有「玄明文靖」四字。

人，師其次也。生有宿慧，及長，雅好林泉，蕭然有出塵之趣。父志微素嗜玄學，先從趙州臨城縣太古高弟開玄真人李君參受全真教法，及學成行尊，所作歌詩，深契玄理。泰和辛酉歲，師亦事開玄，執弟子禮，服勤日久。開玄識爲受道器，真筌祕訣付授無所隱。師既蒙印可，自是鍊心養性〔一〕，丐食邢、洺間，雖絶粒數日，立志不少衰。尋隱居仙翁、廣陽兩山，謝絶人事者十有二年，潛究道德性命之學，大有所得〔二〕。是時開玄及志微俱上仙〔三〕，其兄志端、弟志藏、志雍皆從師遊，蓋相尚以道也。已而西山盜起，遷邢臺，築通真觀居之。道價日隆，遠近向慕，願爲門弟子者，户外之屨嘗滿。

庚辰春，聞長春宗師拔起海隅，道經燕趙，師以禮餞行。迨癸未八月，長春奉詔南下，師復迓於宣德之朝元觀。長春以師碩德宿望，賜號同塵子，教以立觀度人，將迎往來道衆〔四〕爲務。師恪遵玄訓，於是始建長春於漳川，奉天、棲真於大名。丙戌，復詣燕覲寶玄堂，參證心印。明年秋，長春返真，師杖屨南歸，向化者益衆，如磁州之神霄，相州之清虚，

〔一〕鍊心養性：樓觀本作「煉養愈密」。
〔二〕潛究道德性命之學，大有所得：樓觀本作「心境虚明，萬理照徹」。
〔三〕上仙：樓觀本作「解化」。
〔四〕道衆：樓觀本作「闡化」。

林慮之天平，廣宗之大同，燕都之洞真，皆以次而舉。其門弟諸方起建大小庵觀二〔一〕百餘區，化度道流稱是。丙申，清和宗師自燕入秦，興復終南劉蔣祖庭。時師亦侍行。適樓觀宗聖宫道士張致堅以廢址係玄元道祖演道德二篇聖蹟，天興兵亂，焚毁殆盡，具狀懇宗師乞爲重建計。宗師以爲，無丹山豈能棲彩鳳，有任公乃得猷大魚，即以狀付師，俾任其責。師奉命，率徒剗荆蕪，陶瓦甓，經之營之，日漸成序。丁酉冬，真常宗師署師大名、邢洺兩路教門提點暨清真大師號，俾往來秦魏趙間，以辦其事。不十載，雄樓傑觀，粲然一新。

庚戌，洺州牧石德玉慕師名節，詣闕保奏，賜黄金冠服，加號同塵洪妙真人。甲寅春，詔燕京大長春宫修普天大醮，師預高道之選。事竟，盤桓邢洺諸觀院，有未完者例爲補葺。中統癸亥，誠明宗師命督還樓觀，凡有闕略，悉加修飾，方之前代，增益數倍矣〔二〕。至元改元，奉德音，禁民侵擾，及使臣軍旅無聽留宿，以便焚誦。三年丙寅夏六月二日，沐浴正襟，儼若平日，集衆於前，戒以修身利物爲念，以後事嗣弟子石志堅主領。翌日，儵然順化，享

〔一〕二：樓觀本作「三」。
〔二〕增益數倍矣：樓觀本作「雖未大備，其已成殿閣，峻麗則復過之」。

年七十有八。方其歛息之際，宫北焦家巷居民見空界五雲浮動，仙音朗徹，奔往視之，師乃昇矣。畏暑流金，顔色如生，醮祭三日，權瘗於所居之丈室。既事，遣介赴喪於山〔一〕東門人。忽一日，大名奉天宫群鶴飛鳴，下直壇殿，衆目仰瞻，須臾訃音至，識者以爲師之神遊也。後四年庚午，門下諸耆宿卜以清明日葬于宫東南成道觀〔二〕之仙遊堂。

師純素誠敬〔三〕，終日危坐，望之毅然，若不可犯，逮其即之，教人不倦，皆嗇養精氣神之祕，其次則必以退己進人罪福之方，隨其高下接引之，誕惑幻怪之語不道也。雖應緣世務中，其頤真毓浩之業未始少間，輕財重義，慈儉謙裕，殆若夙成。四方學徒不可勝計，歲時供奉，金帛充溢，悉歸常住，爲興建費，衣冠之外，囊無私積，故能享其壽，致高名〔四〕。所至之地，權豪士庶莫不再拜禮敬，北面師事之，自非胸中誠實所格，疇克爾耶？以予嘗辱知於師，比其葬也，石君志堅狀師平昔所行大概，懇來乞文，將刻之石。予亦重師之有道，不得以固陋辭，即因其實而紀之。銘曰：

〔一〕山：原無，據樓觀本補。
〔二〕成道觀：樓觀本作「會靈觀」。
〔三〕純素誠敬：樓觀本作「天資純粹」。
〔四〕「誕惑幻怪」至「致高名」：樓觀本無。

希夷道妙言難窮，誠之所感斯能通。粤有人兮宿慧充，開玄嫡嗣同塵公。早年穎悟超樊籠，仁慈清儉居謙沖。虎龍交媾全真功，鍊就骨肉俱相融。令名籍籍壓岱嵩，所在請益來參同。西翱東翔闡宗風，隨機接物開盲聾。草樓灰燼施神工，瑶壇玉宇增興隆。功成道備師知雄，退身閑居德愈崇。百年猒世遊太空，昭昭不亡存其中。我作銘詩樹琳宫，高天厚地齊始終。

洗燈子然先生道行碑銘

翰林直學士中順大夫陝西漢中道提刑按察副使王利用撰

道家者流，蓋逸民之徒歟？語其心則沖虚清静，語其身則落魄不羈，語其情則愛惡俱遣，語其志則持守不移。其設教也，不娶不宦，不葷不垢，慈而祥，貧而樂，和柔謙退而已。所以老莊於周，鍾離於漢，吕仙之於唐，繼繼承承，而不世出也。其簪冠模範，心跡塵俗者，姑置而勿論。金源氏作，重陽祖師飲甘泉而了道，丹陽馬師遇重陽以修真，趙玉斗法嗣於丹陽，洗燈子光續於趙斗。教法大闡而關中爲最者，洗燈師與有力焉。

師諱逸期，字守約，姓然氏，京兆涇陽人，大定辛卯，分瑞于世，骨相異常。弱不好弄，及其長也，神注于顔，髯過于腹，澹然寡欲，樂慕玄風。父母欲妻之，誓而弗許，遂禮清陽子桃花陳先生爲師。灑掃叩詰，盡瘁服勞，雖經叱訶責辱，未少退惰，晝不懈夜不寐者凡六寒暑矣。清陽子曰：「汝雖經鍛鍊，功行未圓，若非明師指訣，詎可入於大乘？」東山道人與汝有千劫緣，當往參禮。」力遣之，乃謝去，至驪山，遇了真子趙公，方悟陳師之言。久炙仙機，默有所契，了真子曰：「靜功垂成，更加礱勵可也。」長安太白延祥觀，乃唐朝玄元道祖示現之跡，吾丹陽師已爲建立全真堂於其側，他日必爲大福田，汝可識之。」即日西邁，過醴泉，邑人留居環堵，遂乃踵納真息，内杜德機，棄智忘言，識心見性，不三年，造夫大妙之域。一日，火光從環堵中出，衆以爲災，奔赴之，至則見師瞑笑而坐。衆感而異之，方悟火光乃神光也，於是敬仰禮奉倍於他日。

師猒其煩潰，出遊商顔，卜築三陽草庵以止息焉，字其庵曰還真。三陽地勢高迥，泉素艱得。師指其震隅曰：「泉其在此乎？」發之，泉果涌出，甘洌如飴。遂賦詩曰：「一陽初動震天關，須信還真地有緣。昨夜乖龍轟霹靂，迸潮海眼出寒泉。」居十歲，聞望益彰，門人大集，鄉之善友敦請西遊，遂赴了真師所囑太白延祥觀而住持焉。士庶參謁，曲盡誠敬，持紙幅懇求翰墨者比比也。或者辭色頗倨，即書二詩付之，持歸披讀，了無一字。翌日，再詣師席，具白其事。師笑曰：「爾元不曾開眼，再讀當有所見。」展而視之，墨跡儼存，驚悔拜謝而去。節度使曳剌金紫之在鄧也，病篤，夢異人飲以法水，寤而即愈，命工繪其像，晨昏敬禮焉。聞師歷商過鄧，使數人邀於路，至則駭曰：「乃夢中所遇之異人也。」出像示之，惟肅。師知其意誠，諭以詩曰：「憶昔垂綸逾四載，至今猶自不吞鈎。可憐笑殺灘頭鷺，辜負寒江一葉舟。」金紫拜而受之。

歲壬辰秋七月，居淅川，召門下楊志堅、張道性語之曰：「比歲暮，吾將行矣。」其年冬十一月二十八日，命道侶次第而坐，曰：「諸公盍爲我餞行？」因令高歌起舞，時及四鼓，乃留頌曰：「四大元無主，包羅物外身。壺中天地好，歸跨紫麒麟。」頌畢，擲筆端坐而蜕，春秋六十有二。乃卜服餌谷之兆而權厝焉。越明年，門人白志柔等欲改葬樊川了真師仙塋之次，焚香啓柩，面如生，亦足以表其平日修鍊之功矣。

至元癸未冬十二月，嗣法提點趙志暉、提舉王志靈、知觀李道和輩，持師道行之狀，介道友通真子乞文於予，曰：「吾師襟靈明爽，虛室生白，經文洞曉，肆筆成書。曩昔著述歌詩幾四百首，引援門弟子無慮千餘人，墓雖有誌，若非道行碑銘，恐無以白于世而壽于後也。」予感其求請之懇，乃爲之銘曰：

維鍊金兮，純粹其精。維質玉兮，瓏玲其聲。德參乎兩儀，秀禀乎五行。言乃矢口而發，書乃肆筆而成。降龍伏虎兮，翺翔乎河洛七八之數，乘風御氣兮，逍遥乎鵾鵬九萬之程。其來也孤雲，其去也迅霆。孰知夫洗燈莫測之妙，盍視此翠琰不朽之銘乎？

通真子秦公道行碑銘〔一〕

遺山真隱元好問撰

通真子諱志安，字彦容，出於陵川秦氏。大父事軻，通經博古，工作大字，爲州里所重。父諱略，字簡夫，中歲困於名場，即以詩爲顓門之學，自號西溪道人，殊有古意，苦於雕琢而無跡可尋，一時文士極稱道之。生二子，通真子其長也，自早歲趣尚高雅，三舉進士，而於得喪澹如也。貞祐初，避亂南渡，西溪年在喜懼，親舊以禄養爲言，不獲已，復一試有司，至御簾罷歸。正大中，西溪下世，通真子已四十，遂置家事不問，放浪嵩少間，稍取方外書讀之，以求治心養性之要。既而於二家之學有所疑，質諸禪子，猒其推墮滉漾中而無可徵詰也，去從道士遊。

河南破，北歸，遇披雲老師宋公於上黨，略數語即有契，乃嘆曰：「吾得歸宿之所矣。」

〔一〕此文亦見於遺山集卷三十一，題名爲通真子墓碑銘，以下簡稱「遺山本」。

因執弟子禮事之〔一〕，且求道藏書，縱觀之。披雲爲言：「喪亂之後，圖籍散落無幾，獨管岑〔二〕者僅存。吾欲力紹絶業，鋟木流布，有可成之資，第未有任其責者耳。獨善其身，曷若與天下共之？」通真子再拜曰：「謹受教〔三〕。」於是，補完訂正，出於其手者爲多〔四〕。中間奉被朝旨，借力貴近〔五〕，百方並進，卒至於能事穎脱，真風遐布，而通真子之道價亦重於一時矣。通真子記誦該洽，篇什敏捷，樂於提誨，不立崖岸，居玄都垂十稔，雖日課校讎，其參玄學，受章句，自遠方至者源源不絶。他主師席者，皆竊有望洋之嘆焉。

藏室〔六〕既成之五月，謂徒衆言：「寶藏成壞事關幽顯，冥冥之間當有陰相者。今大緣已竟，吾其行乎？」越二十五日，夜參半，天無陰翳，忽震雷風烈，大木隨拔，遽沐浴易衣，蜕形於所居之樗櫟堂，得年五十有七。弟子李志實等以丁未年月日奉其衣冠寧神於天壇之麓，披雲之命也。所著林泉集二十卷行於代。

〔一〕之：遺山本後有「受上清大洞紫虚等籙」諸字。
〔二〕岑：遺山本作「州」。
〔三〕教：遺山本後有「乃立局二十有七，役工五百有奇，通校書，平陽玄都以總之。其於三洞四輔萬八千餘篇」諸句。
〔四〕多：遺山本後有「仍增入金蓮正宗記、煙霞録、繹仙、婺仙等傳附焉。起丁酉，盡甲辰」諸句。
〔五〕近：遺山本後有「牽合補綴」四字。
〔六〕藏室：遺山本作「寶藏」。

往予先君子令陵川，予始成童，乃識通真子之大父，閑居嵩山，與西溪爲詩酒之友者十五年。通真子以世契之重，與予道相合而意相得也，故志實輩百拜，求爲其師作銘。今年春二月，劉志清〔一〕者復自濟上訪予新興，冰雪沍寒，跋涉千里。其勤有足哀者，況於平生之言？乃爲作銘，鋟刻之松臺。其銘曰：

昔在窮桑發真源，鑿民耳目神始全。遭罹元二〔二〕坤軸旋，壞劫欲墮未開前。道山絶業疇當傳，百於苾蒭了大緣。若有人兮靖以專，嚮也易老同初筵。玄綱力挽孰我先，苦節終至孰我堅。網羅落簡手自編，寒暑不廢朱黄研。琅函瓊笈閟九淵，垂芒八角星日懸。司功會計盍上遷，乃今出瓶鳥飛翩。安常處順古所賢，死而不亡豈其然？華陽九障名一焉，豈不委形殆賓天？爲復延康轉靈篇，爲復蕊珠參七言。爲復虎書校三元，爲復逸度論九玄。寧當褭蹄燒紫煙，寧當麟角煎集弦。寧當千家課芝田，寧當七祖歸枯禪。松臺有銘閱千年，我相夫子非頑仙。

〔一〕清：遺山本作「玄」。
〔二〕二：遺山本作「元」。

恕齋王先生事蹟

先生姓王氏，名粹，字子正，北平之巨族也。才高而學贍，少有詩名，每一詠出，膾炙人口。然與世踈闊，不事舉業。正大間，薄遊鄧下。時漆水公節鎮唐鄧，喜文章，樂與士夫遊，故中朝名士多往依焉，先生亦客其門。會天兵南下，民遷襄陽，先生亦漂泊江漢間。甲午，楊侯彦誠被命招集三教醫卜等流，一時士人皆得保其妻孥，復還中國。楊侯獨迎先生至燕，遇真常大宗師，即北面事之，執弟子禮，居長春宫。真常遇之甚厚，復以上世師祖本行屬之爲傳，將藏諸祕笈，以永其傳。先生遂居萃玄堂，研精致思，旁求遠索，紬繹而編緝之。年四十餘，以癸卯九月無疾而逝。不浹旬而見夢於誠明張君，其云爲款曲，不異平昔，少焉，作詩而别云：「當時每恨花開早，及看花開花已老。花落花開能幾何？回頭又見春光好。」詰旦，誠明以所夢之詩白於真常宗師，真常嘆曰：「子正仙矣。」聞者異之。先生爲人性恬澹，無機構，廉潔貞介。與人交，悉待之以誠，聞有道行者，雖窮居陋巷必親之。嗜讀書，作文尤長於詩，其五言雅淡有陶韋之風焉。

訥庵張先生事蹟

先生諱本，字敏之，觀津人。幼年與真常李真人爲同舍生。初，真常之入道也，先生以嗣續規之，既知牢不可奪，乃各言所志而訣。貞祐二年，先生中詞賦高第。平生工於大篆及八分，作詩殊有古意。正大九年，以翰林學士使北見留，遂隱爲黄冠，居燕京長春宫僅十年。時真常掌道教，兄事如昔，盡禮給養之，後遊濟南，翛然而化。

甘水仙源録卷之七

甘水仙源録卷之八

夷門天樂道人李道謙集

純成子李君墓誌銘〔一〕

宣授懷孟路提學〔二〕李蔚慶之撰

講師李君没，其友申公都〔三〕提舉以告，且曰：「講師操履堅正，德業沖粹，人所共知。臨終以後事見託，經營宅兆，今已安措。不有銘辭，無以慰諸幽，願詳其所聞而誌之。」講師諱志全，字鼎臣，太原太谷人，少業進士。父洵直以經義中明昌五年第。講師〔四〕挺志不群，守箕裘之舊，孜孜講習，視富貴如探囊中物也。當立之年，不意世變，干戈日尋，

〔一〕此碑亦見於藝風堂拓本，題爲大朝故講師李君墓誌銘，簡稱「藝風堂本」。

〔二〕學：藝風堂本後有「官」字。

〔三〕都：藝風堂本無。

〔四〕講師：藝風堂本作「公」。

無復進取遑遑如也。當時天子好長生之道，不遠萬里召見丘長春，賓禮至厚，玄風大振，聞者皆興。故講師所以歸心，依河陽張尊師爲引度。長春西迴，策杖徒步謁見于奉聖龍陽觀，授以道妙暨諱名。自是山居有年，名聞籍甚。

其後東萊宋披雲以所在道書焚於劫火，奉朝旨收拾於灰燼之餘，散亂無復可考，求博洽異聞之士，俾校讎之，迺得講師，始終十年，朝夕不倦。三洞靈文，號爲完書，功亦不細。教主李真常奉恩例，賜公純成大師，提舉燕京玄學。未幾，復還天壇舊隱，徜徉巖壑，將終老焉。忽以昇聞，中統二年六月日也，享年〔一〕七十有一〔二〕。平昔著述號酎泉集三十卷行于世，又集七真及已下諸師詩賦二十卷，目曰修真文苑。嗚呼，士嘗論之，以君才學，取一第不爲難矣。世方擾攘，河朔尤甚，自保不暇，度日如年。壯志衰謝，甘埋於塵土，誰爲知者，泯滅無疑也〔三〕。迴視埋没于草萊，湮滅無聞者爲何如哉？乃作銘曰：

于嗟純成，幼戴儒冠。讀書幾載，校藝秋官。誓將一舉，九萬鵬摶。運有定厄，世

〔一〕享年：藝風堂本作「自出家」。

〔二〕一：藝風堂本作「二」。

〔三〕也：藝風堂本下有「一登玄關，蒙師推奬，遂爲高士，精微玄妙，□□□□蓋期與雲□爲友，鳩蒙正遊，識者皆知其遠大矣」諸句。

無常安。皤然學道，秉心如丹。長春西迴，景星爭觀。徒步千里，一見相懽。授以道妙，佩服馨蘭。苦心修鍊，幾換炎寒。要遊玉京，此事無難。三洞寶典，灰燼遺殘。校讎十稔，書始爲完。拂衣高蹈，雅志林巒。却歸舊隱，終老盤桓。無何仙去，聞者悲酸。刻諸琬琰，過者詳看。當知道中，自有鳳鸞。

洞觀普濟圓明真人高君道行碑

安西王府文學姚燧撰

我元自太祖聖武皇帝視丘長春有道，聘爲玄門宗，厥後太、定、憲三宗及今皇帝，皆稟孝自天，善繼以述。雖長春返真，不虛其位，命尹清和、李真常、張誠明、王純真與今張玄逸嗣焉而迭居之，如丘在太祖世。其徒認縣官崇禮斯道之盛，語其師之居，不敢斥，必曰堂下。然堂下治京師，而祖師之藏，與夫成道之廬，則在今終南山之劉蔣。自堂下視之，猶木根而水源，必茂浚乎此，乃始不憂傳脈之不盛。故凡四方走幣堂下爲香火之奉者，必割界而實之祖庭，待以興化弘教之須。豈惟是爲然？惟人亦然。苟可以任興化弘教之責，亦必擢置祖庭受事之陳，不令拱手肆志於無用之地。嗚呼，才有大細，故任有重輕；德有著微，故居有久近。自秦而夏而梁而蜀，治轄恒半堂下，其任如彼其重也；自庚子從洞真入關，今茲四十年，職道教者獨再紀，其居如此其久也。則夫爲才之大，爲德之著，尚待言説而始白之人耶？

君姓高氏，諱道寬，字裕之，應之懷仁人。其世夙豪於財，而系則不詳。幼業讀書，能通大義焉。長爲吏長安，丁内外艱，始棄室爲黄冠師。其從受學三人，始則安蓬萊瀹其源，繼則李沖虚大其流，終則于洞真會其融而導其歸。故遊洞真門最久，洞真亦恃君有受而克大其傳也。既告以道德之微言，又授上清紫虚之籙，賜號圓明子，署知重陽萬壽宫及提點甘河遇仙宫。歲壬子，真常擢爲京兆道録者十年。中統辛酉，誠明薦之朝，制以爲提點陝西興元等路道教兼領重陽萬壽宫事。至元辛未，純真易子爲尊師，加「知常抱德」於「圓明」之上。丙子，天后、皇子安西王，各錫黄金雲羅冠服一襲，教令又益以西蜀道教，猶仍「圓明」，第易「知常抱德」爲「洞觀普濟」，尊師爲真人。以明年丁丑春正月二十有五日上征，逆而推之，盡金明昌乙卯秋七月十有九日，爲閲春秋八十有三。而藏冠屨於仙蜕之園云。其年五月，嗣真人李天樂實狀其行，俾道録郭志祥持示燧曰：「真人之德，宜顯詩之，將維子是請也。」燧曰：「嗣真人與道録之言不可辭讓，況及先真人風概之一際乎？」乃遂詩之，其辭曰：

緊昔君生，應之懷仁，後由兵興，避走而秦。幼知讀書，長而試吏，束於親存，供爲子事。棘棘時艱，風樹悲纏，乃斬慈愛，一志求仙。中夜耿光，天門啓奥，瓊屋磊嵬，飛揚葆纛。是皆平日，積想之爲，初匪高高，善幻爲斯。以君達觀，能不是覺，蓋以自信，精神之確。伊誰云師，迺即安君，望粗有見，要眇斬聞。久之于于，東亂汴水，丹陽之孫，沖虚是倚。及門不屑，示教多方，軋以擊摧，觀其競彊。納以濁垢，察其茹受，積久不移，用視持守。投畀井臼，臧獲所難，人勉於暫，君久益安。積信沖虚，待目日改，作新授付，已密有在。洞真徵車，既牽既膏，庭議具虞，翩其避逃。乃勑沖虚，悃款相布，使就其徒，擇爲行輔。沖虚戒君，中使與西，曰：「惟若人，丹陽耳提，穴石吴嶽，聞道日躋。彼伏鵠卵，知求魯雞，子今幸際，猶昇有梯。」竟偕洞真，自隴而汴，趍風後塵，聞見再變。洞真留主，中太一宫，君遂不去，几舄與同。玉步既改，君始北邁，結廬德興，規以自晦。洞真逾燕，挈徒而東，衍教白霫，召君來從。曰：「子爲道，輕世自足，偃蹇雲山，其過乖物。其反子者，同塵無猒，徵逐府寺，其歸附炎。二者揆道，無一而可，由先失人，後則忘我。安知至人，與世斡流，浚其靈臺，與理充周。余也誰昔，子外之病，教之無爲，恬澹虚静。上而人天，性命之原，欲子内服，玄聖之言。子守是説，膠轕拘礙，囿於一小，曾未聞大。修身有得，及物利生，鈞之爲德，何害並行？勉出酬應，無憚而退。若金用礪，磨鈍而鋭。小子識之，劬心自荷。」君拜稽首，受訓不那。又從會葬，祖師劉蔣。關中訇兵，所在榛莽。白骨陵丘，熊虎爲群。作室幾時，雄樓切雲。後爲終南，勝概之甲。君時佐用，身任寡乏。行裒四方，言能動頑，虛馬與輿，出以實還。勞則夥矣，略而不有，鼓鐘于宮，譽者盈口。洞真亦期，可振玄風，署知重陽，甘河兩宮。真常拔之，俾録道教，廣員千里，實長京兆。蝟礫琳宮，簡其條章，草靡風行，教益奮張。誠明奏制，提點延慶，隴秦山南，治轄之廣。孰非開府，皇子異諸，裂地之多，古先有無。帝曰「欽哉，汝有河外」，官惟其能，承制自拜。乃降教令，益之兩川，蜀凡道流，曰「始願焉」。嘗觀爲治，教難政易，政恃賞刑，民有勸避。教以道民，孝悌之興，難也烏在，身先未能。矧乎教道，難者之又，如適斷髮，鬻髢求售。彼捐彝倫，何有於師，無賞以詠，無刑以隨。來則受之，去不越逐，緫緫而居，從厥攸欲。自非其道，不令而從，孰久不斁，賤貴歸心。嗟君居此，歷逾再紀，年八十三，隤乎順委。冠屨安墳，仙蜕有園，誰其嗣君，君有顧言。既謂天樂，子余所厚，匪我私之，子蘊之茂。畀汝印奩，賜服命書，子欲不取，人疇汝踰。高風日邈，皇子悼怛，即命天樂，從君顧託。立君之位，師君之爲，猗哉皇子，終使君知。北山之石，貫古不朽，有龜作趺，有螭絡首。于以樹之，清渭之陰，刻此銘詩，式耀來今。

太華真隱褚君傳〔一〕

安西王府文學姚燧編

靈臺真隱褚君，幼業儒，長而遭時艱，求所以託焉而逃者，寄跡老子法中，受學劉真常。棲遲不在城邑，多名山中，如保之葛洪、瑯琊之七峰、應之嶽神，無常居焉。後由真常主華陰之雲臺宫，始從之西。

真常逝，而徙上方，留弟子主雲臺，華〔二〕嶽也，爲山益奇。上方又天下之絶險，自趾望之，石壁切雲霄，峻削正矗，非恃鐵絙，不得緣縋上下。不知鐵絙成於何代何人，意者古能險之聖也。將至其顛，下臨壑谷，深數里，盲煙羃翳其中，非神完氣勁，鮮不視眩而魄震。君負食上下自給，如由堂適奥，嬉然不爲艱。薄寒則上下負食益勤，爲禦冬備。一歲偶未集，冰雪塞山門，計廪纔得常冬之半，始服氣减食爲胎息，遠或數日一炊。明年山門開，弟子往哭，求其屍〔三〕，見步履話言不衰他時，方神其爲非庸人。伺下山，止之曰：「不可復有

〔一〕此傳亦見於牧庵集（此據四庫本）卷三十，以下簡稱「牧庵本」。

〔二〕華：牧庵本上有「雲臺」二字。

〔三〕屍：原作「死」，據輯要本、牧庵本改。

往也已。設向師食不繼，僵死冰雪，弟子雖有喙，何説自白其能孝於天下？必勿復往也已。」君難逆其請，指牛心谷曰：「此漢太尉楊公震授徒之槐市也。」或聞而稽疑其傳，止得公嘗教授，湖不見其居華陰者，不識君何據曰然。谷南直中方入，行二許里，深林奇石，泉淺淺鳴其下。墾地盈畝，構室，延袤不足尋丈，環蒔佳花美箭。人之來者，始則愛其蕭爽，不自知置身塵埃之外，居不移〔一〕晷，既已欠伸，佗然而思去矣。君又屏弟子獨居，或勸宜留一人自佐，曰：「吾居此樂，彼居此戚，所安先不同。猶彊而留之，能勉朞月之外，要終相棄去。吾故與之爲約，非舂粮採薪之至絶而繼，具而去。」亦古之君子以人望人，不竭忠也。其出山還雲臺，必以水冰無所仰飲，十月爲候，二月還谷。

性嗜讀書，逾熟左氏博議。日食數龠，飲酒未醺而止，不盡醉也。人家得名酒，爭攜餉之，至則沉罌泉中，時依林坐石，引瓢獨酌。日入則入室而休，或坐罷寢覺，起行庭中。一夕如聞林間行聲戛戛，君則曰獸也，雖不得其名，可試而知。引石投之，曰麇鹿哉，將驚而奔。或止而不去者，虎耳，果止，聽不去。明旦，視樊垣外虎跡縱横。再夜，走行如前夕，不以自戒而止。聞而談者，神明之。亦有他土樵人獵夫之適山，初未聞君爲孰何人，責之具

〔一〕移：原作「是」，據輯要本、牧庵本改。

炊，寢則假榻，甚者易而訴咄隨之。益勤以安，無難色忿言其外，若職宜然者。去或問姓名，惟他語不告，終問之，則曰：「吾求知人耶？必求人知而求若知耶？吾居此，在人所不問，而吾所不告也。」人見其苦身不近人情如是，然不違俗。上自王公，而下及臺皂，爭以一際顔色爲快。燧亦嘗一再造廬焉，告以人間聲利，泛如秋風之過耳，噤不酬應。叩之山間爲樂何如，必盡舉平生所見好石幽樹，佳泉危棧，亹亹忘罷。若幸夫人一往，而我能先之者。相舍以出，覺胸臆塵鄙如雪之見晛，消釋無留餘者數日。益信夫遊方之外，有恬愉靜退之士如君者，罕類例求也。

君名志通，字伯達。名聞天聰，俾禱水旱有應，不爲沴，賜號佑德真人，提點嶽祠灝靈宫。又以嶽祠風雨將騫，内出鈔萬八千鏹爲完葺費。三年易弊[一]而新，飾湛爲翬，過者改觀，始有應務之才，特韜之耳。年八十，德益深，聞益彰，聖皇思見益急，當歲己卯至元十六年，詔中使起之。北面受命稽首曰：「草莽之臣通也，自知審矣。疇昔壯也，言不足以資廊廟擇，力不足以彊禦侮，今老矣。先狗馬填溝壑，晨夕雖蒙冒龍光，力疾以行，終不達，恐傷陛下仁及草木之化，是以昧死請。」中使竟虚車而返。

〔一〕易弊：輯要本作「物易」。

今李大參公號知君深，且樂誦人善者，戒燧傳之，無俾不聞於今而泯於後焉。公名德輝，字仲實，前北京等路行中書省，今以中奉大夫出相安西府云。

洞玄子史公道行録

慎獨老人東明前進士王鶚撰

公名志經，字天緯，絳州翼城人，世習儒業。祖彬，字執中，父公佐，字良臣，皆隱德不耀。公以泰和壬戌歲生，生而夙慧，雅有道緣。六歲從里人吉德居讀書屬句，天資穎悟，夐出儕輩。貞祐甲戌，翼城再陷，流寓于雲中，主完顔氏家。渠見其不凡，養以如子。興定辛巳，遁跡投玄，禮恒嶽劉真常爲師，師一見器之，事必諮委。歲癸未，長春大宗師應詔東還，公從其師拜于阿不罕私第，長春訓以今名。自後道行日隆，盤桓于蔚、代、朔、應間，研精問學，弊衣糲食，晏如也。

丙申，清和老仙洎京兆總管田侯議葺西嶽雲臺觀，勸請真常師。師許之，間遣門人輩斧荆榛，輿瓦礫，不數年，漸至完美。雲臺道衆擬公住持，而未許也。辛丑，專价持書控馬來邀，公雅意西遊，欣然就道。秋八月，達華封。公以華山名嶽，靈跡甚多，兵戈相尋，至于湮没，乃搜奇訪異，親歷見聞，至古今名士所作碑記、表傳、詩文，極力求之，期于必得而後已，於是著爲華山志十有四卷。丙午，真常羽化，公詣渾源哭之，且心喪三年。己酉，拜于洞真真人，參受經籙。庚戌，掌教李真人屢以書請，辭不獲已，來燕。玄學講餘間，受易、老微旨。辛亥，從真人北覲，例賜紫衣，加號弘〔一〕真宣義大師。壬子，復從真人徧祀嶽瀆。戊午，東遊海濱，謁七真故居，訪重陽祖師行化遺跡。癸亥春，自登、萊還燕。

公平生喜著述，爲文不事雕篆，率皆真實語，前後累數百萬言，皆有理致可觀，無長語浮辭。惟華山一志，纖悉備具，尤爲盡心，在他人不可及，觀者當自知之。方劉真常之將歸也，遺言葬諸翛然堂。襄事既畢，公自來燕，因魏學士邦彦禱予作記，時已飽公之名。予頃年往來長春，與公良晤，乘閑求予作華山志序。予謂龍谿孟駕之既作之于前，而蓮峰太霞老、三洞講經趙法師又皆發明于後，予再言之，贅也。惟公平昔道價至老益振，於是不可不書，乃爲書其出處大略，使後之學者可以述追遐軌，而執筆誌高道者或有考焉。

歲旃蒙赤奮若春正月丁酉謹録。

〔一〕弘：輯要本作「玄」。

史講師道行録後跋文

鈞溪天樂道人夷山李道謙撰

講師洞玄史公，余自弱冠始，識芝眉于太華，後既會於終南，又復會於燕山，中間音容契遇、簡牘往來者逾三十載。公以至元癸酉冬自燕還雲臺。再年甲戌秋七月，仙仗來終南，炷香祖庭，出所述長春宗師慶會圖，託余爲序，而彌綸其闕。因得與公焚香談道，樽酒論文，從遊乎數月。逮季冬初吉，座中屢出長别之語，皤然東歸，而堅不可留。今年乙亥春，聞公於正月四日以後事囑諸嗣師寂然褚君，神遊于所居之松菊堂矣，享春秋七十有四。嗚呼，異哉！公先自庚戌歲，承掌教真人命遨遊四方，遠越二紀，以著述經傳扶植玄教爲己任，高名揚海宇，偉跡徧天下。老年轍還故隱，翛然仙去，可謂人能弘道，道不負人者也。是歲日南至，公之門人劉志新持翰林學士承旨王君作公道行録，丐余續其後事，將刊貞珉，以垂不朽。余亦景仰公之有道，故樂爲之書。

泰安阜上張氏先塋記

濟南杜仁傑撰

布山之陽，有邸曰阜上。阜上之民有張氏，家以財穀雄里社。當前金正隆間，人夥地狹，往往無所資衣食，唯張氏有田若干畝，有牛若干角，然能周急繼困，過客無問貴賤，館之如一，當時遂有長者之稱。張氏家男諱林者，因卜新塋於阜之西南三里許，卜者尹通實相其事。林問通曰：「是葬也，有何徵兆？」通曰：「比襄事時，有一縞兔起巽方，走乾位。」及窆果應，續謂林曰：「君家三世之後當有異人出，子不復能見矣。」

林生彬，生仙，祚胤始大。仙生四子，孟曰榮，仲曰平，季曰山。其第四子方在孕，未朞月，母劉氏見茹葷者，輒掩鼻而去，及劬勞之日，若昏瞶然，有人疾呼曰：「長老在門首，汝當敬謁。」遂出，見一僧坐馬上，合爪言曰：「我必飯于而家。」覺而舉一子，骨法殊不類凡兒。甫齔，並不飲食肉人乳，亦異哉。六歲，習神童，誦五經，略皆上口，然不樂居家。十二，去父母，入山學道，禮真靜崔先生爲師，得法諱志偉，號天倪子。發辭吐氣，已不在了蓬老輩下。不數年，道價騰滿齊魯間。

時東西諸侯皆出於武弁，見之無不屈膝。東平嚴武惠公以寧海范普照住持萬壽上清宫，輿議以謂，治軍民如武惠，掌道教如普照，可謂無前矣，必得峻潔知辨如張志偉者以貳宫政，斯可矣。至三謁，然後惠然。居無幾，廢者興，缺者完，惰者勤，慢者敬，凡所應用，無一不備，僉曰稱哉。已而驛稟朝廷，賜號崇真保德大師，授紫衣，緣以金襴，報之也。于是慨然拂衣，復還布山之舊隱。間與故人畢清卿對榻以談，方偃息間，頃緣泰山之阿入西溪谷，若有人前導者，由淵濟公祠至竹林寺，樓觀參差，如在天上，從者四五輩，皆素所不識。覺而告之畢，曰：「果有是耶？」其年七月，武惠公以書來召，因論泰安之爲郡，「蓋前古帝王封禪之所。其宫衛，其輦輅，其祠宇，自經劫火之後，百不一存，良可悼惜，下官忝在其境，不粗爲修葺之，甚非所謂事神之義也，敢以大師道廕，爲我綱維是事，乃所願也」。師傴僂致辭曰：「某一空山食菜道人，何敢承當？」武惠答以「工匠之役，木石之資，與夫綵繪丹雘之費，我盡領之，師無讓爲」，遂諾之。經構迄今三〔一〕十餘年，無空日，故自絶頂大新玉女祠，倍於故殿三之二，取東海白玉石爲像如人然，一稱殿之廣袤；天門舊無屋，又創立之；下至會真宫、玉帝殿及聖祖殿，方丈廊廡齋厨，皆不與焉。外則岱嶽、朝元等觀，皆增修有數，抑亦勞哉。若夫師之寢處衣食，與役夫等。是以人忘其死而成師之志，雖國朝爲

〔一〕三：輯要本作「二」。

之，亦不能齊一如此。有司聞之，特加崇真明道圓融大師之號，兼提點泰安州教門事。復於中統四年，蒙燕都大長春宫掌教誠明真人專使賫奉聖訓，委師提舉修飾東嶽廟事。

予自壬辰北渡後，往來於奉高者有年矣，夤緣得與師交際，其相與之意甚厚，且嘗有同老泰山之約。一日，以乃祖先塋記見祝，予敢不敬從。如吾師者，退然才中人，癯瘁若不能勝衣，然問無不知，扣無不應，若乃芥納須彌，囊括宇宙，不足喻其胸次横闊之萬一。乃以區區土木之功相溷，何其不知師之甚耶？雖然，諺有之：「一子受恩，禄及滿家。一人成道，超昇九族。」或有此理。向之所謂白兔之示現，老僧之託化，泰山之神遊，今則驗之。噫，信乎其爲張氏之異人也明矣。他日委蜕而去，羽化而仙，凡爲而徒者，如欲紀其出處之大略，請以先塋記爲證云。

終南劉先生事蹟

先生姓劉氏，諱志源，道號清泠子，相臺固縣人也。家故饒財，夙喪其父，昆季三人，奉孀母以居。先生自幼不凡，有瀟灑出塵之想。及母氏終天，盡三年之喪，於是徑詣澶州洪洋山郎尊師席下改衣入道。自此心地益明，志行苦卓。嘗往來於開、滑間，衣弊足跣，人不堪其憂，先生自以爲樂也。其兄聞之，初未之信，一日以縑一束置於路，潛隱窺之，先生過而不顧，兄乃嘆異，始加敬服。

崇慶間，東遊鐵查山，謁玉陽真人，得授祕訣。無幾，金天失馭，山東郡縣自相屠戮。時先生丐食於賢堌，堌地頗高，其下有穴可容數百人，北兵奄至，近堌之民俱潛穴中。先生端坐其上，寇亦莫能爲害。如是數年，一方賴以全活，民到于今稱之。先生又于澶淵之鴈華臺鑿龕而處。時大軍之後，豺狼徧野，晝而食人，先生泰然不以爲怖。龕之左右，常有數狼馴狎，似相守衛之狀。老氏所謂「善攝生者，虎無所措其爪，兵無所容其刃」，先生有之。癸未冬，長春宗師奉詔南下，先生迓於宣德。長春一見，深許，授之以履，令勿跣步，仍委提舉大名路教門事。由是道價益隆，度門弟子數百人，建立庵觀百有餘所。乙未，清和真人祀香祖庭，明年還燕，召先生謂之曰：「終南山上清太平宮乃翊聖真君示現聖跡，宋朝勑修名宮也。兵亂以來，偶墮灰劫，非得福大緣深之士莫能興復。公可往任其責，且以輔翼祖庭爲務。」先生承命，遂挈徒入關。至則披荊剪棘，伐木購工，數年之間，殿堂廊廡，粲然一新，遠近莫不稱羡。噫，若先生者，其在玄門亦可謂有功者矣。

癸卯秋九月二十三日，留頌委蜕而逝，享壽七十有四，葬於終南縣城之南長春觀。壬子，掌教真常李真人祀香祖庭，奉朝命追贈爲純德妙成真人云。

清平子趙先生道行碑

祖庭大重陽萬壽宫講經師張好古撰

全真之道，一言可以盡之，曰誠而已。誠者，實之謂也。歷觀重陽祖師以下諸仙真，或立觀度人，或扶宗翊教，所以積功累行而令名無窮，非誠實無妄，其孰能與於此乎？清平子趙先生，即其人也。

先生諱志淵，單州人。自幼舉止不凡，雅好恬澹。甫及冠，父母俱喪，聞滕州靈真子馬尊師有道之士，徑往參訪，願留而受業於門。靈真歷試諸難以苦其志，薰鍊既久，玄機祕訣，悉以傳之。先生於是辭雪巖，遊寧海。玉陽一見器許，而道價日增矣。大安、崇慶間，先生避兵王屋山，草衣木食，不變所守。後聞河朔既定，行化諸方，以誠感人，所至景慕。大元癸未，長春宗師奉詔南下，詣謁於燕山，特蒙奬異，且以修真觀俾居之。先生每日一造師席，聽受談演，故於九轉七返深根固蔕之妙了無疑障。及長春昇，始從洺州僚庶之請，主持神霄萬壽宫。先生應物無心，到即緣契，至若大名、磁、相之間，度學者凡數百人，立庵觀十有餘所，然猶執謙樂退，未嘗以師名自居。

乙未，掌教清和真人祀香祖庭，先生亦來就見。明年，清和還燕，留先生充提舉。時關中兵革甫定，歲且飢，祖庭道衆屢欲委去，賴先生訓以功行，化以罪福，方便誘掖，内外怗然。丁酉，清和以書遺先生曰：「驪山華清宫，古仙聖跡，自來國家崇奉祈福之地。若非門下老成人，孰能主張？君年深在道，有力於教門，可以提點事任修復之責。」因賜清虚大師號。先生既受命，乃率其徒芟剪荆榛，葺整屋宇，丹堊藻繪，粲然一新。又建遇仙觀於終南山之蔡村，以輔翼祖庭之勝跡。其他一庵一宇，在在有之。

辛丑，會葬祖師畢，東歸洺州。癸卯，神霄宫大殿告成，天爲降瑞，衆皆稱賀，先生亦不以爲異。初，先生之在祖庭也，與清泠子劉先生爲莫逆友。是年冬，清泠之門人有自魏府來者，報其師已於九月二十三日返真于終南矣。先生以季冬朔旦啓行，欲詣魏府致遥奠之禮，暮宿廣平，遽然嘆曰：「觀物之化，不知化及我也。」即還宫，召門弟子曰：「昨夜師真有命，令吾速歸祖庭，吾其逝乎？」遂以後事付張志静，索紙筆留頌曰：「修行端的要工夫，鍊就丹砂不用鑪。擺手便歸雲外路，高穹風月自如如。」置筆而化，實初三日也，春秋七十有七，葬於州城南之道院。

後四十六年，至元戊子春，華清宫提點李志通、遇仙觀尊宿楊志素、提領蘇道常等，以其法屬講師吕志真爲介紹，持狀來謁曰：「吾祖清平老人，寧神于東州有年矣，惟是陜右門徒設祠置像，以奉歲時之香火，雖未嘗絶，然道行之碑至今未有能立者，豈非不敏之過歟？

敢再拜，以銘辭爲請。」予謂銘所以紀德也，先生之德有足銘者。蓋先生爲人純素篤實，蘊之爲德行，行之爲事業，終身出處，無一毫牽合之私。以是觀之，真可銘也已。若夫主醮之際，鶴現於邯鄲，示寂之時，神遊於京兆，改葬而容貌不變，設齋而丹童遐臨。其靈異類此者甚夥，是皆出乎自然，非先生之本心，故直叙其大概而銘之。銘曰：

大哉至道初無形，中藏妙用由人弘。重陽扶起先天扃，開化獨以全真名。群仙瑞世相繼承，扶宗翊教教乃興。粤有人焉號清平，善根宿植粹且精。妙齡學道已有聲，再遇長春心益明。内丹養就居磁、洺，門徒濟濟來不停。拂衣遂作關中行，清和一見稱老成。華清久廢託主盟，坐視瓦礫成丹青。遇仙創始親經營，至今勝概光祖庭。功成東歸遽飛昇，乘風馭氣何泠泠。先生之名莫與京，先生之行純乎誠。我作銘詩非虚稱，庶幾來者永有徵。

知常姬真人事蹟

師姓姬，名翼，字輔之，澤州高平縣人。系出長安雍氏，有唐故孝義雍睦、前沔州别駕雍府君，即其祖也。後有官是邑者〔一〕，因而家焉。至金世宗即位，避御諱易爲今姓。師始生，其母夢仙人授一玉石，吞之覺而即孕。師自幼雅重，識者知其不凡。四歲讀書，九歲考妣俱喪，比年十三而能詩賦，甫弱冠，天文、地理、陰陽、律曆之學無不精究。辛巳，天兵下河東澤潞，居民半爲俘虜。師孑然一身，流離竄徙，寓冀州之南宫。甲午，棲雲王真人演教諸方，道出於此。師一言相契，遂執弟子禮，賜名志真，號知常子。自是從遊盤山，頤真養浩，大蒙印可。

壬子歲，掌教真常李君起置玄學於燕京大長春宫。師亦與其請，日與四方師德遞主法席，後學之士多賴進益。甲寅春，棲雲來燕，赴普天醮事，禮竟，挈師還汴梁，居朝元宫。無幾，棲雲登真，以師嗣主教事。至元丁卯春二月，聖主降詔云：「姬志真德行貞良，文學優贍，易垂直解，道入總章。早師萬壽於盤山，晚主朝元於汴水。稔聞操履，宜先褒崇，可特賜文醇德懿知常真人之號。尚體綸章，永祈國算。」師以明年十二月三十日示微疾而逝，春秋七十有六。所著詩文曰雲山集，及道德經總章、周易直解行于世云。

〔一〕者：原作「有」，據輯要本改。

延安路趙先生本行記

朝列大夫守延安治中賜紫金魚袋張子獻撰

夫人之所以得大自在者，以其了達生死去來，不有凝滯而然也。昔禦寇乘風而行，泠然善也，南華以爲猶有所待，若夫乘天地之正，御六氣之辯，以遊無窮者，彼且惡乎待哉？今延安趙先生所謂無待之人也。

先生名抱淵，道號還元子，俗呼曰魔哥，延安之雞川人。家世業農，屢積陰德。先生自幼不凡，志在方外，嘗遇有道之士謂之曰：「汝夙有善緣，我今傳汝祕訣，勉自修習，終當有成。」遂結庵以居。事母至孝，鄉黨共稱之。後因戴柏高師父引詣劉真人席下，得授心印。隱居陽山，一紀不出。

先生素不讀書，忽一日夢真君召賜金一席，辭而弗受，復以道德二篇付之，先生即吞之入腹。自此性天明朗，心地開通，聞所不聞，知所不知，詩詞歌詠，若湧泉之流注。因述歌云：「昨日庵前遇莊列，二人點我長生訣。」又云：「尋箇知音尋不得，野人獨步下秦川。」遂來終南參重陽祖師，玄機密旨，大蒙啓證。後歷名山勝境，落魄不羈，寓意於詩酒之間，自稱太上弟子。至晚年還鄉，於迎祥觀住坐。

泰和五年，甘泉縣道友敦請先生住庵，乃作無夢令詞答之，其末句云：「相別相別，來歲春分時節。」時人莫曉其意。俄爾，次年二月初四日，上遣二使者奉冠服召先生赴闕，先生固辭曰：「吾一老村夫耳，莫難行焉。」使者堅索登程，先生與道友党珍及門弟子言：「我且當迴避。」遂沐浴正衣冠而坐，至三更，忽覩電光滿室，聲震如雷，衆皆驚駭，奔往視之，則先生儼然而逝矣。留頌云：「松梢皓鶴向風冷，只有翻雲歸去心。萬里青天一片雪，儘教華表柱頭尋。」是夜正屬春分之際，誠有驗於詞中之語，享年七十有二。平生述作，集爲混成篇傳于世。噫，昔先生陽山養浩，一紀不出，豈非御六氣之辯者哉？捨綸召之榮，而蜕殼飛昇，又豈非乘天地之正哉？斯不亦無待之人獨往獨來而得自在者？予故曰：人之所以得大自在者，以其了達生死去來不有凝滯而然也，庸不信夫？

先生示滅之後，來使繪真容以復上命，時先生已預赴闕矣。使者具告其事，朝廷莫不驚嘆，復遣使馬進章齎持賻物，與合郡官僚卜於迎祥觀西，鑿石爲洞，高棺厚葬，建祠樹碑，用彰仙跡，使有四時香火之奉焉。來使索予作記，以傳不朽，僕自顧不才，安敢當此。然忝竊朝廷之禄，敢違來使之命，且景仰先生之高風，恨不得再見，於是乎奮筆以書其實事云。

洞元虛靜大師申公提點墓誌銘

建安張好古撰

公名志貞，字正之，澤州高平縣人。幼讀書，中經童舉辭，後流寓太原，遂廢干禄之學，易衣入道。初從超然子王君遊，後處燕京大長春宮，禮真常李真人爲師。真常得公甚善，授洞元子號，且以詩贈之，曰：「一志守其貞，出塵功可畢。」時恕齋王先生、訥庵張内翰以宏才碩學棲止道宫。公復於暇日就聽講論，由是德日進而名亦彰矣。庚子，真常宗師委公任宫門事，號稱幹濟。

甲辰，宣差裴天民奉詔諸路降香，以公爲輔行，還燕，陞宫門知宫，蓋嘉之也。戊申，宗師以恩例賜紫衣，遷充宫門提舉。辛亥，奉旨代宗師詣東嶽作醮，禮成，投簡龍潭，殊獲徵應。甲寅，以提舉教門事從宗師徧祀嶽瀆。明年，復從宗師北覲。又明年，宗師猒世，誠明嗣教，命公宗主天壇上方紫微宫事，因自號雲叟，逍遥山林，若將終身焉。中統壬戌，永寧王邸久聞道譽，特賜洞元虛靜大師之號。至元四年丁卯，太原府天慶宫懇公主持師席。七年冬，誠明屢書邀致堂下。未幾，誠明上仙，淳和真人復以道教都提點强公，不得已而起，隨曳杖南遁，歷并、汾，憩河中，所至留請者甚衆。壬午，西遊祖庭，增葺終南山傳村長春觀，以爲菟裘焉。忽以微疾順正而化，享年七十有五，實甲申歲七月二十三日也。

公爲人儀貌秀整，器識宏遠，所與遊悉聞人名士。雖真常掌教，凡事必委于公，而公亦以輔翼玄教爲己任。至若朝覲往來，歷陰山數萬里之險，略不以艱苦爲念。人或訝之，則曰：「吾不爲玄門肯如是乎？」在燕之日，未嘗不用力於祖庭，良以報本故也。平生不移所守，故凡得喪禍福，無足以撓其心者。閑居則左琴右書，自適其樂。又善於應接，無問貴賤長幼，莫不得其懽心。然察公所行皆當理事，所言惟真實語，略無纖毫貪狥之意，方之古人，斯亦可以無愧矣。既殁，門人魯志興集所爲詩文得一十六卷，號曰濩澤蒙齋集，傳于世。一日，志興具狀以墓銘見請。予方固辭，而天樂真人亦爲予言曰：「此老在教門中可謂盡力者，汝其銘之毋讓。」予曰：「諾。」遂叙而銘之。銘曰：

嗟哉申公，氣大而剛，作事可法，出言有章。由我者，吾而道義是守；不我者，天而得喪俱亡。若人者，將盡力玄門，歸而翺諸帝旁耶？吾知其挈所有，乘所遇，以遊于世而卒返其鄉者也。

甘水仙源録卷之八

甘水仙源録卷之九

夷門天樂道人李道謙集

鄠縣秦渡鎮重修志道觀碑

前鄂州教授雪溪逸人俞應卯撰

祖師重陽以全真名教者，即無極之真，二五之精，妙合而凝，所以爲萬善之原也。號之爲師之祖者，蓋師道立則善人多，善人多則朝廷正而天下治也。道之體，大而無外，細而無内；道之用，無物不有，無時不然，不以堯而存，不以桀而亡，不以愚而不足，不以賢而有餘。何者？蓋元氣敷施，陽以剛之，陰以柔之，木金水火以布列之；此氣也，人得之所以爲人也。太極渾浩，健以行之，順以立之，仁義禮智以綱紀之；此理也，人得之所以爲道也。乾父坤母，既以五性之全、一理之真而賦之人；而人不能全此真者，不爲嗜好奪之，則爲强暴失之，不爲名利汩之，則爲忿慾亡之。此真之不能全，則天下宜乎無善人。無善人，則國何由而治，天下何由而平。惟能全是道之真者，可以爲帝王師，可以爲後世法。推而行之，則無非飲純飫朴之俗；神而化之，豈有茹名嗜利之風。子雲昧此，所以有事莽之污，所以有投閣之駭。子房識此，所以成相漢之業，所以成赤松之遊。斯道也，先天而天弗違，後天而奉天時，修之則吉，悖之則凶，信不誣矣。

惟黄帝師是道於廣成，故垂衣裳而天下治。舜受堯之天下，師是道於巢、許而萬國寧。武丁學是道於甘盤而商中興。苟非其人，道不虛行。且太上玄元生於三代之時，嘗爲柱下史矣，遇周室道衰，不能推其所爲，遂著道德之編以貽後世，其曰道大，而又曰王配天地之大，豈不與吾夫子一王之法同其功乎？南華真人生於戰國之時，嘗爲漆園吏矣，因天下爭奪，不能展其所行，故寓其言於道以示諸人，曰易以道陰陽，春秋以道名分，蓋亦與吾夫子尊王之心合其志也。迨西漢之四皓，以是道定國本之計於一言；東漢之嚴光，以是道契中興之主於平昔；至於晉、宋、齊、梁，歷唐暨宋，時雖不古，而斯道自存，如許旌陽、葛勾漏、陶隱居、寇謙之、司馬子微、東華、正陽、純陽與夫希夷，亦善推其所全之真以及當時之君。其正陽、純陽，陰陽不測之神，至今常顯於寰宇之内。故重陽祖師得以繼是道之正傳，全一真之妙理。

師本醴泉人也，姓王氏，於金朝初興之日舉進士，中甲科。人物魁梧，天資秀偉，方瞳熒熒，美髯郁郁，奈何道與時違，故不以軒冕利禄縈其心，常以水竹煙霞樂其志，遂卜終南劉蔣而居焉。一日，遇鍾、吕於甘河，傳是道之妙訣，以重陽爲號，以嚞爲名，於所居之室四隅各植海棠一株。繼而策杖出關，東歸海上，有問其故，則曰「我向丘劉譚裏捉馬去」，人皆未諭其旨。未幾，從遊者七，其所親侍者四，馬鈺、譚處端、劉處玄、丘處機是也，號馬爲丹陽，譚爲長真，劉爲長生，丘爲長春。西還抵汴，遽謂門人曰：「東華、鍾、吕之約，不敢愆期，吾後事在劉蔣。全真之教，汝輩當勉之。」言畢，具湯沐，奄然而逝。汴之名公、巨卿、賢士大夫，無有不赴弔者。

既而四師輦仙櫬以入關中，遵遺命而葬劉蔣。事畢將歸，四宗師憩於秦渡鎮真武堂茂樹之下，彷徨然猶有慕師之戚，執手分袂，各述其所藴之志，俱不負祖師之囑。長春隱於太公之磻溪，長生寓東周之瀍水，長真居水南之朝元。惟丹陽反築室於塲，爲今之終南重陽萬壽宫也。自是全真之教漸興，師宗之德益著。於興定間，有景慕四真之事者，依真武堂經營宫室以奉香火，恩例賜額爲志道觀。值金祚將終，民多凶暴，觀宇灰燼。恭惟大元聖文神武，奄有四海，生民綏定，百廢俱興。惟志道廢址尚存，荆榛堙塞。一日，洞真真人于君道經秦渡，載瞻故基，慨然有過河洛思禹之心，對羹牆見堯之感。遂命門人駱志通鳩工事材，構殿宇，聚徒衆，恢拓乎宗師之跡，增光乎玄教之風，使一祖四宗之德業，爲可大可久之基，豈不偉歟？

予於暇日，徜徉琳宇間，覽紀事於碣石者，與道體往往相違，是以慊焉。一日，志通表四真之事跡，丐予屬文紀述其事。嘗觀太史公序九流之説，儒與道特冠於衆流之上。道之與儒，同此一理，儒之與道，同此一機，通其變則天下無弊法，執其方則天下無善教。若非圜機之士，不足以論此也。然教之在天下，亦何常師之有？且祖師以全真名教者，豈非吾儒真實無妄之理乎？其鍊形修性，豈非大易窮神知化之妙乎？方其護祖師之柩，歸而克葬之後，高弟能繼志述事者有之，廬其墓側者有之。於斯時也，何異乎吾夫子殁，而門人治任將歸，相向而哭之意歟？及其長春宗師被詔北庭，而好生之德感動人主，轉不殺之機於一言之頃，於斯時也，又何異乎吾孟子告時君不嗜殺人者能一之之仁歟？由是觀之，則祖師所修之道，宗師所繼之志，既可以帝王之取法，則又足以致天下之治平，大非秦皇、漢武之時方士雜學之比，亦非晨門荷蓧之徒，長沮、桀溺之輩。觀今日書同文，車同軌，四海之内晏然，朝廷之政清肅，然後知植海棠之意不誣於其先，丘劉譚馬之事有驗於其後。噫，是道也，自常清觀之神妙難測，由至人守之不外乎一真之理。故全真之教雖遺世獨立，而尊君親上之心常存，雖遐遯隱居，而愛人利物之仁愈切，即無思無爲之誠，以顯其有感有應之理。在宗師既能神知來而智藏往，於門人又能繼其志而述其事，豈不有補於聖明之朝乎？

非志於道，其孰能與於此哉？從而贊之曰：

道體渾浩兮，無臭無聲。陰陽肇判兮，成象成形。幽潛淪隱兮，升降八紘。惟人爲貴兮，萬物之靈。原始要終兮，故知死生。嗜慾之汩沉兮，出入莫測其心。列仙之相傳兮，秖欲全乎無極之真。不先覺於重陽兮，孰開妙理於我人。爲道之紀綱兮，橐籥乎二五之精。志道復古兮，奂然而一新。真人常在兮，道備而德純。一祖四宗兮，亘萬古以皆春。

燕京白雲觀處順堂會葬記

寂通居士陳時可撰

長春大宗師既仙去，嗣其道者尹公乃易其宫之東甲第爲觀，號曰白雲，爲葬事張本也。越明年三月朔，召其徒而告之曰：「父師殯于葆光，未安也。吾將卜地白雲，構堂其上而厝之，何如？」或曰：「工力非細，道粮不足，未易爲也。」公曰：「誠以孝思報德，何患乎不成？矧我父師遺德在人，四方門弟子疇不追慕，當自有贊成者，公等勿疑。縱復不然，盡常住物給其費，各操一瓢可也。」於是普請其衆，以四月丁未除地建址。越四日庚戌，雲中、河東道侶數百輩裹贏粮來助，凡四旬成。其堂制度雄麗，榜之曰處順。既祥，奉仙骨以葬。其歲月事跡已見于本行碑。

一日，求予别爲之記，將以諸方會葬者之名氏刻于石之陰，以大其事。余然之。有笑而詰余者曰：「昔莊子之將死也，弟子欲厚葬之。莊子曰：『吾將以天地爲棺槨，以日月爲連璧，星辰爲珠璣，萬物爲齎送，吾葬具豈不備耶？』弟子曰：『吾恐烏鳶之食夫子也。』曰：『在上爲烏鳶食，在下爲螻蟻食，奪彼與此，何其偏也？』老聃之死也，秦佚弔之，三號而出，曰：『適來，夫子時也；適去，夫子順也。安時而處順，哀樂不能入也。古者謂是帝之懸解。』道家者流，學老聃者也。今夫長春子之徒，徒以處順名其堂，而其師反真之日，相與嚴敦匠之事，且噭噭然哭之；其哀如是。及至葬，大備其禮，四方來會之道俗逾萬人，至有司衛之以甲兵；其厚且侈又如是。是豈老莊之意乎？」余應之曰：「以長春子之懸解，其視生死如昨夢然，豈有望於是哉？但弟子戴師之恩，不得不爾。且所謂理事者，若知之乎？夫忘哀樂，外形骸，理也；方外之聖賢自處如此。至于送終追遠，事也；人間世之禮如此。若泥於理而蔽於事，得謂之囿〔一〕乎？吾書生也，試以吾孔孟之道語若。易曰：『古

〔一〕囿：輯要本作「智」。

之葬者，厚衣之以薪，葬之中野，不封不樹，喪期無數。後世聖人易之以棺槨，蓋取諸大過。』欲其甚大過厚也。孟子之書有曰：『昔者孔子殁，三年之外，門人治任將歸，入揖於子貢，相向而哭，皆失聲，然後歸。子貢反，築室於場，獨居三年，然後歸，不忘孔子也。』今也，遊長春之門者，既學其道矣，能不以墨者之薄葬其師，又將慎終追遠如子貢之徒，何害爲達哉？若以爲哭則害道也，若嘗笑乎？曰：「然。」「笑與哭，哀樂也，而笑獨不害乎？中庸曰：『喜怒哀樂之未發謂之中，發而皆中節謂之和。中也者，天下之大本也；和也者，天下之達道也。』苟哀樂中節，又何害於道乎？」難者乃屈。因書其事爲記，且遺其徒以詩，使歌以供師，以見弟子思師之至、師有德之至也。其詞曰：

師乘雲兮帝之鄉，蜕仙骨兮留葆光。將葬兹兮啓玉棺，貌如生兮髪膚完。既更其衣兮又新其冠。人所知兮其不朽，所不知者兮不亡之壽。師在天兮閲塵世，有室輪囷兮可遊可憩。師憐我勤兮時來歸，跨鳳驂鸞兮匪鞭匪笞，屋頭有山兮門臨風漪，杖屨所經兮若或見之。歆我兮祐我，進殽蔬兮侍香火。玄門之教兮師能弘，國家崇尚兮子孫奉承。我曹報德兮來者無怠，暮禮朝參兮敬之如在。

懷州清真觀記〔一〕

新興元好問撰

修武清真觀在縣北〔二〕，全真諸人爲長春丘公所建者。大定初，丘公自東萊入於關，隱磻溪，十數年不出，天下以爲有道者。興陵召赴闕，取道山陽，愛其風土之美，徘徊久之，且謂其徒言：「在所道院，武官爲之冠，濱都次之，聖水又次之。若輩得居於此，則與濱都、聖水相甲乙矣。」諸人乃乞地於鄉豪馬子安而得之，積以歲月，廬舍乃具。舍傍近出大泉，溉田千畝，稻塍蓮蕩，東與蘇門接，茂林脩竹，往往而在。太行諸峰，壁立千仞，雲煙朝暮，使人顧揖不暇。考之地志，蓋晉〔四〕諸賢之所樂而忘返處也。大安初，以恩例賜今名，丘〔五〕公命其高弟劉志敏來居〔一〕，聚徒至百人。興定庚辰之兵，觀毀。正大辛

〔一〕此文亦見于金元好問遺山集卷三十五（此據四庫本），簡稱遺山本。
〔二〕北：遺山本下有「馬坊」二字。
〔三〕晉：遺山本上有一「魏」字。
〔四〕丘：遺山本上有「貞祐丙子」四字。
〔五〕居：遺山本下有「劉，縣人，丘高弟也」七字。

卯，志敏之徒冷德明復葺居之，今所食亦千指矣。余〔一〕自大梁羈館聊城，德明之法兄弟房志起〔二〕，介于幕府參佐祁文舉、郎文炳、趙尚賓，請予爲記。冷與房道行清高，皆喜從吾屬遊，故爲次第之，並著予所感焉。

蓋自神州陸沉之禍之後〔三〕，爲之教者獨全真道而已。嘗試言之：聖人之憂天下後世深矣〔四〕，故爲之立四民，建三綱五常，士農工賈各有業。父慈子孝，兄友弟敬，君臣嚴，夫婦順，各有守。九官而有司徒，仁義禮樂，典章法度，與爲士者共守之。天下之人耕而食，蚕而衣，養生送死而無憾。粲然而有文，驩然而有恩。於聖人之教也，如飢之必食，寒之必衣，由身而家，由家而達之天下四方，由不可斯須離至百世千世萬世而不可變。其是之謂教，而道存乎其間。傳有之：「天佑下民，作之君，作之師。」道之行與否，皆屬之天。今司徒之官與士之業廢者將三十年，寒者不必衣，飢者不必食，乃不可以常理詰之者。如皇極書所言，王伯而降，至於爲兵爲火，爲血爲肉。元元之厄，適當斯時。人情甚不美，重爲風

〔一〕余：遺山本上有「歲甲午」三字。
〔二〕起：遺山本下有「自覃、懷來」四字。
〔三〕後：遺山本下有「生聚已久而未復其半，蚩蚩之與居，泯泯之與徒」諸句。
〔四〕矣：遺山本下有「百姓不可以逸居而無教」一句。

俗所移，幸亂樂禍，勇鬬而嗜殺，其勢不自相魚肉，未艾也〔一〕。丘公往年召對龍庭，億兆之命懸于治國保民之一言，雖馮瀛之悟遼主不是過。天下之所以服其教者，特以此耳。今黄冠之人，十分天下之二，聲勢隆盛，鼓動海嶽，雖凶暴鷙悍，甚愚無聞知之徒，久與俱化，銜鋒茹毒，遲回顧盼，若有物掣之而不得逞。父不能詔其子，兄不能克其弟，禮義無以制其本，刑罰無以懲其末。所謂全真家者，乃能救之蕩然大壞不收之後。殺心熾然如大火，聚力爲撲滅之。嗚呼，豈非天耶？

丁酉十二月有六日記〔二〕。

衛州胙城縣靈虚觀碑〔三〕

翰林修撰郡人王惲撰

衛之胙縣，距城北墉，有觀曰靈虚，蓋玄微真人大度師李公所建也。門人奉教，歲久彌

〔一〕「如經世書所言」至「未艾也」：遺山本與之差異較大，作「如經世書所言，皇極之數，王伯而降，至於爲兵火，爲血肉，陽九百六，適當斯時。苻堅、石勒、大業、廣明、五季之亂，不如是之極也！人情甚不美，重爲風俗所移，幸亂樂禍，勇鬬嗜殺，其勢不自相魚肉，舉六合而墟之不止也」。

〔二〕丁酉十二月有六日記：遺山本作「六月十六日前進士河東元某記」。

〔三〕此文亦見於元王惲秋澗集卷五三（此據四庫全書本），下簡稱「秋澗本」。

篤，故殿堂像設，廊廡齋室，制不崇侈，略潰於成。初，胙之割於滑也，越金明昌間，河改南道，因入於衛。貞祐南遷，迫爲疆埸〔一〕，建帥府，統州治，宿重兵，繫浮梁，陀爲京師〔二〕北門。歲壬辰，金人撤守，天兵徇取之。明年，京城大飢，人相食，出逃死求餔〔三〕者日不下千數。既抵河津，人利其財賄，率不時濟，殍死風雪中及已濟而陷没者，一日間亦無慮百數。方草昧未判，獨全真教大行，所在翕然從風，雖彊梁跋扈性於嗜殺之徒，率徼福避禍佩法號者〔四〕，皆是也。

時無欲子李公已在衛，有日，目其事，愀然嘆曰：「厄會乃爾。人發殺機，復至於此耶？吾挐舟而來，本行化北遊。茲焉不格，安往而施其道哉？」遂税駕河上，建此道場，以爲神道設教之本〔五〕。於是玄風一扇，比屋回心，貪殘狠戾，化而柔良，津人跋俗悔過受教於門者，肩相摩而踵相接矣。兇焰燎原，撲殺心於已熾；慈航登岸，夷天險爲坦途。由是

〔一〕文開頭至此，秋澗集作「胙之爲邑久矣。昔周以黄帝後姞姓封此，是爲燕國，至秦廢燕爲胙。貞祐初，金駕南遷，竟河爲界」。

〔二〕京師：秋澗本作「汴京」。

〔三〕求餔：秋澗本作「北渡」。

〔四〕徼福避禍佩法號者：秋澗本作「授法號，名會首者」。

〔五〕建此道場，以爲神道設教之本：秋澗本作「起觀距城之北墉，曰『將以此道場爲設教張本之自』」。

而觀，非好生至德浹於人心者，其能若是哉？師一日晨起，集大衆謂曰：「吾學道有年，印於心者，一與虛而已。蓋生之所恃，精與神也，神之所安，虛與靜也。一則爲營魄之主，虛則乃萬物之本。故經云：『天得一以清，地得一以寧，神得一以靈，致虛極，守靜篤，萬物並作，吾以觀其復。』惟其虛則能靈，靈則自虛矣。且天地虛而發亭毓之妙，日月虛而盪照臨之光，山澤虛而蒸雲雷之變，人心虛而爲萬物之靈〔一〕。致虛而要其極，不過鍊精守寂，滌情去慾而已〔二〕。因題其額曰靈虛。二三子敬奉吾教，且曰君子盛德，容貌若愚〔三〕。今業漿之家，十饋其八九。吾不可久於此。」明日遂行。自是風聲教習，洋溢於河朔矣。

師諱志遠〔四〕，秦原月山人。年餘三十，棄妻子入道，師浮山碧虛子，遂盡得真傳，深入性窟，故爲大宗主推德，主持玄教於終南祖庭者，蓋有年矣〔五〕。生平以濟物爲本，事具重陽宮碑，茲不復云。歲丙午，詔大醮燕京，師預焉。上既受釐，特加師玄微真人號，且膺寶

〔一〕人心虛而爲萬物之靈：秋澗本作「谷神虛，通天地之根」。
〔二〕滌情去慾而已：秋澗本作「滌除玄覽耳，故得心善淵，居善地」。
〔三〕君子盛德，容貌若愚：秋澗本作「大德不德」。
〔四〕志遠：秋澗集作「仲美」。
〔五〕蓋有年矣：秋澗本作「逾三紀焉」。

冠霞帔之寵，世以酒李先生行云。甲寅春，復以醮事赴召堂下，真人以是年夏六月羽化於燕之長春宫。及西歸，門人啓柩，顔色如生。越冬十有一月，扶護至衛，弟子王志安等以縗經成禮，哀號凝慕，如喪考妣，醮祭三晝夜而去，禮也。啓行，有祥雲晻晻自東北來，陰翳蓋如，抵西南河堧而散。是夜朔風震屋，將濟即止，船安如陸。吁，亦異哉！

中統五年春〔一〕，志安等圖爲不朽，用昭師德，遂以禮幣來謁曰：「先師行業，杳乎難名。教之所及，師之所在也。然過化存神之妙，經度營建之始，無文以詔來者，責其誰歸？吾子方有志圖經〔二〕，鄉枌盛事，幸爲我樂道之，敢再拜以請。」僕儒家者流，道不同不相爲謀，獨嘉其尊師重教，窮源務本，篤信有如此者，故即其説而爲次第云：且全真爲教，始以修真絶俗，遠引高蹈，滅景山林，如標枝野鹿，漠然不與世接。果哉！末之難矣，終之混跡人間，蟬蜕泥滓，以兼善濟物爲日用之方。豈以道真治身，以緒餘爲國，以土苴治天下乎？不然，天命之性，有物有則，彝倫一叙，終不得而弊之耶？如長春真人丘公，在先朝時，皇帝清問，首以治國保民爲本，其利亦云博哉。今觀玄微真人度師李公出處行己，若易地則皆

〔一〕中統五年春：秋澗本作「後十有二年」。
〔二〕方有志圖經：秋澗本作「列太史」。

然爾，於是乎書，且爲門人作詩，追遠仙遊，以極奔逸絶塵之想。渺渺帝鄉，乘白雲而何在；依依玄鶴，抱黄石以空悲。其辭曰：

道之大原出於天，柱史首探玄中玄。後人依假土苴傳，騰口取説書百千。祈禳服食金鼎鉛，樓居紫清致神仙。全真獨抉龜玉筌，徑以方寸爲福田。七子大鑿疏河源，龍章鳳質炳後先。風聲波動東海堧，真人躍出原〔一〕月山。天禀至性虚静專，一物不獲乃我愆。黄流洶洶翻鱣鱣，貪噬不已垂飢涎。汴人脱死常膠船，葬之爾腹誠可冤。先生有道光日躔，手拂醉袖敗履穿。鱣牙笑拔鬢爲編，濁浪蹴破爲澄淵。遺黎北渡賴以全，功成不居世愈賢。超出物表冥鴻翻，千年喬木鬱紫煙。以靈揭宫含至言，頭頭具道道眼圓。伐柯睨柯開蒙顓，門人奉行周且旋。如入鄭圃居漆園，至今遺照無徼邊。皎焉靈臺霜月懸，黄鶴一去不復還。終南太華空巍然，金華元精萬古緣。吁嗟世盲誰與痊，山中瑶草空芊芊。何時真遊來羽軒，赤霄望入崑崙巔。我詩刻石不可諼，用作華表歸來篇。

〔一〕原：秋澗本作「秦」。

鄧州重陽觀記

鄭亭麻九疇撰

夫李以冬實，尼父書以爲異；梨以秋花，景佺引以自咎。今榜觀以重陽，李梨之類乎？非也。蓋物當落而再華者，異乎天者也；人已漓而再樸者，同乎天者也。同乎天者爲天道，異乎天者爲人道。夫天以氣論，人以神論，神得之於天，神猶氣也。天本陽，肅物則爲陰矣；人本陽，接物則爲陰矣。天雖暫陰，俄反乎陽，故天能常天；人一逐陰，而陽終不復，故人不能常神。且夫霜之落木曾幾旦晝，而陽氣生於黄泉，與夫人之大樸已散而放遯自若者豈不大異？

人能再樸，如大凝而霆，大昧而暾，是則榜觀以重陽者。其有以警夫柱下之門者乎？柱下以樸爲陽，故其言曰「復歸於樸」。後世方士之談，不與柱下合，舍道而修術，故以樸爲陽之説遂泯。人之生也，樸九而漓一則孩，漓九而樸一則殆。柱下之學，其嬰兒之未孩乎？樸非愚也。樸猶素也，未敗於五色，樸猶淡也，未爽於五味。此沖陽之陽也，苟舍是而求陽，擊鼓而求亡子者也。求陽以樸，終南王重陽豈其人耶？予不知其何如人，見其門弟子曰：王重陽諱喆，字知明，重陽其號也，有文武藝，當廢齊阜昌間，脱落功名，日酣於酒。

歲四十有八，遇二異人，得證玄理，彌復跌宕，東邁瀕海，從遊者衆，既而蜕于汴梁。今鄧之鎮防營偏校王立，登之蓬萊人，幼嘗受誨於其徒，自執干戈，以衛邊藩，蓋數十年。今老矣，思昔玄言，樂於恬退，家之南有柱下古祠，剪荆築垣，乃建斯觀，以重陽之門人王道賢、韓鍊真、劉志剛住持之。蒙國朝恩例，得請其額，仍其師之號以榜之。其椽甓像器，蔬畦佃具工役之費，凡二萬鏹，皆王立爲之。一日，託其同門于志慧、吴通温持予故人王萬山書，求予文諸石。既不能拒，乃取柱下以樸爲陽之意以警之，且爲之銘曰：

樸爲氣母基無形，無形之中陽所冥。自從六鑿鑿竅成，遂使晦魄蝕陽晶。何曾一刻收心兵，蕉顛鹿倒醒未醒。玄珠不覺沉滄溟，誰能却作抱中嬰。力挽蒼龍還太清，粤有畸人黜聰明。獨騎元氣朝神京，絳霄下瞰漢與星。豈有微坌干宫庭，陽之重兮大樸盈。後嗣作觀師其名，嗟我有言空籟鳴，無言之言乃真銘。

燕京創建玉清觀碑

雲夢趙復撰

一介之士，苟存心於愛物，則於人必有所濟。古之君子，抱負道德，不幸而不得有爲於時，猶當行之一邑一鄉，以盡己之職分。逮其必不得已，則以活人爲己任。昔陸宣公以仁義之學輔德宗，晚貶忠州，闔甕牖，終日端坐其中，書本草，製藥物，以惠州閭之有疢疾者。故參政范文正公嘗言，達願爲帝王師，窮願爲良醫。仁者以經濟民物爲心，蓋未嘗必天下以不遇而遂忘之也。

燕有隱君子姓馬氏，名天麟，字君瑞，志希其法名也，世居上谷之德興，自其父祖以上皆以醫學起家，而潛德不耀。初，金國大定、明昌中，經理北邊，桓州開大元帥府，公之父以醫從行。公時年幾冠，由曉女直言，擢帥府譯史，歷仕諸帥，皆以幹濟稱。積十餘年，秩滿罷歸。貞祐甲戌，杖策渡河，校功幕府，有司覈按舊蹟，補亳州衛真縣酒税監，滿即投檄不仕，居許、汴間。與里人沖虛大師李公有舊，常往來京城之丹陽觀，且日與名士大夫遊。正大壬辰，國破，公自許昌挺身北渡抵燕，遂納拜於洞真于真人爲受業師。公既與世不偶，乃北踰居庸，涉武川，乞食昌州境中。見營幕錯居，感疾者衆，類乏醫療，公慨念疇昔，即發其所祕三折肱之藝，煮散餌之，病者四起。會那演相公避暑嶺外，嬰酒積癥，病卧帳中，命公視之，一劑立愈。忻然握手，相得如平生懽，因聯騎南下，禮清和老師，得印號清夷子。

公既歸燕。直相府之東，通衢之北，百步而近曰甘泉坊，有東嶽行祠，居人奉事惟謹。及公至，虛席請居之，因並施焉。既又斥地得數畝，薙草擺蕆，延袤如度，售材陶甓，創建爲玉清觀，棲泊道流，舘穀諸方。蓋燕距昌千有餘里，公夏時而往，比秋而還，歲卒〔一〕爲常。其所遊者，皆名王貴人，凡醫術所贐，悉歸常住，一物不留私囊中。那演暨其弟三相公素服公廉靜寡欲，咸加禮重，常似助其所不給。及南庵庵主李公志玄者，復相與經營，宣力甚多。已署正殿四楹，將立元始像，齋堂寢室，可食可居，庖湢蔬井，可濯可溉，高明爽塏，魚貫順序，焚香燕處。希夷無爲，以祖述黄老，而憲章莊列，公之志願，能事畢矣。

公雅與太一知宫李公志通及丹陽大師劉公志安道同德合，爲方外采真之遊。一日，無故而疾作。嘗謂二公曰：「余年逾從心，大期斯迫，與公等交遊三十年，蹤跡半天下，區區營巢一枝者，將爲度師真人諸上足傳道之地耳。門人法屬，未有畀付，玉清後事，欲勒諸堅珉，以垂不朽，幸卒勉之。」既稽諸宿論，僉謂宜允。公性資慷慨，豁落無隱，恭謹博愛，輕財好施。自從事冠裳，律己嚴甚，恪守師訓，刳形待物。昌州當馹騎孔道，每歲掌教真常真人北覲天庭，公必先事經理，纖悉備具，罔有闕遺。則公之用力於斯道，可謂廑矣，故備述其平生始末而系之以銘。其辭曰：

太虚無形，玉清無色，道斯强名，化寧有極。恭皇於穆，象帝之先，翬飛輪奐，棟宇

〔一〕卒：輯要本作「率」。

森然。黝甓山升，梓材魚貫，爲國表儀，視民容觀。翼翼相府，維護維呵，㸊㸊有侶，宣力孔多。得一以盈，緒於土苴，修之乃真，以福天下。污隆既異，懷卷無方，經生起死，折肱之良。我闢玄宫，以閲衆甫，博大宗師，神明爲伍。西山之東，東山之西，勒此銘詩，爲天下谿。

德興府秋陽觀碑

澶淵張本撰

大朝庚辰歲，長春真人丘公卧雲海上，以真風玄行聞於輦轂。天子賜近臣金虎符，齎手詔來聘，仍命使軺所歷聽便宜行事。太守郊迎，縣令前驅，駉馳數萬里，以甲騎五百擁衛其行。既蒙入見，扈從日久，從容賜還，衛送之制，一如初命。將抵燕山，駐車於德興，且寬跋涉之役也。懷來之野，積歲連兵，遺骨暴露，大翮山之羽士韓志久斂而瘞之，方修黄籙之祀，再拜懇公來尸其事。靈應之徵，青鸞尋儀，山市爲見。

既竟，杖登乎大翮之陽，覽山川之勝。南望晉山，下瞰沃壤，極目砥平，仰見居庸，亂峰仞聳，蒸嵐欝黛，如雲軿千乘，旌影磨空，將會蓬瀛。而東背視大翮一帶諸山，煙霏林巘，蒼翠間錯，如張百幅錦屏於葛稚川之居。左右兩峰，葱翠峭出，如碧幢對侍，肅肅然聽有所止作。山半一泉，佶曲而下，如玉龍收雨，蜿蜿蜒蜒，而自容與也。公乃停覽倚杖而嘆曰：「巖壑之僻如此，林泉之佳如彼，市朝騰沸而莫能干，輪蹄旁午而不相及，此非洞天之杳杳乎？時暑方收，秋露甫降，千英含實，萬葉翻光，炎曦再麗於西成之隙，此非秋陽之杲杲乎？吾將以仙居構此山，以秋陽名此居。來汝志久，其爲我成之。」羽士既諾而退曰：「秋陽之見於書者，曾子嘗言之矣，蘇子亦賦之矣。吾師復以此名吾觀者，豈非其意欲令我輩内行肅肅如秋之清，外貌融融如陽之和，二理相涵，庶乎道家者流之能事畢矣。」

羽士既服厥命，以虚接物，以嚴律己，披榛伐木，陶甓購工，親歷艱險，雖頃刻之間不敢優游脇沾於席。既盈十霜，起三清正殿、七真殿、兩廡、東西方丈、中外二門，翬飛煥然，至於賓館、雲庵、泉厨、蔬圃，凡所區處，莫不適宜。玄鶴朝來，白雲夜集，棟宇幽敞，花木秀陰，小有洞中之一天也。居徒嘗至七百餘指，歲種白粮，奉御饍一車入貢以爲常。觀其規模創制，章章悉備。羽士志尚，亦可見於兹矣。以幣走燕京謁文於僕曰：「惟先師之志，惟小子罔克自度以承之，數載於此，若履春冰，若奉槃水，惴惴然惟恐荒墜厥命。今其克保厥終，惟師之精爽在天，無遺其羞。先生蓋嘗侍翰林，必世之善爲辭令者，所言足以傳世，幸賜之文，以庇我後人，圖惟兹不朽也。」僕亦佳羽士出自燕山韓氏，韓實聞族，能遽釋於膠，以履百艱，成其師之志，亦可尚也。系之以辭曰：

蓬壺匪遥，或寓於塵，有發其潛，須偶至人。大翮之墟，萬山鱗鱗，朝挹清泉，夜宿白雲。云何代邈，寂爾無聞，豈彼開泰，亦有其辰。誰知秋陽，冥俟長春，一入品題，倍出精神。煙嵐改色，花木生薰，殿宇崛起，丈廡區分。居能倡玄，靜可安仁，尺材心計，塊石手親。非彼羽衣，自樂百勤，師所志之，亦我其伸。惟久則弊，匪增莫新，尚告將來，視此刻文。

創建真常觀記

翰林學士嘉議大夫知制誥兼修國史王磐撰

真常觀，長春宫之别院也，真常李公所創，因以名之。初，宫之西，正與朝元閣相直，可一里所，有廢地一區，荆棘瓦礫，翳蔽封塞。蓋兵火之餘，户口稀少，居人惡其荒僻無鄰，莫肯居焉。一日，真常杖屨偶過其處，披荆棘，躡瓦礫，登北阜之上，周覽四顧，徘徊久之，謂從者曰：「此可居也。吾他日得謝事，將憩老于兹焉。」暇日稍稍芟除荆棘，輦去瓦礫，發地而土壤膏腴，鑿井而水泉甘洌，遂葺治蔬圃，種藝雜木。版築斧斤之工未嘗施設，而道宫琳宇幽棲高隱之氣象，已班班於目中矣。

及真常棄世，誠明張真人嗣掌玄教，繼真常遺意，構三清殿、九真堂、齋堂厨舍、祈真之壇、靈官之祠，又構環堵靜位十餘所，以居宫中年德尊高，不任事役，喜修習靜功者。誠明棄世後數年，提點冉志誠、文侍李志恒等一日會坐堂上，顧瞻棟宇之高爽，歷覽園圃之清幽，相與言曰：「剪荊棘，除瓦礫，取衆人之所棄，以開勝境者，真常李公之高識也。鳩工役，庀林用，繼先師之遺意，以集盛緣者，誠明張公之仁心也。吾儕託先師之餘廕，無所營爲而坐享成功，不可使二賢師之善事泯滅無聞也。當伐石爲記，以傳不朽。」遂以立觀事跡來求文，余曰：「論事而觀其跡，不若遺跡而求其理，理得而事不隱矣。」

夫道宫之有別院，非以增添棟宇也，非以崇飾壯麗也，非以豐阜財産也，非以資助遊觀也。賢者懷高世之情，抗遺俗之志，道尊而物附，德盛而人歸，蓋欲高舉遠引而不可得遂焉。故即此近便之地，閑曠之墟，以暫寄其山林棲遁之情耳。南華有言，「聖人鶉居而鷇食」。夫鶉居者居無定處也，鷇食者食不自營也。今也掌玄教者，蓋與古人不相侔矣，居京師住持皇家香火焚修，宫觀徒衆千百，崇墉華棟，連亘街衢。京師居人數十萬户，齋醮祈禳之事，日來而無窮。通顯士大夫洎豪家富室，慶弔問遺，往來之禮，水流而不盡。而又天下州郡黄冠羽士之流，歲時參請堂下者，踵相接而未嘗絶也。小闕其禮則疵釁生，一不副其所望則怨懟作。道宫雖名爲閑靜清高之地，而實與一繁劇大官府無異焉。故長春之有別院，所以爲避喧撥冗之地也歟？清心時來，憩止退堂，則永遂休閑，此別院之所可貴可尚而不可無也。老氏有云：「君子終日行不離輜重，雖有榮觀，燕處超然。」故别院者，君子所以駐輜重而存燕處者歟？若夫計地産之肥磽，校棟宇之多寡，如豪家大族增置財産，以厚自封殖而務致富强，則非賢者之用心矣。予故表而出之。

至元乙亥歲秋七月十五日記。

大金陝州修靈虚觀記

女几野人辛愿撰

興定紀號之三禩，歲在己卯孟夏四月，陝州靈虚觀道士辛姓而希聲其名者，因寧海羽客于君，揭其地圖及其建置行事之始終，以來謁文於予曰：「希聲世籍河東，爲平陽人，自幼出家，去鄉里遠遊，參九鼎鐵查山雲光洞體玄大師玉陽真人爲道士，頗窺至道之要。大師諱處一，姓王氏，牟平人，受道於祖師重陽真人，爲全真高弟，與丘、劉、譚、馬、孫、郝諸大仙伯比肩知名。自世宗皇帝暨章宗、東海三朝，仍皆蒙禮遇，錫號賜服，爲吾門光華。年七十六，猒世蜕形於東牟，蓋三年於此矣。平生唱道偈頌文字頗多，已盡播四方好事之口，獨所著五言長韻金丹詩訣一章，希聲私藏甚久，人無知者。今希聲年且老，託跡于陝，乃與二三同志創兹一居，奉爲十方同門往來遊憩饍宿之所。載惟先師玄妙之文，不可終祕不傳。謹已刻石，與天下後世修真之士共之。然不得妙於文辭者記其本末，則一切曖昧猶不傳也。竊聞吾子好爲古文，多從方外遊，敢敬以請。」予嘉其誠篤不可辭，且必不得免，乃不辭而爲之。

謹按道家源於黄帝、老聃，至列禦寇、莊周氏廓而大之，乃與孔子之道並立，爲教於天下而不廢。蓋其一死生、齊物我、會群有，於至虚而取其獨爲最妙者，而其粃糠之餘猶降而爲天地神明内聖外王之業。自司馬子長、劉向、葛洪之徒，號稱閎博，皆論著其美，而不敢以小。而世之昧者往往泥于糟粕，以爲聃之書滅絶仁義禮樂，不可以訓；馴至晉梁君子，清談亂國，因以異端非聖詆之，過矣。竊嘗論之，今所謂全真氏，雖爲近出，大能備該黄帝、老聃之藴，然則涉世制行，殊有可喜者。其遜讓似儒，其勤苦似墨，其慈愛似佛，至於塊守質朴，澹無營爲，則又類夫修混沌者。異於畔岸以爲高，黠滑以爲通，詭誕以爲了，驚聾眩瞽，盗取聲利，抗顔自得，而不知愧耻者遠甚。間有去此而即彼者，皆自其人之無良，非道之有不善也。然則希聲圖創建立以待學者，其意蓋亦出於如此，故予有取於是，而樂爲稱道，庶將來聞其風，遵其途，以遊黄帝、老聃之閫閾者，知夫聖人道之大全，固有所在，不可滯乎一曲而已。

其觀之基址，以畝計之者五。而以置其地，以承安之壬申。聖堂、厨所、雲寮皆備具於三室，而廣其制度，不侈不陋。是時兵餓方相仍，故其措置大略如此。其最竭力同事以興是役者武道堅，希聲同郡，而年甚先，今老死已久。其費錢買額贊成之者李拯，咸平人，世爲宦族，清修好道，今方以材選爲令於杞。于君名道顯，淡守中，皆與希聲同爲門人云。

甘水仙源録卷之九

甘水仙源録卷之十

夷門天樂道人李道謙集

修建開陽觀碑

翰林張本撰

丁酉之春，仲月既望，景州開陽觀之羽士，以燕京長春宫提點大師張志素爲介，玄衣白簡，晨躋於門，再拜稽首而言曰：「景之開陽觀，惟先師通玄大師以德起築，實經其始。惟長春真人以師之厥德克配，實賜之名。其聲問發越之所從，本根封殖之所由，日月駸駸，遂奄以殁。惟小子實任其責，夙夜孔懷，恐遺前人之羞。敢狀其事以告閣者，惟先生蓋嘗侍翰林，必世之名善爲文辭者，所作足以垂後，幸寵之珍文，刻諸玄石，以爲不朽之傳。」僕亦義其門弟子能述其師之志，理不得讓，系之以辭曰：

通玄姓楊，諱至道，灤州馬城縣之靈泉人。其師號通玄，前金之賜書也。自明昌庚戌改衣入道，朗然先生之所引度也。既陪杖屨三年，尋有四方之志。抵武清，居於圜堵，不接人事者三易寒暑。起，過惠州，經靈巖，人有以非意酷相加者，不爲之辯。及知其巖之可以棲真也，脱冠跣足，穴石作洞，首鼠十年，服勤如一。及洞成，有泉出焉，今之所謂滴水洞也。惠州神山縣官屬耆德，尚其志操，疏邀至境，遂起太清觀，實泰和丁卯歲也。貞祐改元，復雲水於興平之間。大朝本觀功德主燕京行省參謀國家奴、景州牧王仲温、倅陳玫、潤州牧李濟暨諸僚佐，稔聞道價，願得以親炙。丁丑歲，以狀奉州之蘇家莊隙地，南北二十，東西三里爲奇，左龍岡，右混河，前抵鐵山，後連鵰嶺，聽其耕鑿卜築，惟意於其間。始披榛伐木，陶甓輦石，内以玄行風動所居，外以艱苦身倡其徒，不盈十稔，營三清正殿，及雲堂於西，香積於東，翬飛粲然，方壺賓館，靜密得宜，蔬圃翼張，果林圜列，紫户扃雲，秀陰蔽日，小有洞中之一天也。其闢土墾田積十餘頃，雖居徒數百指，其饘粥之計，未嘗人有所攖拂。適觀之落成，長春真人以中旨賜還，遂趨赴謁名，得以開陽命之。

夫陽之爲德，固仁明剛健，然其一消一盈，亦嘗累於時之所變遷也。剥之六五，爲比則五陰方進，爲用則一復未萌，此非困於消乎？乾之上九，爲德則太剛欲折，爲候則炎炎將焚，此非逼於盈乎？有以全剛明之德，成施生之功者，其惟開陽之謂歟？於時爲春，於德爲生，於氣爲和，於數爲中，前已離乎虚空不用之地，後不至於亢極有悔之時。吾觀之得以此命者，豈其通玄之德，柔不至息，剛不至絶，中有以髣髴，長春擬議以正其名也。

通玄父諱沖，常言先世相襲惟一子，四葉以來，暨以陰德自力。至通玄，兄弟六人。其次曰伯義，奉其先人之祀。季早世。自其長曰伯和，又其次曰道夷，次曰志堅，及通玄皆爲羽衣。通玄性剛明，有志節。然能循循自撙抑，故見於眉宇者，常穆如也。爲人推誠，不喜以囊槖相覆掩，凡歷艱險，必率先諸人，其館穀往來羽流，雖傾囊倒囷而樂爲之，故生平無私積。遠近受業餘三百人。壬辰歲十二月初三日，示微疾，説偈而終。門人營祠於觀之東偏而葬之，歲時來會，祭奠不輟。銘曰：

闢户曰乾，如陽之開。粹宇之命，胡爲來哉？通玄卜築，實肖其德。長春合之，球琳一色。於戲通玄，今爲飛仙。彼居之安，無恃吾前。陽不可亢，亢則凶極。委靡循循，亦幾於息。擇乎兩端，日麗春熙。惟其有者，是以似之。或承之羞，中乾面澤。貽此刻文，服之無斁。

順德府通真觀碑

平章政事宋子貞撰

夫道家者流，推老氏爲始祖。老氏之教，主之以太一，建之以常無有，以沖虛恬淡養其内，以柔弱謙下濟其外。蓋將使人窮天地之始，會萬物之終，刳心去智，動合於自然。以之修身則壽而康，以之齊家則吉而昌，以之治國平天下則民安而祚久長，非有甚高難行之論、幻怪詭異之觀也。世既下降，傳之者或異，一變而爲秦漢之方藥，再變而爲魏晉之虚玄，三變而爲隋唐之禳禬，使五千言之玄訓束之高閣，以爲無用之具矣。金正隆間，重陽祖師王公，以師心自得之學，闡化於關右，制以强名，謂之全真，當時未甚知貴。國朝啓運之初，其門人丘長春首被徵聘，仍付之道教。天下翕然宗之，由一以化百，由百以化千，由千以化萬，雖十族之鄉，百家之閭，莫不有玄學以相師授，而况大都大邑者哉？此通真觀之所以作也。

謹按其觀在郡城之西南隅。始歲在辛巳，同塵真人李志柔，依城隍廟聚徒而居之，尋購地其傍，廣以爲觀，因得今額。纔構一室，以爲講論之所會，以掌教尹清和之命，俾居終南之宗聖宫，即以觀事囑之於弟志雍暨韓志久。而二人者，皆道念深重，能守師訓，又得郡守安國軍節度使趙侯伯元爲功德主，於是遠近響應，緣力日振。首建大殿於其東，以像三清，次築祖堂於其西，以祀七真，然後齋堂方丈、靜位散室、饍饈之厨、雲衆之居，相望而作。至於井竈厩庫，級甃綵繪，罔有不備。拓庭而能寬，植木而能踈，沉沉焉，洞洞焉，真高人之雅居，而列仙之别館也。觀之南别置蔬圃，以資道衆。其爲屋凡四十間，爲像凡二十一軀，爲地合六十畝。始大殿告成而志雍遽蜕去，餘皆志久爲之。

庚申之夏，余自覃懷應聘於上都，亦嘗一過其地，故特書之，使千載而下居其室食其功者，知有所自來矣。同塵，洺水人，自其父志微，素喜沖澹，嘗事開玄真人李志實，故同塵亦在弟子之列。及學成行尊，而其兄志端、弟志藏、志雍皆從之遊，俱嘗隸籍是觀。同塵性淳至，早歲得鍊氣訣，隱居於仙翁、廣陽兩山之間，絶跡人間者蓋十有二年。及聞長春宗師奉詔南下，乃迎謁於燕山，玄關祕鎖迎刃而解。其後傳道四方，遊無定所。及住持終南，道價益重，遂以朝命得今真人之號，並黄金冠服。陶鑄之下，率多成德，其化行一鄉，行乎一邑，自爲方所者，若宫，若觀，若庵，殆百餘區，然猶以通真爲指南。志久，潞之長子人，實與余同里閈，雅爲大宗師李真常之所知，因以承制之命，賜號通真大師。及今誠明真人張公嗣掌道教，又令綱紀順德、洺、磁、威四州之衆，其爲人蓋可知。銘曰：

乾坤肇判雞子封，恍惚有象存其中。化育萬有初無功，混混浩浩始復終。廣成多言坐崆峒，陽和泄地一脉通。函關鬱鬱紫炁充，兩篇道德開盲聾。言各有師師有宗，子孫異日紛相攻。終南躍起重陽公，淨掃浮雲還太空。天皇下降開玄風，一竅吹作萬不同。襄城道士得小童，平地幻出蓬萊宫。地周千里歸帡幪，物不疵癘年穀豐。歲時筐筥走媪翁，自今以始傳無窮。

重修太清觀記

奉天王奐撰

地勝而後境勝，理之必然者也。方此之時，以洽水之陽，北負梁山，東肘黄河，獨無名宫傑觀乎？連年會道者馬志玄於燕，於薊門，不遠數千里，請記太清之頂末。扣其所以然，則曰：「創之者，先師喬鍊師也，潛道其名，德光其字，平陽人。天資恬淡純厚，而躭林泉之樂。初歲入關中，得法於丹陽宗師，既而丐隱縣市，爲劉户部好謙所知。一日，拉同志李君清虚遊故城之東北隅趙氏園，面太華而嘆曰：『修真之地，孰踰於此歟？』趙聞而施其地，乃與清虚結茅以居，蓋大定十七年也。後因庵而觀，土木工技，競以時集，殿宇像設之嚴，指顧告成。至於賓客棲止、厨藏廄圃之所，莫不畢具。天興之亂，掃然矣。曰復之者，熙真先生吉志通、鍊陽子張志洞也。始於丙申，訖於辛丑，甫五六載，而丹雘斑斑然，鐘磬鏘鏘然，簷裾濟濟然。向之瓦礫荆棘之場，一還舊觀矣，實縣宰白侯玉主之，而邑民杜恩等翼成之也。其大概如是。」

余亦竊有感焉。嗚呼，人心何嘗不善？而所以爲善者，顧時之何如耳。方功利馳逐之秋，而矰繳已施，陷穽步設，則高舉遐飛之士不得不隱於塵外，此又必然之理也。然則古之所謂避地避言者，其今之全真之教所由興耶？或者例以跡而疑其心，是殆見其善者機也。使有志於世者，誠能審涵養勤恪之爲常，達推移擴充之爲變，率其子弟如全真之屬重道尊師，化其鄰里，如全真之徒，真履實踐，朝夕以無間，舉動以相先，而能不失其孝悌忠信之實，則一身之計可以移之於一家，一家之事可以移之於一國，一國之政可以充之於天下矣。雖坐進夫三代唐虞之治，而使民之仁壽，物之蕃昌，猶指諸掌。然則敢問其要，自正心誠意始。

壬子正月戊戌日記。

淵靜觀記

河東高鳴撰

恒山爲中國巨鎮，稽之書，實有虞氏朔巡狩之地。後代相承，寘祠于大茂峰之絶頂，以備封祀，世因謂之神尖。距神尖而東不兩舍，抵石門，有谷曰帶耳。厥土衍沃，崇崗限其陰，磵水絡之，淙淙然東南流，可以湘濯灌溉。環望千金、鐵冠諸嶺，巖岫歷歷如在掌上，四時變化，雲煙草樹，濃淡覆露，殊愜人思致，殆亦天壤間一嘉處也。全真重顯子築觀於其中，額曰淵靜。於是乎，一山之勝概，盡爲淵靜几閣之供矣。

初，重顯子自武川來，將徧遊南方，設教度人。唐司倉、張瑋輩，傾心事之，既日聞道妙，咸有社稷尸祝之意。重顯子曰：「吾得一把茅、一盂飯足矣，何苦以膠膠羡物爲哉？所慊者，聖真無象設之宇，門弟子無以揭香火之處。」大衆雜然曰「謹受教」。歲己丑，瑋割世業膏腴田三十畝始基之，輸幣入粟者道路不絶，乃庀工董役，火西流而載，旬三浹而成。其用簡，其功速，若有神陰相之者。儼大殿于端，掖西以堂，又掖東以庖，危墉屹乎四周，不華不質，不庳不侈，曲中儀軌，凡若干楹。雖城邑名構窮土木金碧之盛，以山林泉石左映右帶，而氣象有出乎其表者矣。

蓋重顯子生有淑性，兒時已不茹葷血。大定間，同郡靈真子爲引度，即許以法器。靈真子實丹陽馬公之高弟，惟傳授有源，又嘗尸居環堵，久於鍊化，故其得道甚敏。及謁長春宗師，又知修行之要，獨善其身，不若廣建道場，爲大利益事。用是所至之方，苟緣契有在，必盡心焉。區以計之，如淵靜者百有奇。至謂幽深高潔，爲仙家福地，如小有洞天者，皆不敢與淵靜齒。懿哉！若重顯子，可謂篤道自信，不負玄門者矣。

後二十年，門人等合謀曰：「物理有廢興，世代有遷革，惟金石可以傳不朽。夫吾師之功載卓卓如此，不自以爲功。其任責在後人爾。今師已矣，爲後人者不務光揚褒大，不幸當不能逃數之時，視遺跡泯焉無據，則負負其何言？盍請工文辭者以卒事？」既數踵門，余甚憐其勤厚意，遂爲著其始末云。

重顯子，其自號也，姓陳，諱志益，單州琴臺人。嘗住侍葛公山清虛宮，壬辰春順化，享齒八十有一，贈洞虛真人。自餘高風異行，暨所度弟子名氏，有清虛之碑在，兹略而不書。

癸丑二月二十有二日記。

神清觀記

北平王粹撰

凡道觀之稱於世者，或占山水之秀，或擅宫宇之盛。非宫宇則無以示教，非山水則無以遠俗，是二者難於兼得；雖使兼之，非有道德之士，亦莫能與焉。

崞之神清觀，通玄大師雲陽子柳志春之所居也，其山水則五臺、滹水在其東，崞山、正陽在其西，南有金山天涯，陽武前高，北有鴈門地角，大和如野。其宫宇則三清之殿，七真之堂，真官山祇之祠，雲堂丈室、齋厨廩厩之屬，飾之以金碧，樹之以松槐，環之以園圃，輝映遠近。崞人崇奉之日久矣。

始塗陽王朴與州長閻鎮諸公，協力興建，疏邀雲陽子住持，累年而成，名曰神清，清和真人賜之也。乙未春，會真人適終南，道由忻、崞之間，雲陽子偕耆宿官僚迎謁，至則憩於神清者月餘，遂以其觀歸之。汾晉諸觀歸於真人者，神清其首也。未幾，真人還長春宫，雲陽子承命以楊志應知觀事。庚子秋九月，雲陽子從綦清真抵燕，請真人西行，改葬重陽師祖於劉蔣間，稽首堂下，言曰：「志春賴父師道廕，灑掃神清已數年矣。今棟宇粗備，簪褐幸集，歲屢熟而人安且和。及此閑暇，無文以紀之，竊懼其事跡之泯没於後也。」俄以知長春宫事抱真大師張德方爲介，來乞文勤甚。

粹蓋嘗察雲陽子爲人矣，心淳而氣和，量弘而行峻，衆中混然不自露見，然四方耆舊咸推其爲有道之士，兹神清所由興也。山水之秀，又皆萃於觀之左右前後，豈天設福地，必俟有道之士而授之耶？廟貌既盛，教風既行，雲陽子不敢以爲己有，會遇大宗師而出之。若王朴、閻鎮與其一時耆宿官僚贊成道緣者，皆當大書特書，而播清芬於無窮也。然神清之爲觀也，亦美矣，有山水之秀，有宫宇之盛，又有道德之士表而出之。兼是三者，餘所罕及。卒被大宗師之光明造化，將見卓然立於天壤之中，亘千百世而獨存者矣。粹嘗許雲陽子觀記，久而未暇爲也。聞其歸時，囑抱真者辭意懇切，故爲之書其大略如此。惜乎雲陽子已西，欲問其詳，不可復得。他日儻能西遊，過雲陽子於神清，瞻其宫宇，覽其山水，苟斯文有所未盡者，尚當增益。

冬十月二十八日記。

隴州汧陽縣新修玉清觀記

臨潢李邦獻撰

爲山九仞，功虧一簣，聖人之所深惜也。物有垂成而不遂者，君子見之，亦豈無慨然傷悼而欲遂成之心？

汧陽玉清觀，營建有日矣，既成而後，謀記之於石，以延安令常元亨爲文，期日刻之。適西北寇至，以是遂輟，今猶未克模勒，是可嘆也。頃西省郎中粘割公子陽被檄自朝那入於鳳鳴，道經是邑，其宰導而謁之。既至，堂廡清肅，門壇閴寂，檜柏森密，竹木叢蔚。而又汧水北來，石壁當其衝，勢若窘束不得逞，迴折而流，湧湍激射，若雷之殷殷然。其區處域別，皆有嘉趣，或面山而廬，或枕流而軒。山光在目，水聲在耳，四顧灑落，殆若世塵所不到，悵然眷戀而不忍去。周行徧歷，見素碑瑩鏡而無字刻，詰諸主觀，因得常令所爲文。然邊幅破裂，字形漫滅，絶去者十二三，讀至行盡，每每句不相續。至於經始落成，猶不見其日，但未見爲文之始，泰和丁卯歲爾。公曰：「石既礱矣，文既成矣，何待而不遽立也？」主觀答以兵革之故。公執紙惋嘆，卷而懷之，因許以補亡葺罅，而後命工開鐫，必爲若輩終是業也。

一日，僕以事詣府，謁公於普照方丈。公以此文示僕，因命考之。其大略曰：「縣之東南抵汧之石岸，岸相對如門，土人謂之石門。或傳導汧入渭，禹之所鑿也。瀕岸而北，藉石臨水，有地廣袤數畝，始全真蒲察師卜庵於此。師操行清高，刻苦於道，由是人敬仰之。既而羽衣黄冠爭築室於其側，皆願執庚桑楚之役。他日，師集其衆而告曰：「吾與若輩兀兀然日無所爲而棲此煙霞之勝境，具何福緣而享此樂也？與夫作一己修真之地，曷若爲萬民祈福之宫？吾欲於此起觀宇，使神明有所依止，不亦可乎？」衆伏膺師訓，唯諾而退，皆願協力而贊成之。乃相與行化於縣人，於是遠近響應，結緣而來者絡繹如市，富以其財，貧以其力，故材木塼甓，凡所當用者，刻期而備，殿宇像設，與其所當修起者，不日而成。既而請額於朝廷，而勑賜曰玉清。居無幾何，師忽不疾而逝，纊息不屬，而視之宛然如生。同學于善慶與門弟子思師之德，龕其像而事之。」其始終可見者如此而已。而公徐曰：「子爲我因其舊文而更新之。」

僕以初未嘗親歷其地，且所誌者不詳，而欲固辭，因語公曰：「道家者流而以清靜無爲爲本，今師勞人之力而縻土木之費，非所謂知其本者也，何以文爲？」公曰：「不然。常善救人，故無棄人，老氏之微旨也。師佩是言而有度人之心。然人之稟賦各異。天資厚者，善由中出，而易入於道；薄者扞格而不能合，故假神明之像，使日知所敬以畏其外，由之以厚其中也。師豈好爲浮誇侈靡者哉？况因夫人之所欲爲而爲之，非能力使强斂，烏得以是而訛師也？且夫物有既成而微闕者，因而成之，亦士君子之美事也。又何辭焉？」聞公之言，即公之心，則知廢者皆可以興，墜者皆可以起，因援筆而粗書之。

正大乙酉季冬二十有七日記。

大都清逸觀碑

正奉大夫參知政事商挺撰

己卯之歲，長春丘公來自海上，應太祖皇帝之聘，越金山而入西域也。弟子從行者十八人，各有科品，隸琴書科則有真人沖和潘公焉。及南歸至蓋里泊，夜宣教語，謂衆曰：「今大兵之後，人民塗炭，居無室行無食者，皆是也。立觀度人，時不可失。此修行之先務，人人當銘諸心。」長春既居燕，士庶之託跡，四方道侶之來歸依者不啻千數，宫中爲之嗔咽。公曰：「吾師之言不可忘也。」乃擇勝地以爲長春别館。

壬辰歲，廣陽坊居民有貨其居者，公往相焉，曰：「土厚木茂，清幽之氣蔚然，真道宫也。」遂捐資以貿之。建正殿，翼左右二室，以居天尊洎諸神像，講堂、齋庖、方丈、客寮靡不有所，亦門人韓、郭、尹、劉諸人善繼其志而後有成也。仍築琴臺於殿之陰，金〔一〕朝有名琴二，曰春雷，曰玉振，皆在承華殿。貞祐之變，玉振爲長春所得，命公蓄之，故以名其臺。而又葺蔬圃以供歲計，植花木爲遊觀之所。觀成之日，實城西南之冠，求額於清和真人，故以清逸名之。

至元丙戌秋，門人王志和偕同輩二三人狀觀之顛末，來求文，以刻之石。有以清逸名額之意爲問者，予應之曰：「天地之氣，有清有濁。人受所賦，則清者賢而濁者愚。世之賢者，有避世之士焉，薄功名而不爲，輕世位而不居，寄形於寂寞之濱，委心於紛華之外者，靜安閑適以自樂其所樂耳。潘公之修是觀也，靜而深，有山林之趣，幽而雅，無金碧之華，琴臺足以寓意，庭柯足以怡顔，四時花木足以招徠賓客，門巷蕭條，俗駕稀而市聲遠。人之至也，猶若脱塵羈，逃世網，其心放焉而有忘其歸者，況家於其中也哉？彼戀功名，嗜富貴，縈内疚以汨心志，圖外觀以維車服，而疲憊精神於車塵馬足間，視清逸者爲何如？」作者喟然嘆曰：「清和之言旨哉。請以是説書之石，用告來者。」於是乎書。

公諱德沖，字仲和，淄州齋東人。方在娠，母夢祥雲覆其體，姙十九月乃生。七歲猶不

〔一〕金：原作「今」，據輯要本及文意改。

言，忽有一道者過其門而丐焉，即從傍與語，家人遂驚。道者曰：「道器也。」令其父教之讀書，日誦千餘言。將娶婦，遂潛往棲霞濱都觀，請謁長春師，過濰陽玉清宫，清和尹公爲紹介焉。初號沖和，後領河東道教事，居純陽上宫，又號九峰老人，賜號玄都廣道沖和真人。銘曰：

清逸之觀何隆隆，乾坤清氣公所鐘。祥雲覆母身乃降，道氣大受超凡庸。神仙官府聊相從，翛然遠引追喬松。石壇月高曉露濃，滿庭花木春融融。利名不到蓬萊中，抗塵走俗嗟樊籠。琴臺千古遺高風，自愧老筆銘新宫。

增修華清宫記

參知政事陝西四川等路行中書省事商挺撰

始余從先大夫右司君宦遊長安，道過華清，周行廊廡間，因讀唐宋以來名賢石刻，其間興廢沿革，炳然如在目前。重樓延閣，層臺邃沼，雖不迨承平盛時，而規模制度，宛然故在。迨天兵南下，居民東遷，所在宫觀，例墮灰劫。秦爲兵衝，焚毀尤甚。所謂華清者，亦不免莽爲蕆區矣。歲癸丑，奉命西來，復過故宫，意謂蕩然無復向日，及見其屋宇修整，階序廓大。爲殿者八，曰三清，曰紫微，曰御容，曰四聖，曰三官，曰列祖，曰真武，曰玉女；爲閣者二，曰朝元，曰經藏；爲湯所者二，曰九龍，曰芙蓉。鐘鼓有樓，靈官有堂，星壇雲室，蔬圃水輪，以次而具。丹堊藻繪，粲然一新。若初未毁，而又有加焉者。

詰其故，主宫趙志古等合辭言曰：「辛丑春，先師清平老人趙公志淵自洺州從清和宗師會葬祖庭，還過驪山，四顧彷徨，憫宫室之彫廢，遂慨然以修復爲事。乃命其徒剪榛棘，礱柱礎，陶瓴甓，勤垣墉。於是四方道侶，各執其藝來會宫下，鼓舞忻躍，咸願薦力，土木之功，以時竟舉。斜傾者起之，腐敗者易之，破缺者完之，漫漶者飾之。又得太傅移剌公、總管田公，輸貲助役，相與翼成，稍稍興葺，僅見倫叙。事未竟，不幸先師捐館，命弟子張志靜主之。無何，張亦猒世。志古等才謭力綿，大懼不任，以墜宗緒。自是脇不沾席，食不甘味，飢寒疾苦不以累其業者，逾十五年，始克有成。敢以記請，庶徵石書辭，俾先師之功勤永有傳焉。」屬時多故，辭未能也。

中統改元，與平章廉公再被隆委，殿邦坤隅。志古輩復以其師行實來謁，且迫促前記。余謂秦中名山水多矣，可取者唯華清爲最。闢門可以瞰清渭，登高可以臨商於。高甍巨棟，綿亘盤鬱，寒藤老樹，蒙絡摇綴，而漢唐之離宫别館咸在焉。斯則華清之奇觀也，前人述之備矣。又況東西奔走，實當衝要，而能潔齋館以待賓僚，蓄芻藁以備傳客，飢者食之，寒者隩之，疲者休之，小大畢慰，其意咸充然若有所得，此其與時遷徙，應物變化，隨俗施事，無所往而不宜者也。向非清平玄應感人，曷能新宫宇，還舊觀？非志古輩竭力盡悴，曷能勤堂構，紹宗風？而喑無一言，是使師弟子之功泯默而不傳也。聊推次營造之始末，俾刻諸石，用紀歲月云。

時中統二年九月日記。

七真傳序

南至封龍山樵李冶仁卿撰

山車垂鈎，不雕不幾之謂真；嬰啼孺慕，與生俱生之謂真。上皇之世，一真大全，其化淵淵，其俗平平，標枝野鹿，同歸自然，物與無妄。夫何爲乎？雖接子之或使，亦季真之莫爲已。世既下衰，道術幅裂，一真内潰，萬僞𧡟𧡟，猖狂恣睢，謾讕佹僪，刓姦厥詐，沂鄂太素。於斯時也，不有至人濟之無假之津，返之邃古之宅，則日填月積，積習生常，泯之蚩蚩，將爲異物。天可倚杵，初不待千歲之遼，是故帝鴻世有廣成之救，姬周世有混元之救，戰國世有南華、沖虚之救，而七真繼踵，疊爲近世之救，所遇雖殊，其爲救一也。

自重陽始祖開真筌於金源氏正隆、大定之初，長春老仙翁真風於我國朝啓運建極之際，中間陶鑄群生，使之保合太和，各正性命，蓋千萬數。而俘鹵之餘齒，凍餒之殘喘，狴犴之假息，所以起尸肉骼，膏枯已痛，俾人蒙安樂之福者，又莫得而周知。然則七真之救世也，真叶上帝之心也，上帝之愛民也，真藉七真之教也。不然，何爲天生聖皇，出寧四海，天生長春，左右大命，相與聚精會神而同始共終哉？長春上賓，清和勑藏之，真常發揮之，今而誠明布濩之，則夫七真之盛跡，炳如日月在天矣。雖無文字纂述，固不没没，況傳贊精確，仙語琅琅耶？

諸君叙列，曲折備盡，然走復贅談其傍，亦側聽陽阿，從而和之耳，乃若虚舟靈風飄蕩、變化日新之説，此又玄中之玄。走雖老，尚獲一溉之益。詩云：「招招舟子，人涉卬否。人涉卬否，卬須我友。」稽首誠明，毋曰子非其人。

歲至元乙丑日序。

送真人于公如北京引

戊戌歲三月初吉，北京司鑰萬户烏公遣介紹抵長春，奉玄纁致書，邀真人洞真老，以矜式其國人。既可所請，四月望日，公復躬親備車馬來逆[一]。僕聞洞真，寧海人，自齠齔入

〔一〕逆：輯要本作「迎」。

道，居關中五十餘年，里閈不一遊。其苦節厲志，行輩鮮儷，潔行仁聲，遠近著聞。正大間，被中旨提點汴京中太一宫。越壬辰，大軍南渡，燕京長春宫諸耆宿莫不懸懸于懷，後聞嚴行臺護歸東平，莫不相慶。因至燕謁處順堂，宫人懇留，不獲南歸五年矣。羽士服其精嚴，如奉神人；都人瞻其容止，如覩列仙。一日命駕，猿鶴爲之怨驚，松菊爲之寂寞。衆設堅議以阻其行，其信不可奪也。至欲有以力挽而俾不得去者。僕曰：「至人兼善之心，視斯世如一，常以其有餘補其所不足。長春、清和留西堂，李真常主法席，其餘耆德不可概舉比輟。此老以及遠方，正如海藏，雖去一珠，吾光無所損，施之他室，照夜爲有餘矣。又況白霫土厚人純，勸善易入，聞道易行，加之烏使君、侯漕臺輩身先奉箠，能致有德，先覺以師範之，視變故俗如反掌耳。」或謂：「洞真澹如白雲，去住無心，安能規規語汝誨汝，俾汝悠悠者果從其訓耶？」僕曰：「明月一出即現諸水月，何期於水？水亦不能逃。夫月者，大明以臨之，至寂以感之，心領神受中有不能已者，何事規規其間？洞真胸中自有明月，人性猶水。天下一也，何獨白霫之疑哉？」衆聞之，雖其元老見奪爲私弔，復以君子所居者化爲茲道賀也。於是相與開賓館，設祖席，作歌詩餞送，以寵其行。張本引之且贈詩：

真人白霫行，長官執其御。富貴不敢驕，熏鍊竊思預。誰謂霧豹隱，忽與雲鴻翥。祖餞何徘徊，未忍别離遽。煙柳望長亭，茫茫正飛絮。

真常李志常

臨岐執别春始歸，桃花將盡柳花飛。望中車馬健如疾，何時再見丁令威。

又

心去意難留，乘春賦遠遊。秋風吹素髮，猿鶴替人愁。

定庵吴章

祖席相看手屢持，東風無奈思依依。慣聞玄鶴幽庭唳，忽作仙鳧獨自飛。苑北佳遊何日再，終南舊隱幾時歸。因君唤起家山興，不覺臨風賦式微。

馮翊馮志亨

古汴玄宫久住持，真仙無地不歸依。水中一月隨方現，天上孤雲到處飛。蕙帳夜寒添鶴怨，祖庭春暖待師歸。此行莫負關中約，早占終南冷翠微。

河東段天常

華表千年鶴，翩翩復舊遊。遼天快空廓，燕市謝淹留。輕舉師先得，高飛我未由。望窮雲海路，不斷暮煙愁。

終南山甘河鎮遇仙宫詩序

太原虚舟道人李鼎撰

雄雞一鳴，六合出其昏闇。薰琴一奏，萬物遂其長養。天下之事，有廣大至於充塞霄壤，而感發之機初或起於毫末者，何哉？蓋一物之細而至理之所寓，實有不知所以然而然者存焉耳。甘之一水，其用有如此者。我重陽祖師之道，其傳而當至於百千萬世之無窮，予不得而預言之。始以正隆以來百年，三四傳中，衆所同見者而觀之。其出自門下登真者，自丘、劉、譚、馬數師真以降，不知其幾百千人。其賴以生死肉骨者，不知其幾千萬人。其宫觀不知其幾千百所。凡顱圓趾方，號物之靈者，苟能撤胸中之自蔽而向之，莫不在大光明中隨求而隨給。信乎，其充塞霄壤也。原其始動之機，實自此水遇二仙，飲以一杯之力而發之。故洞真真人于公即其地立其宫，以志之也。而洪儒鉅筆復賦詩以美之，天樂道人李公和甫請予爲序，予乃爲之説曰：

水之爲物，自兩儀奠位之始，人非水火不生活。其濟世之用，水又居火之先，是有利於世者莫過於水。雖然，此但水之常也。物莫不有常，亦莫不有變，變則神，常則不必論，變則有所論。至論水之變，又於神與非神之間有不可測之理，學道者不可不講也。謂水之神耶？貪泉之水不能改夷齊之清，若之何而神？謂水之不神耶？上池之水而能化扁鵲之醫，若之何而不神？予謂此神化天運之機。祖師本全之於未始有物之前，伏而不發，若有所待。一旦遇此可發之地，鶴鳴子和，自相感召，莫之能禦。是以有今日之大也。如曰不然，自有此水以來，其飲之者可勝計耶？何獨私於我祖師焉？易曰：「神而明之，存乎其人。」其斯之謂歟？

中統辛酉歲上元日稽首載拜序。

題甘河遇仙宫

正奉大夫參知政事商挺撰

子房志亡秦，曾進橋下履。佐漢開鴻基，矻然天一柱。要伴赤松遊，功成拂衣去。異人與異書，造物不輕付。重陽起全真，高視仍闊步。矯矯英雄姿，乘時或割據。妄跡復知非，收心活死墓。人傳入道初，二仙此相遇。于今終南下，殿閣凌煙霧。我經大患餘，一洗塵世慮。巾車儻西歸，擬借茅庵住。明月清風前，曳杖甘河路。

陝西行中書省左右司郎中張徽上

樓閣崢嶸甘水濱，重陽曾此遇天真。瓊漿一滌迷雲散，醉眼初開道日新。遠别西秦勞玉趾，徑歸東海釣金鱗。存神過化如時雨，重與玄元繼後塵。

翰林待制孟攀鱗上

道源將啓寓真筌，會際因緣豈偶然。雲本無心閑出岫，珠由罔象得成玄。二仙祕訣歸親授，一飲神機已默傳。唯有善淵流泒遠，紛紛滄海幾桑田。

京兆府學教授李庭上

湛湛溪流漬古苔，仙真相遇此徘徊。一瓢玉液逡巡就，七朵金蓮次第開。雲海難尋歸去路，乾坤惟有劫餘灰。只應華表千年鶴，會爲家山一再來。

陝西漢中道提刑按察使王博文上

才出山垠可濫觴，泒流至此便汪洋。前滋琪樹七株秀，後長金蓮萬朵芳。勾漏莫誇丹井味，南陽休詫菊潭香。問津誰有重陽志，試酌清泠正脉嘗。

宣授樞密院參議陳邃上

蒼髯如戟眼如冰，凛凛丰標漢歲星。應是老仙元有分，更遭羽客解通靈。一瓢神糞開玄境，萬古中原拜祖庭。聞道劫餘糜爛者，多因此水救來醒。

翰林直學士中順大夫王利用上

外全乎人，内全乎天。白玉在石，玄珠在淵。海蟾一照，重陽即仙。道以水悟，水乃道筌。人勿自棄，甘河有泉。

洛陽辛沂上

休羡曹溪一勺甘，西江吸盡是空談。遇仙橋下洋洋水，正派元來有指南。

派出終南不少休，源泉混混遍中州。反涇合渭東歸海，要向蓬萊頂上流。

未遇仙真可奈何，易牙有口謾蹉跎。操瓢試向橋邊飲，水味過於酒味多。

翰林直學士知制誥姚燧上

終南山下甘泉水，我挈瓶嘗井泉比。如何仙翁酌飲人，一唾世上無醪醴。是何濡軌不成川，北流赴渭朝宗然。東海相絶幾千里，餘波開七黃金蓮。河之源委人不見，味更幽眇人豈辨。仙翁乘雲能再來，醉棄餘杯須一吮。

嘉議大夫安西路總管府尹李頍上

大道茫茫隔幾塵，世途何處問迷津。自從一飲天瓢水，迴首西風已悟真。

安西路總管府同知王贇上

魏叟求仙萬死中，長房何苦遇壺公。爭如一滴甘河水，便有超凡入聖功。

玄元遺教五千言，萬古應難得正傳。大道杳冥還有本，至人遭遇豈無緣。堪嗟漢武空巡海〔一〕，可笑王喬浪學仙。誰識終南山下路，一瓢甘水是真筌。

安西路總管府判官寇元德上

布衣落託酒錢贏，曾遇仙翁倒玉壺。鉛汞自蒙傳祕訣，聖凡從此頓殊途。消冰作水元非異，點鐵成金信不無。千古甘河河上路，紅塵擾擾嘆吾徒。

安西王府説書劉汾題

何人畫仙翁，醉飲甘河水。重陽丰骨變，四海玄風起。東有丹陽師，心從祖庭死。長春抱奇氣，佐命猶壁壘。大教開全真，向慕風草靡。全真有真樂，將相安足擬。鬱鬱三神宫，分據如鼎峙。人間此水在，此意能有幾？憶昔臨河堤，清映石齒齒。雲雷鼓前浪，妄意圖染指。後泒更雄深，仰慙天樂子。

長安客喬在上

樓觀森羅紫極雄，仙真去後彩霞空。不緣一酌簞瓢水，誰解千年五祖功。金闕儼遺秦甸月，石壇高起漢陵風。殷勤重展三薰敬，復許驂鸞會故宫。

陝西興元等路教門提點何道寧上

〔一〕海：輯要本作「狩」。

重陽師祖遇純陽，祕訣初傳大地香。海上七株琪樹秀，世間萬朵玉蓮芳。天人混合同三昧，薪火圓融共一光。滚滚甘河東未已，了知源遠派流長。

夷門天樂道人李道謙上

萬疊晴嵐倚碧空，紫雲深鎖遇仙宫。三山飛劍人歸後，四海全真道化洪。夢斷鶴鳴丹井露，醮餘旛舞石壇風。世間萬朵金蓮秀，盡出甘泉灌溉功。

前諸路道教提舉衛致夷上

開張道運發天機，邂逅真人若有期。紫極寶圖陰付授，玄元神鼎重扶持。陶君謾訝還都水，扁鵲虚勞飲上池。一自甘濱遭際後，仙風弘衍遍華夷。

安西路道門提點孫德彧上

鄭圃南華去不還，猶龍心法失真傳。道微千古傷分裂，天挺重陽出大全。甘水降神冥海外，至人相契赤明前。誰知一醉玄風起，吹綻黄金萬朵蓮。

後序

門人建安張好古撰

紀録之作多矣，雖復窮今極古，波委雲集，而事或繁冗，言必瑣細，識者病焉。吾師天樂真人自養浩祖庭，典教秦蜀，應事接物之暇，每以著述爲心，獨念重陽祖師開化以來，教法如此其盛，其出自全真門下者，名師耆德，項背相望，仙鄉道館，什百爲耦。金石之所載，莫不流芳於無窮。然大而天下，遠而四方，人固罕得而徧窺之也。乃因所歷，遇有當世名賢所修之文，親手抄録，若道行，若宫觀，其爲碑記傳贊，凡九十餘篇，皆事跡超邁，辭章雄雅，足以取信於天下後世者，裒爲一編，目之曰甘水仙源録。蓋甘水者，祖師遇真之地。仙源者，全真正泒之傳。是編之作，亦猶道學諸公所著伊洛淵源之謂，其取名也甚宜矣。近方鋟梓以廣其傳。予小子忝任校讎之責，自夏及冬，首尾歷二十有六旬有六日，工既訖功，復以後序見命。予思師之用心，其所以扶植玄綱，弘揚祖道，誠非小補。使有志之士，新獲覩是書，不惟有以知前人功業之盛，又固足以見諸儒信與之。公不出户庭，而玄元之心法求之有餘師矣，源流靡已，何代無人。後之視今，焉知不如今之視昔？嗣而緝之，庶幾斯傳之不朽也。

歲在己丑冬至後六日，拜手稽首謹書。

甘水仙源録卷之十

金蓮正宗仙源像傳

金蓮正宗仙源像傳目録

金蓮正宗仙源像傳序〔一〕

李全正攜至劉天素與謝西蟾所作全真正宗仙源像傳一帙，余讀而善之，稽首爲之贊：

天啓玄風，青牛西度。微言五千，無極道祖。傳之東華，爰及鍾吕。既投一錢，復遇二士。奇哉七蓮，景星甘露。禮重雪山，化被中土。世遠言存，道無今古。像而傳之，若聞若覩。黄鶴悠悠，白雲何許。素書一編，沈煙一縷。天上人間，桃花流水。

時泰定丁卯春，嗣天師太玄子書于玄德堂。

大道之妙，有非文字可傳者，有非文字不傳者，此仙源像傳所以作也。惟我全真，自玄元而下，五祖七真，道高德厚，化被九有。長春丘祖師萬里雪山，玄風大闡，此固不待文字而後傳。然其事蹟之詳，未易推究，余每欲緝一全書紀之。一日以此意爲西蟾先生言之，西蟾欣然稱善。乃相與博搜傳記，旁及碑碣，編録數年，始得詳悉。乃圖像於前，附傳於

〔一〕輯要本無序。

後，名曰全真正宗仙源像傳。同志之士覽之者，因其所可傳求其所不可傳，則是書不爲無補。若其猶有未備，幸有以教之。

時泰定丙寅陽至日，廬山清溪道士劉志玄謹序。

金蓮正宗仙源像傳

元太祖成吉思皇帝召丘神仙手詔

制曰：天眷中原，驕華太極之性；朕居北野，嗜慾莫生之情。反朴還淳，去奢從儉，每一衣一食，與牛竪馬圉共弊同饗〔一〕，視民如赤子，養士若弟兄，謀素和，恩素畜，練萬衆以身人之先，臨百陣無念我之後。七載之中成大業，六合之内爲一統。非朕之行有德，蓋今之政無恒，是以受天之祐，獲承至尊，南連炎宋，北接回紇，東夏西夷，悉稱臣佐。念我單于國千載百世以來，未之有也。然而任大守重，治平猶懼有闕，且夫刳舟剡楫將欲濟江河也，聘賢選佐將以安天下也。朕踐祚以來，勤心庶政，而三九之位，未見其人。訪問丘師，先生體真履規，博物洽聞，探賾窮理，道沖德著，懷古君子之肅風，抱真上人之雅操，久棲巖谷，藏身隱形，闡祖師之遺化，坐致有道之士，雲集仙經，莫可稱數。自干戈而後，伏知先生猶

〔一〕共弊同饗：輯要本作「共被同餐」。

隱山東舊境，朕心仰懷無已。豈不聞渭水同車，茅廬三顧之事？奈何山川懸闊，有失躬迎之禮。朕但避位側身，齋戒沐浴，選差近侍官劉仲禄，備輕騎素車，不遠千里，謹邀先生蹔屈仙步，不以沙漠悠遠爲念，或以憂民當世之務，或以恤朕保身之術。朕親侍仙座，叙惟先生將咳嗽之餘，但授一言，斯可矣。今者聊發朕之微意萬一，明於詔章，誠望先生既著大道之端要，善無不應，亦豈違衆生小願哉？故兹詔示，惟宜知悉。

五月初一日。

元世祖皇帝褒封制詞

皇帝若曰：大道開明，可致無爲之化；至真在宥，迄成不宰之功。朕以祖宗獲承基構，若稽昭代，雅慕玄風。自東華垂教之餘，至重陽開化之始，真真不昧，代代相承，有感遂通，無遠弗屆。雖前代累承於褒贈，在朕心猶慊於追崇，乃命儒臣進加徽號。惟東華已稱帝君，但贈紫府少陽之字，其正陽、純陽、海蟾、重陽，宜錫真君之名，丹陽已下七真俱號真人，載在方册，傳之萬世。噫，漢世之張道陵，唐朝之葉法善，俱錫天師之號，永爲道紀之榮。當代不聞異辭，後來立爲定制。朕之所慕，或庶幾焉。

東華教主可贈東華紫府少陽帝君；

正陽鍾離真人可贈正陽開悟傳道真君；

純陽吕真人可贈純陽演正警化真君；

海蟾劉真人可贈海蟾明悟弘道真君；

重陽王真人可贈重陽全真開化真君；

丹陽先生馬鈺可贈丹陽抱一無爲真人；

長真先生譚處端可贈長真雲水藴德真人；

長生先生劉處玄可贈長生輔化明德真人；

長春先生丘處機可贈長春演道主教真人；

玉陽先生王處一可贈玉陽體玄廣度真人；

廣寧先生郝大通可贈廣寧通玄太古真人；

清靜散人孫不二可贈清靜淵貞順德真人。

宜令掌教光先體道誠明真人張志敬執行。准此。

至元六年正月日。

武宗皇帝加封制詞

上天眷命皇帝聖旨：三玄教由天所畀，兹統攝乎群靈；五百年名世者生，始恢揚于正紀。昔東華帝君太晨宫，祚綿綿而莫知其始終，氣混混而莫窮其涯涘，離形離兆，有自而然，爲福爲祥，不言而喻，傳之太上，是曰全真。守其一，處其和，應不求，爲不恃。絳格琅虬之上下，龜圖麟策之周旋，法之著兮可存於浩劫，後之承者迭出于高真。惟古之賓師，有今之明素，能仁能勇，至孝至貞，所守彌堅，不待歲寒而後見，所言必應，其於事會則周知。及身之渥已申，報本之誠愈切，温綸特降，顯號循加。於戲，神人和而王道平，遐不謂矣；教化行而治功立，永言保之。可加贈東華紫府輔元立極大帝君，主者施行。

至大三年二月日。

上天眷命皇帝聖旨：昔聞太上教闡全真，法天地之常經，因陰陽之大順，始自東華之變現，訖于開元之垂緣。由漢及唐，必曠世而至人出；以金繼宋，際熙朝而玄統彰，恢其衆妙之門，鎮以無名之朴。或得意忘象，涵泳於靈樞；或驂星馭龍，飛遊於紫極，不可聞，不可見，雖與造物者爲徒，儵然往，儵然來，亦曰隨時而示應。故載傳於後裔，猗叶贊于元功，盍殊級之循加，俾宗風之永紹。除始祖東華帝君別議旌崇，餘仰主者一例施行。

正陽開悟傳道鍾離真君可加贈正陽開悟傳道垂教帝君；

純陽演正警化呂真君可加贈純陽演正警化孚佑帝君；

海蟾明悟弘道劉真君可加贈海蟾明悟弘道純佑帝君；

重陽全真開化王真君可加贈重陽全真開化輔極帝君。

右付玄門演道大宗師掌教凝和持正明素真人苗道一收執。準此。

至大三年二月日。

上天眷命皇帝聖旨：天造草昧，惟君子以經綸；聖運隆昌，亦至人之扶衛。昔皇祖肇基於朔土，有真仙應現於東隅，行無畦畛而天下之事靡不知，學有淵源而天下之書靡不究。所急者拯民於溝阱，所先者鋤道之榛荆。律身之戒雖嚴，及物之功則溥。逮芝綸之疊降，躡雲舄以來從，率英賢凡十八人，言宗社非一二事。心冥神契，猶軒轅之師廣成；辭簡義深，若漢文之禮河上。既成功於諸夏，俾主教於長春。其以肖以續者得其真，故曰希曰夷而永其壽，翊我延洪之祚，爲今持正之師，再振玄門，彼此皆一。時也爰頒鴻渥，後先豈二理哉？宜進號以追崇，尚傳規于不朽。其長春演道主教真人丘處機可加贈長春全德神化明應真君，主者施行。

至大三年二月日。

上天眷命皇帝聖旨：佑于一德，天惟顯思。作者七人，道之行也，如辰樞之運元造，如璣衡之契靈儀。誰之子，象帝先，盡老氏、關尹之妙；無不爲，將自化，行東萊、西陝之間。或遁跡于塵區，或棲身于環堵。迨際皇元之興運，親承聖祖之眷知。嘉猷敷陳，允矣濟時之具；玄機沖寂，超乎與天爲徒。莫不窮師友之淵源，咸已詣霄晨之閫域。闡乃宗規之舊，緊予藩邸之賓。弘才偉學以相承，景貺靈祺之荐格，其加顯級以賁真風。除主教丘長春別示旌崇，餘仰主者一例施行。

丹陽抱一無爲真人馬鈺可加贈丹陽抱一無爲普化真君；

長真雲水藴德真人譚處端可加贈長真凝神玄靜藴德真君；

長生輔化明德真人劉處玄可加贈長生輔化宗玄明德真君；

玉陽體玄廣度真人王處一可加贈玉陽體玄廣慈普度真君；

廣寧通玄太古真人郝大通可加贈廣寧通玄妙極太古真君；

清靜淵貞順德真人孫不二可加贈清靜淵貞玄虛順化元君。

右付玄門演道大宗師掌教凝和持正明素真人苗道一收執。準此。

至大三年二月日。

上天眷命皇帝聖旨：昔賢有言，盡忠于君，致孝于親，歸誠于天，敷惠于下，有才以濟其用，有學以裕于人，秩可列于仙階，道可弘于當世。清和妙道廣化真人尹志平，襟神洞廓，丰格高嚴，褐衣爲山澤癯非謂之悴，衮服爲廟堂相非謂之通，泛然應物以無方，捷若循機而有永，入長春之室教，仍主于長春，全靈極之真象，宛符於靈極，示真規于四遠，膺禮眷于三朝。粤有嗣師，載恢玄躅，其頒異數，以進嘉稱。於戲，弱水蓬萊，歸渡不煩於舟楫；吉雲飆景，方羊或駐于旌麾。可加贈清和妙用廣化崇教大真人，主者施行。

至大三年二月日。

上天眷命皇帝聖旨：道德正宗屢傳於賢裔，儒玄最學間出于熙宸。況教典長春、冠冕登瀛之列，而躬膺睿眷、綱維寧極之規？宜進秩以宗承，示輸誠于景嚮。真常上德宣教真人李志常，清文映世，高行絶人，摛述作之華于襘襶之表，廓神明之應于視聽之間，璞不雕鎪，行不厓異，幹以淳粹，含以虚無。繩繩兮其可名哉？皜皜乎不可尚已。號其顯畀，制則特頒，以爲全真奕葉之光，以慰賢師累章之請。於戲，科盛揚於寶笈，千劫而繼太晨君；實燦結于春華，再傳而得誠明子。可加贈真常妙應顯文弘濟大真人，主者施行。

至大三年二月日。

上天眷命皇帝聖旨：無爲之宗是謂之道，至公之器莫重于名。蓋景範清彝爲人所慕，而華軒鶩冕匪樂之全，跡已著于生平，禮盍頒于眷渥。通玄弘教披雲真人宋德方，玄機蚤悟，秘學窮探，澡雪其心，不以纖私自浼，濛鴻其化，不以小善自矜，德全而才不形，量廓而物無礙，侶仙居而馭真伯，咸稱席上之珍，乘飆忽而歷崑崙，動應環中之數，勉從所請，庸會其元。於戲，歲計而功有餘，疇繼庚桑之偉躅；神凝而物不癘，尚徼姑射之豐年。可加贈玄都至道崇文明化大真人，主者施行。

至大三年二月日。

上天眷命皇帝聖旨：唐虞至治，有開奕世之規；箕潁外臣，允契登瀛之選。蓋天之生材不虛其用，而道之傳叙在得其人。粤昔長春，遭逢聖祖，芝綍遠頒于東土，飆輪旋扈于西征，或後或先，在左在右，確然其志，凌冰霜而游太清，炳乎爲文，挺圭璋而弘正紀，玄功叶立，師業益光，崇茲緑字之章，敦我朱藩之舊。於戲，祥麟儀鳳升乎能，幾見之絳境叢霄，殊渥不一，書止靈斿，可駐顯號。其承除尹清和、宋披雲、李真常別議旌崇，餘仰主者一例施行。

趙道堅可贈中貞翊教主應真人；

宋道安可贈元明普照崇德真人；

夏志誠可贈無爲抱道素德真人；

王志明可贈熙神資道葆光真人；

孫志堅可贈明誠體妙虚寂真人；

于志可可贈誠純復朴沖寂真人；

張志素可贈應緣扶教崇道真人；

鄭志修可贈通微復静沖應真人；

鞠志圓可贈保真素朴静應真人；

孟志穩可贈重玄廣德沖用真人；

張志遠可贈悟真凝化純素真人；

綦志遠可贈體元抱德沖悟真人；

何志清可贈虚明淵静守一真人；
楊志静可贈洞虚得一玄通真人；
潘德沖可贈通玄妙道沖和真人；
右付玄門演道大宗師掌教凝和持正明素真人苗道一收執，准此。
至大三年二月日。

維昔祖師長春丘真君，抱道懷德，深隱東萊，太祖皇帝聞風聘召，遠至雪山，禮遇優隆，玄風大振。迨世祖皇帝混一宇内，尤加崇敬，五祖七真，咸錫徽號。武宗皇帝褒以帝君、真君之封，十八大師普贈真人，可謂千古盛事矣。雖崆峒問道，河上談經，豈能專美於往昔哉？臣志玄生逢盛世，濫忝冠裳，頃年侍教主開玄大宗師孫真人於京師之大長春宫，得覩列聖詔書，謹録鋟梓，以示四方，使見聞之有悉知聖朝重道之美意云。

泰定元年正月望日，賜紫教門高士澄虚湛寂洞照法師臣劉志玄稽首頓首拜書卷末。

混元老子

老子姓李，名耳，字聃，苦縣瀨鄉曲仁里人也。母孕八十一年，生於殷武丁之九年，歲在庚辰二月十五日。生而鬚髮皓白，故世稱爲老子，指李樹爲姓。歷殷至周，文王聘爲守藏史，武王克殷，遷爲柱下史，昭王時西入流沙，至幽王時復還中國。孔子嘗問禮焉，老子告孔子曰：「君子得其時則駕，不得其時則蓬累而行。吾聞良賈深藏若虛，君子盛德，容貌若愚。吾所以告子若是而已。」孔子退謂弟子曰：「鳥，吾知其能飛。魚，吾知其能遊。獸，吾知其能走。走者可以爲網，游者可以爲綸，飛者可以爲矰。至於龍，吾不能知其乘風雲而上天。吾今日見老子，其猶龍乎？」老子見周衰，遂去之。至函谷關，關令尹喜善望氣，見紫氣浮關，知有聖人至，乃守關候之。遇老子駕青牛車將西度，關令尹請曰：「子將隱矣，强爲我著書。」於是老子乃著書上下篇，五千餘言，授令尹而去，世莫知所終。今亳州太清宫即其故宅降生之地，京兆盩厔縣終南山宗聖宫即古樓觀授經處也。老

子者，即太清太上老君之化也，唐高宗皇帝上尊號曰太上玄元皇帝，唐玄宗皇帝上尊號曰太聖祖高上大道玄元皇帝，宋真宗皇帝上尊號曰太上老君混元上德皇帝。

贊曰：維昔洞神，經傳十二。白鹿東來，青牛西逝。道法自然，玄之又玄。無象之象，先地先天。

東華帝君

帝君姓王，不知其名，世代、地理皆莫詳。得太上之道，隱崑崙山，號東華帝君。復居五臺山紫府洞天，或稱紫府少陽君。後示現於終南山凝陽洞，以道授鍾離子。又按仙傳拾遺云：「帝君蓋青陽之元氣，萬神之先也，居太晨之宫，紫雲爲蓋，青雲爲城，仙僚萬億，校録仙籍，以稟命於老君。所謂王姓者，乃尊高貴上之稱，非其氏族也。」斯言蓋得之歟？元世祖皇帝封號東華紫府少陽帝君，武宗皇帝加封東華紫府輔元立極大帝君。

贊曰：道繼玄元，教行率土。天近崑崙，雲横紫府。神中之神，真中之

真。長生有道，貽我後人。

正陽子

師姓鍾離，名權，字雲房，號正陽子，京兆咸陽人也。容貌雄偉，學通文武，身長八尺七寸，髯過於腹，目有神光。仕漢爲將軍，兵失利，遁入終南山，遇東華帝君授以至道。後隱晉州羊角山，不與世俗接，束髮爲雙髽，採槲葉爲衣，自稱天下都散漢。道成，天真錫號太極左宫真人。翱遊人間，示現無常，世人往往遇之。嘗有頌云：「生我之門死我户，幾箇惺惺幾箇悟。夜來鐵漢細尋思，長生不死由人做。」有詩文行於世。今終南山凝陽洞傳道觀，即遇東華帝君處；咸陽周曲灣正陽宫，即其故居也。元世祖皇帝封號正陽開悟傳道真君，武宗皇帝加封正陽開悟傳道垂教帝君。

贊曰：早遇東華，以道相接。日月雙髽，乾坤槲葉。花生玉蔕，樹長鉛枝。悠悠澧水，只似當時。

純陽子

師姓吕，名巖，字洞賓，號純陽子，蒲州蒲坂縣永樂鎮招賢里人也，生於唐德宗貞元丙子四月十四日。年弱冠，登進士第未調，因暮春遊澧水之上，遇正陽子，授神仙之道。後隱廬山，修鍊成道。周遊人間，每稱回道士，或隱或顯，世莫能測。有詩云：「捉得金精作命基，日魂東畔月華西。於中煉就長生藥，服了還同天地齊。」嘗於邯鄲逆旅以枕授盧生，又於東鄰沈氏家作詩，以榴皮書壁，其靈蹤聖跡。載於書傳者，不可勝紀。世之言神仙者，必宗鍾吕。其所至處，後人皆建觀宇。有詩詞名渾成集，行於世。今永樂鎮大純陽萬壽宫，即其故居也。元世祖皇帝封號純陽演正警化真君，武宗皇帝加號純陽演正警化孚佑帝君。

贊曰：一劍横秋，清風兩袖。道在函三，丹成轉九。蒼梧北海，白雲帝鄉。甘河一滴，源遠流長。

海蟾子

師姓劉，名操，字宗成，號海蟾子，燕山人也。年十六登遼之甲科，仕至上相。嗜性命之學，未究玄藴，忽有道人來謁，師以賓禮延之，問其姓名，默而不答，惟索雞卵十，金錢一，以金錢置桉上，纍纍疊十卵不墜。師歎曰：「危哉。」道人曰：「公身命俱危，更甚於此。」師復問曰：「如何是不危底？」道人乃歛雞卵、金錢，擲之於地，長笑而去。師於是頓悟，因夜宴，盡碎寶器，明日解相印，易道衣，佯狂歌舞，遠遊秦川。復遇前次道人授以丹訣，方知是正陽子也。師嘗有句云：「抛離火宅三千口，屏去門兵十萬家。」又有長歌云：「醉騎白驢來，倒提銅尾棟。引箇碧眼奴，擔著獨胡瓔。自忘塵世事，家住葛洪井。不讀黄庭經，豈燒龍虎鼎。獨立都市中，不受俗人請。欲攜霹靂琴，去上崑崙頂。吴牛買十角，溪田耕半頃。種黍釀白醪，便是神仙境。醉卧古松陰，閒立白雲嶺。要去即便去，直入秋霞影。」師後以道妙授董凝陽、張

紫陽，乃遁跡於終南、太華之間，不知所終。有詩文行於世。元世祖皇帝封號海蟾明悟弘道真君，武宗皇帝加封海蟾明悟弘道純佑帝君。

贊曰：勇脱金貂，力辭相印。秦川異遇，終南高隱。烏飛兔走，虎伏龍降。一巵仙酎，留待重陽。

重陽子

師姓王，名嚞，字知明，號重陽子，咸陽大魏村人也。母孕二十四月而生，生於宋徽宗政和二年壬辰十二月二十二日。始名中孚，字允卿，易名世雄，字德威，後入道，改今名字。師美鬚髯，目大於口，身長六尺餘，氣豪言辯，膂力過人。通經史，善騎射。會中原多事，秦隴紛擾，師每有出塵之志，乃遷終南縣劉蔣村，創别業棲隱，置家事俱不問，放曠自適，常云：「昔日龐居士，如今王害風。」

金正隆四年己卯六月望日，於終南縣甘河鎮酒肆中遇二人，皆蓬首披氈衣，年貌如

一。師見而異之，即時懇禮，其人徐曰：「此子可教。」遂密授以道妙。師有頌云：「四十八上始遭逢，口訣傳來便有功。一粒金丹色愈好，玉華峰上顯殷紅。」其所遇者，蓋吕純陽也。明年庚辰中秋日，於醴泉道中再遇前次二仙，師趨而拜之，欣然共飲酒肆。酒家叩問二仙鄉貫年姓，答曰：「濮人也，年二十二。」而不告其姓。復以秘訣五篇授師，俄失所在。

大定元年辛巳，師於終南縣南時村作穴居，名活死人墓，四隅各植海棠一株，人問其故，答曰：「吾將來使四海教風爲一家耳。」癸未秋，棄活死人墓，與和玉蟾、李靈陽結庵於劉蔣。甲申秋，復遇劉海蟾於甘河鎮，飲以仙酎。故師有詞云：「正陽的祖，又純陽師父，修持深奥，更有真尊。唯是叔海蟾，同居三島。」師自是不復飲酒，但飲水而有醉客〔一〕，口中作酒香。有詩云：「醒來不飲塵中酒，達後惟傳世外杯。從此白雲隨地有，自然舉步到蓬萊。」乙酉春，題詩於終南山太平宫壁云：「害風害風舊病發，壽命不過五十八。」時有史處厚、劉通微、嚴處常相繼受學爲弟子。

丁亥四月二十六日，忽自焚其庵，人驚救之，師方舞躍而歌曰：「茅庵燒了事休休，決有仁人却要修。便做惺惺誠猛烈，怎生學得我風流。」乃辭衆曰：「我東方丘劉譚中尋馬去

〔一〕客：輯要本作「容」。

也。」遂東出關。至閏七月十八日，抵寧海州。會馬宜甫問答契合，乃築室於馬氏南薗，題曰全真。書一長歌云：「堂名名號號全真，寂靜逍遥子細陳。豈用草茅遮雨露，亦非瓦屋度秋春。一間閒舍應難得，四假凡軀是此因。常蓋常修安在地，任眠任宿不離身。有時覺後尤寬大，每到醒來愈愛親。氣血轉流渾不漏，精神交給永無津。慧燈内照通三耀，福注長生出六塵。自哂堂中心火滅，何妨諸寇積柴薪。」全真之名蓋始於此。

九月，丘長春自崑崳山來受學，譚長真抱疾而至，爲弟子。十月，於庵鎖環百日，日以分梨十化警悟宜甫夫婦。分梨十化者，師初鎖環之一日，以梨一枚與宜甫啖之，每六日，賜芋、栗各六枚；至是月十一日，分梨爲二塊，令宜甫夫婦共食之；後六日之芋、栗，旬日之梨，爲常期也；其芋、栗如初之數，梨則每旬例增其一；至於十旬，而積數爲五十有五，應天地生成之數。每與，必以詩頌警悟之。次年戊子正月十一日，啓環。二月，宜甫棄家入道，王玉陽自牛仙山來禮師。晦日，師攜馬、譚、丘、王四師遊崑崳山，開煙霞洞居之。三月，郝廣寧受業於洞中。八月，師同弟子遷文登姜實庵，立七寶會。

九年春，師同馬、譚、丘、郝四師回寧海，周伯通築庵請師居，名曰金蓮堂。重午日，宜甫妻孫氏詣金蓮堂出家。八月，就本堂立金蓮會。州人或欲寫師真，師左目右轉，右目左轉，老少肥瘠，形色無定，竟不能狀。九月，至福山縣，立三光會。遂遊登州，登蓬萊閣，與衆觀海市。忽飀風起，人見師隨風吹入海中，久之復出，冠服皆如故，觀者異之。乃立玉華會，遂同馬、譚、丘三師至萊州，劉長生棄家從道。十月，達掖縣，立平等會。是月，攜馬、譚、劉、丘四師西遊汴梁，寓王氏旅邸。歲暮，師忽書一詞，辭世。其末云：「這回去也，一顆明珠無有價。正見真修，穩駕逍遥到岸舟。」明年庚寅正月初四日，呼四師來前曰：「吾今赴師真之約矣。」復説頌云：「地肺重陽子，呼爲王害風。來時長日月，去後任西東。作伴雲和水，爲鄰虚與空。一靈真性在，不與衆人同。」言畢，枕肱而逝。衆皆號慟，師忽開目起坐曰：「何至於此？汝等學道猶未悟此耶？」乃以秘訣五篇付丹陽，令遞相規益。遂書偈云：「一姪三子一山侗，連余五箇一心雄。六明齊伴天邊月，七爽俱邀海上風。真妙裏頭拈密妙，晴空面上躡虚空。東西南北皆圓轉，到此方知處處通。」書畢而化。

初，師在登州時，太守紇石烈，名邈，待以師禮，臨別謂師曰：「再會何時？」師曰：「南京。」及師僊化，邈適除南京留守。又嘗指登州望仙門外畫橋，語人曰：「他年逢何必壞。」後一紀，太守何邦彦惡橋高峻而毁之。其未出關時，嘗自畫一三髻道者與松鶴共爲一圖，付史風仙曰：「留此待我他日擒得馬來，以爲勘同。」後丹陽入關，風仙以畫像驗之，毫髪無異。其神妙若此者甚多。

有全真前後集、韜光集、雲中録、分梨十化説行於世。今甘河遇仙宫即遇披氈仙處；

南時成道宮即活死人墓；大重陽萬壽宮即劉蔣故庵；汴梁大朝元萬壽宮即王氏旅邸，師登真處也。

元世祖皇帝封號重陽全真開化真君，武宗皇帝加封重陽全真開化輔極帝君。

贊曰：天挺異人，英邁蓋世。二十既逢，五篇斯秘。海棠四影，金蓮七花。水雲爲伴，稽首東華。

丹陽子

師姓馬，名鈺，字玄寶，號丹陽子，初名從義，字宜甫，寧海州人也，生於金太宗天會元年癸卯五月二十日。昆弟五人，師其次也，家饒於財，號馬半州。娶州人孫忠顯女，生三子。

大定七年閏七月，宴於州人范明叔家怡老亭，酒酣賦詩，有「醉中人扶」之句。忽重陽布袍竹笠，冒暑而來，徑造其席。師問曰：「奚自？」重陽曰：「終南，特來扶醉人。」師異之，取瓜與重陽食，重陽從蔕食起。師

怪詢其故，重陽曰：「甜向苦中來。」又問姓名，曰：「王害風。」師復叩云：「何名曰道。」重陽曰：「五行不到處，父母未生前。」師於言下有悟，談論甚相契合，請重陽還家而師之。於前時夢南園鶴飛處築庵以居重陽，重陽扁之曰全真。十月朔，重陽於庵鎖環百日，日示師以分梨十化，夜與師密談道妙。次年戊子正月十一日，重陽出環。二月初八日，師悉以家事付三子，出家學道，重陽爲易今名字。

九年己丑十月，師從重陽遊汴梁，寓王氏旅邸。庚寅正月初四日，重陽以五篇秘訣授師而逝。師遂頂分三髻以象師名。師與譚、劉、丘三師舉重陽仙蛻，葬之於劉蔣，時壬辰歲也。乃一新故庵，題曰祖庭。十四年甲午中秋，師與譚、劉、丘三師宿秦渡鎮真武廟。月夜，各言其志。師曰鬭貧，譚曰鬭是，劉曰鬭志，丘曰鬭閒。翌旦乃別，長真、長生遊洛陽，長春隱磻溪，師返祖庭，鎖環而居，至十八年戊戌八月朔出環。

明年正月，遊華亭縣，李大乘延師事之。二月望，於其家同居環，百日出。師活環外枯林檎樹一株。二十年春，至京兆。趙蓬萊施宅爲庵。師復居環，百日出，復歸祖庭。二十二年四月，東回寧海，道經濟南。有韓淘字清甫者，禮師請益。師曰：「夫道以見性爲體，養命爲用，柔弱爲本，清淨爲基，自然滅情於虛，寧神於極，不出户庭，而妙道得矣。」至州，居金蓮堂。堂有醎苦井不可食。師呪之，變爲甘泉，嘗有聯句云：「水中焰迸三丹結，火裏蓮生一性圓。學道男兒無我相，修真烈士没人情。」如此語甚多。

二十四年癸卯下元，文登人請師主醮，衆覩重陽現於空際白龜之上。晦日，遊城北之三教堂。時門弟子咸集，忽鄜州王道師抱琴至，師乃援筆作歸山操示衆云：「能無爲兮無不爲，能無知兮無不知。知此道兮誰不爲，爲此道兮誰復知。風蕭蕭兮木葉飛，聲嗷嗷兮鴈南歸。嗟人世兮日月催，老欲死兮猶貪癡。傷人世兮魂欲飛，嗟人世兮心欲摧。難可了兮人間非，指青山兮當早歸。青山夜兮明月飛〔一〕，青山曉兮明月歸。飢餐霞兮渴飲溪，與世隔兮人不知。無乎知兮無乎爲，此心滅兮那復爲。天庭忽有雙華飛，登三宫兮遊紫微。」蓋示其歸真之意也。遂至萊陽，居遊仙宫。十二月二十二日，重陽仙誕，師致醮畢，與諸弟子夜話。至二鼓，忽風雨大作，迅雷一聲，謂弟子曰：「吾今赴仙會堂歸去也，作箇快活仙。汝等欲作神仙，須要勵修功行，縱遇千魔百難，慎勿退惰。」言訖，端坐而逝。是夜，神游郭復中、劉錫家，各留一頌。次日，方知師仙化矣。

有金玉、漸悟、行化、成道、圓成、精微文集六，語録一，行於世。今萊陽縣遊仙宫，即師登真之所也。元世祖皇帝封號丹陽抱一無爲真人，武宗皇帝加封丹陽抱一無爲普化真君。

〔一〕飛：輯要本作「非」。

贊曰：夢鶴投機，食瓜有省。十化入心，三髻在頂。春回枯木，井化甘泉。雷轟風動，白雲青天。

長真子

師姓譚，名處端，字通正，號長真子，寧海人也。初名玉，字伯玉，生於金太宗天會元年癸卯三月朔。幼墮井，坐水上無驚，復遇火不怖，人皆異之。年十五有志於學，作蒲萄篇已膾炙人口。

嘗因醉卧途中遇雪，感風痹之疾。太定七年秋，聞馬宜甫師事重陽，師遂棄妻詣全真庵禮重陽，願爲弟子。時夜寒甚，爐竈清冷，殆不可忍。重陽遂展足令師抱之，少頃，汗流被體，如卧甑中。旦起，重陽以盥洗餘水，令師盥面，於是宿疾頓除，鬚眉儼然。師乃拜禱重陽，求道之日用。重陽遂授以四字秘訣，又贈以詞，有「達真譚玉」之語，爲改今名字。

九年冬，重陽遊汴，師同馬、劉、丘三師

侍行，寓王氏旅邸。明年庚寅正月初四日，重陽仙去。師與三師舉仙蜕西葬劉蔣，廬於墓側三年。十四年秋，師東出關，居洛陽朝元宫，後遊河朔獲嘉縣，居府君廟之新庵。一日，師鎖庵往衛州。至夕，廟官温六見庵中火光，窺見師擁火而坐。廟官驚，遣人趨州求師。師在州之北關旅邸中卧，猶未起。及還庵，火燼尚未滅。十五年，師遊磁州二祖鎮，遇一醉徒問師：「爾從何來？」未及應，遽以拳擊師口，齒折血流，而容色愈和，吐齒握手中，歌舞而去。市人見者皆怒，使訟於官，師但云：「彼醉耳。」時丹陽在關中，聞而讚之〔一〕曰：「一拳消盡平生業。」十六年，上洛州白家灘。一農夫病累月，治療無方，夢一道者與之紅藥服之，覺而疾愈。次日見師，愕然曰：「此即夢中賜藥之師也。」欲謝之，師不顧。

二十一年，復西遊，寓華陰純陽洞，示衆：「六年滅盡無明火，十載修成换骨丹。湛湛虚堂無罣礙，已知跳出死生關。」復遊洛陽，於朝元宫之東得隙地數畝，築庵居之。二十五年乙巳四月朔，令門人預營葬事，遂書行香子云：「交泰一聲雷，迸出靈光萬道，輝龍遇迅雷。重脱殼，幽微射出，金光透頂，飛一性，赴瑶池。得與丹陽相從，隨顯現，長真真妙理無爲。湧出陽神，獨自歸。」書畢而逝，異香凝室者數日。

〔一〕之：該字下原重出一「之」字，據輯要本删。

有水雲集行於世。今寧海棲霞觀即其故居；洛南朝元宫乃師登真之所也。元世祖皇帝封號長真雲水蘊德真人，武宗皇帝加封長真凝神玄靜蘊德真君。

贊曰：抱疾求師，雪寒無寐。春生兩足，道先四秘。夜焚榾柮，曉卧衛州。驂鸞跨鶴，掉臂瀛洲。

長生子

師姓劉，名處玄，字通妙，號長生子，東萊之武官莊人也，生於金熙宗皇統七年丁卯七月十二日。事母以孝聞，誓不婚宦，視外物恬不介意，屢欲出家，母未之許。大定九年二月，忽覩鄰居壁間人所不能及處書二頌，墨跡尚新，不留名姓，其末句云：「武官養性真仙地，須有長生不死人。」師見其筆力遒勁，疑異未能決。九月，重陽與馬、譚、丘三師至東萊。師往迎拜之，重陽顧而笑曰：「壁間墨痕，汝知之乎？」師於是傾誠乞爲弟子。重陽見其神采不群，歎曰：「松之月，竹之雪，故不受於黄塵。」乃贈以詩，爲

立今名字，時弱冠之年也，從重陽遊汴。明年春，重陽仙去，師與馬、譚、丘三師藏仙蛻於劉蔣，廬於墓側三年。

甲午秋，乃溷跡京洛，心灰益寒，形木不春，人餽則食，人問則答。十八年秋，遷居洛城東北雲溪洞。門人爲鑿洞室，忽得石井。衆方駭異，師笑曰：「不遠數尺更有二井，此乃我三生前修鍊處。」鑿之果然。二十一年秋，東歸萊州。明年，就武官故居建庵。明昌二年，駙馬都尉僕散出鎮萊州，惑於讒毁，命尉司欒武節追捕下獄。俄市人見師於城南，與道友接談如常日。鄭押衙、王受事亦見之，意師逃出，往視獄中，師方熟睡。二人驚駭，以所見白都尉，都尉方悟師爲有道者，亟令出之。承安二年丁巳，章宗皇帝聞風聘召，問以至道，師對曰：「至道之要，寡嗜慾則身安，薄賦斂則國泰。」上曰：「先生廣成子之言乎？」勑近侍館師於天長觀。明年三月，得旨還山，賜賮，固辭不受，勑賜故居庵額曰靈虚觀。

泰和三年癸亥正月，東京留守劉昭毅、定海軍節度使劉師魯來禮師問道，師曰：「公等皆當代名臣，深荷顧遇。吾將逝矣，不足爲公等友。」復示頌云：「正到崢嶸處，爭如拂袖歸。我今須繼踵，回首返希夷。」二公覽之愴然。二月初六日，鳴鼓集衆，告以去期，謂弟子曰：「各善護持，毋生懈怠。」乃曲肱而逝。

有仙樂、太虚、盤陽、同塵、安閒、修真文集六，及道德注、陰符演、黄庭述行於世。今洛陽長生萬壽宫即雲溪三井洞；武官靈虚觀即其故居，師登真之所也。元世祖皇帝封號長生輔化明德真人，武宗皇帝加封長生輔化宗玄明德真君。

贊曰：雪竹月松，迥出塵境。既悟三生，再得二井。紫煙横洞，白雲繞溪。桓桓道武，前席謙之。

長春子

師姓丘，名處機，字通密，號長春子，登州棲霞縣濱都人也，生於金熙宗皇統八年戊辰正月十九日。幼聰敏，日記千餘言。未弱冠即學道，隱崑嵛山。大定七年，聞重陽道化。九月，乃拜於寧海之全真庵。重陽贈以金鱗，遂爲弟子，重陽爲訓今名字。九年冬，從重陽遊汴梁，寓王氏旅邸。明年正月初四日，重陽仙化，

師與馬、譚、劉三師舉仙蜕葬於劉蔣，廬墓三〔一〕年。歲甲午秋，乃入磻溪穴居，日乞一食，行一簑，人謂之簑衣先生，晝夜不寐者六年。復隱隴州龍門山，苦行如磻溪時，遠方學者咸依之。

大定二十八年二月，世宗皇帝召赴闕，問答稱旨，賜以巾冠，館於天長觀。夏五月，召見於長松島，問以延生之理，師對曰：「惜精全神，修身之要。恭己無爲，治天下之本。富貴驕婬，人情所常，當兢兢業業以自防耳。誠能久而行之，去仙道不遠。誕詭幻怪，非所聞也。」上善其言。七月，再召見於便殿，師剖析至理，上大悦。翼日，賜上林桃，師不食茶果十餘年，至是取一枚啖之。應制進瑶臺第一層詞。八月，得旨還祖庭，賜鏀，禮辭不受。明昌二年辛亥，東歸棲霞，以故居爲觀，勑賜額曰太虚。泰和七年丁卯春，元妃施道經一藏，驛送太虚觀。貞祐二年甲戌冬，山東亂，帥府請師牒諭，所至皆投戈拜命，寧海、登二州遂安。四年春，金宣宗皇帝命東平監軍王庭玉召師，不赴。興定三年己卯，師居萊州昊天觀，時齊魯陷宋。八月，宋寧宗皇帝命大帥彭義斌召師，亦不赴。

是歲，元太祖成吉思皇帝在奈蠻國命侍臣劉仲禄捧詔聘師。十二月，仲禄至萊州，師

〔一〕三：原作「二」，據輯要本改。上文中亦有「三年」字樣。

慨然應命。明年庚辰正月，師遂起行，十八大師從。二月，入燕城行省，館于玉虚觀。三月，進表陳情。四月，道出居庸關，忽遇群盜，皆稽首而退。十月，師至武川，進表使回曷剌捧詔促召。辛巳春，踰嶺而北。七月，至阿不罕山，留弟子宋道安等九人立棲霞觀，率趙虚靜輩輕騎以行。壬午三月，上遣太師阿里鮮來迎，詔諭仲禄、鎮海護從師來，勑萬户播魯只以甲士衛師過鐵門，四月方達印土，見皇帝於大雪山之陽。上設二帳於御幄之前居師，以便訪問。十月望〔一〕，上設庭燎，虚前席延師，問以王道，時太師阿海、阿里鮮侍。師對以節慾乃修身之要，愛民爲永國之方，及陳天道好生惡殺之意。上悦，命侍臣書之簡册，其詳見于慶會録。癸未二月，辭歸，上勉留。三月，復辭，制可，所賜備極豐腆，皆辭之，與諸弟子俱還。詔太師阿里鮮護師東歸。至阿不罕山棲霞觀，率棲霞弟子皆歸。甲申三月至京師，是月上遣曷剌傳旨：「丘神仙至漢地，凡朕所有之城池，其欲居者居之。」往回事跡，見西遊記。行省請師住天長觀。自爾使者赴行宫，皇帝必問丘神仙安否，還必有宣諭語行省。又施瓊華島爲觀，師命工葺之。

乙酉春，師折梨花一枝與玄寧居士張去華曰：「此男子之祥也。」去華以瓶養之，至秋

〔一〕望：輯要本作「朔」。

結實二十有四，果生一子，即明誠也。延祥觀有枯槐一株，師以杖擊之曰：「枯槐再活。」後槐復榮茂。九月，熒惑犯尾宿，宣撫王揖請師禳之，是夕熒惑退數舍。丙戌五月，大旱，行省請師祈禱，大雨三日。丁亥五月，詔以瓊華島爲萬安宫，改天長觀爲長春宫，賜師金金虎符，主領天下道教事，特旨蠲免道門差税。六月二十三日，雷雨大作，太液池南岸崩，北口山摧。師聞而笑曰：「山摧池枯，吾將與之俱乎？」七月初九日，師陞寶玄堂，示衆以生死事，復曰：「教門用力，大地塵勞。心地下功，全抛世事。各宜精進，毋使虚度時光。正法難遇，道教事，尹志平、李志常相繼主之。」遂書頌云：「生死朝昏事一般，幻泡出没水長閒。微光現處跳烏兔，玄量開時納海山。揮斥八紘如咫尺，吹嘘萬有似機閒。狂辭落筆成塵垢，寄在時人妄聽間。」畢，歸葆光堂，端坐而逝。

有磻溪、鳴道文集，西遊記行於世。今棲霞縣太虛觀即其故居，磻溪長春成道宫即修真之處，京師大長春宫即登真之所也。元世祖皇帝封號長春演道主教真人，武宗皇帝加封長春全德神化明應真君。

贊曰：巍巍長春，一簑煙雨。磻溪六年，雪山萬里。洪範丹書，爲王者師。玉符金虎，演道明時。

玉陽子

師姓王，名處一，字玉陽，號𠈁陽子，寧海東牟人也，生於金熙宗皇統二年壬戌三月十八日。母夢丹霞被體而生。七歲，無疾，死而復甦，由是知死生之事。嘗山行，遇一老翁坐石上與之語，又聞空中人自稱玄庭宫主。自是若有所得，人不能知。弊衣赤脚，歌舞於市，人以爲病。或謂非病，强加以巾冠而妻之，師不可。

大定戊子二月，聞重陽至州，師往迎拜，請爲弟子，重陽爲訓今名字，從居崑嵛山煙霞洞。其母周氏亦願出家，重陽訓名曰德清，號玄靖散人。是秋，侍重陽回文登，居姜實庵。明年春，師辭居查山。重陽與馬、譚、丘、郝四師自文登歸寧海，道經龍泉，去查山二百餘里。時炎暑，重陽持傘，忽傘自手中飛去，未哺，墜查山。師於傘柄中得詩一首，並「𠈁陽子」三字，因以爲號。

後居雲光洞九年，志行確苦，嘗俯大壑，以一足跂立，人稱爲鐵脚仙。遨遊齊魯，大著神異，度人逐鬼，踣盜碎石，出神入

夢，召雨搖峰，烹雞降鶴，起死嘘枯，一方千里，聳動嚮化。金世宗皇帝聞其名，二十七年丁未召赴闕，問以衛生爲治，師對曰：「含精以養神，端拱以無爲。」凡所應對，大副宸衷，館於天長觀。久之，有嫉惡師者，召師飲而鴆之。師預戒其徒，鑿池灌水以俟。師至彼，持杯盡飲曰：「吾貧人也，嘗從人丐食，今幸見招，願罄餘酒，以盡若歡。」酌之，又盡飲。歸浴，池中水皆沸涸，惟鬚髮盡脱，不能受冠。上聞之，即遣使窮治其事，問至再三，師終不告，惟曰：「某素無取仇人者，良由得疾致然。」使者以師言回奏，上益嘉歎。明年戊申春，詔建修真觀居。師即求還山侍親，上從之，所賜賮悉委去。是歲，上不豫。十二月，再召。師對使者曰：「吾恐不及再覩天顔矣。」己酉正月初三日至京師，世宗崩已二日矣，嗣君留師爲先帝主醮而歸。

承安二年丁巳七月，章宗皇帝召至便殿，問答稱旨，眷遇至渥。翼日，詔賜金冠紫衣，號體玄天〔一〕師，館之崇福觀。戊午夏，奏母玄靖年九十，乞侍養，上允，厚賮之，師乃東歸。泰和元年辛酉、三年癸亥，兩奉詔設醮於亳州太清宫，度道士千餘人。是年七月二十五日，師母玄靖逝。七年春，師居聖水玉虚觀，元妃驛送道經一藏。泰安元年己巳七月，孛术魯

〔一〕天：輯要本作「大」。

參政請居北京華陽觀。庚午，居薊州玉田縣，謂其徒曰：「若聞空中劍楯擊撞聲乎？北方氣運將新，生齒必有罹其毒者。」是歲，天兵果南牧。貞祐四年，文登人請居天寶。明年丁丑四月二十二日，沐浴衣冠，拜上下四方畢，端坐留頌而逝。有雲光集、顯異録行於世。今寧海聖水玉虛觀即其故居，文登天寶觀乃師登真之所也。元世祖皇帝封號玉陽體玄廣度真人，武宗皇帝加封玉陽體玄廣慈普度真君。

贊曰：奇哉玉陽，顯異具載。石上談玄，空中飛蓋。星輝帝座，水沸春池。金冠既錫，拂劍東歸。

廣寧子

師姓郝，名大通，字太古，號廣寧子，寧海人也，生於金熙宗天眷三年庚申正月初三日。家財甲一州，事母孝，翛然有出塵志。好讀易，洞曉陰陽術數之學，慕季主、君平，隱於卜筮。

大定七年丁亥秋，重陽至寧海，遊行於

市，見師言動不凡，思有以感發之。一日，至卜肆，背肆而坐。師曰：「請先生回頭。」重陽曰：「君何不回頭耶？」師悚然驚異。重陽去，師即閉卜肆，至馬氏南園全真庵中謁重陽請教。重陽授以二詞，師大悟，不覺下拜。以有母老，未即入道。明年戊子，母捐舘。三月，師乃棄家入崑嵛山煙霞洞，受業爲弟子。重陽納之，訓名璘，號恬然子。乃解衲衣，去其袖而與之曰：「勿患無袖，汝當自成。」

師日攜瓦罐乞食，未幾，辭重陽去，與玉陽子俱隱查山。後玉陽以師不立苦志，忠告而勸激之，師遂西訪四師。四師方廬於重陽墓，普禮終，師欲與同處，譚長真激以「隨人脚跟轉」之語，明日即東還，至岐山遇神人，爲改今名及今號。十三年癸巳，度大慶關，遊趙、魏間。十五年乙未，坐沃州橋下，不語不動，河水泛溢，亦不少移。人餽則食，不餽則已。雖祁寒酷暑，兀然無變，如此者六年。其族屬親戚來視之，師皆不答，有所贈亦皆不受。

二十二年，師至真定，升堂演道，聽者常數百人。復過灤城，又與神人遇，受以大易秘義。明昌元年庚戌秋，還寧海。一日，遽索紙筆，揮染疾若風雨，成易圖三十三，皆天人之藴，昔賢所未發者。師嘗於天長預告侯子真以火，恩州夜入王鎮國之夢，言人事之悔吝吉凶，無不驗者。大定元年乙巳，戒門人營冢，預告去期。至崇慶元年壬申臘月晦日，無疾，端坐留頌而逝。

有太古集、心經解、救苦經解及示教直言行於世。今寧海先天觀即師登真之所也。元世祖皇帝封號廣寧通玄太古真人，武宗皇帝加封廣寧通玄妙極太古真君。

贊曰：賣卜人間，回頭已早。瓦甑衲衣，語默皆道。雲迷查洞，水繞石橋。易圖一卷，千古寥寥。

清淨散人

仙姑姓孫，名不二，號清淨散人，寧海人也，生於宋徽宗宣和元年己亥正月初五日。父曰忠顯。母夢六鶴飛舞於庭，一鶴飛入懷中，覺而有娠，乃生仙姑。性聰慧，嚴禮法，長適州之馬宜甫，即丹陽先生也，生三子，曰庭珍、庭瑞、庭珪。大定七年閏七月，重陽抵寧海，築全真庵於南園。十月朔，重陽於庵鎖環。明年正月十一日出環，仙姑夫婦悟分梨十化之教。二月初八日，宜甫棄家從道。九年重五日，仙姑詣金蓮堂，師重陽出家。重陽乃贈以

詩，爲立今名號，遂授以道要。其冬，重陽攜馬、譚、劉、丘四師遊汴梁。明年春，聞重陽仙化，四師舉仙蜕歸終南之劉蔣，仙姑就金蓮堂居環。大定十五年夏，仙姑西入關，致醮祖庭。未幾，即出關，遊洛陽，居風仙姑洞，接引弟子甚衆。

二十二年壬寅十二月二十九日，忽沐浴更衣冠，問弟子天氣早晚，對曰：「卓午矣。」遂援筆書卜算子云：「握固披衣候，水火頻交媾。萬道霞光海底生，一撞三關透。仙樂頻頻奏，常飲醍醐酒。妙藥都來頃刻間，九轉丹砂就。」書畢，謂弟子云：「吾今歸矣，各善護持。」乃趺坐而化。時丹陽在文登七寶庵，忽拂衣起舞，歌醉仙令，謂門人曰：「今日有非常之喜。」衆叩其故，丹陽曰：「孫仙姑今日已仙去。」明年春，報者至，云仙姑於是日返真於洛陽矣。

有詩詞行於世。元世祖皇帝封號清淨淵貞順德真人，武宗皇帝加封清淨淵貞玄虚順化元君。

贊曰：離俗超塵，探玄究妙。鐵板尋真，笊籬靈照。九還功就，幾載坐忘。蓬萊歸路，笑倒丹陽。

金蓮正宗仙源像傳

附録

附録目録

宫觀碑誌

古樓觀紫雲衍慶集

秦志安資料

生平資料

通真子墓碣銘

通真子諱志安，字彦容，出於陵川秦氏。大父諱事軻，通經博古，工作大字，爲州里所推重。父諱略，字簡夫，中歲困於名場，即以詩爲專門之學，自號西溪道人。詩殊有古意，苦於琱斲，而無跡可尋，當代文士極稱道之。生二子，通真其長也。自蚤歲趣尚高雅，三舉進士而於得喪澹如也。避亂南渡，西溪年在喜懼，親舊以禄養爲言；不獲已，復一試有司，至御簾罷歸。正大中，西溪下世，通真子已四十，遂致家事不問，放浪嵩、少間，取方外書讀之，以求治心養性之實。於二家之學有所疑，質諸禪子。久之，厭其推墮滉漾中而無可徵詰也，去從道士游。河南破，北歸，遇披雲老師宋公於上黨。略數語即有契，嘆曰：「吾得歸宿之所矣！」因執弟子禮事之，受上清、大洞、紫虚等籙，且求道藏書縱觀之。披雲爲言：

「喪亂之後，圖籍散落無幾，獨管州者僅存。吾欲力紹絶業，鋟木宣布。有可成之資，第未有任其責者耳。獨善一身，曷若與天下共之？」通真子再拜曰：「受教。」乃立局二十有七，役工五百有奇，通校書，平陽玄都以總之。其於三洞四輔萬八千餘篇，補完訂正，出於其手者爲多。仍增入金蓮正宗記、煙霞録、繹仙、婺仙等傳附焉。起丁酉、盡甲辰，中間奉被朝旨、借力貴近、牽合補綴、百萬並進，卒至於能事穎脱，真風遐布。而通真子之道價益重於一時矣。

通真子記誦該洽，篇什敏捷，樂於提誨，不立崖岸。居玄都垂十稔，雖日課校讎，其參玄學、受章句，自遠方至者，源源不絶。他主師席者皆竊有望洋之嘆。寶藏既成之五月，爲徒衆言：「寶藏成壞，事關幽顯。冥冥之間，當有陰相者。今大緣已竟，吾其行乎！」越二十有五日，夜參半，天無陰翳，忽震雹風烈，大木隨拔。遽沐浴易衣，蜕形于所居之樗櫟堂，得年五十有七。高弟李志實等以某月日奉其衣冠，寧神於天壇之麓，披雲之命也。所著林泉集二十卷行於代。

往予先君子令陵川，予始成童。及識通真子之大父，閑居崧山，與西溪翁爲詩酒之友者十五年。通真子以世契之故，與予道相合而意相得也。故志實輩百拜求爲其師作銘。今年春二月，劉志玄者復自濟上訪予新興，冰雪沍寒，跋涉千里，其勤有足哀者。乃爲作銘，使刻之松臺。其銘曰：

昔在窮桑發真源，鑿民耳目神始全。遭罹元元坤軸旋，壞劫欲墮未開前。道山絶業當時傳，百於苾芻了大緣。若有人兮靜以專，嚮也易老固初筵。玄綱力挽孰我先？苦節終志孰我堅？網羅落簡手自編，寒暑不廢朱黄研。琅函瓊笈閉九淵，垂芒八角星日懸。司功會計蓋上遷，乃今出鉼鳥飛翩。安常處順古所賢，死而不亡豈其然？華陽九障名一焉，豈不委形殆賓天？爲復延康轉靈篇，爲復蕊珠參七言。爲復虎書校三元，爲復逸度論九玄。寧當七祖歸枯禪，松臺有名鶴千年。我相夫子非頑仙。

（四庫全書本元好問遺山集卷三一）

散見作品

披雲仙翁贊

披雲仙翁，玄門中龍。德如之何，太華之峰。節如之何，值來之松。九齡悟道，遍禮琳宫。千里求師，密契真風。闡玄化於陰山之外，續瓊章於火劫之終。煉譚馬三陽之鏡，鑄丘劉八極之鐘。玉樹重芳于海上，金蓮復秀於山東。直待養成千歲鶴，一聲鐵笛紫雲中。

門人舜澤秦志安焚香敬贊

（原爲太原龍山石窟題記；此據陳垣編道家金石略，文物出版社一九八八年版，四六九頁）

披雲創鑿石室頌

披雲之老仙，占龍山之□。鑿千尋碧玉之岩，幻數洞黄金之像。玄臺共漢月爭高，傑閣與晨霞相抗。幸有靈之拱衛，亘萬劫而無量者也。

丙申歲七月初九日，門人舜澤秦志安述

（原爲太原龍山石窟題記；此據道家金石略，四七一頁）

復建十方重陽延壽宫碑銘並序

前玄都寶藏主領校勘三洞講經弘教大師秦志安彦容撰

希真微妙大師賜紫講經兼大化通玄兩宫提點楊聰聞道書

門人葆光大師安志順篆額

潁川逸人俎志順刊

九土鍾美，惟雍爲上，就雍稱最，在兹涇陽。邑之西北，不遠三堠，爰有别墅，地平如低，林茂如織，風氣和濡，人物繁秀，嵯峨聳其北，唐原輔其東，仲山弼其西，涇流匯其南，鑿岸分源，左環右繞，東沾西沃，有畎皆溢，無溝不盈，故桑麻之盛，禾麥之豐，號爲秦中之甲乙焉。

輔教真人廣陽子許君愛其山水之明秀，士庶之剛直，翩翩然寄跡於斯，乞食不飽，衲衣不完，口不妄言，目不邪視，十有餘年，未嘗改節。于是四方之民，傾心而信向之矣，雖崑壘之慕庚桑，圃田之歸禦寇，未足逾也！莫不舍良田，捐静賄，築環堵，啓靖廬，迄成巨厦，號曰三陽。真人不違人請，和光同塵，接物利生，麈塵談玄，主盟師席，功滿丹成，悶然厭世，超然上仙，乘彼白雲，至於帝鄉。自時厥後，劫火相仍，廊廡一毁，灰燼飛揚，化爲平地，蒿埋棘荒。

天方悔禍，再振皇綱，復立郡縣，居民稍還。真人之高弟清微大師寇君志淨，通妙大師賈君志玄，常清大師劉君志和，皆畸人侯天，忘塵寡欲，味道日久，無慮數十輩，不忘前人之舊業，荷鍬鍤，具斧鉞，剗荆榛而作徑，藝花木以成行，量地爲基，起土爲壇，殿矗中央，榱題琳琅，象設混元，金碧煌煌，左列爨位，右辟雲房，霞開丈室，棋布茅堂，雖未完具，亦足以爲一時之壯觀也。璇榜高懸，號曰重陽，彰師祖之無方，表玄門之有自。日以談虛無，論希夷，黜嗜欲，絶聖智者，若輻輳而聚乎其中矣。嗚乎美哉！廣陽子乃趙了真之高弟，馬丹陽之法孫，所傳者正，所受者明。故後來枝葉雖遠，而不失其所宗，知末榮則本豐，源深則派巨，畢舉其事，以每成功。

知宫向公志真、越公志超、王公志謙，百舍重趼，千里丐文。余固知不辭遠道而來，知不可拒，遂爲之詞曰：

偉哉玄化，厚德無疆。含弘光大，品物藩昌。諒彼膏腴，唯在涇陽。土美民贍，至人彷徨。變化齊一，不可爲量。民之仰戴，崀壘亢倉。遂成卜築，金碧煒煌。無何劫火，煨燼飛揚。湯武革命，復振皇綱。公之高弟，鳳麟翺翔。是營有俶，乃復肯堂。止基乃理，榱題琳琅。日改月化，霞室雲房。高揮璇榜，號曰重陽。能事既畢，金蓮繼芳。玉蕊傳燭，綿綿不忘。鐫諸贔屭，久而益彰。

（原爲藝風堂、柳風堂拓片；此據道家金石略，五一一—五一二頁）

興真觀碑銘並序

寓堯都長春觀三洞講經法師秦志安述

絳臺神霄末羽杜天倪書丹篆額

梨園太平樂府，李唐之教坊也。紫金奇峰，嵐光黛色，琉璃照映，蜿蜒乎其左邊；媧皇靈祠，山節藻棁，翡翠口聳，贔屭乎其右偏；英王避暑臺，矗矗乎其後；裴相讀書堂，峨峨乎其前。朝移代革，仿佛七百餘年矣。苔飛□棟，蕪没頹垣，化爲民居。其居民之賢者，聚席而謀曰：「此一規地，古帝王練習歌舞之離宫也，至於風清月朗之際，或有聞金石絲竹之音者焉。小民居之，恐飛吉兆，可求訪逸客幽人，以爲頤真養浩之所，不亦宜乎？」一唱百和，靡不忻然，於是焚香躬禮西山高隱史公上人。三禱不已，杖屨乃來，遊玩數夕，境與心會，遂卜終焉之計。門下弟子聞風趨往殆數十輩，具畚插，運土石，規淨廬，營福地。不數載之間，聖位窈窕然，方壺沉沉然，香庖爽然，雲堂邃然，竹徑呼風，松軒貯月，藥灶封霧，丹爐鎖煙，雖武陵桃園，天台小隱，固可以接武而差肩也。清和仙翁愛其幽致，親筆觀額，號曰興真。名與實符，因隨果滿，千劫宿緣，亦非人力之所能爲也。落成之日，邑豪里傑乞予文之，辭不獲命，搜竭枯腸，終無黄絹之才，反愧青鸞之客。其詞曰：

山蒼蒼，水粼粼，中有琳宇，號曰興真。誰其尸之，史公上人。外養玄牝，内頤谷神。玉鼎含月，冰壺駐春。漏泄天機，窗前緑筠。

（石刻史料新編第一輯山右石刻業編卷二四，臺灣新文豐出版公司一九八二年版）

後魏嵩山登真寇天師傳後秦志安續詩

輔漢乘鸞去不回，謙之騎鶴下天來。戒傳九卷□仙骨，草食三峰换俗胎。太上□□□□□，真仙六降紫雲開。沈猷再睹全身現，千丈銀光□九垓。幽人蜕虚子王道（下缺）

（原爲藝風堂、柳風堂拓片；此據道家金石略，七一七頁）

唐嵩嶽太一觀蟬蜕劉真人傳後秦志安續詩

半夜飛來匝地光，黄神使者度靈章。丹符忽霽三□雨，朱篆潛消萬里蝗。金石煅□爐上□，□□卻掃鏡中霜。大丹未□乘風去，空使高宗怨未央。

（原爲柳風堂拓片；此據道家金石略，七一七頁）

創建元都清虚觀記

植松檜柏栝者，必於崎嶇高寒之峰；建精廬福地者，必於瀟灑無塵之境。物各有宜，理不可易也。今兹靈宇在本縣之左方，卧龍岡之半腹，去市稍遠，寂寥幽迥，真上士棲真之所也。山雖不高，蒼迴翠轉，足以供杖屨之吟眺也；水雖不深，雲奔霧瀉，足以供綸竿之嘯傲也。

里人高氏之子，法名志輔，號曰洞真子，幼不利名，長不婚媾，遠涉外方，妙窺寰中，月卧雲眠，風餐露宿，累遇真仙，頗明秘旨，復還故鄉，乃寄跡於此巉巖之下，穿穴而跧，乞餘而食。人見其狀貌高古，舉止清儋，知其不凡，乃相與議，築垣起舍，尸而祝之，俎而豆之。長官王伯昌、副貳官陳資壽聞其風而悦之，各捐賄，起三清之邃宇，建五祖之華堂。香厨密甃於瑶琅，雲室馨含於芝术。藥灶隱靜廬之肋，丹爐連方丈之陰。竹隱軒風，松篩徑月。焕丹青於列聖之像，燦金碧於群仙之容。雖陶隱居之華陽洞天，潘師正之逍遥道院，何以加此？

工既畢矣，師乃蟬蜕。諸門弟子曰：「吾師之功其可掩乎？」遂不遠千里，乞文於予，將以刻諸翠琰。予責之曰：「神仙之事，貴在隱密。老子曰：『自伐者無功，自矜者不長。』莊子曰：『全其形生者，藏其身也，不厭深渺而已矣。』子之利名，無乃背遠莊老之教乎？」

弟子曰：「不然。前人之軌轍，後人之模範。若上世聖不遺軌轍，則後學有訾而安所模範乎？如兹宮觀而無銘碣，百年之後，時更代變，湮没無聞，將爲豪强者奪而居之。」予聞其説，遂不敢拒，乃齋戒沐浴而爲之銘。其辭曰：

清如之何？冰生玉壺。虚如之何？空懸寳珠。清虚主人，憺然自居。叩而不應，凝神太初。

大蒙古國丁未歲八月己酉中秋日記。

（原刊古今圖書集成職方部卷三四一汾州府部；此據王宗昱編金元全真教石刻新編，北京大學出版社二〇〇五年版，一一八—一一九頁）

重修玉陽道院記

古洛之西南，形勢平正，土壤膏腴，名曰三鄉，最爲天下甲。四水迴環，三川圍繞，富於桑麻粳稻。翠竹成林，紅椒滿圃，真人間繁華錦繡之地也，在唐爲連昌宫。昌水之南，洛水之北，名爲上莊，中有玉陽道院，乃紫虚教主三于老仙修真煉氣之所也。老仙蜕殼，飛而上天。百戰之後，荒蕪福田。孰主張是？狐藏兔眠。干戈稍息，遺民載還。有水雲客段志寥，姚志玄，荷鍤負畚，來求故廛。誅茅殺茨，辟雲構煙。尚未十稔，周基築垣。貝館就緒，琳宫日鮮。香庖丈室，縱横流泉。粥魚齋鼓，早晏闐闐。展狹而闊，續短而長，殆四十畝。此疇昔所遺壇墠之舊址，内承李道、李瑞之故宅，將三倍有餘矣。

東郊西社，南鄰北里，見先生之慎言語，謹行止，皆擎拳曲跽而爲之禮，比比若慕膻之蟻，皆曰：「此瑩然子周尊師入室弟子也。」尊師方住持天壇之上方院，仍提點小有洞天之綱紀，乃長生劉真人之法嗣也。古人有言曰：「源清者其流不濁，表正者其影必直。」吾於先生見之矣。先生之來撑拄玄關，扶持教壘，安可以袖手傍觀而掩襟坐視者乎？於是富者爲之舍財，巧者爲之獻技，拙者爲之竭勞，辨者爲之贊成而已。既成之後，開軒南望，正與嶽頂相對，又挾小華之與女几，嵐光接天，瀑布落地，如列琉璃，如横翡翠，千態畢見，萬狀爭出，蓋不可得而名也，焉知異日安期、羨門不騎鶴而下憩？

法弟楊道正、李志顯者，不遠千里，來求作記。予聞其説，喜而不寐，夜色未央，索燭而書其大概云耳。

（原刊弘治十二年河南郡志；此據金元全真教石刻新編，一四九——一五〇頁）

老君石像贊

絶聖棄智，挫鋭解紛。居太初太易之前，隱無象無形之内。五千五百重天，藏於卵殼；九十九億萬歲，貯在彈丸。此其太上乎？曰非也。恍兮惚，其中有物，物不可得而名；杳兮冥，其中有精，精不可得而見。此其太上乎？曰非也。迎之不見其首，隨之不見其後，獨立而不改，周行而不殆。能爲萬象主，而不逐四時凋。此其太上乎？曰非也。然則孰爲太上，曰「憑君試向東風問，惟有黄花翠竹知」。

（續修四庫全書本金文最卷二一）

寄李俊民

先生高見真吾師，速營菟裘猶恨遲。窗明炕暖十笏地，松風蕭蕭和陶詩。

山野已尋雲外路，直入天壇最深處。踏開李愿舊游蹤，請君自草盤谷序。

（四庫全書本御訂全金詩增補中州集卷六一）

送楊次公兼簡秦彦容李天成

元好問

海國山如染，雲堆草易荒。時危頻虎穴，路絶更羊腸。吊影雙蓬鬢，攜家一藥囊。殷勤秦與李，無惜借餘光。

（四庫全書本遺山集卷七）

和秦彦容韻五首

李俊民

彦容寄詩，有「先生高見真吾師，速營菟裘猶恨遲。熜明炕暖十笏地，松風蕭蕭和陶詩。山野已尋雲外路，直入天壇最深處。踏開李愿舊游蹤，請君自草盤谷序」之句，故依韻和之。

其一

養賢列鼎手自烹，燮調元化和如羹。馬蹄一蹙燕地裂，氈裘尚拂陰山雪。將軍表請願出師，壯士戈揮惟恐遲。武成纔試二三策，黍離已見閔周詩。

縱横門外豺狼路，我老此身無著處。君不見平淮十萬兵，猶向襄陽守朱序。見征淮漢。

其　二

君不見子幼自勞羔日烹，何如命駕季鷹吴中煮蓴羹。
又不見姜侯設鱠鑿冰裂，何如徒步拾遺長鑱黄獨雪。
幸遇南來董鍊師，説似壺天日月遲。謫仙之游乃非謫，長安市上斗酒百篇詩。
蒲輪休指商山路，得到白雲採芝處。諸生待揖隆準翁，馬上未遑事庠序。

其　三

獵犬已爲兔死烹，猶向漢俎分杯羹。脚靴手板凍欲裂，尚立唐堦没膝雪。
三寸舌爲帝者師，終比赤松見事遲。相看一笑在目擊，何用左思招隱詩。
出門便是天壇路，雲間指點巢仙處。不辭杖屨從子遊，王者之後養老在西序。時寄王子榮西齋。

其　四

瞉因辟後厭鼎烹，那在丘嫂轑釜羹。冠未挂前已先裂，一簪卻上山頭雪。
我雖無師心我師，速修何恨下手遲。論中自得養生理，筆底盡是游仙詩。
休向回車問前路，終須有箇安排處。晴窗點檢白雲篇，不知誰爲作者序。

其五

不嫌瓠葉日猶烹，不羡公子染指爭黿羹。不把荷衣等閒裂，不羡曹人共服麻如雪。愛身肯似賤場師，凡骨只愁輕舉遲。北山未出移休勒，東老雖貧樂有詩。望中雲海蓬萊路，誰道樂天無歸處。一千年鶴再來時，行鴈難將弟兄序。（四庫全書本莊靖集卷一）

再和秦彦容韻

李俊民

扊扅歌後伏雌烹，箸猶未下愁覆羹。布衾多年踏裏裂，夜半寒窗灑風雪。待與重尋痛飲師，東山杲杲日出遲。撑腸拄腹文字五千卷，一字不入高人詩。幾年不踏紅塵路，直入白雲最深處。君不見洛陽城下未歸魂，一夢思鄉歎温序。後漢温序次房，行部至襄武，爲隗囂將苟宇所執，欲降之。序不聽，伏劍而死。光武命送喪到洛陽，爲塚地。長子壽爲鄒平侯相，夢序告之曰：「久客思鄉里。」壽即棄官上書，乞骸骨歸葬。帝許之，乃反舊塋焉。（莊靖集卷一）

和秦彦容韻

花信風傳閬苑杳，騰空鶴駕望仙郎。當年誰爲看爐鼎，曾得丹砂入藥囊。　李俊民

（莊靖集卷五）

李道謙資料

生平資料

玄明文靖天樂真人李公道行銘並序

集賢學士嘉議大夫宋渤文並書

集賢大學士中奉大夫商議中書省事張孔孫篆額

終南山之尊高，雲夢澤之廣闊，在天地間不知凡幾區。惟二者處今中原，故獨稱最巨，亮有神奠之。靈明變化，雨暘開闔，古今以來，中有不可測。英奇秀拔，魁傑壯偉，人物之出，亦不可常得。近世大宗師重陽王公以道德絶倡，號稱全真，轟興金大定中。始方羊於東海上，既而演溢於八表，行至人之無爲，説千載之心傳，二百年於兹矣。公生終南山下，舊居地尚存。後其弟子盛啓之，擬成宮室，歷代崇飾之，嗣致香火，有勑扁其顔曰重陽萬壽宮。主宮中務者，非名勝閎博之士，蓋莫得與其選。

天樂真人李公和甫，當師席者三十年，操行踐履，羽流想聞，神采言論，風旨玄教，景其範模。諱道謙，汴梁人，代爲豪家。考諱師孟，學成行尊，不爲舉子計，鄉郡高之，曰隱君不敢名。金末喪亂，歲飢，出私積賑施貧餓。母游氏，亦賢謹，能助隱君爲善。公資秀穎，能言便開，敏知擬指，七歲以六經童子貢禮部。天興癸巳，金亡，朝廷遣使區別四民，凡衣冠道釋之流寓者異籍之。公在儒者籍，時兵事方殷，遂改著道者服，以謂世利多累，弗若究性命之真，終己可樂無窮也。遂於三墳五典之正，老氏五千言之微，及所謂内聖外王之説，祠祀上章、金丹玉訣之秘，咸詣精奥。當時全真之門，老師耆德，所在尚多，爭欲邀致之，公悉無所許。壬寅，西遊秦中，見洞真真人于公持籙方嚴，著見幽顯，心然之，即執贄拜，列弟子行。洞真器其賢，待以文章翰學事，尋傾平生所得舉付之。丙午，從洞真演教秦隴。戊申春，東還鄉里，葬其先府君於夷山，付家産於侄德，令經紀宗族，識者嘉其克終人子之孝。庚戌，洞真羽化，遺命甚勤。辛亥，真常李公主玄教，署提點重陽宫事。憲宗皇帝詔真常設醮於終南祖庭，見公奉職周飭，復委營辦庶事，於諸方色色具集。人初疑之，既而咸服真常知鑒。公行方，見異聞勝跡、仙聖詔舉，必詳録之爲成書，以開示後學爲己任。

戊午，誠明真人張公主玄教，俾公充京兆路道録。至元二年，升京兆道門提點。臨衆以寬簡平允爲務，道民宜之。行臺廉、商諸公皆以名士賓禮，故一時帖然，無敢嘩者。九年，淳和王公請至京師，授諸路道教提舉，尋辭西歸。十四年，安西王開府陝西，得承制除拜，署公提點陝西五路西蜀四川道教兼領重陽萬壽宫事，仍遺之黄金冠法錦服。十五年，王復令修大醮祠於重陽宫，以公爲領祀師，事已，錫予優渥，且俾刻石紀其歲月。十七年，世祖皇帝申降璽書守前職。二十四年，謁嗣安西王於六盤山，王錫之白玉鉤、名馬鞍轡。二十五年，永昌王遣使致師贄。甲午，上踐祚，秋七月，賜公號玄明文靖天樂真人。元貞二年夏六月，忽微疾，己未，遽長逝，歲七十有八矣。公私聞之，咸來弔祭，無不盡哀。葬之日，會者數萬人，霞五采覆壙上，群鶴翔雲中，觀者嘆異之。

公純誠清粹，負氣正大，雖爲道者師，不眩以誕，不擾以紛，不妄語笑，平居澹然，人莫測其津涘。終身未嘗廢書不覩，經史百家，靡不周覽。晨起日課，取道德經、周易洛誦一通，盛寒暑弗輟。重陽爲宫，四方都會，園田殖産，收入不少，而自奉菲儉，不減寒素。問學必踐履，許予必公是。踈財尚義，一錢須内之宫帑。掌者敬事，亦不敢肆私見欺。宫西北有小溪，竹石林樾可愛。洞真居時，嘗名曰筠溪。公復爲堂其上，爲文章詩詠其中，積有什一帙，曰筠溪集，奇麗超詣，若陶謝風致，作者尚之。蓋公本儒家子，能讀六經，及入道者門，輔之以清淨性命之學，故蓄之胸臆者義理精深，溢爲言議則英華粲發，非直槁中枯形而已者也。往時先輩如紫陽楊先生奂，雪齋姚公樞，翰長永年王公磐，左山商公挺，公皆從之翱翔，爲方外友。許可之文，見於往還篇章中。岐山舊有周公廟，歲久圮，公遣徒庀工，一復故制。長安中有司作新孔子廟堂，又助棟宇費十三四。無貴賤長幼，識與不識，聞而賢之。著述有祖庭内傳三卷、七真人年譜一卷、終南山記三十卷、仙源録六卷、筠溪筆録一十卷、詩文五卷。

大德八年春二月，嗣提點陝西四川道教、葆和觀妙開玄大師孫德彧，提舉佑玄安道通誼大師龐德益等來京師，請銘公道行於集賢學士宋渤。敬爲之銘曰：

道德格言如日星，南華綺辯尤丹青。西漢玄默尚清寧，魏晉虚談但儀刑。重陽老仙出近世，一語蕭然便超詣。至今門庭如山立，盡掃前代空無弊。終南萬仞仙者源，天樂獨當師座尊。危冠揮麈講黄老，□外羽服無間言。寸品懸殊不可易，有竊非據寇且致。望之使人意也消，夫豈知力所能至。名山秘府神明司，師事勝流允云宜。公如明珠與白璧，未嘗即人人即之。我昔秦藩老賓客，杖舄曾造煙霞室。説權説正皆入理，不覺傾倒窮日夕。公如白雲恒夷猶，百年厭世不可留。帝居五城十二樓，騎麟翳鳳參遨遊。門人上根接性理，中下清修傳操履。文辭斑斑映筠溪，人得粗餘猶佳□。千載令威當飛還，吾其俟之緱氏山。非煙非霧空碧際，有神將過鄠杜間。

大德十年夏五月，門人王德頤、司德馨、李德裕等建。

（原爲藝風堂拓片；此據道家金石略，七一三——七一五頁）

散見作品〔一〕

通微真人蒲察尊師傳

終南鈞溪天樂道人李道謙編

三洞經籙法師知常子楊志春書丹並篆額

安悟玄刊

師姓蒲察氏，諱道淵，通微子道號也。家世上京，乃祖以金朝開國佐命功封世襲千户，遂爲燕都之巨室。上世以威武起家，故宗系莫得其詳。師於天德四年壬申歲生，氣禀特

〔一〕宋學立在早期全真教以史弘道的教史思想一文中指出，清人陳銘珪長春道教源流將甘水仙源録所收終南劉先生事跡記、訥庵張先生事跡、恕齋王先生事跡、知常姬真人事跡均歸爲李道謙撰作；查甘水仙源録，未署李道謙名，也許陳氏按語自有淵源，兹列出待考（原刊趙衛東主編全真道研究第五輯，齊魯書社，二〇一六年版，第一一五頁）。張應超李道謙與全真道一文認爲，除了甘水仙源録、祖庭内傳、七真年譜外，李道謙還撰有通微真人蒲察尊師傳、全真第五代宗師長春演道主教真人内傳、終南山宗聖宫主石公道行記、樓觀大宗聖宫重修説經臺記等四篇，並指出，當時很多高道的碑銘都是由李道謙先撰寫初稿，然後再請當時有聲望的官員或著名學者署名（中國道教一九九六年第三期）。這是頗有見地的。

異。方在襁褓，乳母以葷口哺之，必泣哇而後已。迨齠齔間，遇道象輒自瞻拜，敬慕不肯去，見羽士過門，必延致於家，特爲設齋供養之。

年既冠，父母欲議昏，師聞之，跪告於前曰：「塵俗之事，性非所願，乃所好則神仙輕舉之業。」父母責之曰：「吾家世襲簪纓，賴子以承門蔭，寧容有是請邪？」遂擇良配定之。及結約之日，預夜，母夢婦縗絰而入，驚且問曰：「何故此服之不祥？」婦曰：「夫新喪矣。」既覺，母曰「是婦不利於吾兒」，遽絶其姻。師即私遁於濼陽之南山，得一岩穴，木葉積尺，傍有清泉，就爲棲遁之所，惟啖柏飲水而已。數月，樵者見之，告於山下居民，爭相供養。師丹心潛會，精感仰徹，忽於定中見三仙人衣冠整秀，飄然而來，曰：「聞子好道，故來相過。夫道無師不度，道貴有傳。子今塊坐於斯，以求至道，殆猶尋喬木而訪淵鱗耳，斷無可成之理，宜速下山求師可也。」師乃還家，已逾歲矣。由是求師學道之心愈切。

一日于燕市中見貨藥道流，以狡獪惑衆，師猒觀之。傍一走卒言曰：「此妄人耳。吾關西有丘師父者，真神仙人。」師聞之，延於肆而飲之酒，詢得其詳。是夜，夢一道者髽頭木屐，身披鹿皮，西南而行，愈逐而愈不及，遂泣呼之。道者回顧曰：「子慕道雖勤，因緣未契，後年三十可相見也。」覺而志之，常往來于燕山、易水之間。無幾何，二親俱下世，方舅氏得官長安，因從入關。舅氏又欲擇姻，師於一室自潔其形以免。政瘡焮之際，夜夢昔山中所見三仙人傳之以藥，未及旬而愈。時清明，因遊興慶池，遇女冠錙瓊，問長春師所在，瓊曰：「吾師今隱隴山。」翌日，徑往參謁。比師將至，長春預告弟子畢知常曰：「有自燕都來受教者。」須臾師至，見長春鬅頭木屐，克肖向夢中所遇。時大定之辛丑歲，師甫三十矣。長春命躬執採汲，奉侍道侶，勤勞既久，屢蒙印可，于道大有所得。

丙午，京兆統軍夾谷公因師請長春下隴山，居終南祖庭，道過汧陽之石門，愛其泉石幽邃，乞地數畝，築全真堂，留師居之。師徜徉林麓，棲真養浩，以行其所受之道。明昌辛亥夏，寧海洞真于君奉長春命來與師同處，結爲方外友。隴之州將多國朝貴族，稔知師門第，及慕其高潔，時來參拜，師必以愛民崇道之語教之。乙卯，朝省沙汰道流。幽人逸士，競歸隴川，依師得安者衆。承安戊午，縣人輸資禮部，就全真堂買玉清觀額，大建琳宇，玄化鼎盛。適歲飢，師罄其所有振濟，賴以全活者甚多。里人無賴惡少輩，師以禍福之報勸諭之，不數年，其俗丕變。

泰和甲子，忽語其友洞真曰：「長春有閬風之召，吾將歸矣。」未幾，示微疾而逝，春秋五十有三。洞真龕其象而事之。後值正大之兵，觀罹劫火。洎大元革命戊戌秋，洞直得旨住持終南重陽宫，主領陝右教事，遣門人興復玉清遺址，仍命改葬師於宫北之天池。自掩壙之初，群鶴翔舞其上，已事而去，萬目共瞻，以爲異事。

歲辛亥，掌教真常李君奉朝命追贈圓明普惠通微真人之號云。

（石刻史料新編第一輯汧陽述古編卷下）

全真第五代宗師長春演道主教真人内傳

師姓丘氏，諱處機，字通密，道號長春子，登州棲霞縣人。世爲顯族，生於皇統八年戊辰正月十九日，幼而聰敏，識量不群。

大定六年丙戌，師甫十九，悟世空華，即棄家學道，潛居昆嵛山。七年，聞重陽祖師寓甯海馬氏全真庵，即往師焉。重陽贈之詩云「細密金鱗戲碧流，能尋香餌會吞鉤。被予緩緩收綸線，拽入蓬萊永自由」，又賜今之名號，其器重可見。八年春，祖師挈居煙霞洞。九年冬，與丹陽、長真，長生從祖師遊汴梁。祖師日夕訓誨，比之餘人，尤加切至。明年春，祖師羽化，師與長真、長生從丹陽入關。十二年，復詣汴護喪，葬之終南劉蔣村。廬墓三年，各任所適。十四年秋，師居西虢之磻溪，修真鍊行，日丐一餐，晝夜不寐者六載。二十年，遷居隴山之龍門，守志如在磻溪日。二十二年，官中有牒發事，師至祖庭。丹陽付以後事東歸，師即還隴山。二十六年冬，京兆統軍夾谷公禮請居終南祖庭，載揚玄化。過汧陽之石門，覽泉石佳勝，築全真堂，即今玉清宫也。

二十八年春二月，興陵召至燕都，請問至道，師以寡欲修身之要、保民治國之本對。上嘉納之，蒙賜以巾冠袍系，敕館於天長觀。十一日，命主萬春節醮事，奉旨令有司就城北修庵，塑純陽、重陽、丹陽三師像，彩繪供具，靡不精備。夏四月菴成，命徙居之，以便諮問。五月，召見於長松島。秋七月復召見，師剖析天人之理，進瑤臺第一層曲，又應制五篇。明日，賜上林桃。師不食茶果十餘年，至是一啖之，重上賜也。八月，得旨還終南，賜錢十萬，辭不受。冬，盤桓山陽，創蘇門之資福、修武之清真、孟州之嶽雲，又增置洛陽雲溪之地。二十九年春二月，西還祖庭，大建琳宇。

明昌二年，東歸棲霞，即祖宅創太虛觀。二年冬，主醮於芝陽。五年秋，醮於福山，俱有聖降天光之瑞。泰和七年，元妃施道經一藏，驛送太虛。貞祐間，師居登州。時宣宗幸汴，强梗蜂聚，互相魚肉，師爲撫諭，民乃得安。有司以聞，朝廷賜自然應化弘教大師號，仍命東平監軍王庭玉護師歸汴京。師曰：「天道運行，無敢違也。」不起。未幾，齊魯陷宋。己卯，師居萊州昊天觀。一日靜中作而言曰：「西北天命所與，他日必當一往，生靈庶可相援。」秋八月，宋主遣使來召，亦不起。州牧勸行，師曰：「吾之出處，非若輩可知。至時恐不能留爾。」是歲五月，聖元太祖聖武皇帝自奈蠻國遣近侍劉仲禄賫詔請師。八月，仲禄抵燕，聞師在萊州，適益都安撫司遣行人吴燕等計事中山，就爲前導。十二月，達東萊，傳所以宣召之旨，師慨然而起。

庚辰正月十八日，選門弟子一十八人從行。二月，入燕，行省石抹公館於玉虚觀。仲禄先遣曷剌馳奏，師亦奉表以聞。四月，作醮於太極宫，登寶玄堂傳戒，有鶴自西北來，焚簡之際，一簡飛空，五鶴翔舞其上。明日，北行，道出居庸關，遇群盜，皆羅拜於前曰：「無驚父師。」五月，至德興龍陽觀。中元日醮，午後傳戒，衆露坐暑甚，須臾雲覆其上，狀若圓蓋，事畢方散。觀中井水僅給百人，是時汲之不竭。八月，太傅移剌公請居宣德之朝元觀。十月，曷剌進表回，有詔促行，又敕仲禄無使真人飢且勞，可扶持綏來，其禮敬如此。辛巳二月八日，道俗餞於西郊，至有擁馬首而泣血者曰：「師云萬里外，何時復獲瞻拜？」師曰：「三載歸矣。」五月朔，抵陸局河。七月，至阿不罕山，鎮海來迎，言前有大山廣澤，不可以車。師留弟子宋道安等九人立棲霞觀，率趙九古輩九人輕騎而往。中秋日，抵金山，至白骨甸。昔云此地天氣陰黯，魑魅爲祟，過者必以血塗馬首厭之。師笑曰：「道人何憂此？」過之，卒無所見。抵陰山，王官、士庶、道釋數百來迓。十一月，至邪迷思干大城之北，太師移剌公及蒙古帥首載酒以迎，冬居筭端氏之新宫。

壬午三月上旬，阿里鮮至自行在，傳旨宣諭仲禄、鎮海，仍敕萬户播魯赤，以甲士千人衛師過鐵門。四月五日，達於行宫，舍館定，入見。上賜坐勞之曰：「他國徵聘皆不應，今遠逾萬里而來，朕甚嘉焉。」對曰：「山野詔而起者，天也。」略語，上重其誠實。設二帳於御幄之右，以師居之，擇以十四日問道。將及期，有報山賊之叛，上乃親征，不果，改卜十月吉。七月初，師遣阿里鮮奉表諫上止殺、赦叛，上悦。八月七日，使回，傳旨請師西行。二十二日，見上於太師城南，承旨令師扈帳殿以行。十月望日，上齋莊設庭燎，虛前席，以太師阿海泊阿里鮮譯語，請問長生之道。師曰：「夫道生天育地。日月星辰，鬼神人物，皆從道生。人止知天之大，不知道之大也。山野生平棄親出家，惟學此耳。道生天地。輕清者爲天，天陽也，屬火；重濁者爲地，地陰也，屬水。天地既辟，人禀元氣而生，負陰而抱陽。陽，男也，屬火；女，陰也，屬水。惟陰能消陽，水能克火，故養生者首戒乎色。夫經營衣食則勞乎思慮，雖散乎氣，而散之少；貪婪色欲則耗乎精神，亦散其氣，而散之多。夫學道之人，澄心遣欲，固精守神，唯煉乎陽。是致陰消而陽全，則升乎天而爲仙，如火之炎上也。凡俗之人，以酒爲漿，以妄爲常，恣情遂欲，損精耗神，是致陽衰而陰盛，則沉於地而爲鬼，如水之流下也。夫神爲氣子，氣爲神母，氣經目爲淚，經鼻爲clean，經舌爲津，經外爲汗，經内爲血，經骨爲髓，經腎爲精。氣全則生，氣散則死，氣盛則壯，氣衰則老。常使氣不散，則如子之有母；氣散，則如子之散父母，何恃何怙。夫修真者，如轉石上山，愈高而愈難，跬步顛沛，前功俱廢；以其難爲，故舉世莫之爲也。背道逐欲者，如輥石下山，愈卑而愈易，斯須隕墜，一去無回；以其易爲，故舉世從之。山野前所謂修煉之道，皆常人之事。若夫天子之説，又異於是。陛下本天人耳，皇天眷命，假手我家，除殘去暴，爲元元父母，恭行天伐，如代大匠斲，克艱克難，功成限畢，復升天位。在世之日，切宜減聲色嗜欲，自然聖體安康，睿筭遐遠耳。夫古人以繼嗣而娶，先聖孔子、孟子亦各有子。孔子四十而不惑，孟子四十不動心。人生四十已上，氣血漸衰，故戒之在色也。陛下春秋已及上壽，聖子神孫，枝蔓多廣，但能節欲保身，則幾於道矣。昔黄帝嘗問道于廣成，廣成告以『無勞汝形，無摇汝精，無使汝思慮營營』。此言是也。」上又問：「有進長生藥者，服之何如？」師曰：「藥爲草，精爲髓。去髓添草，譬如囊中貯金，旋去金而添鐵，久之金盡，囊之雖滿，但遺鐵耳。服藥之理，何異乎是？昔金世宗皇帝即位之後，色欲過節，不勝衰憊。每朝會，令二人掖之而行。亦嘗請余問養生之道，余如前説，自後身體康强。陛下試一月靜寢，必覺精神清爽，筋骨强健。天子雖富有四海，飲食起居，珍玩貨財，亦當依分，不宜過差。海外之國不啻億兆，奇珍異寶比比出之，皆不及中國天垂經教，世出異人，治國治身之道爲之大備。山東河北，天下美地，多出良禾美蔬，魚鹽絲枲，以給四方之用。自古得之者爲大，所以歷代有國者惟重此地耳。今盡爲陛下所有，奈何兵火相繼，流散未集，宜選清幹官爲之撫治，量免三年賦役，使軍國足金帛之用，黔黎復蘇息之安。一舉而兩得，斯乃開創之良策也。苟授非其才，不徒無益，反以爲害。其修身養命之道，治國保民之理，山野略陳梗概，用之捨之，在宸衷之斷耳。」上嘉納其言。自是不時召見，與之論話。一日，上問曰：「師每言勸朕止殺，何也？」師曰：「天道好生而惡殺。止殺保民，乃合天心，順天者，天必眷祐，降福我家，况民無常懷，惟德是懷，民無常歸，惟仁是歸。若爲子孫計者，無如布德推恩，依仁由義，自然六合之大業可成，億兆之洪基可保。」上悦，又問以雷震事。師曰：「山野聞國俗，夏不浴於河，不浣衣，不曒氈，野有菌，禁其採，畏天威也。然非奉天之至道。嘗聞三千之罪，莫大於不孝。今聞國俗于父母未知孝道，上乘威德，可戒其衆。」上悦曰：「神仙前後之語，悉合朕心。」命左右書之策，曰：「朕將親覽，終當行之。」遂召太子、諸王、大臣，諭以師言曰：「天俾神仙爲朕説此，汝輩各當銘諸心。」神仙之稱，肇於此矣。癸未二月七日，因入見面辭。上曰：「少俟數日，從前道話有所未解者，朕悟即行。」三月七日，又入辭，制可。而所賜金幣、牛馬，備極豐腆，皆辭之。授蠲免道門賦役之旨，以寵其歸。仍命阿里鮮輩護送，别者泣下。

至阿不罕山，憩棲霞觀，門人宋道安等與玉華會衆設齋數日乃行。五月中，師不食，但飲湯而已。衆問之曰：「師奚疾？」師曰：「予疾非爾輩可知，聖賢琢磨耳。」是夕，清和尹公夢人告曰：「師疾，公輩勿憂，至漢地當自平復。」六月晦，抵豐州，宣差俞公請止其家，奉以湯餅，輒飽食，自是飲食如故。衆相謂曰：「尹公之夢驗矣。」八月，至宣德，居朝元觀。河朔州府王官將帥，以書來請者若輻湊。師答云：「王室未寧，道門先暢，開度有緣，恢洪無量。群方師首，志心歸向，恨不化身，分酬衆望。」甲申二月，燕京行省石抹公、便宜劉公各遣使懇請住太極宫，師允其請。是月，曷剌至自行在，傳旨云：「神仙至漢地，凡朕所有之地，其欲居者居之。」衆官咸曰：「師已許太極矣，請無他議。」三月，仙仗入燕。厥後道侶雲集，玄教日興，乃建八會，曰平等，曰長春，曰靈寶，曰長生，曰明真，曰平安，曰消災，曰萬蓮。會各有百人，以良日設齋供奉上真。延祥觀枯槐一株，師以杖繞而擊之云：「此槐生矣。」迄今□□。

秋九月，宣撫王檝善於天文，以熒惑犯尾宿，主燕境災，請師作醮禳之。問其所費，師曰：「一物失所，猶懷不忍，況闔境乎？比年民苦征役，公私交困，我當以常住物備之。令京官齋戒，以待行禮足矣！」醮竟，檝等謝曰：「熒惑已退數舍，無復憂矣。師德之感，何其速哉。」師曰：「予何德，汝輩誠哉。」丙戌夏五月，京師大旱，行省請師作醮，雨乃足，僉曰神仙雨也。名公碩儒，皆以詩賀。丁亥夏，復旱，有司禱無少應，奉道會衆請師作醮，師曰：「我方留意醮事，公等亦有是請，所謂好事不謀而同。」仍云五月一日爲祈雨醮，三日作謝雨醮，約中得者是名瑞應雨，過所約非醮家雨也。或曰：「天意匪易度，萬一失期，能無招衆口之訾耶？」師曰：「非爾所知。」後皆如師言。是月，門人王志明至自秦州行宫，奉旨改太極宫爲長春宫，及賜以虎符，凡道家事一聽神仙處置。

六月中，雷雨大作，人報云太液池南岸崩裂，水入東湖，聲聞數十里，黿鼉魚鱉盡去，池遂枯涸，北口山亦摧。師初無言，良久笑曰：「山摧池枯，吾將與之俱乎！」七月四日，師謂門人曰：「昔丹陽嘗授記於予：『吾殁之後，教門大興，四方往往化爲道鄉，道院皆敕賜名額，又當住持大宫觀，仍有使者佩符乘驛幹教門事，此乃功成名遂歸休之時也。』丹陽之言，一一皆驗，吾歸無遺恨矣！」九日，登寶玄堂，留頌而逝，享春秋八十。有磻溪、鳴道二集行於世。清和嗣教，建議於白雲觀構處順堂，會集諸方師德，以戊子七月九日大葬，設像以奉香火。至元六年正月奉明旨，褒贈長春演道主教真人。

十八年二月既望，門下法孫天樂子李道謙齋沐謹編並題額。

（原爲甘肅博物館藏拓片；此據道家金石略，六三四—六三七頁）

終南山宗聖宫主石公道行記

夷山天樂道人李道謙撰

公姓石，名志堅，字庭玉，汾州西河人。世習儒業。祖榮，父萬，皆隱德不耀。公以泰和乙丑歲生。生而夙□，□有道緣，六歲入小學，已能日誦數百言，天姿穎悟，夐出□輩。稍長，性重靜，寡言笑。

貞祐丙子，河東兵亂，因流寓於覃懷。既而去家，詣邢臺通真觀師同塵真人李君，究全真性命之學。奉待左右，始自井舂庖厩之役，皆嘗親歷，勤恳諄複，數年不怠。同塵察其可教，遂授以修身至道。公服膺力踐，非餘子所能及。居無幾，恒山公叛，西山寇起，居民擾攘，乃曳杖掛瓢，避地東□之上清宮，依玄通真人范君。君委以監齋之職，日聆謦欬，於道大有所悟。其於老莊諸經，罔不涉獵，皆能造其極致。

一日，玄通進而前曰：「向上諸師，登真達道，内公外行，兩者相資，方始成就，譬猶飛鳥之假兩翼，闕一不可。寧海先天宮者，實先師廣甯郝君煉化之地，久經劫火，焚毁殆盡。吾欲興復，以彰仙跡，汝可從提點張公天倪往任其責。」公拜命而東。適行臺李全作大功德主，會多方道門耆宿，遷葬丹陽、長生、玉陽、廣甯四師仙蜕。當時遐邇景仰，供奉者衆。道俗往來，量其高下，將迎館穀，莫不得其歡心。時常住之帑藏，古□命公掌龠。出納之際，以心相盟，不置文簿，不事會計，如是數歲。及謝事之日，交付□彼，惟隨身一衲而已，拂袖如泰□之雪溪。焚香讀經，棲心養浩，若將終身焉。

未幾，同塵遣介召至邢臺□提點通真觀，不四三年，功成事□。□命入關，提點終南宗聖宮。凡云爲動作，則以身先之。逮至元丙寅□，同塵將厭代，遺教嗣主本宗法席。公泣涕跪前，辭不敢當，師命益堅，乃敬領其事。未及十稔，宗聖之因緣增盛，内外無間言。四方法屬，翕然輻湊，咸服其師付畀得人之明。無何，掌教誠明張君下教，命隨□名山大川諸大宫觀，例起玄庠，教育後進。予嘗與公同主祖庭講筵，公凝然靖空，密若無言，及其扣□，□□四輔之奥，重玄衆妙之微，歷歷洞明其要。蓋涵養敦厚，所謂良賈深藏若虚者也。辛未，□淳和真□□□嗣教，以恩例賜公體真復樸□□大師之號，褒其成德。公年逾七秩，所養益厚。

一日，偶以□□□□□□微疾，遂奄然而化，時丁丑二月二十九日也，春秋七十有四。葬於宫之坤維。既事，執事者懇□□□□□□，概而爲墓誌。

（原爲咸陽文管會藏拓片；此據道家金石略，六三七頁）

樓觀大宗聖宫重修説經臺記

老子説經臺，與古樓觀相直千步，内傳所謂宅南小山是也。巋乎特立而端嚴，兀爾孤高而俊小。萬峰環擁，三面屏開。大川横展，河山點綴。雲煙濃淡，艸樹晻藹。周秦遺墟，漢唐故址，皆歷歷在指顧中，信爲天下之偉觀也。昔有真人曰尹文始，當周昭之世，結樓望氣，以期真遇，俄而青牛引駕，薄奄西遊，聖真胥會，請著書以惠天下後世，乃於此説道德二經以授受焉。是爲道家者流之原也。自時厥後，崇建廟貌，焚修香火，四方瞻禮，號地肺第一福地，爲玄門宫觀指南。然而歷世曠遠，屢經變故，以教本所在，隨廢隨興。近又盡于金季，靈宫華構，蕩然一空。國朝丙申歲，掌教清和大宗師起同塵李真人于邢臺，俾任興復祖宫之責。同塵辭不獲命，乃率領門衆，大興工役。樓觀堂殿，以次而舉，首尾十載，漸復舊規。惟此臺啓玄殿，經變得不廢。復以規模狹陋，拓而新之，繪歷代注經仙哲名德俱顯者四十八員於兩壁。創四子堂，新靈官祠，前山門、後客位、臺之次級，構希聲堂曁雲房、厨庫等室，以居道衆，且以玄逸真人所付古文老子鑱諸貞石，與舊碑列峙殿前。方之舊制，蓋倍蓰矣。功成，丐文旌其事。嘗試以所聞而爲之説。

老子者，道也，生於無恒之先，起于太初之前，混混沌沌，虚無自然。及乎結氣凝精，分神應化，或出於龍漢之紀，或現於赤明之季，隨世誕靈，無有紀極，憫時垂教，代爲帝師。至其降跡殷周，傳經授道，鑿開渾沌，剖析鴻蒙，啓衆妙之門，示重玄之旨，以清静無爲爲宗，以虚明應物爲用，以慈儉不爭爲行，以之修身則身修，以之齊家則家齊，以之治國平天下則國治而天下平。是蓋秉要執本，有常道存焉。故體是道者，無古今，無終始，在天地先而不爲古，後天地存而不爲老，非有非無而該乎有無，非闔辟往來而行乎闔辟往來，寂而靈，空而妙。其深至於不可見，不可聞，其爲無也至矣。及其用而爲有也，若天地産爲人物，人物皆蘊元氣，大道派爲德仁義禮，而德仁義禮至於萬有，又皆分載混成之。一無即一。夫言之未始豐于智，歉於愚，生而有，死而亡。聖狂不殊而覺昧殊，明晦在時而不在心，至均且完，各不相借。其曰有無妙徼者，即易之上下道器也，生生之本在是矣。夫易作於三聖，極乎天人之道，究人事之始終，合天地之運動，有無相乘，盈虚相盪。此天地之用、聖人之功也。而老子之書，造辭立用，一皆冥契，特欲出於天地範圍之表，而道前古聖人之所未道者。然亦不外乎盈虚相盪，有無相乘。

所謂道者，蓋犧皇周孔之所貫，豈復有所異哉？六經之學，綱紀萬世，而二篇之要，又將有得於六經之外。故太史公言，六經浩浩，不如老子之約。又曰，爲陰陽者，繁而致惑；爲儒者，博而多慮；爲墨者，苦而傷性；爲名者，華而少實；爲法者，酷而薄恩；惟老氏清虚無爲，使人精神專一，動合無形，指約而易操，事少而功多，稱爲大道焉。是以先黄老而後六經。然善用之爲黄昊，爲唐虞，其不善用之則爲兩晉齊梁之弊，有不可勝言者。此非言之過也。唐陸希聲作傳有曰：「楊朱宗老氏之體，失于不及，以至貴身賤物；莊周述老氏之用，失於太過，故欲絶聖棄智；申韓失老氏之名，而弊於苛急；王何失老氏之道，而流於虚無。由此六子之失，而世因謂老氏之指，其歸不合于仲尼，訾其名，病其道，不可以爲治。是使老氏受誣於千載，道德不行於當世，良有以也。」司馬子長作史傳，則列諸申、韓；班孟堅作古今人表，則等諸疇㓼；子雲法言謂「絶滅禮學，吾無取焉」；退之原道以所見者小，爲一人之私言。於戲，其亦不思而已矣。斯四子者，學孔子者也。孔子蓋嘗從之問禮，凡曰「吾聞諸老聃」者，皆謹事之語，誠無間然。詎有聖師從之而爲弟子者畔之，見而知者尚之，聞而知者咈之，使其道異邪？何爲有「竊比老彭」及「猶龍」之語？古今言老子者多矣，未有孔子之所言也。

孔子後有孟子亞聖，祖仁述義，力恢聖□，切切楊墨之辨，如捍强敵，如拒猛虎，不容□縱其力者，衛道故也。是時莊子在蒙，地之相去纔數百里，學宗老聃氏，鄙禮文，外名教，鼓舞其説，貶剥諸方。兩閎對壘，猶水火南北之相反。然二家没齒無一語相及，厥意果安在哉？後世往往於此致疑，莫之能辨。嘻，是必有微意焉。先王以道治天下，至周而彌文；及其衰也，文滅質，博溺心，禮壞樂崩，奸宄並起。老子方將復淳反本，以靜制躁，故立言矯激，薄仁棄義，雖聖智亦在所擯。彼其心豈真以仁義聖智爲不足以治天下哉？先王之道若循環，春夏以出生爲功，秋冬以斂藏爲德，一則使之榮華而致用，一則使之彫落而反根。道猶歲也，聖人猶時也。明乎道，孔老相爲終始矣。是則成己成物，內聖外王之道，此二子之所以彼此不言也。然則或語或默，或從或咈，識量有不可强者，於此可以觀聖賢矣。

在當時爲老子之學者，自文始而下，跡其有書行世者如辛計然、庚桑楚、尹文子、列禦寇、莊周，有言見於書者南榮趎、士成綺、崔瞿、柏矩，後世列之十子者是也。然或偏得一體，非其至者也。若夫道德授受，得其正傳，惟文始歟？讀之九篇，淵源可見。漢初蓋公以書授曹相國參，參用其言，寖以成文、景刑措之治。然武帝信方士，禱祠之事行焉；淮南好神仙，黄白之書出焉，老子之道於是乎詘矣。下迨魏晉之世，盛談清虚，隋唐以來，劇行符籙，以至丹藥奇技、曲藝小數，悉歸之道家。降及□代，虚荒流蕩，莫可致詰，遺經高閣，視爲無用之具矣。嗚呼，犧軒遠矣。玄元之道殆若登天之難，所謂「信不足，有不信」也。

然而自本自根，自古以固存而不壞者，固自若也。是豈有淳漓昔今之異哉？陰陽相代，理亂迭移，運啓天元，真人應期而出，無爲自化，清静自正，君爲太古之君，民爲太古之民，致理如反掌爾。易曰：「苟非其人，道不虚行。」其是之謂歟？兹臺方儗古重修，適事與時符，豈偶然哉？敬志貞石，以爲更新功德之記。

至元甲申歲陽復日，後學夷山天樂道人李道謙齋沐謹述。

（原爲藝風堂拓片；此據道家金石略，六四二——六四四頁）

老君庵詩刻〔一〕

至元乙酉春三月既望，余行香於岐山□□廟，翌日回過鄠塢，爲提點宋□敬□□觀村之天真觀，□則視其□□□□宗翊教之事因（下闕）陝西五路西蜀四川道教都□□天樂真人李道謙題。天慶宮元壇掌籍大師□德□立石。南陽白拱真刊。

（原出鄠縣金石志稿；此據道家金石略，六五四頁）

終南山大重陽萬壽宫真元會題名記

太上老君者，出乎太元之先，起乎空洞之前，經歷天地，不可稱載。若夫自天皇而至商湯，歷代爲師，隨方設教者，前賢集録，備載記傳，兹不敢贅以蕪辭。惟分神化身降世之跡，或可得而言焉。

〔一〕道家金石略文後引鄠縣金石志稿云：「右詩刻在老君庵，故天慶宫也。詩中有宋練師『開渠决水』之語，即提點宋□敬也。詩不録。陝西等處行省領秦蜀五路。至元二十三年，四川立行樞密院，轄本省，於是陝西惟四路矣。此碑在至元二十二年，故稱『陝西五路西蜀四川』云云。然道教雜流，亦同行省分轄諸路，可笑已。錢坫曰：『元高翻古文道德經，道謙有隸書跋；重陽教祖碑，道謙正書；重修説經臺記，道謙文。道謙，王重陽弟子也。』」

老君欲和同光塵，以立世教，乃先命無上元君玄妙玉女，降於陳國苦縣瀨鄉曲仁里天水尹氏之家，名曰益壽，嗣湯十有八王陽甲踐祚之十七年庚申歲，自太清境分神化氣，乘日精，駕九龍下降。時玄妙晝寢，夢天開數丈，衆真棒日而出，良久見日漸小，從空而墜，化爲五色流珠，大如彈丸，玄妙受而吞之，既覺有娠。自是所居之室，夏無溽暑，冬無泫寒，百靈拱衛，衆惡不侵，經八十一載，不知其久，至武丁之九年庚辰歲二月十有五日卯時，玄妙因消摇李樹之下，忽從左腋而生。此真元會之始也。是時，陽景重暉，祥雲蔭地，萬鶴翔空，諸天稱慶，玉女跪承。九龍吐水，以浴聖姿，龍出之地，化爲九井。降生之初，即行九步，步生蓮華，因指李樹曰：「此吾姓也。」諱耳，字伯陽，生而皓首，故稱曰老子。自時厥後，或仕商爲守藏之臣，或居周隱柱下之任。或傳經于文始，再約青羊之遊；或講禮于仲尼，更發猶龍之嘆。或隱或見，綿歷千秋，應感無方，變化莫測。此南華所謂古之博大真人者也。故秦漢而下，時君世主，莫不尊道而貴德。

逮乎李唐御極，推其姓系，尊爲聖祖。高宗乾封改元，親謁瀨鄉，册上尊號爲太上玄元皇帝，置令丞，歲時致祭。玄宗開元三年二月十五日丁卯，以老君降生之辰爲玄元節。至天寶十三載，四十年之間，帝四謁太清，三上尊號，仍御制霓裳羽衣曲、紫微八卦舞，以資薦獻。武宗會昌元年，敕以二月十五日大聖祖降日爲降聖節，令兩京及諸州府每歲設齋，行道三日。洎宋太宗至道元年，敕老君降日並修齋醮，著於令。真宗大中祥符七年，駕幸亳，謁太清宫，躬奉册寶，上尊號曰太上老君混元上德皇帝。金代累朝，尤加禮敬，增新補廢，給錫良田，每歲真元節日，遣使降香修醮。迨我有元太祖聖武皇帝革命之初，首召長春宗師訪問至道，宗師以愛民永國、寡欲保身及上天好生惡殺之意對。上嘉納之，敕天下道教聽師掌管，凡道門大小賦役，悉與蠲免。累聖相傳，以爲定制。今皇帝嗣登大寶之二年，持降璽書，敕修太清宫。由是仙宫道觀，星分棋佈，克塞寰宇。嗚呼！自勝衣以來，尊崇道化者，未若斯時之盛。

今兹終南山重陽萬壽宫，乃祖師重陽真君開化之地，風淳俗乎，境勝時豐。僕先自中統甲子歲二月望日，糾集諸宫觀師德及鄉中善士，備旌節儀衛，迎玄元聖駕就宫，修□靈寶祈恩清醮一百二十分位，端爲上祝皇王□算之無極，次以祈各家眷屬之有慶。迄今僅二十年，與會之衆，有增而無替。今歲春設醮之際，僕謂衆曰：「吾將伐石，用刻會衆之姓名，以垂永久，俾子孫□之世世不絶，相□□□□仙□福地之一大勝□□乎？」僉曰：「誠若是，何其幸耶？」（泐數字）

中秋日夷山天樂子李道謙□記。

（下爲衆會衆名録，分七欄，行次不等）（不録）

（原爲中國國家圖書館藏拓片；此據金元全真教石刻新編，七三——七七頁）

古文道德經跋

魯之大儒高翿文舉者，善於古篆，嘗爲會貞宫提點張志偉壽符書道德五千言，其筆法之精妙，古今罕有。掌教宗師玄逸真人張君，近得是書，日常珍玩。至元庚寅春，欽承睿命，祀香嶽瀆。越三月初吉，馳抵來秦，駐車終南山重陽萬壽宫。首出囊貲，暨此篆文，召樓觀提點聶志元輩，命工摹刻貞石，署諸説經臺上，昭示永久。嗚呼休哉！誠玄門一大盛事。予惟玄元氏始以二經授於是臺，歷數千百年間，久而益尊。今宗師真人復以是經刻石於斯，使後學有所矜式，其於弘教可謂知所先務矣。謹拜手稽首，竊識其本末。

明年辛卯夏蕤賓日，夷門天樂道人李道謙書。

（原出續修陝西通志稿、樓觀臺道教碑石；此據金元全真教石刻新編，八四頁）

終南山清陽宫玄通凝素大師孫公道行碑

宣授陝西五路西蜀四川道教提點特賜玄明文靖天樂真人李道謙撰

門下眉山書樓逸人孫德彧書並題額

張德寧刻

公姓孫氏諱志久，河間滄州樂陵人，世業農乘，父祖以積善見稱於鄉里。公生於金崇慶壬申歲十月初十日，幼清臞，寡言笑，未嘗與群兒戲狎，見道士輒歡喜迎拜，聞談道話則終席諦聽不去。志學之歲，忽夜陰晦，見空中明白如晝，心思灑然，有所開悟，達旦，語于父母曰：「昨夜空中明朗如晝，所見勝境非常。儻使我爲黄冠以學道業，是誠所願。」又二年，即辭親入道。有陳先生者引至洺州肥鄉縣馬固村之洞真宫沖虚真人楊君門下，受度爲弟子。沖虚見其賦性淳謹，遂置諸左右，以供灑掃之役累年，察其行止可教，即授以「頤神毓氣乃修身之本，積德立功爲入道之門」。公既服勤日久，其於進修之功甚有所得。

歲丙申，關中撫定。冬，清和宗師前來終南，祀香祖庭。丁酉春，自秦還燕，告諸門下尊宿，可各于終南起建道院，以助興建祖庭之力，以報祖師開化之德。是時沖虚命公之來，卜占方所。公與法屬曹志沖、孫志穩、王安童輩應命入關，即於劉蔣之東南七里許曰仕馬村創業締構，爲之住持。是時雖兵後人稀，田疇荒廢，覽山川之勝，南望群峰，下觀沃壤，煙霏竹徑，極目砥平，如張畫本。公乃依杖而嘆曰：「岩壑幽深之如此，林泉雅勝之若彼，輪蹄旁午而不干，市朝騰沸而莫及，此誠人世之洞天福地也。」於是，親負耒耜，披榛伐木，陶甓購工，僅及十稔，起正以塑三清，修後堂以事七真，三門兩廡，齋厨庫厩，罔不備具，遂請於祖庭洞真尊師，得以清陽觀爲額。自是，化度門衆，甫踰百人。於觀四周，開耕地土，增置水輪。每歲所獲，用度羨餘，盡奉祖庭，以助營繕之費。壬子春，真常宗師齎奉上命，祀香嶽瀆，來謁祖庭，曰：「是山下琳宇皆得一到。」以此，例賜改觀爲宮，洎今玄通凝素之號。

迨中統癸亥，陝右道教提點真人高君保申誠明宗師，俾公升本宗提點之任。至元丙寅，公詣永昌王邸，啓請得旨，贈沖虛楊君以弘教真人號，公乃親送洺州，用酬教育之惠。再年，還秦，清陽之締構尤增，祖庭之崇禮益謹。二十四年丁亥冬，忽得微疾，至十二月，奄然順化，享壽七十有六。

一日，門人馬志顯、嚴道威來祖庭衆妙堂，乞紀玄通之道行。其玄通與余共處終南山下僅五十載，平昔云爲，目所親睹，實亦修身精謹之士。既有是請，故不得以堅辭，遂次第其行實之大略，仍系之以辭。銘曰：

終南山高摩蒼穹，群仙窟宅煙霞封。甘泉一水來無窮，萬□老派常溶溶。流入崑崙滄海東，灌開七朵金芙蓉。上天摘降王元戎，玄元至道復興隆。人能向之趨下風，一時盡得歸陶鎔。黄冠羽服皆人雄，驅民爲善開盲聾。九州四海輪蹄通，淳風懿範俱遵崇。玄通報本來朝宗，平地化出清陽宮。星壇月殿施神工，金碧焕爛仙真容。心存聖道元氣充，浮雲富貴不掛胸。田疇所獲歲用豐，羨餘悉奉玄門公。百年厭世遊太空，昭昭不忘存其中。我作銘詩不厭重，叮嚀爲紀前人功。

大元國至元二十六年歲次己丑下元日。

（劉兆鶴、王西平編重陽宫道教碑石，三秦出版社一九九八年版，一一三——一一四頁）

長春大宗師玄風慶會圖序

大元聖武皇帝，順天應人，革命之十年，歲舍己卯，以神武不殺之威，戡定萬邦，乃思以道濟物，祈天永命，敬遣近侍劉仲禄，奉明詔，馳安車，起長春宗師於海上。宗師識其天意不可以違，且以生平所蘊弘聖教、福生民之志得以信之之時也，即慨然而應之。於是，不辭數萬里，見上於西域雪山之陽。皇帝設庭燎，虚前席，以問至道，宗師對以寡欲乃修身之要，愛民爲治國之本，嘉謨高誼，朝啓夕沃，扈帳處者逾年，當運罹陽九之初，拯黔黎出塗炭之苦，被玄化之膏澤者，可勝計耶？上喜其説，乃命左史書之册，目曰玄風慶會録，盛行于世。逮仙馭之東還也，四方嚮化之士翕然宗之。洪儒鉅筆，碑傳題詠，褒功讚德者，唯恐其後。太華山三洞講經弘真宣義大師史公，總集諸家紀傳，起于棲霞分瑞，訖于白雲掩柩，定爲六十四題，題各立圖，圖各附以説文，目之曰玄風慶會圖，以爲不如是，則宗師充塞霄壤之道德，不能舉白于世。圖文之説，公先於重陽真君憫化圖序中，以跡履之喻，釋之詳矣。

今年秋七月，公攜是書來終南重陽萬壽宫，就余訂正，將鋟梓以傳。余披覽再四，掩卷而歎曰：「至哉，公之用心也！是書之出，非惟光揚宗師之瑰瑢偉跡，實爲後進者照心之鏡、釋疑之龜也。何則？且觀其分瑞棲霞、遁跡昆嵛也，則知宗師雖禀受異氣，亦當捐情割愛，絶累離塵，俗既遠而道自近也。又觀其謁師寧海、附友汴梁也，則知求學之初，必賴明師指授，益友輔相，卒能成其道業也。又觀其磻溪鍊行、龍門全真也，則知雖得所受，必當嵓居穴處，嗇氣凝神，以全鍊養之功也。又觀其振教祖庭、構觀濱都也，則知道成德著，必當建宫立觀，濟物度人，以衍真教之無窮也。又觀其雪山談道，松島論玄也，則知至人既成諸己，必當恢弘聖道，澤及生民，以進上天之品位也。嗚呼！宗師空洞真仙，降宣龍教，尚不能躐等而進，必待循循而修，始得超證無上道果，後之學者，固當取法是書，朝披夕省。其於曰昔宗修之修也，如是而行，今我之學也，亦當如是而進，自能行之有階，進之有序。其於即言相，契真常，出化機，登道域，則有餘師矣。又豈非照心之鏡，釋疑之龜者歟？」

至元甲戌歲下元日筠溪道人夷山李道謙謹序。

（周燮藩主編、王卡分卷主編三洞拾遺第一六册，黄山書社二〇〇五年版，三九一—三九三頁）

盩厔重陽萬壽宫令旨碑

長生天氣力裏、皇帝福蔭裏皇子安西王令旨諭道教提點李道謙：

我國家祖宗列聖相傳，莫不以敬天崇道，彝世受祐。王祖師得全真之道，敷法開弘。丘神仙盡啓沃之識，玄風慶會。是以先朝眷遇，恩命優崇。凡厥道流，商税、地税，應幹差役，咸與蠲免，醋酵亦從食用。今皇帝聖旨，亦依舊例，繼世相承，以爲定制。邇者薦膺帝命，分莅西秦，封建以來，於今五載。高真人率所屬道衆，修醮告天，屢獲靈應，故嘗贈以金冠錦服。今已羽化，繼傳者必選其人。以爾李道謙，道行素著，文學該通，深明三籙之法科，確守一純之淨戒，得丹陽之正統，踐洞真之遺言，不有褒崇，曷爲獎率，可授提點陝西五路西蜀四川道教兼領重陽萬壽宫事，别賜金冠法服。仰益勵操修，以彰殊率。仍戒諭所屬道衆，宜令傾心報國，精意告天，朝夕誦持，殷勤進道，無負我朝敬天崇道之心，祖師立教度人之意。若有違條犯戒，紊亂道風者，惟爾汰擇。其慎之焉，勿忽。

至元十四年六月日。

（蔡美彪元代白話碑集録，中國社會科學出版社二〇一七年版，六一八—六一九頁）

摹刻商挺等詩詞碑

浪淘沙

春色嘆蕭蕭，客思無謬，畫圖閒話笑漁樵。幸自白家無個事，不會逍遥。歲月不相饒，人枉閑焦，一枝無分似鷦鷯。且只今朝無事了，管甚明朝！

右浪淘沙，夢中所作，偶然不忘，奉寄和甫真人，且代恭煩筆問。左山商挺。

登通明閣

畫棟層軒壓翠微，紫煙香霧鎖丹梯。固知福地因人勝，益信玄門用力齊。鶉野山河歸□□，中天日月定高低。囂塵迴首真堪鄙，擬乞殘年注馬蹄。

右登通明閣，中統二載秋七月伏未盡五日，左山商挺題。

己巳仲冬，條山張行儉侍家君按察還自鄜延，歷鄜恒，抵終南之重陽宫，特留舍焉。遂與書史劉旭登通明閣，時十有九日也。適天朗氣清，山川明秀，依欄周覽，宛若畫圖。昔嘗聞此中大有佳處，兹遊奇絶，甚愜素懷，謹題以識歲月。

鄙詩奉送和甫李公提點還終南筠溪

虎岩趙著

筠溪道士眼中人，詩卷常隨放浪身。秋隼精神盤華嶽，魯麟風采照天津。交歡但恨相逢晚，執別沉思再會因。折柳一枝牢把去，要驅魚雁往來頻。

送和甫提點還秦　　左山商挺

常記分攜灞水東，十年音問馬牛風。紅塵不料到方外，白髮相看疑夢中。學道貴□無執著，忘機未可失和同。誠明仙去今誰繼，歎息玄門及物功。

送和甫道河西遵用（以下兩行字跡難辨）

仙道由來在雲中，人間久參當雷同。忘情日知心無累，感物採陽作穹公。法没得經春景色，西秦東海往以風。火龍水虎山青處，人道出家第一功。

和甫遵師西歸終南□詩以送其□　　雲夢趙

塵土衣冠若自羈，山林枯槁復奚爲。一堂虚静抱幽獨，萬慮淵澄靡涅淄。渭北風煙涵澹蕩，終南山色浸淪漪。倏然一枕羲皇上，花落鳥啼春晝遲。十畝清陰短出增，一泓澄碧蘸溪光。水聲泯泯春無跡，野色娟娟静有香。車曲花光相映帶，平泉草樹雜芬芳。文重束壁圖書在，浪□新詩擬補亡。

鄙語遠寄終南和甫道友爲千里一笑　　左山商挺

不知正色果蒼蒼，造物中間孰主張。好弱若教由得汝，鳧應嫌短鶴嫌長。

人到稱情忘後患，事求無悔要前思。四時天尚有寒暑，百歲人能無盛衰。

至元戊子歲清明日終南山大重陽萬壽宫摹刻上石。

（重陽宫道教碑石，一一二—一一三頁）

宫觀碑誌

涇州回山重修王母宫記

翰林學士判吏部流内詮事陶穀譔

祭法曰：「法施於人則祀之。」辯方之爲法制也，不亦大哉？神有所職，足以垂訓者，孰可闕焉？

按爾雅：「觚竹、北户、西王母、日下謂之四荒。」王母事蹟，其來久矣，名載方册，理非語怪。西周受命之四世，有君曰王滿，享國五十載，乘八馬，宴瑶池，捧王母之觴，乃歌黄竹。西漢受命之四世，有君曰帝徹，享國亦五十載，期七夕，會甘泉，降王母之駕，遂薦仙桃。周穆之觀西極也，濯馬潼，飲鵠血，踐巨蒐之國，乃升弇山，故汲冢有穆天子傳。漢武之禱靈境也，祀雍畤，幸朝那，立飛廉之館以望玄圃，故樂章有上之回曲。嗚呼！湘靈鼓瑟，虞舜二妃也；黄姑有星，天河織女也。或楚詞所傳，猶能編祀典，配嚴祠，簫鼓豆籩預四時之享，犧牲玉帛陪百神之祭，豈若王母爲九光聖媛，統三清上真，佩分景之玉劍，納去瓊之鳳舄，八琅仙璈以節樂，九色斑驎而在馭，嘯詠則海神鼓舞，指顧則嶽靈奔走，輔五帝於金闕，較三官於絳河，位冠上宫，福流下土？則回中有王母之廟，非不經也。年祀寖遠，棟宇隳壞，壇歆杏朽，蔽荆棘於荒庭，井廢禽亡，噪烏鳶於古堞。物不終否，崇之在人。

太師清河公受脤建牙，三臨安定，軍功政事，紀在旂裳。是邦也，壓涇水之上遊，控西戎之右地，土宜菽麥，俗習騎射，撫之有道則風能偃草，馭之非理則水亦覆舟。中權失政，不可一日而處，矧三鎮乎？歲戊辰春二月，公介圭入覲，駿奔上都。天子設庭燎以延之，奏肆夏以寵之，臨軒絶席以綏懷，大輅繁纓而錫命。禮成，三接詔，還舊鎮。公既旋所理，來謁靈廟，齋莊有感，盻蠁如答，伸命主者，鳩工繕修。薙蔓草於庭除，封植嘉樹，易頹簷於廊廡，締構宏材，丹青盡飾於天姿，黼藻增嚴於羽帳，雲生畫棟，如嗟西土之遥，水閲長川，若訝東溟之淺。容衛既肅，精誠在兹，何須玉女投壺，望明星於太華，瑶姬感夢，灑暮雨於陽臺。合徵幼婦之辭，庶盡上真之美。

縠也，學非博古，才不逮時，論思謬冠於詞臣，叙事敢踰於實録，久直金鑾之殿，視草無功，强窺朱雀之牕，偷桃知愧。謹爲頌曰：

崑崙之墟，崦嵫之下。戴勝蓬髮，虎豹爲仵。是耶非耶，怪哉王母。丹臺命駕，七夕爲期。雲輧鳳輦，劍佩光輝。倩兮盻兮，穆若仙姿。宅玄都兮如彼，降漢宫兮若是。

奚靈聖之多端，駭變化之神異。考山經與竹書，故兩留於前事。山之巔兮水之湄，奠玉斝兮薦金徽。白雲零落歸何處，黄竹摧殘無一枝。撫弇山之舊石，紀涇水之仙祠。

重陽成道宫記

京兆西終南有里曰南時，中有重陽成道宫焉。蓋大定初，全真祖師重陽真人始悟道時，自掘一穴，起封數尺，如馬鬣之狀，以活死人墓名之。手植四梨八海棠於四周，人問其故，乃曰：「吾真風將來大闡，四維八紘無所不至之日，要使人知從此一墓而始之也。」居二年，遷劉蔣，後常有三五衆葺庵而守之。正大初，全陽真人周全道清明自豳來，致祭於劉蔣祖師之塋，忽念及祖師修煉變化成道之地，不可使之蕪没，胸中慨然起修葺之心，弗克自已，若有神使之然者。俄一人請齋，問之，知其爲此庵道士，遂與之俱來庵中。道衆乞借光揚之力。周異其密與己契，乃欣然許之，復曰：「我以後當居此。」

大朝革命，四方道衆思其所以報本反始者，規運木植，開墾地土。歲乙未，清和大宗師尹真人並掌教真常李真人法旨，本府總管田侯疏，委淵虚真人李公志源率道衆於此盛行營造事，皆趨務勸功，捄度築削，有鼛鼓弗勝之意。所爲殿者三，曰無極，曰襲明，曰開化；爲堂者五，曰三師，曰靈官，曰瞻明，曰朝徹，曰虚白；齋厨庫厩，方丈散室，簷霤户牖，金碧丹朧，粲然一新。下院蛇留全陽觀、王郭村修真觀，及常住物業，别刻之石。或有偏而未舉之處，周全陽門徒張志古等，思及先師正大初赴齋之時「我以後當居此」之一言，謂是天意默定，不可以違，乃糾得千餘指，同誠戮力，日增月續，以爲國家祝壽祈福之所。想成就浸大，未易量也。辛亥，憲宗皇帝即位之元年，詔徵掌教大宗師真常李真人。上親受金盒香，白金五千兩，佩金符，代禮巡祀嶽瀆，凡在祀典者，靡所不舉。明年春二月吉日，以御香來致上命。禮成，以恩例改觀爲宫。今之宫名，自壬子始也。淵虚李公乃全陽之弟子，丹陽馬真人之玄孫。全陽高弟五人，公其長也。次曰洞虚子張志淵，主東平鄆城白雲觀，度弟子千餘人，庵觀稱是。三曰明元子梁守一，主古豳之玉峰，實全陽舊居之觀也。四曰雲外子賈守真，五曰純和子張志古，今嗣公主持本宫事。

今年春二月，知宫王志遠持狀就燕京大長春宫，禀掌教真常真人，欲具始末之實，歸而刻之石。宗師以潤文見命，予年近八十矣，倦於筆硯久矣，度其不可違，因按其實而編次之。且祖師可見之跡，玉峰胡子金既已有贊，平水毛收達有引，北平王子正有傳，「活死人墓」四字，又有趙翰林閑閑親筆，掌教真常真人跋語，並刻之石。全陽周真人、淵虚李公、洞虚張公生前行事，亦各在秦樗櫟彦容金蓮記、煙霞録中，與祖師以下衆師真同載玄都寶藏，俱不煩贅述。雖然，予少壯時，述在進取，間爲功利所奪，於根本之學則不暇也。今兹三十餘年，心得安於淡静，不爲世教所束，收視反聽，頗見虚極妙道，流行閉塞之所由，亦有數存於其間耳。

夫道前無始，後無終，天地雖大，未離乎内，秋毫雖小，待之成體，數豈得而拘之哉？但於世行與不行之分耳。易曰：「苟非其人，道不虚行。」又曰：「神而明之，存乎其人。」故天將以是道大畀於人也，於大化中，必先假乎一剛大中正特立，不爲人欲所動，可以爲師範之士降于世。兹吾祖師之所以出也。故出則其材奔逸超絶，人莫能及，一遇至人點化，方寸開廓洞達，而遊乎物先，仍能退藏於密，借兹地而以爲活死人墓，而養之二年。其神異，其接人，其救世，光光相接，天地開闢以來，莫兹之盛。若非與冥理相契者，其能之乎？姑以長春仙翁一事言之。昔顔淵將之衛化衛君輒，孔子慮德厚信矼，未達人氣，名聞不爭，未達人心，遂教以心齋，則所過者無有不化。衛在春秋之世，一侯服之國耳。按王制，公侯田方百里，以數推而上之，而方千里者爲方百里者百，方萬里則是方千里者百，國家疆土方十萬里，其視衛尊嚴大小之相去，爲可見矣。皇帝又在數萬里沙漠之北，詔書既至，長春國師即起而應之，如水之流濕，火之就燥，自相感召，無一毫預謀之私。及其到也，而於應對之際，歡欣交通，大愜上意，由是就其善端發現之地，以行仁行孝，寡欲修身，用賢愛民，布德施惠，好生惡殺，奉承天心之數語而開導之，上亦聽之不疑。想四五十年間，而天下之人賴以存活者，與脱俘囚者，可勝計耶？況真風大闡，又皆衆所共見者。我仙翁澹然獨居無功之地，而天下到今以真功歸之，非神遊物表，動與天合者不能也。其祖師四梨八海棠張本之遠意，有徵矣。

今因喜此宫之興建，又屬以記當筆，故表而出之，庶幾使學道者知祖師以下得其傳者，一動一靜，皆天而不人也。苟雜之以人，非惟無成，其所喪多矣。何謂天？曰誠而已。誠者，心齋也。古之人脩胸中之誠，以應天地之情，而天地人神不違者，其得所應之樞乎？

勑建普天黄籙大醮碑

宣差總教佐玄寂照大師教門都道録馮志亨譔

憲宗皇帝内藴神機之妙，其爲用也大矣哉。形而爲武，則已無敵於海内矣；著而爲文，則復能經緯於高厚矣。是機之運，以無爲宗，以道爲門，以仁聖中正通明爲所歸。其無事則機緘萬化，而退藏之於密，雖名之以天地之鑑，萬有之鏡，實不可得而窺測之也。及其應世，則溥博淵泉而時出之。溥博如天，淵泉如海，化而爲德，則汪洋湛厚，靡有一物不在潤澤中者。至於與兩儀合德，四時合序，先天奉天之事，層見錯出，不可徧舉，姑於一日二日萬機之中，取一事而言之。

癸丑冬十月十有七日，詔至修真道士提點王志坦，訪問身體康寧、壽數長久之説。志坦對以養生三二語訖，因就善端發見之處，款曲將順，投之以言曰：「此山林枯槁之士爲一己之務，非天子之急務也。惟天地萬物父母，惟人萬物之靈，愛民不能獨治，遂立之君。皇帝代天治民，當於民興大利除大害，以奉承天心，則天降之福壽，如影響之應形聲矣。往年掃除弊政，與民更始，而民之安生者，然已受賜矣。惟國朝自開創以來，干戈饑饉刑罰，或中或否，其横罹凶害，沉魂滯魄，困於幽獄，無由出離者，可勝計哉！願皇帝聖慈，選有道之士，依黄籙玄科普行濟度，使幽魂苦爽出離冥途，咸遂超昇，此莫大之澤矣。」上嘉納其言，即日遣中使數十人馳驛四出，各就方國行薦拔事。扎忽兒學士、阿憐博兒赤、提點王志坦，乘傳持密旨來燕京大長春宫，特命掌教真常至德又玄真人李志常主醮，作大濟度師，斷事大官人牙魯瓦赤、布只兒奉營辦醮事，中使扎忽兒學士已下四人作行禮官，仍隨路選清高有道之士，設普天黄籙大醮三千六百分位。甲寅春三月初九日至十六日，凡七晝夜，有司不奏刑名，閭井禁屠宰，出御府黄金五百八十兩、白金三千八百兩、綵繒千匹爲鎮金信幣之須，旛花、油燭、栴檀、沉水、龍脳〔一〕、降真爲饗獻之禮，其餘皆府庫支給，不令擾民，又以銀

〔一〕脳：疑作「腦」。

鈔五十兩補其闕。密詞九通，玉簡三面，皆宸翰親署，禮官監使，道流士庶，旌幢儀衛，自通玄門，迎來醮所。

欽惟持守之君，所當先薦者，祖宗往聖，眷屬先靈，就紫府已回光，常瞻慧日，至仙階而列品，永祐皇邦。下至於兵死殍亡，橫遭刑戮，一切冤枉，有主無主，同仁一視，靡有遺棄。其或忠臣義士，各爲其主，而至其死命，與小國君主，不知天命所在，犯五不韙，自致逆命之討，以常情視之，兹二者則爲不赦之仇讎矣。皇帝若曰：「群雄當戰伐之衝，實多冤鬼，一聖廓乾坤之度，孰匪吾民。但深如子，以恤橫亡，豈可得鹿而忿同獵？故盡沉淪之屬，咸收薦拔之中。」此自古帝王未嘗舉者。豈惟未嘗舉，其感通之力，而相去亦遠矣。何以言之？昔者禹會諸侯於塗山，執玉帛者萬國。以王制考之，侯伯地方百里，方千里則是方百里者百，方萬里則是方千里者百，而塗山之會止是方萬里之地耳。國家有十萬里之疆土，其勢力在古萬乘百倍之上，今爲此自古帝王未嘗舉之舉；而海内萬姓，亡者不言可知，雖在世者，於各人親族師友之間，遭四五十年兵亂，但犯冤枉，沉在幽獄，其有不沾丐者乎？人非木石，安得不動於中歟？既有動於中，遂形之於言，咸曰：「大哉，皇帝之德則天地之德也，心則天地之心也。」此神機之妙，與和聲協氣，其用之交上帝達三清，極六合，内外之神祇於無聲無臭之中，流通混合，自相感召，旁礴爲一，則亦何求而不遂哉？況大宗師真常真人李公，所率金冠雲服，星冠紫服，登壇墠者五千人，皆清高潔白、深通祕典、嚴持齋法有道之士。醮下代禮官，國家重臣，觀其精真充實，無一毫人僞之間。加之大道運慈，將藏用顯仁之妙，自龍漢赤明之前措之三籙科中，善救人而無棄人，善救物而無棄物，宜乎真風慧日，鼓舞臨照，幽室爲之晝曉，寒谷爲之回春，旁通曲暢，俾沉滯之屬潛沐陰被，根本分上光光相射，各自照了。設有未悟，先覺後覺，轉相汲引，以明襲明，出彼入此，同觀衆妙，靡有嘆其獨遺者。功德巍巍，下蟠上際，豈筆舌能形容哉？

迎詞之日，主醮大宗師並典禮營辦衆官，命紀其事，以光揚皇帝莫大之盛德。愚謂「域中有四大，而王居其一」，此道經之微言也；「仰觀俯察，知幽明、死生之故」，「天地設位，聖人成能」，此並易繫之文也；「聖人之道，洋洋乎，發育萬物，峻極于天」，此中庸之語也。蓋皆取能將神機之妙擴而充之，從微至著，以至德澤滿天地，靈光施四海耳。今究此存亡兼濟，親讎不擇，千百倍前王至仁之一舉，起本於聽納道士志坦之一言，即行之不疑，有沛然若決江河莫之能禦之勢，非受善之地於裁成輔相之餘常有一至誠不息之理存者，能之乎？皇基孔固，聖壽無疆，天祐人助，詞官祝釐之請，有所預焉。拜手稽首，屬之以辭曰：

域中四大，帝居其一。神機妙用，退藏於密，剛健純粹，發而爲愛民之德。或出之於溺沉，或躋之於壽域。洋溢周徧，四海充塞。參贊之餘，至誠不息。每慮沉魂，恩波未及。念此在此，弗遑寢食。垂問羽流，曰憑道力。嘉納至言，而康而色。使車四馳，各就方國。普天大醮，拯救甚急。燕京琳宫，詔旨密通。精神潛會，風虎雲龍。百色用度，給賜特豐。宗師道流，款懇敬恭。行事獻饗，壇墠尤崇。禮官大臣，有肅其容。氣志如神，清明在躬。英華發外，和氣積中。以此宣弘其聖澤，宜幽府混合於真空。先覺後覺，悟之則同。誠能回光於頃刻，得觀衆妙於無窮。實亡者針芥之幸，信萬劫之難逢。作此辭章，紀皇帝神機妙用之功。

元重修亳州太清宫太極殿碑

翰林學士承旨知制誥兼修國史臣王鶚奉敕撰

今上皇帝之在藩邸也，雅知尊崇玄教，將修太清。歲舍己未，嘗有旨禁民樵採，及使臣行軍無聽留宿，以妨興建。即位之二年，特降璽書，一如前旨。四年，遣真常真人蕭居壽、近侍合剌思，命學士院撰祝文，備禮以祭。越五年，太極殿成，長春嗣教誠明真人張志敬，同左丞張文謙、侍中劉秉禮，奏乞樹碑以紀歲月，從之，詔詞臣王鶚文其事。臣聞命惕然，敢拜手稽首而爲之言曰：

太上老君無世不出，無代不崇，至於殷武丁庚辰歲，化生苦縣之瀨鄉，謂娠至八十一年，生有七十二相，以皓首而稱老子，指李木而得姓氏。其變易名號，靈蹤聖跡，前賢説之詳矣，兹不敢贅以蕪辭。惟前代推尊，後人紹述，或可得而言焉。

秦燔詩書，漢雜霸道，玄宫崇奉，未聞肇立之由。至漢桓帝延熹八年，因帝夢老君降于殿庭，再遣中常侍左悺詣祠致祭，座設華蓋，樂用郊天，乃命陳相邊韶〔一〕演而銘之。隋文帝開皇六年，詔亳州刺史楊元胄考其故迹，營建宫宇，勑内史舍人薛道衡作祠庭頌。唐推姓系，尊爲聖祖。太宗貞觀元年，勑修其宫，始給人户五十以供灑掃。高宗乾封中，親謁道宫，追上尊號爲玄元上德皇帝，宫殿壇宇，並令修創，置令丞各一員，歲時薦饗。玄宗開元三年，東封岱嶽，回謁于舊宅，親書道、德二經，俾刊諸石。二十年，帝自製霓裳羽衣曲、紫微八卦舞以薦獻。天寶二年，制改譙郡紫極宫爲太清宫也。四載，親幸，復製降真召仙、紫微送仙二曲以迎送之，易祝版爲青詞，御署則曰嗣皇帝臣某，仍勑有司，著爲定式。文宗太和七年，宫經水潦，頗致摧毁，勑宣武軍節度使李程兼充太清宫使，漸加修葺，尋復完美。宋太祖建隆元年，遣使詣祠。太宗淳化四年，遣修宫宇，逮至明道元年，工畢，詔水部員外郎和嶹撰碑銘，自是專命中使監領。真宗咸平五年，遣内侍重修，增給衛士。景德二年，禁

〔一〕韶：原誤作「詔」。

四向樵蘇。大中祥符五年，遣三司使丁謂代謁。六年，躬詣。七年，復往，親奉册寶，上尊號曰太上混元上德皇帝。哲宗紹聖五年，知亳州喻陟奏諸瑞應，遣使醮謝，且詔本路轉運司，凡宫宇之弊者，隨即繕完。徽宗崇寧改元，詔翰林學士張商英作記，以成哲宗之志。金代累朝，尤加異數，給道士良田數萬畝，復其税役，田夫野叟至今猶能道之。此前代推尊之略，使後世嚮道者以考焉。

若夫紹述之人，自青牛西邁，尹喜懇禱，强爲著五千言，曰清淨無爲，曰不爭不耀，佳兵爲不祥，以治國若烹鮮，以馳騁田獵，令人發狂，以孤寡不穀，王公自稱，推此以平天下、國家無餘藴矣。至於正心修身，二經具載，求之則有餘師。祖述道德，四輔相承，率遵前軌，於是洞靈、通玄、沖虚、南華之書出焉。世衰俗薄，邪説並興，因之爲幻惑者有之，流而爲譎怪者有之。天之未喪斯道也，近世有全真家出，恬淡有守，動循故轍，自王重陽得正陽、純陽之傳，培植基本，付作者六人，在處聯芳，枝葉叢茂。國朝開創，徵長春敷暢玄元，親承睿眷，天下靡然向風，雖三家聚落，萬里郵亭，皆知敬奉。其操守道行陰德與太上符合，太清所以重建也。

太清頃罹兵燼，復值河渦合流，向之仙宫，漂蕩無餘，但數千年九龍井僅得存耳。長春仙蜕，傳法真常。時則有今安肅公張柔戍兵亳社，命官持疏，俾事修建。真常先委隱真大師提點石志玉、通微大師知宫李志祕爲之經始。公亦委曲用心，拯力護持。其參佐卒伍，亦皆樂赴，仍給據並宫施地周四十里。無何，厥功肇啓，而真常示寂。逮吾誠明之嗣教也，承海都太子之命，敦請崇道真人張志素、棲雲真人王志謹同辦其事。棲雲未幾物故，其門人輩尤爲致力。崇道則朝夕以之，始終匪懈，增築故基丈餘，間架九楹，視舊制殊爲壯麗。像太上于其中，東華、文始列于左右，洞靈、通玄、沖虚、南華次之，仙貌儼然，見者加敬。雖餘者未完，已足以奉香火之供，而爲國朝萬世祈福之地，顧不偉歟？

主上聖德日新，神武電斷，西平大理，東服三韓，南州逆豎旋即誅夷，朔漠諸王畢來朝會，分司揆務，偃武修文，此浸明昌千載一時之運也。然猶祗畏上玄，聿修嚴祀。是宫之建，日月可冀矣。臣待罪詞林，忝承睿旨，謹再拜而銘之。其辭曰：

聖人不仁，其民淳淳。智慧一出，百僞喪真。天何言哉，是生至人。厥生惟何，渦水之濱。生而神異，絶聖棄智。居實處厚，解紛挫鋭。不仕汙君，甘處下位。青牛西駕，避名避地。道、德二篇，立言五千。爲以無爲，玄之又玄。愛民治國，萬世可傳。其誰之子，象帝之先。永惟帝則，混元上德。立祠水濱，翬飛雉翼。宫曰太清，殿曰太極。仙真名縣，增賁譙國。黄河湯湯，犯我谷陽。巍巍宫殿，今也則亡。興起有數，待我時昌。誠明嗣教，繼志真常。志祕、志玉，先爲卜築。崇道、棲雲，忻然紹服。一殿告成，望之肅肅。於萬斯年，爲國祈福。功成匪他，崇道居多。臣不歸美，如君恩何。慶源九井，福作兩河。小臣祚銘，以代絃歌。

中都十方大天長觀重修碑

翰林侍講學士知制誥兼修國史臣鄭子聃奉敕撰

大定十四年三月，户部尚書臣仲愈、勸農使臣僅言奏：十方大天長觀館御既安，像設既嚴，敢以聞。是月既望，天子暨皇太子率百執事，款謁修虔，遂命爲道場三日夜以慶成。先是，召西京路傳戒壇主清虚大師閻德源住持，敕授提點觀事。越十九年秋九月，迺詔承學之臣文其碑。臣子聃待罪北門，實當書，敢攷觀之所以廢興，揚摧而叙之。

臣謹按圖經及舊碑，蓋肇迹唐玄宗開元中，命之曰天長，頗極壯麗。歲久不葺，頹圮滋甚。至咸通七年，盧龍軍節度使張允伸繕而新之。五季及遼，咸所嚴奉。國朝正隆之季，政役繁興，簿領充牣，著籍之用，多貯其中。或有櫜姦者狙火之，數百年之締構，一昔而燼。物不終否，時若有待。聖天子受命即位，歲方五稔，而功成治定，薄海内外，悉臣悉主，官修其方，民遂其業，工精其能，德澤洋溢，符瑞衆至，百廢具起。萬機之暇，游心玄妙。大定七年秋七月二十三日，乃詔復興，以今户部尚書張仲愈、勸農使張僅言董其役，且命勿亟。自經始迄于落成，凡八年。

前三門榜曰十方大天長觀；中三門曰玉虚之門，設虚皇醮壇三級。中大殿曰玉虚，以奉三清；次有閣曰通明，以奉昊天上帝；次有殿曰延慶，以奉元辰衆像。翼于其東者，有殿曰澄神；翼于其西者，有殿曰生真，以奉六位元辰。東有鐘閣曰靈音，兼奉玉皇上帝、虚無玉帝；次有閣曰大明，以奉太陽帝君；次有殿曰五嶽，以奉諸嶽帝暨長白山興國靈應王。西閣曰飛玄，以祕道藏，兼奉三天寶君；次有閣曰清輝，以奉太陰皇君；次有殿曰四瀆，以奉江河淮濟之神。洞房兩廡暨方丈凡百六十楹有奇。至於棟梁楹桷之材、丹雘塗茨之飭、圖繪偶像之工，雖龍杉錦柏，雲梓星栝，闍海香瓊，賁丘朱泥，班倕之巧，吴張之妙，不是過也。凡爲錢以鉅萬計，皆出自禁中服御之物，而以善價平民，故成功如此之易。璇題玉宇，模神工也；風馬雲車，游真馭也；琅函玉笈，發道奥也；黄冠羽服，集真侶也；便齋曲房，安隱逸也。於戲，不費大農之一錢，不勞版籍之一夫，不役赤籍之一卒，千柱之宫，百常之觀，三級之壇，巍巍乎，奕奕乎，如天造地設，非聖德感通，忠良協贊，渠能至此者哉？

臣竊謂，希夷微妙，深不可識，强名曰道，聖人得之以閲衆甫，以治天下，合陶唐氏之克讓；其次有大丹雲液，上賓輕舉，長生久視之要；其次有熊經鳥伸，吐故納新，延生保命之術；其次有考役鬼神，弭伏災癘，却老已病之驗。道之于世，豈小補哉？神而明之，存乎其人。昔李唐祖玄元而興開元之功，所以致尊極者，蓋先己也。今天子以道有功于世，而復興修者，蘄福民也。先己者，乘時也；爲民者，致誠也。先己之與福民，乘時之與致誠，其可同日而語乎？臣拜手稽首，敢獻頌曰：

易有太極寶光天，孰主張是名真筌。衆妙之門玄復玄，亭毒萬品堪輿旋。曠乎浩劫不可遷，延康龍漢稱初年。神而明之人爲先，玉清太清名始傳。説者謂在胚胎前，帝王以來咸致虔。孔昇真人君開元，崇祖奉道尤所專。作爲祠宮福全燕，邇來歷歲逾半千。一旦人火嗟殲旃，時若有待何夤緣。聖皇受命臨九壥，德澤昭天下漏泉。滄海無波烽無煙，百廢具舉求其全。憫此故基獨巋然，非同唐漢意欲仙。庶幾厚福流民編，信臣是命特臨軒。經始勿亟其從權，八稔告成素不愆。清都雲搆棲萬椽，廣庭飛閣何連延。照人金碧明且鮮，麗哉壯觀臨長阡。民力不勞財不損，聖德所厎臣力宣。下臣獻銘且名鐫，福禄方至歌如川。

十方大天長觀玄都寶藏碑銘

承事郎應奉翰林文字知制誥兼國史院編修魏摶霄撰

十方大天長觀新作玄都寶藏，提點觀事沖和大師孫明道謁大名魏摶霄曰：自元始天尊開龍漢延康之劫，命天真皇人辯析祕道，授之列仙，以傳下世，則始有經矣。自西王母以元始玉像遺軒轅黄帝，置諸高觀之上，以奉香火，則始有觀矣。是則非觀無以貯無上之經，非經無以見無上之道，經之與觀可獨已乎？國家定都永安，迄今四十餘年，天長觀寔奉香火，舊貯藏經，缺而未完。住持道士繼承非一，因仍苟簡，莫有以補綴爲意者。大定丙午，明道始奉詔提點觀事，洪惟世宗皇帝萬機之暇，留神内典，以觀宇嘗火，出内府金錢鉅萬計，俾撤舊而一新之。於是上聖有居，衆真有處，長廊祕殿，蟠如翼如，經閣醮壇，廣庭淨房，位置區别，莫不有叙，尊雄深靖，爲天下壯觀。而又賜錢二千萬，領以度支，歲取贏羨以給道侣。復於五花山置燒丹院，起玉華殿，俾隸於觀，以爲方士飛鍊之所。而無上之經，顧獨缺而未完。愚雖不敏，誓將畢力證兹勝事。後二年，會有詔以南京道藏經板付觀，又易置玉虚觀經於飛玄之閣，以備觀覽，天長舊經還付玉虚，其舊有名籍而玉虚不具者，聽留勿還，須補完則遺之。繼又以普天大醮儀範有肅，賜蕭道濟等十人簪褐，仍勑賜錢十五萬，俾置羽衣，餘道侣人賜錢三萬。明道用是愈益感奮，以爲聖天子在上，道學興行，宜廣傳法籙，開度群迷。及獻狀于朝，嗣詔報可，仍勑招延高道，蠲潔行事。越明年正月，鼎成龍去，而詔旨具在。主上嗣膺寶位，尤尊道學，以其教出中國，專尚清淨。有司舉前詔以請，俞音既下，以三月朔旦開壇受籙。既具威儀，請師奏名，俄有三鶴自西北來，翔繞祠壇，逮奏名竟，乃西南去。晝晷亭午登壇，復有四鶴徘徊其上，既交神吏，倏然黄霧蔽天，至自西北，馭若風雨。已而撤席，天宇廓清，飛鶴上翥，入于太空。道侣士庶，駭心稽首。明昌改元之元日，勑遣中使諭旨度支，拓觀之左隙地凡千步，起丁卯瑞聖殿，以奉太母本命之神，制度與延慶埒。其北宫第一區，並以賜觀，俾搆屋列楹，以貯經板。仍署文臣二員與明道經書參訂，即補綴完成，印經一藏。既又命選精勤道士一員住持，須及五年，若職事修舉者，賜紫衣德號，仍歲度服勤道童二人以爲常。明道奉詔，不遑居處，分遣黄冠訪遺經於天下，且募工鳩材。有趙道真者，願以板材自任，丐化諸方。不二年間，勝緣俱辦，瓌材會珍，良工萃巧，楹扆屹立，鏤槧具完。凡得遺經千七十四卷，補板者二萬一千八百册有畸，積册八萬三千一百九十八，列庫四區，爲楹三十有五，以架計者百有四十。明道於是倡諸道侣，依三洞四輔，品詳科格，商較同異，而銓次之，勒成一藏，都盧六千四百五十五卷，爲秩六百有二，題曰大金玄都寶藏。亦既奏功，須文以信久遠。子嘗留心吾教，敢以碑銘請，幸毋讓。

摶霄謹按，道家者流，蓋出於黄帝、老子之學，其道以清淨無爲爲宗，以慈儉不爭爲用，皆脗合六經之妙，雖國君不可闕也；至其所謂神仙保性命之真，則山林中人之事也。故善學黄老者，則必知其本末之務。若虞舜之無爲，漢文之慈儉，光武之柔道，蓋公之清淨，皆出黄老之教，可謂知所務矣。今吾師奉詔完葺舊典，而又得逸書於天下爲多，兼收並蓄，足成一大藏教。其於本末之務，不爲無補，是可銘者。於是敬諾而銘之，其辭曰：

空洞之元，虚無自然。從無得有，積成地天。兩儀既奠，七耀有躔。造化亭毒，死生劫遷。爲人爲物，或鬼或仙。三界之上，浩劫之前。上無復色，下無復淵。中有大梵，溟涬眇綿。玉音攝氣，靈風聚煙。亦既成文，豁落瑛鮮。龍漢蕩蕩，運開乃傳。天真辯析，列仙致虔。降授世人，玄言五千。三洞四輔，次第相沿。關尹之後，支分派宣。漢史載者，二百五篇。逮晉興寧，其光益延。歷唐至宋，綱緯乃全。搜訪遺逸，籠山絡川。貯之秘殿，飾以錦璇。天命既革，經隨師還。東置滋久，幾爲斷編。大定中興，真人御乾。乃睠天長，禱祠吉蠲。載新輪奂，載錫金錢。聖澤汪洋，昭天漏泉。謂經有板，可蹄可筌。取諸魏梁，致之漢燕。謂經有帙，可補可鐫。以彼玉虚，易此飛玄。云何鼎成，龍駕高騫。攀鱗弗迨，抱弓涕漣。明昌天子，志切奉仙。賜第搆屋，督工署員。沖和奉承，勤亦至焉。歲不再周，用集勝緣。千材會珍，萬陶萃堅。列楹山峙，鏤槧壁聯，能事既畢，靈貺自甄。於皇世宗，侑帝之筵。俟誰駕之，韶遥緣邅。降監成功，致福孔遄。天子壽考，維億萬年。霑溉玄教，旁流八埏。

十方大天長觀普天大醮瑞應記

明昌元年二月癸卯，皇太后微爽節宣之和。越翼日甲辰，皇帝朝隆慶宮，問安于慈訓殿，還出寢門，行不能正履。朝夕視膳，疇咨藥石，未嘗解帶。以謂禱于上下神祇，著在典故。壬子，勑大天長觀設普天大醮七晝夜，仰祝皇太后聖壽無疆，賜錢五百萬，栴檀、沉水、降真等香二百八十斤，龍腦五兩，命昭勇大將軍拱衛直都指揮使兼客省使大仲尹、西上閤門使張汝猷、左振肅完顏阿魯罕爲行禮官，詔提點天長觀事沖和大師孫明道曰：「老君道教乃中國之教，不比釋氏西胡之人，以擊鈸爲事，自今以始，醮上不得用法器。」即日降普天大醮青詞一通。其詞曰：「嗣天子臣謹上啓三清四帝二后，伏以祇應丕緒，仰戴慈闈，惟日奉承，方備九州之養，賴天孚佑，克開萬壽之祥，偶失時和，遽成微恙，爰款殊庭之邃，聿嚴祕醮之科，所冀孝誠俯回真馭，垂至神而洞鑒，錫景命之延洪，嘉與群生，永依大庇。臣無任懇禱之至，謹詞。」

辛酉，皇帝駕幸天長觀，行香禮畢，車駕還宮。行禮官暨高功大法師，聞啓發牒，皇帝齋戒七日。癸亥，内降御書青詞九通，沉檀四斤，龍腦十兩。乙丑，正晝行道間，有白鶴九隻自西北來，繼又十隻，皆緩飛翱翔于壇上，須臾數千，四面蔽天而至，徘徊往來，自午至申，始徐徐而去。是時雲物嘉明，西南有赤光下屬壇殿，都人瞻拜，萬口和附，咸以爲聖上孝感之所致。丙寅，皇太后遣隆慶宫都監高高壽賜白金五十兩，綵四段，俾道衆懺謝。是日，又於正午行道間，有四鶴自西北來，徐有五十餘，盤旋於壇上者久之。丁卯，復命左宣徽使盧璣爲代禮官，午時行道間，鶴五隻來自西北，回翔殿閣之上。道衆詣天寶壇上十方香，有大鶴下翔，掠玉虚殿簷，然後飛舞於壇閣之上而去。中夜焚詞，微風自西北來，繚繞楮灰，摶扶摇而上者數百千丈，直入霄漢。俄有赤光照燭琳宇，衆皆駭歎瞻拜。戊辰，已事。厥後，曾未浹旬，皇太后康寧如初。

有本觀玉虚殿侍香道人徐悟真者，目擊上事，因命工鋟木爲大天長觀普天大醮感應圖，具録始終，囑國史院編脩官臣朱瀾記其事於國之上。竊惟東西漢時，黄鵠下太液池，白鶴三十隻經岱宗祀壇之上，偶然而來，殊無意謂。當時史官猶以爲嘉瑞，筆之於西京之書，東觀之記，况聖天子以至孝之德，動天地，通神明，如是之昭晰著明哉？而瀾又職隸太史，固當備紀其實，内則書之於策，以備史臣采擇，外則揚君上之美，以佐佑刑于四海之教。故不敢堅拒悟真之請，乃取其所録而叙述之，以爲天長觀普天大醮瑞應記。書曰：「立愛惟親，立敬惟長。始於家邦，終于四海。」將見天下臣民聞風感德，靡然從化，人人修曾閔之行，唐虞之世比屋可封之俗，復見於今日矣。

五月戊午，徵事郎應奉翰林文字兼國史院編脩官借緋臣朱瀾拜手稽首謹書。

中都十方大天長觀普天大醮感應碑

國子祭酒兼翰林直學士知制誥同修國史党懷英撰

古者聖人，尊天地，敬鬼神，禱祠祭祀之禮，見於詩、書，尚矣。壇墠以爲位，牲幣以爲薦，熏燎以達臭，祝史以致辭，以禳災疾，以祈壽福，亦皆有請焉。後世或舉或廢，寖不能詳究其說，而禳祈之事獨施於道家者流。齋有法，醮有儀，齋以謝咎，醮以度厄，於是焉要福於天地神祇，自漢唐以來，其法益備。雖與古殊尚，而齋潔以即事，虔敬以將誠，其致一也。

明昌元年二月，皇太后有疾不豫，皇帝日侍寢闈，咨閱方藥，凡所以爲天下養者，皆用其至，而疾不加損。天子惕然，憂形于色，分命侍臣徧舉群祀。且謂禱祈之法，莫嚴於道家，其所謂普天大醮者，視他醮爲尤備，乃詔出帑泉五百萬，賜天長觀，俾開醮席。仍賜栴檀、沉水、龍腦等香，以斤計者，合四百有奇，特命拱衛直指揮使兼客省使大仲尹、西上閤門使張汝猷、左振肅完顔阿魯罕同典行禮，復詔諭提點觀事沖和大師孫明道曰：「老君之道出於中國，專尚清淨，非若釋氏西胡之法，以擊鈸爲事，自今醮筵宜勿復用。」上於是宿齋，翼日駕如壇所，親薦香火。既還，宫内出密詞九通，皆親御宸翰。皇太后亦遣宫使賜白金綵幣，以申懺謝。啓壇之日，兩宫常膳皆進蔬素，凡七日，蓋與醮相始終。其備物致誠，可謂兼舉矣。既醮之三日，行事方殷，西南有絳靄紛敷，光明輝映壇殿。白鶴九來自西北，翺翔壇上，繼是至者又以十數，頃之，四面雲會，不可殫數，蓋無慮數千，徘徊下上，自午至晡乃稍稍散去。于時，祠官道侣，相與振動，拜禮壇下，都人父老，萬目瞻仰，莫不加手于額，以爲聖上孝誠所致。自是或五或四，或至數十，繼日更至，最後有大鶴迤邐下翔，屢拂簷楹，已而回旋殿閣之上，逾時乃不見。焚詞之夕，天宇澄霽，微風肅然，煙燼上舉，莫窮所至，俄有赤光照燭壇宇。衆皆竦然，蓋知仙聖之去人不遠也。徹醮未幾，而皇太后聖體旋就康復，朝野内外，相語稱慶。

國史院編修官朱瀾爲記其事，儒學之臣作爲歌頌者甚衆，孫公大師復屬鄙文，傳之刊鏤。懷英曰：天道幽遠，其交際之理不可必知，所可知者，修于下，應于上，理之必至者矣。夫鶴，逸羽也，巢於深林而遊集于藪澤，人將即焉，則摇翮而去之，彼孰使而來哉？嘗聞道家以是爲仙人驥，誠然！則其爲感應章章矣。孔子曰：「事父孝，故事天明，事母孝，故事地察，以至於無所不通。」書曰：「鬼神無常享，享于克誠。」夫以道德精微之教，行之以清淨，以達聖天子愛親之誠，宜乎感應之速也。既書所聞，復繫之以頌曰：

維帝在上，萬靈所宗。聽則甚卑，匪誠弗通。於皇聖神，繼天立道。奚請于天，粤爲親禱。乃睠道學，其教本玄。用是清淨，庶幾格天。展壇惟嚴，章詞有祕。上靈顧歆，福應遄致。爰有嘉氣，非雲非煙。下屬壇殿，流光曄然。復有仙禽，以千百數。如馴如驅，飛掠簷廡。僉曰聖感，福于慈闈。天子曰然，嘉爾道師。道師稽首，惟天子孝。千萬億年，加惠玄教。

中京重建十方上清宫記

太上者，混沌之祖也，初生三清，自玉清至於太清，又成九氣，自無量至於無愛，以純陽而上分三十六天，自太黄而至於大羅，以純陰而下分三十六地，自潤色而至於洞淵，皆在制御之域也。雖處乎丹臺之上，紫闕之内，三大仙、九大帝、二十七天君、八十一大夫、一千二百仙官、二萬四千靈司、七萬仙童玉女、五億天丁神王，咸奔走之；十大洞天、三十六洞府、七十二福地、三十六靖盧、二十四化治，莫不仰隸焉。既無陽九百六之災，而出拂石芥城之數，或朝元始，校九宫升降之籍，或謁玉晨，閲三界生死之簿，或履雲華而身如金色，或坐蓮葉而面放日光，七耀雲霞之冠，九華離披之帔，或乘八景玉輦，或駕五色神龍，建流霄之丹節，張九光之鶴蓋，或隱几而羅寶幃，或揮塵而翳珠幡，或玄冠素服而御白馬朱鱗，或玉質金容而策青虬白獸。或問虚皇而號金闕帝君，或在太微而名天皇大帝，或出於龍漢之紀爲玄中法師，或現於赤明之年爲有古先生，或曰鬱華子，畫八卦於伏羲，或曰大成子，播百穀於炎帝，或曰廣成子，隱於空同，或曰務成子，居於姑射。或授清虚真人以二十四圖，或錫天真皇人以三十六部，祕丹書於琅函寶笈，藏紫字於琳館玉房，傳靈篇於青童君，教法始興，留真像於西王母，道觀初建。爾乃降神於商，當陽甲之時，寄生於苦，在庚申之歲，陰御九龍之駕，光流五色之珠，託靈飛之遺體，剖真妙之左脅，娠八十一年，示七十二瑞相，以其指木而姓李氏，以其白首而稱老子，或曰伯陽甫，或曰太史儋，或名元、名德、名雅、名石，或字生、字光、字文、字始，何啻三十六號而已？河目海口，日角月淵，鼻有雙柱，額有三里，頰如横隴，頤若平丘，身長九尺，手握十紋，方瞳兑面，白誌錦文，又豈止七十二相哉？自文王、武王以來，居藏史、柱史之職，知周德之既衰，閔胡俗之未化，徑由函谷，將度流沙，紫氣横天，青牛税駕，末著關令所請之書，先肉徐甲既死之骨，時昭王二十五年七月甲子也。今洛陽上清宫遺迹尚存，古樹蟠空，如龍蛇之狀，上有一穴，實太上繫車之地也。國朝升河南府爲中京，留守完顔訛出請鴈門道人武大順來領此十方宫事，始延四方之士，咸得灑掃於其中，一大勝事也。武大順丐文於予，將伐石志之。予恐世俗未知太上之所以至此也，故備録其本末云。若夫傳道於庚桑，有伏鵠之喻，講禮於仲尼，有猶龍之歎，載誕青羊之肆，遐登白鹿之宫，皆後事也。語在道藏，略而不書云云。

孫純甫謹記。

宫觀碑誌

（道藏一九册）

古樓觀紫雲衍慶集

句曲朱象先集

古樓觀紫雲衍慶集卷上

大唐宗聖觀記

夫至理虛寂，道非常道，妙門凝邈，無名可名。爰自太始開圖，混元立極，三才奠處，萬品流形，莫知象帝之家，未覩谷神之域，希夷瑣閉，溟涬封奇，及夫鳥迹勃興，隱書詮奥，至化因兹而吹萬，玄教由是以開先。聖聖襲明，道德授受，于是混元之教，風動天下，水行地中矣。

宗聖觀者，本名樓觀，周康王大夫文始先生尹君之故宅也，以結草爲樓，因即爲號。先生稟自然之德，應玄運而生，體性抱神，韜光隱耀，觀星候氣，物色真人。會遇仙軿，北面請道，二經既演，八表向化，大教之興，蓋起於此矣。兹觀中分秦甸，面距終南，東眺驪峰，接晴嵐之浥浥，西顧太白，粲積雪之皚皚。授經之古殿密清，路牛之靈木特立，市朝屢易，仙迹長存，物老地靈，每彰休應。卿雲日覆，壽鶴時來，樹無窠宿之禽，野有護持之獸。文始藥井，韓巒未墮，老君犇車，確然不朽。至於穿窬盜竊，進退自拘，似有繫維，悉皆面縛。昔周穆西巡，秦文東獵，並枉駕回轅，親承教道。始皇建廟於樓南，漢武立宮於觀北，崇臺虛朗，招徠雲水之仙，閒館錯落，賓友松喬之侶。秦漢廟户相繼不絕，晉宋謁版于今尚存，實神明之奥區，列真之會府。後魏文帝變夷風於華俗，立仁義之紀綱，崇信教門，增置徒侶。有陳先生寶熾，潁川人，夙有幽逸之姿，幼懷林壑之趣，松風入賞，名嶽留連，玉皇之道既弘，銀榜之宮雲構。續有王先生子玄，言窮名象，思洞隱微，念在玄空，累非外物，含神自靜，儀聖作師，並德音孔昭，鬱爲宗範。周太祖定業關内，躬受五符；隋文皇沐芳禮謁，獲聞休徵。迨隋德將季，政教陵遲，六飛失馭，四維圮絶，夷羊在牧，蜚蚉滿野，家習兵兇，民墜塗炭。

皇帝命世應期，榮鏡區宇，戡難靜亂，亭毒無垠，廣大配乎天地，光華方諸日月，數階庭之蓂莢，聆鳳和鳴，照景星於玄雲，觀麟郊藪，緝禮裁樂，化俗移風。農夫勸於時雨，隴餘滯穗；工女勤於蠶績，杼軸不空。九服韜戈，三邊靜柝，西戎革面，東夷獻舞，朔南洎聲教，漠北盡來王，德化遐漸，無幽不暢，三善克懋，非假二疏。一有元良，萬邦貞固，照均天縱，道契生知，篤尚玄根，欽茲聖躅，以武德三年詔錫嘉名，改樓觀爲宗聖觀。宸扆興念，纂冑所先，啓族承家，鼻於柱史，得一以靈，蹈五稱聖。弱爲道用，柔爲至堅，損之又損，以至于益，瓜瓞綿長，慶源悠浸，爰初啓祚。致醮靈壇，自然香氣，若霧霏空，五色雲浮，如張羽蓋。七年，歲惟作噩，月在黃鍾，六轡齊驤，百辟咸從，親幸觀所，謁拜尊儀。軒后之詣崆峒，神農之上石室，順法行禮，異代同規。

觀主岐平定，精金格之書，究玉笈之文，知來藏往，盡化窮神，豫鑒天休，贊弘景福。法師吕道濟、監齋趙道隆，玉器凝潤，鶴情超遼，辨析連環，辭同炙輠，對敭天旨，妙沃帝心。乃謂：「片言小善，尚題紺碣，矧夫皇輿迂駕，挹酌希微，大道資始，鑪錘萬物，不有刊勒，其可已乎？」侍中江國公陳叔達，朝宗羽儀，詞才冠秀，奮茲洪筆，爲製嘉銘。其詞曰：

眇矣靈化，玄哉妙門。飛形九府，鍊氣三元。黃庭祕籙，金格微言。玉京留記，金竈還魂，揚塵東海，問道西崐。物色函關，存容清廟。建標伊始，層壇雲峭。綺井虹伸，風窗電笑。玄都正律，帝臺仙召。挹髓捫星，餐霞引照。豁虛罔象，無名至要。高廂久縣，清泉餘療。宅心勝侶，游息衆妙。絶壁翠微，潨流丹竅。鞠草如結，周原甚突。聖道將弘，重光顯曜。明明我后，積德累功。陶埏寓縣，叱吒雷風。庸稽大室，禮盛酆宮。時乘正位，道配玄穹。四維載仰，百世斯隆。有截于外，無思自東。祥符浹遠，瑞采澄空。百神咸秩，千齡是崇。宗玄壯觀，詔蹕康莊。雲行輦道，吹發山梁。飛文協一，接禮神皇。五旌回首，六轡齊驤。宸儀展敬，享福無疆。巍然高碣，播此遺芳。

給事中騎都尉歐陽詢撰，武德八年二月十五日建。

大唐宗聖觀主銀青光禄大夫天水尹尊師碑

聞夫真人者，出巨殼，歷倚杵，騎蜚廉，從敦圉，臣雷公，妾宓妃，朝濯髮於湯泉，夕晞首於暘谷，仍丹丘以長嘯，戴翠華以高遊，自非殖因曠劫，肅恭大浩，從事於金房之前，鏤心於玉晨之上，攜青童而應黄籙者，奚以成後來之妙相乎？繼絶景而胤希聲，則尊師其人矣。

尊師諱文操，字景先，隴西天水人也，後秦尚書僕射緯之後。緯仕長安，故爲扈人焉。若乃鬱爲帝師，降迹於唐勛之代，光乎王佐，應命於周武之朝，家籍代資，可略言矣。曾祖洪，宇文朝商州長史。大父舒，隋文州别駕。昭考珍，皇朝散大夫，以先知授。尊師特禀異氣，垂實冥華。始降迹也，其母袁氏夜夢玄妙玉女授九老丈人之符，寤而記之，每存思也，數月而聞腹中誦經聲，且時時有異光繞身矣。及載弄之始，目光炯然，眸子轉盼，若有所見矣。袁氏以其所夢，有徵心誌而不言也。及勝衣之日，自識文字，惟誦老子及孝經，乃曰：

「此兩經者，天地之心也。」此後見好殺之字，若蹈水火，視無禮之文，如墜泉谷。稍長，聞有尹真廟，乃精心事之，不近俗事。因讀西昇、靈寶等經，漸達真教，既得玄味，便契黄中。聞師者傳道之父母，行道之神明，無數劫來，妙經是出，不因師學謂之長昏，遂章惶無已，求師不暇。時有周法者，内音之先鳴，上皇之高足，乃願參軒效駕，陪景嘯空，奔走禮謁，以申宿志。周法見之，乃謂尊師曰：「汝於劫會之中，已受龜山之籙也。」便訓以紫雲之妙旨，授以青羽之隱法，一入其心，謂赤松、王子喬可與撫煙月矣。

年十五，道行已周，有名于遠近矣。屬文德皇后遵上景而委中宫，于時搜訪道林，博採真迹。尊師即應玄景，行預緣雲，奉敕出家，配住宗聖觀。雖翦芝瓊園，採琳玄隴，意每遠出，未近謝也。將欲沐浴東井，棲遲南昌，保護崐崘，窺窬渾沌矣。故屬想丹煙，游心紫度，偏尋五嶽，備涉九元，尋三君之祖氣，成七晨之慧眼。旋謁周法，便居終南。寂慮於温泉，冥精於寒谷，有年日矣。既通八景，又達九天，知來藏往，多所曉悟。若有神曰：「周法上遷。」及省所居，已去順也。貞觀末年，行喪既畢。永徽三年，乃游太白，入重玄也，見所未見，聞所未聞。此後丹字紫書三五順行之法，扶晨接晝九六逆取之方，咸得其要。尊師所有遊山異迹，祈醮靈應，並有別録，此不載之。

至於顯慶以來，國家所賴，出入供奉。詢德諮量，救世度人，轉經行道，玄壇黄屋。帝座天言，東都西京，少陽太一，九城二華，展敬推誠。三十餘年，以日繫月，始終不絶。有感必通，凡是效驗，君臣同悉，敕書往復，日月更回。神道昭彰，歲時交積者，不可具載，並傳於帝居。一二要者，略舉其目。初，尊師遊太白高頂，雲霧四周，聲振萬壑，此處缺六字。千仞，復有像充九色，其高十仞，欣然長往者，意已篤焉。高宗之在九成宫，有孛彗經天，長數丈，以問尊師。尊師對曰：「此天誡子也。子能敬父，君能順天，納諫徵賢，斥邪遠佞，罷役休征，責躬勵行，以合天心，當不日而滅。」上依而行之，應時消矣。是故高宗以晉府舊宅爲太宗造昊天觀，以尊師爲觀主，兼知本觀事。儀鳳四年，上在東都，先請尊師於老君廟修功德。及上親謁，百官咸從，上及皇后、諸王、公主等，同見老君乘白馬，左右神物，莫得名言，騰空而來，降于壇所，内外號叫，舞躍再拜，親承聖音。得非尊師之誠感也？由是奉敕修玄元皇帝聖紀一部，凡十卷，總百十篇，篇別有贊。時半千爲尊師作也，紀贊畢秩，繕寫進之。高宗大悦，終日觀省，不離于玉案，乃授尊師銀青光禄大夫，行太常少卿。尊師固讓，不得已，辭官而受散職焉。永淳二年，天中有望，告成有日，萬乘雷動，千騎風馳。天子乘閤道而御帝車，群官陪六儀而承七曜，將禮于天樞，幸中嶽也。金繩未舉，玉檢猶潛，而六龍頓轡，三光斂色，聖體不安，旋于皇極。屬紫微虚位，白雲上征，萬國號訴，四方遏密。太后諮訪尊師，尊師曰：「真坊仙境，亦著代謝。物有榮悴，氣有初終。大道之常，幸康神器。陛下宜存思諒闇，極想欽明，密理百神，潛芘萬姓。」文操人間地上，物裏天中，所有靈明，倍百祈請，亦望二十四結，火燒而憂盡，七十二教，水鍊而法成，皆見先徵，以明後事。乃著祛惑論四卷，消魔論三十卷，先師傳一卷。垂拱四年，將賓玉帝也，上足時道成咸願奏章以延福蔭。尊師止之曰：「有順宜遵，不可犯禁。」言訖委化，顏色如常。粤以長壽四年四月十四日，遷兆於終南文仙谷。弟子侯少微等，追思龍漢，遠慕龜巖，冀德音與天地同久，神道共陰陽齊化，昭芘鶱林，冥滋柏樹，俾斯貞石，文若三光。其詞曰：

去矣大仙，悠哉上玄。玉谷白芝之座，金闕紫蘭之前。既嘯景於瓊札，固交歡於碧泉。出三萬六千之厚地，入三萬六千之遠天。咀九華之翠菊，坐五色之紅蓮。常吟外景，每握内篇。春霞飛乎絳雲，秋風生乎紫煙。裴回高黄嶺，顧步太白巔。三秦四塞帝王國，京兆長安龍鳳川。煌煌兮四明路，浩浩兮八景年。今已向上襲前果，何時來下降宿緣。當乘道之氣，應傳道之味。必使氤氳六合中，自然昌揚萬劫通。稽首空歌步，願得乘九素。天下同此心，非獨鶱之林。

銀青光禄大夫行太子右諭德兼崇文館學士上柱國平凉縣開國公員半千撰。

開元五年十月二日，弟子侯少微建。

大唐聖祖玄元皇帝靈應碑

至矣哉，皇法於天，天法於道。居大寶者，必尊祖以配天；孩庶類者，咸宅生以母道。故四維張國，遠宗玄教，三后在天，代紹明德，然後彌綸區宇，昭格神祇，其能系一美之盛烈，首千古之洪化者，卓哉煌煌，歸我唐室矣。

皇上受圖享國蓋三十載，功侔天地，孝誠祖考。其高明也，布星辰以有倫，其博厚也，振河海而不洩，至於揖群后，叙彝倫，陶鑄堯舜，湫隘軒項者，乃皇上之餘事也。嘗端居宣室，緬懷至道，惟德動天，夢啓靈應，惚恍有物，希夷玄通，實元祖之明命，錫無疆之寶曆。乃潛誌玄象，遵詔旁求，西亘太白，東連鄠杜。號周史之經臺，枕泰山之幽谷，肇居尹氏，集法侶爲道門，後遇皇唐，易樓觀爲宗聖，藥井尚渫，仙軾仍存，卜勝宗玄，此爲俶落。飛泉噴石，重林閟景，苔蘚地偏，以恒深煙，雲晝晴而不散，晬容挺出，赫然有光，焕白虹於玉座，紛紫氣於仙境。洎遘睿覽，宛符夢寐。諲，蓋聖人有以見天下之賾而擬諸形容，聖人有以見天下之動而觀其會通者，可舉之一隅矣。其始迓也，焚芝朮，辟葷羶，寂歷無聲，擎跪有則。初靡荔席，次登靈壇，徐肩綵杠，少息華館，清籟颼飀於草樹，天香氛氳於崖谷。及路轉莽蒼，風順崆峒，雲鶴翊以導輿，群仙扈而成列，逮地邇天苑，闉榛國門，霓旌鳳簫，風馳海合，絳節羽蓋，波屬霧委，萬姓翹首於西城，百辟候儀於北闕，顒顒如也。皇上乃捧昇露寢，奉先思孝，集仙府以陳齋，圖混成而告遠，不崇朝而通八景，未浹旬以偏六合，故群臣率舞慶靈，稱觴獻壽，森旗伐鼓，何其盛哉？

於戲，玄元之道，旁礴萬物，眇爲化先，狶韋氏得之而挈天地，伏犧氏得之以襲氣母，至若王母西崐，比之如朝菌，麻姑東海，涵之如夏蟲，沖虛馭風，蓋錙銖於糠粃，王喬控鶴，方轥轢於蓬蒿。信無上歟？信元氣歟？且天啓皇唐，儲北罔極，其功神者其應大，其源靈者其流長。昔王室將傾，我則電擊以存國，介丘望幸，我則雲行以告成，汾脽毖祀，我則順子以尊后，陵寢肅雝，我則述經以明孝，可謂重椅坤軸，再紐玄綱，曼衍葳蕤，皆皇極之大造也。其修缺禮，補樂章，存朴以嗇文，陳兵以訓武，奔四夷以歸化，主百神而授職者，可勝言哉？古有仁片言而受福，樹一善而獲應，況網羅衆制，包括鴻徽，以神化之貞明，協靈命之幽贊，克含修祉，不亦宜乎？

玉真長公主以天孫毓德，帝妹聯貴，師心此地，杳捐代情，奉黄籙以法潔，瞻白雲而志遠。觀主李玄眞、監齋顔無待、上座傳承説，爲學日益，爲道日損，逍遥山林之下，徬徨塵垢之外，因聚而議曰：「今自道以祐主，自主以祐人，下覃六幽，上契三極。風后力牧，協宣朝政；關睢麟趾，宏被國風。禎祥荐臻，妖沴不作，足以規萬葉，示將來，赫赫巍巍，以表靈貺。而乃謝奚斯頌魯之義，闕穆滿銘弇之遊，是上蔽天休，下虧臣禮。緣事誼斷，蒙竊恧焉。」於是盩厔宰李嗣琳，同荷湛恩，以備能事，博詢墨客，以贊皇道。時户部郎中沛國劉同昇，才清起草，譽美郎官之列，文慕上林，能揚天子之事，共遵大雅，以揆其辭。奉爲頌曰：

終南之北洞真境，關令尹真宅兹嶺。陰陰松柏造華頂，草結華樓龍護井，靈仙之窟肅而靜。惟皇夜夢真人來，神光赫赫金銀臺。瑶容綽約冰雪開，霓裳羽駕紛裴回，前聖後聖相感哉。帝心虔求齋玉京，王公百辟咸致誠。雲旗綵仗森出迎，日月晏温顥氣晶，真容來兮受天慶。真容來兮聖人壽，千春無涯百福有。真容來兮寶曆昌，遠郊却馬雄四方，紫殿敷座煙雲香。拜手稽首天地長，玄元之祚萬斯唐。

朝散大夫守倉部郎中上柱國戴璇撰序，朝散大夫守户部郎中劉同昇撰頌。

天寶元年歲次壬午七月十五日建。

大元重修古樓觀宗聖宫記

終南山者，中國之巨鎮也，稽之古典書大禹、詩小雅，皆所稱美焉。亦曰中南，以其在天之□，居都之南也。至若盤地紀，承天維，奔走群仙，包滀玄澤，靈氣浮動，草木光怪，則又爲天下洞天之冠。故古之閎衍博大真人，以游以處，謂之仙都焉。

古樓觀者，真人尹氏之故宅，終南名勝之尤者也。按史記，真人當姬周之世，結樓以草，望氣徯真，已而果遇太上老君，延之斯第，執弟子禮，齋薰問道，遂受道德二篇五千言焉。真經既傳，大教於是乎起矣。原其旨也，主之以太一，建之以常無有，以沖虚恬淡養其内，以柔弱謙下濟其外。蓋將使人窮天地之始，會萬物之終，去智與故，動合於自然，以之修身則壽而康，以之齊家則吉而昌，以之治國平天下則民安而祚久長。其指甚簡，其事易行，由是時君世主，莫不尊是道而貴是德。周穆王親訪靈躅，爲建祠宇，度道士七人，號曰樓觀，是則度人立觀之始也。始皇好神仙，於此構清廟。漢文慕黄老，于是立齋宫。魏晉周隋以來，或鑾輿躬謁，或詔敕繕修，給户灑掃，賜田養道。有唐啓運，高祖武德三年，詔改樓觀爲宗聖觀。宋室興，端拱元年，復賜觀額曰順天興國。是則歷朝崇建之略也。

若夫玄孫道子，聚則形，散則氣，坐在立亡者有之；通真達靈，曰昇舉、曰尸解者有之；以道輔世，爲帝師者有之；飛篆馘魔，拯民瘼者有之；垂科立教，開化人天者有之；枕流漱石，不屑世務，高尚其事者有之。歷觀先師傳所載，祖玄述妙，世有其人，是又知源深而流長，仙脈綿綿而未艾也。爰自白鹿昇虚之後，陵遷谷變以來，聖迹未湮，斑斑可尋者，可指數也。鶩然若赴谷之黿，凸然如覆几之盂，古殿隱隱而見乎木杪者，授經臺也。邃而幽，深而曠，窈窕而入，蜿蜒而上者，文仙谷也。望之巍巍然，蒸嵐鬱黛朝夕乎其上，靈光寶氣秀發乎其間者，鍊丹峰也。渟天一之水，含内景，吐玉津，爲金液大還之用者，丹井也。裹九曲之勢，呈千歲之姿，不逐炎涼變遷者，繫牛柏也。傳有云：「老君既昇，所乘薄笨車並藥臼等，寶而傳之者，千餘歲矣。唐開元中，詔入内府，遂亡焉。」又關尹九篇，名聞舊矣，而世亡其書。唐宋崇道之代，詔訪逸書屢矣，竟不獲。大元癸巳之歲，政清和典教之日，有張仲才，沂水羽客也，得是書于浙，特詣師席獻之，一時驚異焉。嘻，以千載之前之尹書，歸千載之後之尹氏，意者天昌是道，而斯文應期而出也。不然，何鍼芥機投如是之妙歟？

頃者金天失馭，戈革熾興，累代宏規，例墮灰劫。暨國朝撫定，紀綱初復，于時清和大宗師以真仙之胄，掌天下教，每念祖宫隳圮，蠹然于懷。歲丙申，自燕來秦，躬行祀禮。四方宿德，不召而集。裴回遺址，其存者帷三門、鍾樓並二亭耳，遂議興復。時有前道士張致堅，狀其舊業以獻。宗師深稽冥數，每得人於詞色之表，顧謂同塵真人李公曰：「祖道中興，玄功是勔，紹隆修建，公不宜後。」乃以觀事付之。公謝不敏，不獲命，受之。仍請行省田相君雄、乾州長官劉侯德山爲功德主，繼承總府文據，以近觀舊有地土，明斥四止，永爲贍衆恒産。公於是率徒千指，以宗師所委大師韓志元、張志朴糾領其事，薙榛棘，除瓦甓，葦材植。斵者、陶者、規構者、耕以饟給者，莫不同誠竭力。彌月漫歲，有鼛鼓弗勝之意。逮于壬寅，稍克就緒。建殿三，曰金闕寥陽，曰文始，曰玄門列祖；爲樓二，曰紫雲衍慶，曰景陽，曰寶章；爲堂二，曰真官，曰齋心。賓有館，衆有寮，焚誦有室，山門、方文、厨庫、蔬圃、水輪，至於下院別業，以次而具。丹堊藻繪，赫然一新。其用廣，其功速，轉天關，旋地軸，華日月而平北斗，其爲力也大哉。由是觀之，非清和不能知同塵，非同塵不能了此緣。故一時有尹李古今仙契之語，非偶然也。中統元年夏六月，以朝命易觀爲宫，仍舊宗聖之名，作大齋以落之。

公之門人提點成志遠、知宫仕志安等議云：「此宫自有周以來，累朝崇建，事迹或載在傳記，或勒之碑銘，固已傳之無窮矣。惟今吾師重修之盛績，獨無紀述見于後。我輩出於門下者幾三千人，於師之德不得爲無負也。」乃狀其始末，詣燕之長春宫，請記於掌教誠明真人。以潤文見命，予以年邁，且廢筆硯久矣，度其不可違，乃案來狀，并録到歷代碑誌，相與參較而編次之。李公名志柔，字謙叔，家世洺水。自其父志微素喜沖澹，嘗事開玄李真人，學爲全真。公既長，亦與弟子列。開玄愛其禀氣特異，數於根本憤悱之地啓迪之。公亦心領神喻，一旦氣質變化，有一日千里之敏。其兄志端，弟志藏、志雍，皆從之游。初隱于仙翁、廣陽兩山十年，及聞長春宗師奉詔南下，乃迎謁於燕山，玄關祕鎖，迎刃而解。其後道價益重，名徹上聽，賜號同塵洪妙真人，並金冠錦服。諸方建立，若宫，若觀，若菴，殆三百餘區，然皆以是宫爲指南。故興造之日，凡在門下者，莫不迢遞來自數千里之外，服勤效勞，惟恐其後，是以功成如是之速也。雖然，是宫之復，其亦天時道運之所爲乎？昔自玄元、文始契遇于兹，抉先天之機，闢衆妙之門，一經授受而教行矣。世既下降，傳之者或異，一變而爲秦漢之方藥，再變而爲魏晉之虚玄，三變而爲隋唐之禳禬，其餘曲學小數，不可殫紀，使五千言之玄訓束之高閣，爲無用之具矣。金大定初，重陽祖師出焉，以道德性命之學唱爲全真，洗百家之流弊，紹千載之絶學，天下靡然從之。聖朝啓運之初，其高弟丘長春徵詣行在，當廣成之問，以應對契旨，禮遇隆渥，且付之道教，自王侯貴戚，咸師尊之。於是玄元之教，風行雷動，輝光海宇，雖三家聚落，萬里郵亭，莫不有玄學以相師授。教法之盛，自有初以來，未有若此時也。今焉革故鼎新，豈惟一古樓觀之復？其人歸户奉，琳宇相望，蓋又作新天下萬樓觀也。嗚呼，非天時道運其能如是乎！因歷言之，使後之學者有以觀考而知勉云，於是乎書。

太原李鼎撰，中統四年三月十二日建，元貞二年重陽日重上石。

古樓觀紫雲衍慶集卷上

古樓觀紫雲衍慶集卷中

終南山古樓觀刊關尹子後序

欽惟混元之教，玄功德化，溥被於天下。原其聖真契遇，二經授受，寔肇乎兹山，猶日升嵎夷而燭萬國，江出崐崘而吞百川也。然混提其綱，道德垂乎五千。文始備其目，繼有九篇之述。是述也，豈其受之面命而未著之書者？故命篇析章，致廣盡精而集厥大成焉。以今觀之，凡理、性、命三氏之學，無不畢其第。後世業擅顓門，難乎悉究，或勉於箋解而每虧全體，復不若研之正文也。然篇有名義，章則無有，今摘其尤字爲題，爲讀者指要，或誚其失古。夫龍經止二篇，河公疏爲九九而摽以名，後世竟遵而弗去，蓋有便而無害，得御今之道也。今焉章有目，音有釋，讀有點，刊梓以壽其傳，畀誦習者不煩降席，但精之熟之，有餘師矣。其與陟兹山面聖真而受之於當時也奚殊？有志者勗之。

一虚子斂袵書于説經之臺。

終南山古樓觀宗聖宫圖跋文

天下形勢之雄者，在郡曰長安；長安形勝之鉅者，在山曰終南；終南名勝之最者，在宫曰樓觀。樓觀者，真人尹氏之故宅，太上老君説道德經之處也。爰自結草爲樓，觀星望氣，聖真際遇，經教宣傳，由是道家之學，風動天下，水行地中矣。自周而來，屢經世變，以教本所在，旋廢旋興，近又廢於金季。國朝開創之初，先師同塵真人承清和大宗師之命，篤意興復。未幾，樓殿淩空，金碧溢目，千年舊觀，一朝復還，草木以之生輝，煙雲爲之改色，南山益秀而渭水增明矣。嘗試論之，天下名宫偉觀多矣，原其所起，斯樓觀者，張本之地也。諸方仙蹤聖迹廣矣，覈其所以而樓觀者，太上開教之所也。論時則無前，校尊則莫大，是故萬乘數謁，詔旨累修，良有由也。諦觀先師傳所載自古登仙得道之士，出乎其間者，無世無之。是宫也，其爲道之源、仙之祖、教之本乎？所以稍弛而更張，中微而益著，先德所謂終南元氣老不死，誠篤論也。比者修建告成，因以先朝宫圖故新參訂，重繪而刊之石，使四方學道之士得以稽古而知本云。

至元二年十月二日石廷玉題。

大元清和大宗師尹真人道行碑

至元二十七年，玄門掌教玄逸張君真人，被朝命巡祀嶽瀆，馳驛來秦，炷禮于古樓觀宗聖宫，崇祖道也。既竟，因覽山川景物之靈異，重樓峻殿之偉觀，及思玄元、文始自傳經啓教，迨今二千四百載之間，雖興替不一，然道林長盛，仙胤相承，今又興復於清和、同塵二真師，故世有尹李古今仙契之語，信盛事也。二師道行，孰不知之？然非託金石無以昭示永久。同塵則有天樂真人之文，已勒之石。若夫清和之碑，義不可考，今猶闕然，是則嗣教者不敏之過也。乃命提點聶志真、趙志玄纂述師之行狀，及録樓觀古今碑誌，徵文于鹿溪賈緘。固辭不獲，因按其事而次第之。

師諱志平，字大和，姓尹氏，全真嗣教之宗師也。世居滄洲，前宋有仕萊州者，因家焉。大父而上，世以儒業擢進士、歷郡守者，凡七人。祖公直、考弘誼，皆韜光不仕。師以金大定九年正月二十日生，性有宿慧。甫三歲，善記古事。五歲入學，日誦千言。十四遇丹陽真人，遽欲棄家入道，父母難之，往復三返，始從其志。初住菴昌邑，夢長生劉真人斷首刳心，使其玄解。後立觀棲霞，侍長春丘真人，提耳面命，付以微言。繼又受易於太古，得談於玉陽，真理融會，心光燁然。由是道望日隆，爲學者師法。歲己卯，太祖聖武皇帝特頒綸音，起長春真人於海上，選名德以輔行，得十八人，師爲之冠。及見上於西域雪山之陽，虚席以問至道，對以寡欲脩身之要，愛民永國之方，及上天所以好生惡殺之意，上皆嘉納之。聖眷優渥，俾掌天下教。於是玄風大扇，海宇宗仰。乙酉，還燕，詔令住太極宫，即今長春宫也。師在席下，四方尊禮者雲合。師曰：「我無功德，敢與享此供奉乎？」乃退隱於德興之龍陽觀，凡二載。長春六付手札，示倚重之意。洎長春上仙，衆以主教事敦請，遂遁迹於東山，後以僚士固請，不獲已，從之。師之典教也，肅肅雍雍，純焉道化，不令以憲，人自爲勸。其輔翼教席，勝士珠聯，琳館道宫，所在星列，以至山林巖谷，十百爲居，木食澗飲，怡然有巢許之風，雖丫童之樵汲者，亦皆進德業，談道性，無妄語。教風之盛，自三代而下，未有若此時也。

師以道化之行，歸功重陽，繼述先宗，注心樓觀，每於二者惓惓焉。俄京兆行省田相君馳疏來請，適與師意合。丙申春，自燕之秦，炷禮祖宫。而殊庭祕宇，以天興之變，例墮劫灰，四顧蕭條，惟山川之靈氣猶滃然也。諸方道侶皆裹糧來從。時有前道士張致堅，狀其舊業，請主於師，且乞興造。師復還於衆彦，乃以同塵李公真人，敦敏有志，輿論所歸，遂授以觀事，畀任其責。於是規模籌畫，役作大舉，已而殿閣華焕，廣大高明，至者聳觀焉。自上命中書楊公召玄駕還燕，至戊戌春，師從容謂衆曰：「吾老矣，宜去勞從佚。」會諸耆德，手自爲書付真常李公，俾嗣教，因築清和宫於大房山以爲菟裘焉。庚子，重陽祖庭請督葬事，欣然而往。所過道路，設香華迎拜者日以千計，貢物山積，略不顧。方歲旱，衆禱未孚，咸曰：「師來，和氣必應。」下車而雨。是時陝右甫定，會葬道俗，常數萬人，物議恟恟，賴師鎮伏，故得完其功。事竟，復入樓觀，逍遥閒居，澹然爲神明游。登臺懷古，間形詠歌，有曰：「周朝興逸士，唐代顯尊師。宗祖古樓觀，清和得繼之。」推此詩，亦以見自任之意。明年，還燕。無幾何，命侍者汛埽清和之丈室。翌日，及宫，洮頮禮聖畢，炷香歠茶，危坐談道，夜參半，正衣冠，曲肱而逝，實辛亥二月初六日也。時異香盈庭，經夕不散。訃聞諸方，近者號慕，遠者駿奔，如考妣焉。初遺言葬大房，至是徇衆請，葬于五華焉。春秋八十有三。所著有葆光集，法語曰北遊録。中統辛酉，詔封清和妙道廣化真人。其生平道行具載金蓮記，並重陽、五華兩宫所署之碑。兹特紀其作新故宫，光昭祖道，始終之大要者。

嗚呼！師之至德，杳乎其難名也，姑以事之顯異者一二言之。昔玄元之西度也，垂二經以醒萬世，是故傳其道而啓其宗者，尹文始也。洎長春之北覲也，進微言以蘇六合。然而紹其德而擴其教者，尹清和也。噫！前聖後真，率由一族，道同德合，是豈適然相肖也歟？抑聞關尹九篇，作於文始，世可聞而不可見也，雖碧虚之贍博，而誤指西昇。政和兩詔，徧訪道書而不獲也。歲癸巳，客有至自浙，以關尹子書來獻者，言希旨聖，讀之皆驚，詰之，則曰：「始進士孫定得之永嘉山中，蓋如李筌得陰符於嵩嶽也。」噫！以千載之前之尹書，付千載之後之尹氏，皤然出應，如芥投鍼。由是觀之，天其與尹氏者一何著也！矧樓觀自文始後，在族裔而登仙者代有其人，在周則有軌，在秦則有澄，在魏則靈鑒，在唐則文操，在今則清和，靈源彌遠，仙派彌長。以斯三者而驗焉，天其祚尹氏者又何厚也！噫，異哉！

歲敦牂月大吕望日安西路儒學教授賈緘撰。

賦關尹篇獻清和大宗師言歸樓觀

車聲歷歷青牛喘，已上崤函萬重險。赫曦高出紫翠間，霜合關門曉仍掩。晨門令尹神骨清，絳衣大冠如日星。蓍龜夜半塴奇兆，知有異人從此經。車中老氏老局束，黄髮金聲色如玉。從衡爲我論天心，棄外形骸一榮辱。耽耽七虎相啗吞，淋漓血肉星日昏。流沙西流弱水弱，折入葱嶺逾崐崘。枯楂號風暮煙起，身與飛鴻輕萬里。回天九鼎謦欬間，宇宙清寧功一指。老仙神化其猶龍，斵補大地收元功。青冥一去不復返，令尹亦老終南東。終南高逼河漢走，上去昭回一揮手。天虚月白風露清，結草爲樓近牛斗。偉哉耳伯幾世孫，常恐飛去爲星辰。紫泥敦車駕緑耳，長春宫纛長如春。蜺旌豹飾光紛隕，老穉歌呼喜旋軫。寧知今代清和翁，不是當時關令尹。

雲夢趙復仁甫撰。

大元宗聖宮主李尊師道行碑

師姓李氏，諱志柔，字謙叔。其先洺水人。世業農桑，以門地清白見稱於鄉里。昆季凡四人，師其次也。

生有宿慧，及長，雅好林泉，蕭然有出塵之韻。父志微素嗜玄學，先從趙州臨城縣太古高弟開玄真人李君參受全真教法，及學成行尊，所作歌詠，深契玄理。泰和辛酉，師亦事開玄，執弟子禮，服勤日久。開玄識爲受道器，真詮祕訣，付授無所隱。師既蒙指授，自是鍊養愈密。匃食邢洺間，雖絶粒數日，立志不少衰。尋隱居仙翁、廣陽兩山，謝絶人事者十有二年，心境虛明，萬理照徹。爾後，開玄及志微俱解化，其兄志端、弟志藏、志雍皆從師游，蓋相尚以道也。已而，西山盜起，遷邢臺，築通真觀居之。道假日隆，遠近嚮慕，願爲門弟子者，户外之屨常滿。庚辰春，聞長春宗師拔起海隅，道經燕趙，師具禮以餞行。迨癸未八月，長春奉詔南下，師復迓於宣德之朝元觀。長春以碩德宿望，賜號同塵子，且囑以立觀度人，將迎往來，闡化爲務。師恪遵玄訓，於是始建長春觀於漳川，奉天、棲真於大名。丙戌，復詣燕，覲寶玄堂。明年秋，長春返真，師杖屨南歸，嚮化者益衆，如磁州之神霄，相之清虛，林慮之天平，廣宗之大同，燕之洞真，皆以次而舉。其門弟諸方起建大小菴觀殆三百區，化度道流稱是。

丙申，清和大宗師自燕入秦，禮謁祖宫，時師亦侍行。適宗聖道士張致堅，以廢址係玄元道祖演道、德二篇聖蹟，天興兵亂，焚毁殆盡，具狀懇宗師乞爲重建計。宗師以爲無丹山豈能棲采鳳，有任公乃得厭大魚，即以狀付師，畀任其責。師奉命率徒剗荆蕪，陶瓦甓，經之營之，日漸成序。丁酉冬，真常宗師署師大名、邢洺兩路教門提點暨清真大師號，俾往來秦、魏、趙間，以辦其事。不十載，雄棲傑觀，粲然一新。庚戌，洺州牧石德玉慕師名德，詣闕保奏，賜黄金冠服，加號同塵弘妙真人。甲寅春，詔燕京大長春宫修普天大醮，師預高道之選。事竟，盤桓邢洺諸宫觀，有未完者，例爲補葺。中統癸亥，誠明宗師命督還棲觀。凡有闕略，悉皆完飾。方之前代，雖未大備，其已成殿閣，峻麗則復過之。至元改元，奉德音，禁民侵擾，及使臣軍旅無聽留宿，以便焚誦。

三年丙寅夏六月二日，沐浴正襟，儼若平日，集衆于前，戒以脩身利物爲念，以後事嗣弟子石志堅主領。翌日，翛然順化，享年七十有八。方其斂息之際，宫北焦家巷居民見空界五雲浮動，仙音朗徹，奔往視之，師乃昇矣。畏暑流金，顏色如生。醮祭者三日，權瘞於所居之丈室。既事，遣介訃喪於山東門人。忽一日，大名奉天宮群鶴飛鳴，下直壇殿，衆目仰瞻，須臾訃音至。識者以爲師之神遊也。後四年庚午，門下耆宿卜以清明日葬于宫東南會靈觀之仙游堂。

師天姿純粹，終日危坐。望之毅然，若不可犯。逮其即之，教人不倦，皆藹氣寳神之祕。其次，則必以退己進人，罪福之方隨高下接引之。所至之地，權豪士庶，莫不再拜禮敬，北面事之。自非胸中誠實所格，疇克爾邪？以予嘗辱知于師，比其葬也，石君志堅狀師平昔所行大概，懇來乞文，將刻之石。予亦重師之有道，不敢以固陋辭，乃因其實而紀之。銘曰：

希夷妙道言難窮，誠之所感斯能通。粤有人兮宿慧充，開玄嫡嗣同塵公。蚤年穎悟超樊籠，仁慈清儉居謙沖。虎龍交媾全真功，鍊就骨肉俱相融。今名籍籍齊岱崧，所在請益來參同。西翺東翔闡宗風，隨機接物開盲聾。草樓灰燼施神功，瑶壇玉宇增興隆。退身閒居德愈崇，百年厭世遊太空。昭昭不亡存其中，我作銘詩樹琳宫，高天厚地齊始終。

宣授陝西五路西蜀四川道教提點玄明文靖天樂真人李道謙撰。

古樓觀繫牛柏記

人與物林然在大化中，性一而已。特稟之於形氣者，有正偏通塞之異爾。至論其才不才之性，遇不遇之命，若動若植，則又未始不同也。惟木之生也，有蘖而殤，有拱而殀，有大十圍而無用，或爲犧尊，或爲溝中之斷。其夭壽貴賤所遇者，如是之不齊，則亦豈非天命乎？今以樓觀之所謂繫牛柏觀之，益信其然矣。昔我玄元道祖，當姬周之世，將度關遠游，而文始老仙齋薰候見，迎歸是第而問道焉。嘗以挽車之牛，繫之斯柏，今閱世二千四百歲矣，而蒼蒼之姿尚無恙也。嘻，亦異矣！

嘗聞大鈞播物，非厚禾而薄稊稗也；聖人博愛，亦非尚賢而鄙愚也。一視同仁，理惟公共。今也，榮枯者如彼，其衆靡凋者若此，其獨豈天命之稟特異乎？豈以藏正氣，蓄至精，有本者如是乎？其有神靈守護乎？其亦聖神所臨，道德所被，而有一溉之益乎？是皆不可測而知也。亦嘗爲之品題焉，衝然而若蓋之張，盎然而若雲之覆，蜿然若螭之挐，駛然而若猊之走，利然若角，回然若肘，其又龍而鱗之，獅而鬛之，痀之申之，去之來之，矗之倒之。老骨不蠹而鐵石其頑，清風時至而笙竽自鳴。白鶴不來，幽貞誰與？雪戕霜虐，將奚爲哉？嗚呼，它山之松，幾生滅矣，惟孤根挺然而不没也。庭宇之丹雘金碧，化劫灰者迭更矣，其青青之陰永在也。當時之人，子生孫，孫生子，不可世計矣，而蒼官獨立而不改。市朝屢换矣，山川陵谷屢遷矣，而雅操不與之俱變。既歷者雖得以代數，而來壽寧知其極也？自白鹿昇虚之後，得其所遺皆名迹耳，獨是爲舊家青氈歟？故世世寶之，以爲神物。至元戊寅春三月，皇子安西王特降命旨，遣提舉段德玉斲石爲牛，安寘其下，以倣象當時之意。宫宰聶志真、趙志玄奉命忻躍，以爲千載之遇，懇誌諸石，昭示無窮。竊嘗因是而思之，昔人覩甘棠而思召公，不忘有德也；周茂叔不翦庭下之草，仁愛之至而及於草木也。今賢王緬懷太上傳教之聖躅，既以啓甘棠之思，復稽古肖像，賁兹靈木，則又見博愛之至。一舉兩得，仁孰大焉。惟仁則能周物，故關尹子曰：「善吾道者，即一物中，知天盡神，致命造玄。」有見乎？此則不惟知物，物皆有天命，至於物我通塞，可以融爲一體而皆歸至仁之化矣。其可以一木而外之？

三茅山一虚叟朱象先撰。

終南山重建會靈觀記

造化之於人，無心焉，有心焉，予不得而知也。悠悠萬古，茫茫天宇，其何以窮之哉？雖然剖石者當乘其璺，逐鹿者必躡其蹤。觀神降于莘，則知造化非無爲也；觀石言于晉，則知造化非無心也；觀開衡山之雲，借海藏之春，則又知人之精誠有通乎神明之理；觀拜井出泉，揮戈駐日，則又知人之誠懇有感通天地之理；觀冬起雷，夏造冰，則又知人之智力有奪天地造化之理。由是觀之，在彼蒼則雖邈邈而遠，其感而應之，實由此心之誠也。夫心之爲德也，廣大無際，如大虚空廓焉湛焉，不爲物欲所蔽，貫通昭徹，脗然與天爲一。凡機之動，未有不與造物應者。况乎登九五，位大寶，貴爲萬乘，富有四海，而復心心玭玄，念念注真，其天人感格，固非輿人所可同日而論也。

即此會靈觀者，乃唐開元中明皇夢感玄元玉象出現之地，觀以是而立也。按樓觀靈應碑，其略曰：「皇上受圖享國蓋三十載，功侔天地，孝誠祖考。嘗端居宣室，緬懷至道，惟德動天，夢啓靈應，實元祖之明命，示至妙之儀刑。於是潛誌玄象，遵諮旁求，號周史之經臺，枕泰山之幽谷，睟容挺出，赫然有光。洎遘睿覽，宛符夢寐。」又曰：「其功神者其應大，其源靈者其流長。」依如上説，則玄感之理，一何異哉？或者疑之，予因訂之曰：「中庸有言曰：『誠則形，形則著。』人之有夢，蓋亦誠之形也。商高宗恭默思道，夢帝賚之良弼，果求而得傅説。明皇每禮謁真容，故感而見夢，此其誠之形而著者也。嘗閲唐書，當明皇時，玄元應現，事迹殆非一二。或化老父，賣卜春明門外；或降丹鳳門，語田同秀取函谷之符；或出現於華清宫之朝元閣，至於太白山之寶仙洞、漢中郡之黑水谿。凡此皆事著信史，言有憑，迹可尋，不可誣也。」論者謂：「明皇開元中，治幾三代，且多善瑞。天寶後，以逸豫致亂，國步阽危。何先後大戾邪？」予固謂：「應感之機，根諸人心，況人主乎？先賢有言：『有其誠則有其神。』此政尚清靜，親註老經，研精覃思，故有是非常之應。又曰：『無其誠則無其神。』此誠人或衰，衰則怠生，故災亂亦以之而作，必然之理也。然觀其在位四十五年，享筭七十有八，蚤歲之禎祥偉績，中歲之皇皇聖政，以及晚年就閒養高，辟穀不食，其將賓天也，品玉笛而雙鶴下庭，上帝召爲元始孔昇真人。以是言之，誠聖神英明之君也。觀有唐蘇靈芝所書老君應見碑具述其事，宋趙履信重立。倒指計之，甲子十周矣。」

朝市屢更，廢興非一，近代又罹天興之變，殊庭祕宇，例墮劫灰。洎皇朝撫定，紀綱初復，歲丙申，同塵李公真人承清和大宗師之命，興復祖宫。于時天元應瑞，玄教興行，加以二真師道隆德盛，人天欽仰。門下之士皆裹糧赴役，不遠千里而至，同誠協力，百工競舉。營造祖宫之外，其諸別業，又各分任興葺。是觀之復，蓋藉諸方師友之力。殿宇既立，復以執事者齟齬不合，宗師教札敦諭，清規遂定。同塵乃命知宫王志安兼任焚修。厥後住持者徙易不常，日見陵替。蓋同塵之於道，躬行實蹈，不事形迹，一動一止，無非教也。學者不領，從事於邊徼者衆矣，以故本微而末勝。至元庚午，宫之耆德以門下何公志遠楨幹可委，畀典觀事。志遠既至，篤意修理，暑不暇扇，寒不及鑪，歲月不輟，奂然改觀。新祕殿，構重門，創雲室，闢田疇，萃冠褐，齋筵醮會，歲無虛節。緣力駸駸日盛，方爲遐邇歸敬，而西山日薄，上征及期，以甲午臘月十八日返真，付門弟潘道治以後事。明年冬孟，宗主趙公志玄挈道治登經臺，以其新觀事蹟匄予文以刻石。義不可卻，因原開元建觀之由，叙述天人誠感之理，以爲之記，且系之銘曰：

蒼蒼大象猷倚杵，是中真精窅難覩。遠之不疏近莫取，萬形媸妍誰賦與？緬惟玄元道之祖，開天亶爲造化主。一物不遺咸煦嫗，妙同水月應何普。開元天子正當宁，醉心龍經嚴教父。怳兮神會若盼許，俄形玄象瑞此土。甲子十周迹未腐，蒼碑尚燦靈芝譜。同塵重來爹其户，希聲還要舊家舉。調古不諧世律吕，暖暖姝姝何可語？聽渠玄唱鏜鍾鼓，聽渠金鼎躍龍虎。聽渠馘魔奮雷斧，聽渠象緯密探數。惟期復樸忘爾汝，惟期觀妙參衆甫。惟期忽怳見真素，惟期襲明續玄楮。相依經臺閲千古，屹然道海存厎柱。

三茅山一虛叟朱象先撰，大德四年真元日住持潘道治立石。

文仙谷純陽洞演化菴記

南山之陰，經臺之陽，有石室焉，崆峒圓瑩，渾然天成，圖誌謂之純陽洞，方言以爲文仙谷。前代嘗有羽人，因純陽仙迹，建堂立像，以奉香火，正大兵尼遂廢。國朝平定之後，歲丙申，同塵李真人承清和大宗師命，興復樓觀，仙蹤聖迹，舉獲一新。時有周、王二道友，依洞構殿，於兹焚修。洞之坤隅，忽生異竹兩榦，特起子枝，帀立合六十四，宛類蔡蓍。萬目爭睹，以爲道林之瑞，遂名神異竹。二友物化，棲真子周志全踵居之，住宇未完，復加營葺。迨辛巳之歲，熙然子王志和挈徒來自劉蔣，築室于洞左以棲託焉。水雲氣合，芝蘭味投，相與遠囂塵，樂閒寂，耕植自給之外，一無所營，優游卒歲，得遯世無悶之趣。

一日，知菴關道玄議於衆曰：「徒侶集，香火飭，今饒於昔矣，宜有銘記，以昭于後。」乃請于提點秦蜀道教開玄孫尊師，因體至元加號真君之詔，采「演化」之字大書之，揭名爲菴，復劖石，禱予爲之記。竊惟仙翁仙游之迹，朝吴暮楚，在處皆有，繇是名播寰宇，無問貴賤少長，咸知景慕而像事之。嘗思夫列仙衆矣，奚獨至是哉？蓋以願力弘，化度溥，玄量大，而報緣亦大也。近代全真教啓，玄風大扇，東盡海，西邁蜀，南踰江漢，北際大漠，莫不家奉人敬，從風而靡，自昔道化之行，未有如是翕然之盛也。推其源委，重陽甘水之遇，五篇祕語之傳，實自仙翁發之。是故天章褒錫，崇以真君六言之號，得非善道淑世，有裨政教而然耶？仙翁願念之廣，於是乎應。顧此真坊道境，玄元、文始傳道之地，宜乎博大真人之所往來。凡羽其服而處于是者，當自慶自珍，令心與境符而底於道，庶無自棄之過。然學者力於道，舍五千寶訓，何以哉？故神仙宗道德以爲本，道德託神仙而有傳，違道德無以致神仙，希神仙必固全道德。昔郴江太守遇仙翁，問所業，曰：「所業者老子，究其義，研其微，期遊汗漫與天地同久耳。」嘻，仙翁豈欺我哉？「谷神不死，是謂玄牝」，斯天地之心也，是亦仙翁之心也。有得於此，則無忝爲之雲仍矣。復作楚辭，俾薦泉菊。其辭曰：

雲冥冥兮青山隈，水泠泠兮流玉臺。盼黄鶴兮杳不來，瞻睟像兮心在哉。思仙風兮汗漫遊，飛青蛇兮麾玉虬。朝百粤兮莫十洲，懷舊游兮重到不。煮白石兮斟清泉，聆松飆兮枕石眠。是日月兮何歲年，心寥寥兮獲本然？一經啓兮璨瓊瑰，醒萬古兮燭九垓。敞仙闥兮衆妙開，雪盈顛兮呼不回。

三茅山一虚叟朱象先撰，大德六年四月既望知菴闕道玄、何道源建。

玉華觀碑

原夫太極未判，道在混茫；兩儀肇分，道在天地；成位乎中，道在聖人。聖人者，爲天地贊化育，爲生民正性命，爲往聖啓玄學，爲萬世開太平。昔我玄元道祖，在周昭之世，授經於文始，教之所由生也。穆王謁草樓，遺宅爲建樓觀，此宫觀所自始也。召幽逸，度道士七人，此道士所從起也。然則樓觀者，其爲玄教之權輿乎！厥後秦始因兹而建廟，漢武即此而立宫，晉宋詔敕以增修，隋唐給户以灑掃，歷代崇敬，其來尚矣。近代全真教祖又出山陰，紹玄聖之真風，續無爲之古教，道恢方外，教闡寰中，上而王公大人，下而黄童白叟，莫不欽崇其道而尊奉之。當是時也，山林城郭，宫觀相望，什伯爲居，甲乙授受，靡然不勸而自勉。道化之行，自三代而下，未有如是之盛也。

即此玉華觀者，古樓觀之下院也，始自國朝乙未歲，同塵李真人領清和大宗師付託，與復祖宫。時有門弟子悟真大師李守寬，自洺水來，參覲師席，於山之麓，得唐玉真公主邸宫故址，遂結庵於其地，爲棲止之計，揭名玉華菴。居僅十稔，方欲增葺，亡何羽化。同塵復命其徒貞素散人郭守沖徙於是地，經營土木而鼎建之。始作於至元癸酉之春，畢工於丙戌之冬，聖殿真祠，雲寮庖室，各有攸序。繼又繚以重垣，植以衆木，位置軒豁，即菴爲觀，仍扁以玉華，寔祖庭天樂真人命之也。次年，復署貞素以提點觀事。蓋貞素之於道，師授有源，清儉有守，冰蘗之操遠近著聞。今年九袠有五，童顔鶴髮，神思灑然，晨夕焚誦不綴，殊無懈怠之容，非所養充裕，焉能至是哉？

一日，知觀王守玄、何守真纂立觀事迹，求文以鑱石，用昭於後。義不容卻，因即其事而次第之。言不盡意，系之以辭曰：

大道强名，常居杳冥。無色布色，無形寫形。品物既散，域滯株停。五行迭運，惟人最靈。當慎所履，理分渭涇。濁墮欲海，清升帝庭。峨峨樓觀，嘉氣蓊青。道宗文始，炳如日星。玉華肇建，遠映林坰。水繞緑綬，山開翠屏。月朗碧砌，風穿綺櫺。猗歟貞素，名德惟馨。崇隆香火，演教談經。範模後學，威儀典刑。朝真懇祝，聖壽椿齡。至樂無樂，真空大寧。舉世心醉，伊余獨醒。槐安一夢，迅如激霆。仙桂不老，蕣華夕零。昭示延促，刻碑勒銘。

古郚王守道撰，至大元年清明日知觀王守玄、何守真、線慧通建。

古樓觀紫雲衍慶集卷中

古樓觀紫雲衍慶集卷下

大宗聖宫重建文始殿記

文曷從而始乎？昔者姬周之世，有真人焉，於此望紫雲，徯玄聖，傳經受道，鑿渾沌，開鴻濛，章自然，明明既襲，教於是乎興焉。復見於青羊之肆，錫號文始先生，玄旨其在兹乎？古樓觀即當時結草樓之地。尋其遺迹，所謂授經臺、繫牛柏，尚無恙，世代曠遠，屢罹變故，一經廢圮，旋即興修，蓋以玄教權輿之所故也。近又盡於金季，國朝撫定後，同塵洪妙真人李公志柔，承清和大宗師命，率徒興復，直寥陽殿北，即舊址重建文始之殿，以嗣師太和、太極二真人配焉。高明鉅麗，至者聳觀，殿既新矣。以前代碑誌殘缺，宗源黮闇，亡以開悟後學，乃狀其顛末，及紀述近代關尹子書出世事實，訪予爲刻石之文。辭以不敏，不聽，因掇其事而記之。

按史記，周室衰，老子西遊出關，關尹曰：「子將隱矣，彊爲我著書。」於是著道德上下篇五千餘言而去，不知所終。切觀聖真契遇，汲汲然以著書爲請，有以見其憂世之切，思復隆古之治，意則至矣。至於洩先天有物之機，啓後天不盡之傳，微文始，其孰能發之？是既書受而得旨矣，於是千日清齋，窮數達變，乃復著書九篇，號關尹子。此又内傳所紀，與漢藝文志所録書名正合。寥寥千載而下，求其所謂關尹九篇之書，則世莫之見，討于藏室無有也。宋碧虚子素博古，嘗叙老經而及此，乃斥西昇經是。政和中刊藏典，凡兩詔郡國，蒐訪道門逸書，所獲雖衆，而此書竟無聞。是知方外真仙之書，造物者之所靳，固然終不可泯，行之有時爾。國初，全真教啓，清和嗣教之五載，有得關尹子書于永嘉山中，持詣教席以獻者。義玄辭古，自成一家，見者聞者，莫不胥慶，咸謂尹氏典教而尹書出世。非天時道運，其能如是乎？

閲其書，首言「非有道不可言，不可言即道，非有道不可思，不可思即道」，翻老子語也。

若謂道豈不可言思哉，其不可言思者即道也。指法瑩切，信夫老子之脱胎也。在當時也，宜乎莊子聞其風而悦之，稱之爲古之博大真人，自以其學出於關尹；列子則見而師之，故多請問之辭。以二子之高致而屈服如是，豈苟然哉！然老子之書，則尊道貴德，它不及言；而是書也，大綱舉，衆目張，蓋所以集大成也。是故遊太初，契一息，萬物寓，天地冥，凡直指道之道者，豈復容啓喙？即其道之事者言之，如曰女嬰龍虎，即今之丹道；籩豆瓦石問答，即今之空宗；水可火因，南夭北壽，即今格物致知之學。互會兼曉，若此者衆，後代理性命三氏之學，于時未啓，而此書悉已建明。由是觀之，闡重玄，開衆妙，其爲門闐亦大矣。第造履者，不無堂奥之别也。逮世下降，源遠派分，各以所得之重，樹爲顓門，然學者自壯之耄，本宗有不能悉，求其具體，尤難其人。頃年以來，尚玄之士頗有作爲箋解者，然燭此昧彼，未免管窺之誚。

今驗夫書，首有劉向表，末有葛洪叙。按其説，漢蓋公授曹相國參，參薨而書葬，孝武得之方士，淮南王遂復匿之，晉稚川遇鄭思遠，得聞且重言愛誦，闡拜而幸其親受。核是數説，則知前代受者皆寶祕自善，不與世共，要自稚川後，祕絶無聞矣。今皇元啓運，華夷混一，文同軌會，而書乃出焉。海内學者，有志是道，不遐搜，不艱致，人傳家授，咸得受持，亡白首望洋之歎，何其幸歟？抑嘗思之古者，芝草生，卿雲見，職史者猶或以爲瑞而書之策。

今載道之書不世而出，則其關盛衰，興教化，非常事也，是宜誌之本源之地，以俟太史之采，亦俾學者知得幸之所自焉。嗚呼，非天所畀，其孰能與於此？

且是宮自周而來，興廢廢興，不知其幾矣。物之成毁，固有數也。依山而望，若秦之阿房，漢之未央，隋之仁壽，唐之九成，其成也，莫不極一時之盛，然而數世之後，遂化爲禾黍丘墟矣。而是宮自穆王建樓觀以來，代更二十一姓，年歷二千四百，雖嘗例墮灰劫，然稍隳而更振，暫弛而益張，不趁物遷，不隨代盡，玄胤繼繼而世守，觀往知來，則雖與山並久可也。噫！是所謂基道址德，不老之壽域歟？離塵蜕俗，物外之仙都歟？今焉廟貌重新，日嚴祀奉，將以啓來者固有之善。然而四方萬里之士，有誦其書領其意，猶若親承而面奉，矧終南萬古聲容在兹，而獲蹈靈場，登祕殿，瞻睟象，洋洋乎如在其上，如在其左右。是豈有古今仙凡之間，而亦孰使之然哉？經不云乎：「怳兮忽，其中有物；窈兮冥，其中有精；其精甚真，其中有信。」於此有見，亦可以反諸身而自得之矣。嗚呼，其懋哉！

時大德昭陽單閼之歲陽復日計籌山人杜道堅記。

宣授保和觀妙大師陝西五路西蜀四川道教提點兼領重陽萬壽宮事孫德彧題額。

名賢題詠

樓觀留題

蘇子瞻

烏噪猿呼晝閉門，寂寥誰識古皇尊。青牛久已辭轅軛，白鶴時來訪子孫。山近朔風吹積雪，天寒落日淡孤村。道人應怪遊人衆，汲盡階前井水渾。

門前古碣卧斜陽，閲世如流事可傷。長有遊人悲晉惠，强修遺廟學秦皇。丹砂久窖井泉赤，白朮誰燒厨竈香。聞道神仙亦相過，只疑田叟是庚桑。

説經臺

劍舞有神通草聖，海山無事化琴工。此臺一覽秦川小，不待傳經意已空。

寄題樓觀

蘇子由

老聃厭世入流沙，飄蕩如雲不可遮。弟子憐師將去國，關門望氣載還家。高臺尚有傳經處，壞壁空留駕犢車。一受遺書無復老，不知何苦服胡麻。

樓　觀

石曼卿

早駕青牛説二篇，又聞白鹿御三天。本期帝者能行道，豈爲人間只學仙。鹿迹若來非偶爾，檜形如望共凝然。遲留永日空遺境，樓閣參差隱暮煙。

再生柏

古柏死多日，再生因盛時。年光枯舊榦，春色復新枝。已朽仲尼骨，重興徐甲屍。如何造化意，向此獨難知。

樓觀留題　王紳

伯陽遊歷到姬周，關令邀歸結草樓。先識東方横紫氣，果然西上駕青牛。築臺講道五千字，鑿井燒丹幾百秋。開殿焚香思妙旨，南山疊嶂暮煙浮。

又　王禹偁

罷歸關令存遺宅，羽駕真人有舊丘。水石自舍仙氣爽，煙雲常許世人游。悠悠天道推終始，擾擾塵纓滯去留。君看一官容易捨，老來□止占山陬。

書五郡莊道院　蘇子瞻

古觀正依林麓斷，居民來就井泉甘。亂溪赴渭爭趨北，飛鳥迎山不復南。羽客衣冠朝上象，野人香火祝春蠶。爾師豈解言符命，山鬼何知託老聃。

壬寅二月十八日，遊樓觀，復過玉真公主祠堂，留詩堂上。時舍弟轍子由在京師，寄令次韻。明年十一月三日再至，因書二詩於碑陰　蘇子瞻

溪山愈好意無厭，上到巉巉第幾天。深谷野禽毛羽怪，上方仙子鬢眉纖。不慚弄玉騎

丹鳳，應逐嫦娥駕老蟾。㵎草巖花自無主，晚來蝴蝶入疎簾。

次　韻

蘇子由

謝公行意未能厭，踏盡登山屐齒尖。古殿神仙深杳杳，香鑪煙翠起纖纖。庭花寂歷飄瓊片，巖檜蕭踈漏玉蟾。帝子暮歸人不見，斜風細雨自開簾。

唐玉真公主，字持盈，睿宗第九女，始封崇昌。景雲元年，與金仙公主俱入道，進號上清玄都大洞三景。今樓觀南山之麓，有玉真公主祠堂存焉。俗傳其地曰郎宫，以爲主家别館之遺址也。然碑誌湮没，圖經廢舛，始終興革，無以考究。惟開元中戴璇樓觀碑，有「玉真公主師心此地」之語。而王維、儲光羲皆有玉真公主山莊山居之詩，則玉真祠堂爲觀之别館審矣。因盡録唐人題詠，刻之祠中。元祐二年歲在丁卯秋七月望日，河東薛紹彭題。

奉和聖製幸玉真公主山莊因題石壁之作

王　維

碧落風煙外，瑶臺道路賒。如何連帝苑，别自有仙家。此地回鑾駕，緣溪轉翠華。洞中開日月，窗裏發雲霞。庭養沖天鶴，溪留上漢楂。種田生白玉，泥竈化丹砂。谷静泉逾響，山深日易斜。御羹和石髓，香飯進胡麻。大道今無外，長生詎有涯。還瞻九霄上，來往五雲車。

玉真公主山居　儲光羲

山北天泉苑，山西鳳女家。不言沁園好，獨隱武陵花。

過玉真公主景殿　盧綸

夕照臨窗起暗塵，青松繞殿不知春。君看白髮誦經者，半是宫中歌舞人。

玉真觀　李群玉

高情帝女慕乘鸞，紺髮初簪玉葉冠。秋月無雲生碧落，素蕖舍露出清瀾。層城煙霧將歸遠，浮世塵埃久住難。一自簫聲飛去後，洞宫深掩碧瑶壇。

尋趙尊師不遇　姚鵠

羽客朝元晝掩扉，林中一徑雪中微。松陰繞院鶴相對，山色滿樓人未歸。盡日獨思風馭返，寥天幾望野雲飛。憑高目斷無消息，回首煙霞可再期。

題企秀軒壁　唐求

數里緣山不厭難，爲尋真訣問黄冠。苔鋪翠點仙橋滑，松織香梢古道寒。晝傍緑畦薅嫩玉，夜開紅竈撚新丹。孤鍾已斷泉聲在，風動瑶花月滿壇。

留題樓觀

薛　周

結草終南下，雲蘿一徑深。人窮文始迹，誰到伯陽心？古木含天理，清風快客襟。勞車行計促，空愧負長吟。

又

張芸叜

參差樓觀拂層穹，猶想當年望氣雄。白鹿有蹤仙馭遠，青牛無迹夜壇空。霓旌影濕靈溪月，虬檜寒生玉宇風。欽想天家尚黄老，翠華曾此奉琳宫。

題樓觀南樓

紛紛塵事日嬰懷，一見南山眼暫開。好是晚雲收拾盡，半空蒼翠望中來。

説經臺

張善淵

十畝圜丘翠樾深，聖人遺美尚堪尋。天風吹響庭前柏，彷彿當年道德音。

樓　觀

章子厚

初入山門氣象幽，春風先到紫雲樓。雪消碧瓦六花盡，煙繞丹楹五色浮。大道徑庭終易見，神仙窟宅不難求。清人果有招徠意，授道臺邊借一丘。

贈龐道者

張商英

褫了朝衣卸了冠，宦情分付夢魂間。因尋太上長生訣，偶到終南第一山。土木形容殷七七，水雲情性許閑閑。身中火棗無人會，此藥重來便駐顏。

贈玉泉菴主　胡叔文

山棲未是出紅塵，别有單方上玉京。要識混元真面目，碧窗著耳聽溪聲。

遊樓觀　司馬康

華髮蕭蕭苦見侵，勝思休影欲投陰。未能免俗自知悔，正恐入山今不深。殿閣憑高元勝絶，塵埃到此總平沈。杖頭卓處皆吾有，何必千巖萬壑尋。

登經臺　史戭

竹杖芒鞋上翠微，飛樓傑觀與天齊。乘雲徑欲淩空去，遥認家山望眼迷。

雄踞高臺第一峰，危欄正在白雲中。看山終日意不足，紫翠横陳知幾重。

五郡莊懷古　張景先

南北與東西，相逢似有期。一言生義氣，四海作連枝。列郡依紅錦，全家茹紫芝。孤懷本無間，惆悵不同時。

書經臺小室

日落遥岑秋氣清，荒臺古木亂蟬聲。仙人一去鶴不返，劍客重來丹已成。静對竹罏煙縷直，細看月窟桂花生。此心舊有蓬萊約，欲簡歸來問姓名。

戊子秋遊樓觀

楊奐然

蓬萊隔滄海，虎豹護天關。白髮知誰免，青牛竟不還。茶分丹井水，詩入草樓山。顧我負何事，區區鞍馬間。

樓觀懷古

王良臣

紫雲樓閣面山嵬，霜葉零風滿緑苔。矮柏繫牛人不見，杖藜尋偏説經臺。

説經臺十詩

清和尹真人

説經臺上東回首，目斷燕山不見涯。返照本來清静界，不知何處是吾家。

説經臺上萬緣忘，過目惟存九九章。顧我一生心已足，終朝東向謝重陽。

説經臺上意沈吟，一片閑心照古今。觀透百家空費力，五千文外更何尋。

説經臺上意如何，遠盡塵中人事魔。三島未歸仙境遇，五千終了屬清和。

説經臺上爇心香，親見宗師受道章。一自玄元歸去後，五千文義愈昭彰。

説經臺上意悠悠，返顧周行四十秋。海角天涯俱歷偏，未知此地肯心留。

説經臺上會知音，道德精思味要深。莫學空談虚口過，道心明似説經心。

説經臺上五華賒，東望雲山萬疊遮。去路未知誰主宰，乾坤緫屬大方家。

説經臺畔水流聲，朗朗還同經句清。道在胸中聲入耳，令人心地轉分明。

説經臺上説經深，一字還同一鎰金。心昧玄言沈地府，性通妙語合天心。

和清和真人經臺十詩　秦彦容

道德林開道德花，青牛西去隔天涯。説經臺上渾成物，依舊相傳令尹家。

天下兼忘我亦忘，沈煙瀟灑谷神章。松梢鶴是遼天客，半夜唳天驚一陽。

嬾讀歸藏又嬾吟，本來無古亦無今。超然黍米珠中宿，天眼龍睛没處尋。

鬼不能神奈我何，高提三尺斬妖魔。青松影裏無他事，獨倚寒雲飲太和。

一榻清風一炷香，主人静對不言章。守關令尹飛昇後，莫道長生理不彰。

説經臺下水悠悠，支軶林荒不記秋。試問松梢千歲鶴，丹鑪端的爲誰留？

無名大樸少知音，山自高兮水自深。不到説經臺下路，幾時窺見聖人心。

太華終南路已賒，更將秋靄暮雲遮。誰知别有通天竅，玄牝門中是我家。

夜半風傳玉笛聲，遊仙路遠夢魂清。五千文字元無説，月挂冰壺表裏明。

悟徹兩篇深更深，解將大地點成金。願分上善江頭水，一洗人間未了心。

和清和真人經臺十詩　黄道朴

説經臺上傲煙霞，始信浮生果有涯。白鶴不來人换世，青山應笑我無家。

年來身世兩相忘，坐對南山讀舊章。回首説經人不見，古臺荒草半斜陽。

我欲忘言底用吟，道無終始古猶今。欲知玄牝緜緜理，只向儂家靜處尋。
世短人浮可奈何，一真總被六根魔。爭如會取先天理，默默昏昏保太和。
巖落松花鶴夢香，靜中深體谷神章。至今關令傳經處，日月高名萬古彰。
臺空人往事悠悠，風月清閑春復秋。此日登臨訪仙迹，歸心還被白雲留。
終南山水有清音，翠竹蒼梧歲月深。欲識洞天奇妙處，野猿谿鳥亦無心。
未厭真游去路賒，草樓深處碧雲遮。青牛畢竟知何在，矮柏猶存令尹家。
説經臺上聽泉聲，夜靜泉聲分外清。妙理無窮誰會得，一輪寒月道心明。
三復玄言味轉深，篇分上下等千金。好將太古常存道，化取群生未了心。

説經臺 披雲宋真人

説經臺上草茫茫，聖祖玄元古道場。紫氣印開周洛邑，青牛踏破尹家莊。五千祕語風生几，九萬靈仙月滿堂。休道野花無耳性，至今猶聽谷神章。

樓觀 郭周卿

木杪蒼煙向日開，半空金碧照崔嵬。丹砂火冷井仍在，紫氣影沈人未回。萬古風煙歸史筆，一番猿鶴傍經臺。自憐不得飛仙術，徒對西風賦七哀。

説經臺

自停玉麈幾經年，人去臺存倍黯然。不爲青牛會稅駕，豈聞黄耳亦登仙。首言擬卻當時馬，繼論如烹大國鮮。文字五千今尚在，玄中又復見重玄。

樓觀 李顯卿

路轉穹林畫幀開，倚天樓觀鬱崔嵬。東來紫氣疑猶見，西去青牛杳不回。竹外輕煙浮茗竈，松梢涼月照琴臺。蜉蝣生死人間世，遐想仙其祇自哀。

説經臺 誠明張真人

説經人去已千年，木杪遺臺尚巋然。寰海至今傳妙旨，猶龍無復見真仙。風號地籟笙竽合，日照山花錦繡鮮。須信谷神元不死，晚來幽鳥替談玄。

從大宗師游樓觀登經臺留題 郭擇善

猶龍千載去不返，靈迹相望盡得遊。望氣祇應存故宅，傳經誰更結高樓？松蟠古道蒼虯卧，水繞長林碧玉流。日夕南峰一登眺，野煙晴處緑蕪稠。

和義卿大師游樓觀詩韻

聖學經綸冠九州，皇華風馭萃英游。齋心夢入華胥國，走筆題詩白玉樓。草閣棲真騰紫氣，經臺倚竹瞰黄流。裴回妙得招來趣，銀漢香風桂樹稠。

又　衛致夷

本陪仙仗尋真迹，喜入清都得勝游。風引泉聲來午枕，雨餘山色入晴樓。古今賢聖崇玄化，早晚煙霞屬羽流。日暮高臺試回首，碧雲深鎖亂山稠。

又　李道謙

幾到淋宫興未休，杖藜時復一來游。白雲深鎖燒丹竈，翠靄高横望氣樓。山鳥飛鳴穿野竹，巖花零落逐溪流。青牛去後知何在，空有門前緑草稠。

登經臺　謝希翼

憑高一覽小咸秦，雨洗河山畫幀新。紫氣曾迷函谷月，清風長慕草樓人。青牛覂方勇切，又音泛。駕歸何處，老柏淩雲不記春。孤坐西軒思古事，落花狼藉鳥聲頻。

又　句曲山人

説經千載有遺臺，白鹿升虚者不回。惟有青山依舊好，門前相對畫屏開。

重游説經臺　寇元德

千古談玄地，煙霞瑣玉扃。重來疑隔世，一覽頓忘形。老柏森新翠，豐碑粲舊經。茫然視塵宇，渺渺一浮萍。

説經臺

文道廣

山中花鳥四時好，臺上煙霞千里明。此是玄元言外意，誰能著眼聽無聲？

又

孫德彧

玄教宏開衆妙門，元綱帷在五千文。此身何幸遊廊廡，時上經臺禮道君。

樓觀

李同寅

童童老檜蔭星壇，丈室軒楹紫翠間。有耳未嘗聞俗事，舉頭長得見雲山。説經臺古喬林合，鍊藥鑪空落照閑。一自青牛西駕後，更無紫氣入函關。

又

劉元鼎

東來紫氣照咸秦，聃耳昂藏夐出群。傳道偶逢關令尹，猶龍長憶廣桑君。一簪華髮先天始，萬里青牛隔世紛。俗草不生臺上土，夜聽山鬼誦玄文。

又

玄談密授函關吏，萬古終南一草樓。陵谷依然人世換，冷煙叢柏卧青牛。

繫牛柏

趙仁矩

混元捉得一蒼龍，化柏全憑至聖功。望犢老枝猶偃蹇，帶煙古葉密朦朧。蒼蒼常有歲寒操，鬱鬱如沾德教風。祇恐看時雷雨惡，怒隨霹靂上遥空。

書企秀軒　　馬紹庭

終南古樓觀，金碧鬱崢嶸。丹竈暮煙暗，經臺秋月明。山川無俗氣，松竹有清聲。企秀軒中客，徜徉了此生。

登經臺　　王讚

一徑出蒼翠，翛然迥絶埃。鳥啼山愈静，蘚滑霧初開。丹熟鑪無火，經存迹有臺。徬徨嬾回步，援筆紀重來。

說經臺登望，次玉局翁韻　　盧處道

風流王謝聽渠儂，大匠何曾棄拙工。四百元勳兩胥史，蕭曹卻似解談空。

又

河山百二爲誰雄？辨與坤靈學畫工。試向說經臺上望，漢家文物草連空。

樓觀　　賈文裕

寶構蟠蟠紫極宫，宫前流水咽銅龍。荒臺古篆存遺旨，老柏洪縻有道蹤。十里洞房雲作屋，四圍石壁劍爲鋒。夜深一榻眠方穩，又聽朝元閣上鍾。

說經臺

道海傾頽著力難，此臺真可塞狂瀾。素王既遠斯文喪，何處人間有杏壇。

再過樓觀

馬紹庭

青牛何事忽西輈，望氣終南先有樓。千載聖真成契遇，兩篇道德爲傳留。臺前翠琰新連舊，洞裏丹砂春復秋。今日重登廓胸臆，榛蕪盡淨柏松幽。

樓觀留題

高　翥

傳經人去杳冥間，老柏依然傲歲寒。世變幾回餘劫火，鑪空無復覓仙丹。地臨東北秦川小，山接西南蜀道難。説與阿師應被笑，滿簪華髮又邯鄲。

又

損　齋

丹竈莓苔合，經臺草樹荒。南山閲千古，依舊鬱蒼蒼。

樓　觀

張好古

祕殿巍峨鎖翠煙，尋真偶到洞中天。青牛寂寂人何在？丹井依依世幾遷。望氣固難追往事，授經猶可想當年。猶龍心法今誰繼，獨有全真得正傳。

説經臺

紫氣東來演二篇，真風千古播垓埏。深根固蔕文雖簡，治國脩身義最玄。靈境不隨塵世改，聖經喜有翠珉鐫。一軒高卧煙霞窟，輸與華陽老謫仙。

留題樓觀

張立道

大篆豐碑點緑苔，崢嶸樓閣聳三臺。繫牛古柏束柯在，鍊藥寒泉坎井開。煙鎖尹君文始殿，雲藏老子説經臺。凡胎聖境真難遇，疑是遊仙夢裏來。

企秀軒

企秀軒開感興多，終南山色翠嵯峨。困思一枕黄粱夢，又被詩魔攪睡魔。

留題經臺

林君一

終南毓秀何佳哉？群靈訶護昇天臺。當年瞻彼現紫氣，青牛果自東方來。煙霞縹緲駐仙輅，琅函燦燦留瓊瑰。忽乘丹鳳返碧落，幾見滄海飛塵埃。老柏再生復千載，森森蔭芘玄門開。坡仙題品刻翠琰，我來拂拭生莓苔。傳經不待意已化，後人胡爲乎疑猜。河山百二特一覽，頓然胸次生崔嵬。秋煙澹澹日已暝，信眉一笑空裴回。

世傳玄元出關圖像儀失實，因稽古訂正，命姚安仁寫之琬琰，傳示諸方，嘉其筆力精峭，爲作山偈以贈之

朱象先

青牛西出關，千載紀玄瑞。云何傳此像，儀刑失初意。每爲識者慊，尤重嗣者愧。峨峨南山臺，授道有遺址。諸方號指南，正謁當在是。礱石擬寫真，適遭姚處士。靜思閲三日，一掃已大備。河山認崤函，衣冠見周世。聖真欣會遇，道氣盈天地。將開清靜門，要醒

舉世醉。再讓仍再進，洞見當時禮。凝睇不似畫，我疑親側侍。君能狀此圖，天機一何邃。胸中妙丘壑，幽妍生筆底。豈令張與吴，獨擅畫家美。寶帖散寰海，追美三千歲。名同金石傳，會從此日始。

奉題希聲堂　張廣微

大道元非語默傳，紫雲何事洩重玄。當時賴是無言説，紙上拈來已五千。

贈别一虚妥　杜南谷

海陵仙人一虚子，方瞳玄鬢長如此。胸中一點天地真，清氣逼人過秋水。我昔被君居燕然，掛劍長春偶相會。别去笑指黄金臺，翻然西度函關外。浮空紫氣上終南，穩駕青牛休地肺。煙霞猿鶴爭歡迎，疑是玄元見文始。丹峰樓觀尚依然，摩挲古柏正逾醉。從兹與了未了緣，莫向時人話前事。今猶古兮古猶今，天上人間復何異。不須忙去昇崐崘，逍遥且住人間世。他年我亦事西游，分席經臺校玄旨。

古樓觀紫雲衍慶集卷下

（道藏一九册）

其他資料

終南山神仙重陽真人全真教祖碑編者按語

按道家全真教，至元始有此名，以王重陽爲之祖。此碑蓋述重陽之道行也。撰者題云「前金皇叔密國公金源璹」，碑刻於元世祖時，故稱璹爲前金。金源者，建國之號也。金史地理志：「上京路，即海古之地，金之舊土也。國言金曰按出虎。以按出虎水源於此，因取以建國。」而璹乃用以著其籍也。璹，史有傳，附越王傳後。越王者，世宗之子，諱永功，元妃張氏所生。其昭德皇后生子，諱允恭，爲世宗第二子；允恭生子珣，嗣位爲宣宗，尊允恭爲帝，廟號顯宗；宣宗生子守緒，嗣位爲哀宗。碑文撰於哀宗之世，璹父越王與顯宗同爲世宗子。璹與宣宗同爲世宗孫，故哀宗稱璹爲叔父也。傳稱璹本名壽孫，世宗賜名，字仲寶，一字子瑜，喜爲詩，工真草書。正大初，累封密國公，與文士趙秉文、楊雲翼、雷淵、元好問、李汾、王飛伯輩交善。天興初，臥疾。是時曹王出質，璹見哀宗曰：「聞訛可欲出議和。訛可年幼，不苦諳練，恐不能辦大事，臣請副之。」上慰之曰：「承平時叔父未嘗沾溉，無事則置之冷地，緩急則置於不測。叔父盡忠固可，天下其謂朕何？」於是君臣相顧泣下，未幾以疾薨。生平詩文甚多，自删其詩存三百首，樂府一百首，號如庵小藁。其詩今見於中州集者四十一首，而文無傳焉。遺山云：「密國公璹，百年以來，宗室中第一流人也。少日學詩於朱巨觀，學書於任君謨，文筆亦委曲能道所欲言。所居有樗軒，又有如庵，自號樗軒老人。」此碑序末自稱樗軒居士者以此。

文叙重陽子示現神異之蹟，大都皆本其法孫所陳事實，多羽流誇誕之詞，不足深論。其云重陽到處立會，必以三教爲名，因以重陽比之子思、達磨，似欲援儒釋爲輔佐，使其教不孤立，無他意也。惟云重陽之教名之曰全真，屏去妄幻，獨全其真，是全真之教，顯然爲王重陽所立。據陶宗儀輟耕録乃云，「金主亮貞元元年，有吏員咸陽人王中孚者，創全真之教，譚馬丘劉和之，其教盛焉」云云。譚馬丘劉，本重陽弟子，七真中之四人。重陽別無中孚之名與字，其自關中至山左訪此四真，在大定七年丁亥歲，上距貞元元年癸酉且十五年。重陽以正隆四年己卯遇仙成道，亦距癸酉七年。然則輟耕録語，或皆傳聞之訛也。

七真者，曰馬鈺，號丹陽子，寧海人；曰譚玉，名處端，號長真子，東牟人；曰邱處機，號長春子，登州棲霞縣人；曰劉處元，字通妙，號長生子，萊州人；曰王處一，號玉陽子，東牟人；曰郝大通，號太古，廣寧人；曰馬鈺之妻，孫不二，號順德，世稱孫仙姑。重陽化後，七真皆傳其教。寧海神清觀七真皆有塑像，而丘處機過元太祖於奈曼，問攻戰，言必在乎不嗜殺人；問爲治，以敬天愛民爲本；問長生久視，以清心寡欲爲要。太祖契其言，戰伐生全者慮二三萬人，語詳元史釋老傳。又賜號長春真人，居大都太極宫，改額曰長春，詳見日下舊聞。

重陽好爲詩，碑中摘取其句者九處。又掖縣志載劉長生於鄰壁上見頌二句，俄遇王重陽於衆中。又掖縣青蘿觀有王重陽詩碑，刻五言絶句一首；又有詩碑，刻悟真歌一篇，並見山左金石志。又掖縣志仙釋傳載劉處玄遇王重陽時，重陽遺之詩曰：「釣罷歸來又見鼇，已知有分到儸曹。嗚榔相唤知予意，躍出洪波萬丈高。」此碑但載首句，今據以補足。碑云丘屢進詩曲，其辭備載磻溪集中。又稱重陽、丹陽、長春諸師皆有文集傳於世。今惟丘處機磻溪集，及譚處端水雲集，顧氏採入元詩選，餘則道藏所録甚多。曰重陽全真集十三卷，王嚞同喆。撰集，即碑所謂「文載全真集中者」是也。重陽教化集三卷、重陽分梨十化集二卷，此重陽居馬丹陽家化其夫婦，賜混梨令丹陽食之，凡玄談妙理，裒集得三百餘篇。重陽金關玉鎖訣、重陽授丹陽二十四訣，皆論修真漸次及修養丹法；附馬自然金丹口訣，論性命至理。又仙樂集五卷，劉長生造詩詞歌頌。漸悟集二卷，馬丹陽集詩詞歌曲。又自然詩詞集一卷、洞玄金玉集十卷，皆馬丹陽述詩詞歌頌。又丹陽神光燦一卷，亦馬丹陽撰。

又靈光集四卷，王玉陽撰詩詞歌頌。長春子磻溪集六卷，丘長春所撰詩詞歌曲。譚先生水雲集三卷，譚長真述詩頌詞。太古集，詩詞歌賦序文共一十五卷，郝廣寧撰。皆在道藏「弟同氣連枝交友」七字號内。蓋七真之中，惟孫仙姑無專集耳。重陽所爲詞，今盩厔劉蔣村重陽宫，爲重陽成道處，其始門人建祖師庵，元初乃賜額重陽萬壽宫，有重陽手書無夢令碑，又有蘇武慢詞碑，並見陝西通志。

重陽以金大定十年化去，後五十六年，李志源、于善慶二法孫求文於璹，計其時爲哀宗正大二年。又五十年，爲元世祖至元十二年乙亥歲，始立此碑，統計距重陽之化百有六年矣。盩厔縣樓觀，元初改額宗聖宫，又十八年乃刻高翿篆書道德經，又刻正書道德經，並列於説經臺，皆完好無缺，可知當時道士振作宫宇之勤如此。此碑亦在説經臺，王弇州稱之云「道流李道謙書，遒偉有法」，洵不虚也。碑中多空格，想因石有裂文讓出之，非闕字。

（石刻史料新編第一輯金石萃編卷一五八）

汧陽玉清萬壽宫洞真真人于先生碑並序編者按語

右元于真人碑，在汧陽縣城南汧水北岸玉清宫舊址，未經前人著録，嘉績始訪得之。碑高六尺五寸，寬三尺四寸，三十一行，行六十五字，正書，篆額。校案：書碑者爲馬志元，蓋道流也，筆法酷肖柳誠縣。文則奉天楊紫陽先生所撰，首尾千五百言，完好如新，是可寶也。紫陽先生爲金元時一大作手，元遺山爲撰墓碑，推崇備至。所著還山集等書二百餘卷，今多散佚，此碑巋然獨存，疑鬼神阿護之也。

金元時道流頗盛。王重陽，名喆，咸陽人，實倡宗風。全真學者稱鐘離正陽、吕純陽、劉海蟾爲三祖。劉哲，字元英，自號海蟾子，五代時人。又以重陽爲祖師。馬丹陽鈺本名從義，字宜甫，寧海人，譚長真處端本名玉，丘長春處機，棲霞人，爲重陽高弟子。真人亦寧海人，始學於丹陽，後學於長春，又嘗問道於長真。碑中所云，真人道術不亞於諸子。而元至大三年加封師真人敕，凡重陽、丹陽、長真、長春四真人之號皆列敕内，獨無洞真真人之號。祖庭仙人内傳云長春弟子十八人，可考者四人，亦無洞真之號。重陽、丹陽、長真、長春所著之書雜見道藏目録及錢竹汀氏元史藝文志，而洪鐘集之名，兩書均未載。是真人事跡，實賴此碑以傳也。

碑中所云：馮璧，字叔獻，真定人；張行信，字信甫，莒州日照人；許古，字道真，獻州交河人；楊雲翼，字之美，平定樂平人；雷淵，字希顔，渾源人。金史皆有傳。宋九嘉，字飛卿，夏津人，見金史文藝傳。楊、馮、雷三人亦見元遺山詩集。楊雲翼著述甚夥。張琚，字子玉，河中人，著有韋齋集，見錢氏元史藝文志。皆金時人。員外郎張徽，武功人，碑林劉處士墓碣，紫陽所撰，張徽書也。經籍官孟攀鱗，字駕之，雲内人，徙長安，謚文定，元史有傳。諸君皆文學之選，真人與之友，則真人之文字必有所傳，惜乎洪鐘集之不顯於世也。銘詞云「包括鄭圃羅漆園」，鄭圃謂列子。又云「陶陸殊派契義敦」，道家者流，陶姓則有貞白、太白，陸則未詳也。碑云：「泰和八年，南征凱還，憫其俘纍，必盡力購援而後已。」案通鑑：金泰和八年爲南宋寧宗嘉定元年，先是韓侂胄倡議伐金，金人分道南侵，至嘉定元年，和議始成，金人北還。碑中所云，即指其事。真人卒於庚戌年，爲元定宗皇后稱制之三年，南宋理宗淳祐十年。明年春，歲在辛亥，爲元憲宗元年，南宋理宗淳祐十一年，紫陽先生之文作於是年。其立碑紀年被人鑿去，不可考矣。碑云「道清秦人，不安於水」，「安」字疑係「諳」字之訛，宜正之。

（石刻史料新編第一輯汧陽述古編卷下）